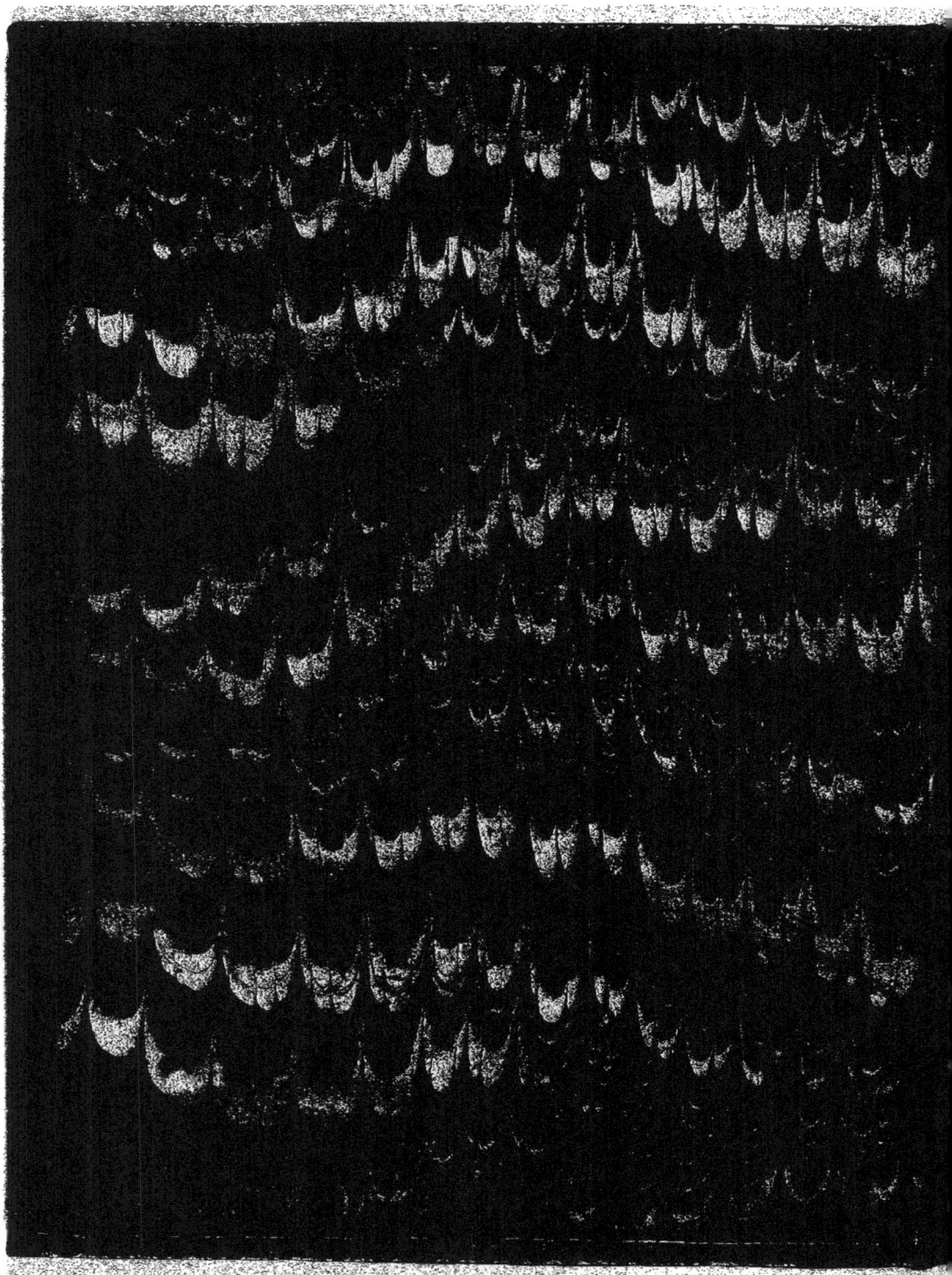

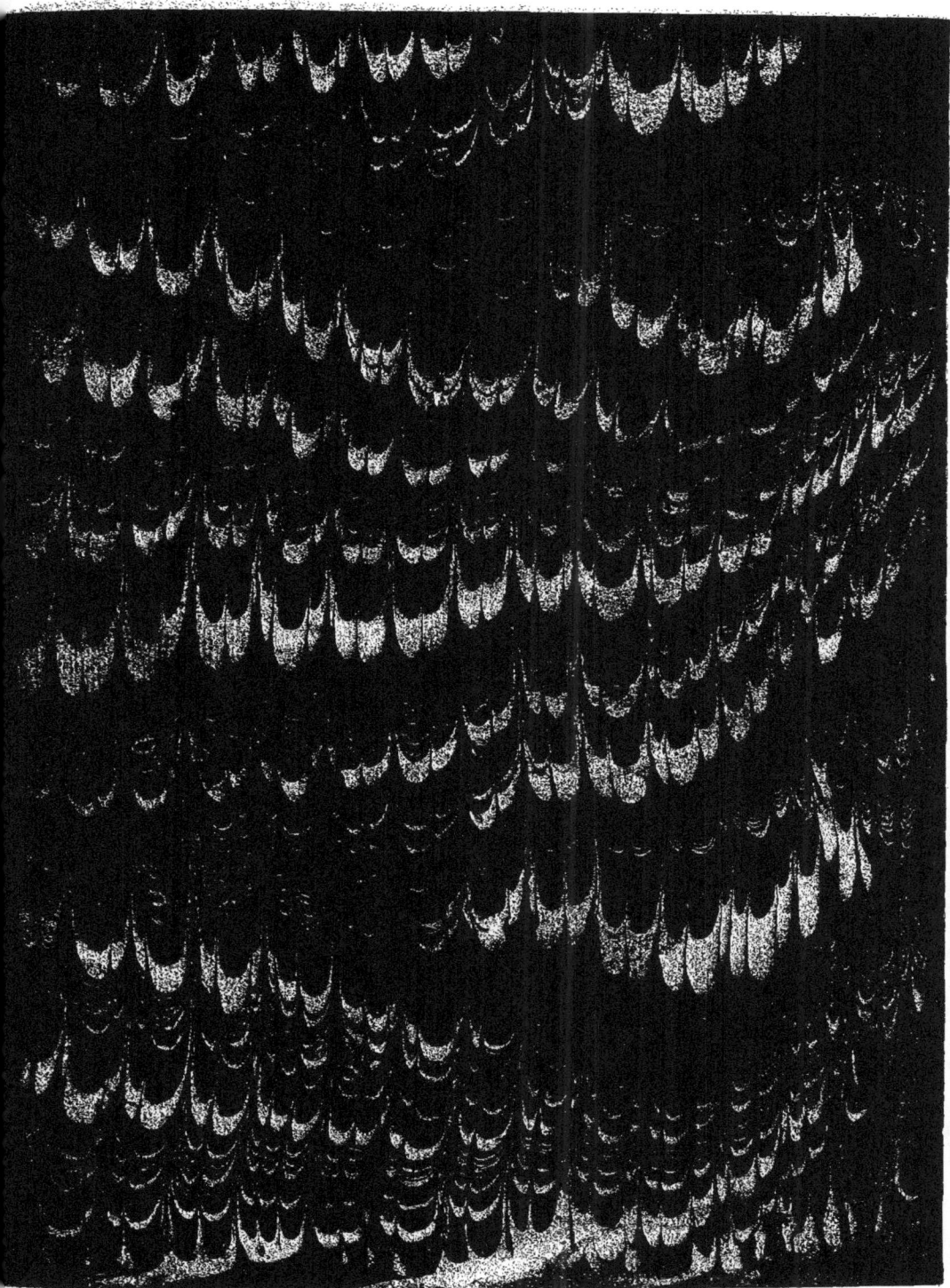

3763. S. et arts.

PRATIQUE
GENERALE ET METHODIQUE
DES
CHANGES
ETRANGERS.
CONTENANT,

I. Les Tables des prix courans des Changes , & de leur Parité , avec le moyen de la trouver.

II. Les Reductions de toutes fortes de Monnoyes Etrangeres, avec les noms & valeurs qu'elles ont dans les Villes ou Places, où elles ont cours.

III. Les Rapports des Poids ; & des Mesures en Etenduë & en Continence pour les Grains , Liqueurs , &c. dont on se fert aujourd'huy ; avec les Noms qu'ils reçoivent dans les lieux où ils font en usage.

IV. Les Regles pour negocier toutes fortes de Lettres & Billets de Change, & pour reduire les Factures de Marchandifes Etrangeres , en Aunages, & en Monnoyes de France.

Composé par le Sieur CLAUDE IRSON., *feul Iuré teneur de Livres de Comptes, établi par Lettres Patentes de Sa Majefté, pour l'Ordre & l'Examen; la Verification & Liquidation de toutes fortes de Comptes.*

A PARIS,
Chez JEAN JOMBERT, prés des Auguftins, à l'Image Nôtre-Dame.

M. DC. LXXXVII.
AVEC PRIVILEGE DV ROY.

PREFACE.

A connoissance des parties principales des Sciences Mathematiques, que j'ay acquise, par une longue experience, pour les avoir actuellement enseignées ; & j'ose dire avec succez, depuis plus de trente années & sans discontinuation, m'a donné lieu d'en faire part au Public, tant par l'*Arithmetique Universelle démontrée*, imprimée en 1674. que par la *Methode pour bien dresser toutes sortes de Comptes à Parties Doubles: par Debit & Credit simplement ; & par Recette, Dépense & Reprise*. Composée de l'ordre de feu MONSEIGNEUR COLBERT; & imprimée en 1678. Ainsi m'étant particulierement attaché à tout ce qui peut contribuer à l'é-

PREFACE.

ducation des Jeunes Gens defireux de fe perfectionner dans le Commerce de la Vie Civile;
dans le Negoce de Banque & de Marchandife; &
mêmes dans les Comptes qui regardent les Fi-
nances; je me fuis toûjours étudié à la recherche
des moyens les plus faciles pour y bien reüffir,
foit à l'égard de ceux que l'on me confie en qualité de Penfionnaires ou par rapport aux Externes,
à qui je donne tous les jours actuellement des
Leçons, dautant plus utilement qu'outre les matieres que je leur explique à fonds, j'y obferve un
ordre fi naturel qu'ils ne peuvent pas les oublier
quand ils les ont une fois apprifes. Mais parce que
les Manufcrits que je leur pourois donner ne peuvent
pas leur fuffire, qu'ils leur feroient perdre inutile-
ment beaucoup de temps, & qu'ils s'égarent facilement; j'ay crû que pour me rendre plus communi-
catif, je ne devois épargner ny le temps, ny la dépenfe
pour les foulager dans leurs loüables entreprifes.
C'eft ce qui m'a porté à donner encore ce dernier Livre au Public, pour feconder les deux premiers avec
lefquels il a une liaifon fi étroite & fi convenable
qu'on les peut dire également utiles & neceffaires. En effet ce Livre qui a pour Titre la *Pratique Generale & Methodique des Changes Etran-*

PREFACE.

gers, & qui ne suppose que l'intelligence des Regles principales de l'Arithmetique : Sçavoir de l'Addition & de la Soustraction ; de la Multiplication & de la Division avec leur Application à la Regle de Trois : Ce Livre, dis-je, contribuë beaucoup à donner un grand éclaircissement dans les affaires les plus difficiles de la Banque, dont les Negociations sont inseparables de celles, qui font l'objet des Negocians, tant en gros qu'en détail ; soit dans l'étenduë du Païs où ils font leur residence actuelle, soit dans les lieux les plus éloignez où ils peuvent negocier.

Les Financiers & autres Gens d'affaire qui ont souvent de grands manîmens à faire, pour raison de leurs Emplois, pouront tirer un grand secours de ce Livre ; puisqu'ils y trouveront des Regles faciles à pratiquer dans le transport à faire virtuellement de l'Argent Monnoyé, par des Lettres de Change à prendre d'autruy où à fournir eux mêmes. Les Banquiers qui ont pour objet l'Argent Monnoyé, verront dans cét Ouvrage une conduite naturelle dans les Remises & dans les Traites à faire dans leurs Negociations. Ils remarqueront facilement les précautions à garder avec leurs Correspondans dans l'execution des Com-

miffions Actives & Paffives. Enfin les Marchands,
dont le Negoce eft mixte, y apprendront les differens établiffemens de plufieurs belles Manufactures
que l'on void dans les Villes les plus remarquables de l'Europe; Ils fçauront la maniere d'acheter
& de vendre, par la connoiffance des Us & Coûtumes de plufieurs Villes de grand Commerce;
de recevoir & de payer en Argent Monnoyé ou
en d'autres effets : ils verront auffi les Regles des
Reductions de toutes fortes de Poids & de Mefures
en eftenduë, & de vaiffeaux qui fervent à contenir les effets qu'ils renferment.

Le dénombrement des parties qui compofent
ce Livre devroit fuffir pour en faire connoître la
neceffité dans toute forte d'affaires : mais pour
ne pas douter des avantages que l'on en peut retirer, j'en feray voir en ce lieu la difpofition.

Puifque les Changes ne font autre chofe qu'u-
ne Reduction de la Monnoye d'un lieu en celle
d'un autre, j'ay fait voir dans la premiere Partie
de ce Livre les Negociations de Banque & de
Marchandife que la France fait avec vingt-quatre
Places les plus Célébres de l'Europe. Je les ay
difpofées fuivant l'ordre des Lettres de l'Alphabet, afin de pouvoir trouver plus commodément

la Ville ou Place, où l'on aura besoin de tirer ou
de remettre , d'acheter ou de vendre par soy-
même ou par autruy. On découvrira au commencement de chaque Ville Etrangere le pied
suivant lequel la France y negocie , soit pour les
affaires purement de Banque , ou pour celles qui
ne regardent que la Marchandise. Ensuite je
marque la maniere avec laquelle on tient en chaque Ville les Ecritures ou Livres de Comptes des
Negocians : Cette connoissance estant necessaire
à ceux, qui sont d'un païs different de celuy de
leurs Correspondans pour pouvoir conformer
leurs Ecritures, qui doivent souvent estre doubles
dans leurs Livres : Ainsi que l'on peut voir dans
plusieurs Comptes dressez dans la Methode des
Comptes , &c. pages 5. 8. 11. 21. 22. 23. &c. Les
noms des differentes especes de Monnoye, qui ont
cours dans les Villes Etrangeres, avec leur valeur
correspondante à celle de France , ne sont pas de
peû de consequence pour les Marchands & pour
les Banquiers : Car si les Lettres de Change tirées de France sur les Païs Etrangers, & reciproquement celles de ces derniers sur la France &
ailleurs en supposent l'execution , consistant dans
le payement actuel, qui en doit estre fait ; il est

PREFACE.

befoin de connoiftre non feulement les efpeces de Monnoye avec lefquelles on les aquite, mais auffi d'en fçavoir la jufte valeur. On ne doit pas mêmes ignorer la qualité des Poids, & des Mefures Etrangeres qui font en ufage chacune en leur lieu, ny leurs Rapports avec les Poids & les Mefures de France. On remarquera au commencement de chaque Table dreffée pour une Ville deux fortes de prix; L'un que j'ay qualifié de *Pair* & l'autre de *Prix courant* : Le Pair s'entend de la jufte valeur d'une Monnoye Etrangere, comparée avec une autre qui a cours dans un Païs different du premier. Ainfi la Richedalle de Banque d'Amfterdam, de cent deniers de Gros, & égale à l'Ecu de France ; & le Crône de Londres de 60 deniers Sterlins, auffi égal à trois livres cinq fols de France font dits eftre au Pair : Et c'eft fuivant ce Rapport que l'Ecu d'Or Sol de 60 fols, vaut au Pair à Londres 55 deniers $\frac{1}{7}$. Mais par le prix courant des Changes, il faut concevoir le défaut ou l'excez de celuy, qui marque la Parité entre deux Monnoyes comparées entr'elles. Comme fi un Ecu d'Or Sol ne rend à Londres que 53. 54. ou 55 deniers Sterlins, on dit qu'il eft au deffous de fa jufte valeur; mais lorfqu'il rend 55 $\frac{1}{2}$ 56. & 57.

& 57. ou plus , on peut affeurer qu'il eft au deffus de fon prix.   On fera le même jugement des
autres prix courans contenus dans toutes les Tables de la premiere & deuxiéme Application des
Changes ; & l'on peut dire que leur variation de
prix , qui arrive fort fouvent fur les Places de
Change , fuit l'abondance ou la rareté de l'Argent
Monnoyé , le grand nombre ou le peù de Lettres que l'on y trouve. Il eft vray que cette inégalité ne fe peut apprendre que par les Avis reciproques que les Correfpondans de Place en Place s'entre-donnent prefque tous les ordinaires.

Je ne me fuis pas contenté d'avoir marqué
dans chaque Ville ou Place la Parité & la Difparité des prix des Changes ; j'ay auffi donné la raifon de la premiere, que les Sçavans dans le Negoce comprendront facilement : puis qu'elle eft
fondée fur le Rapport de deux efpeces données
& connuës.

Aprés ces Defcriptions des prix des Changes ,
j'en fais fuivre l'Application fur les Remifes &
fur les Traites, qui fe font en France pour les Villes & Places Etrangeres ; & fur celles qui fe font
dans ces dernieres pour la France , & pour les
Païs auffi Etrangers chacun à leur égard. Pour

é

cét effet je propose deux Questions toûjours op-
posées ; Car si la premiere suppose une Remise
faite dans un lieu pour un autre Etranger & éloi-
gné, la seconde contient une Traite qui sert
de preuve à la Remise. J'ay accompagné plusieurs de ces Remises & de ces Traites de modelles de Lettres de Change, tirées de France sur
Amsterdam, sur Londres &c. De Lettres d'Avis
supposées Ecrites aux Correspondans des Tireurs
& des Remetteurs, & de la maniere de coucher
sur les Journaux des uns & des autres lesdites parties remises & tirées. J'ay dressé deux Tables,
en forme de Tarif, par le moyen desquelles on
poura sçavoir la juste valeur de la Livre de Gros
ou du Florin de Hollande, de Brabant, & de
Flandres : comme aussi de la Livre Sterlin de
Londres, par rapport aux differens prix des Changes courans, sur le pied desquels on peut tirer,
ou remettre de France sur les autres Places. En
sorte que sur le modelle de ces deux Tables, on
en pourra dresser autant d'autres differentes que
la necessité le requerra. J'ay observé les mêmes
pratiques que les precedentes dans la seconde Application des Changes, qui regardent les Negociations de Banque à faire dans les Places Etrange-

PREFACE.

res, aussi disposées suivant l'ordre Alphabetique,
pour chacune desquelles j'ay dressé une Table qui
comprend les Places où son Negoce se peut étendre,
& laquelle contient les prix courans approchans
de leur parité, j'ay ensuite ajoûté la démonstration des Egalitez de chacun de ces prix. Et d'autant que les Negocians subtils en fait de Banque
reçoivent ou disposent des sommes pour une Place, avec ordre à leurs Correspondans de les remettre ou de les tirer ailleurs, suivant les prix
qui leur sont prescrits : j'ay donné un Exemple
d'une Remise, & un autre d'une Traite continuée
de Place en Place également prouvées & accommodées à l'usage. Mais parce que ces sortes de
Remises ou de Traites continuées sont longues à
pratiquer, je les ay faites en Abregé, en me servant de la Regle de Trois Conjointe, par le moyen
de laquelle on en abrege les Operations penibles &
ennuyeuses. On sçait qu'il y a une grande diversité
de Lettres & Billets de Change, qu'il y en a mêmes
d'autres payables au porteur, promesses, &c. c'est
pourquoy j'ay crû en devoir donner des modelles
pour le soulagement de ceux qui ne sont pas sti-
lez à les dresser. Ces Formules sont suivis des
Regles Arithmetiques à mettre en usage, pour les

PRÉFACE.

pouvoir negocier avec *Benefice*, au *Pair*, ou avec *Perte*. Et d'autant qu'il arrive souvent qu'il y a des prix de Changes inconnus, j'ay donné le moyen de les trouver par leur égalité avec d'autres connus & donnez ; ce qui servira principalement aux Commissionnaires qui ont souvent besoin d'executer les Ordres de Commissions en Banque, qu'ils peuvent recevoir de leurs Commettans. Et comme la connoissance des Mesures est tres necessaire aux Negocians, j'en ay fait une ample description. Elles sont toutes comprises sous le nom de *Poids*, de *Longueurs* & de *Capacité*. J'ay fait un rapport de grande étenduë des Poids, en ce qu'ils sont contenus dans une Table precedée de la Regle de Trois simple pour la composer, & suivie des moyens de s'en servir. J'ay fait connoistre en cét endroit l'usage de la Regle Conjointe pour découvrir promptement les égalitez des Poids inconnus de quelque lieu que ce soit par quelques Rapports connus. Ces mesures regardent aussi celles qui sont considerées en étenduë seulement, comme sont les *Aunes*, les *Cannes*, les *Verges*, les *Brasses*, les *Palmes*, les *Barres*, les *Ras*, les *Pics*, &c. On verra ensuite plusieurs moyens de les égaler, & d'en faire

PREFACE.

le jufte rapport, tant par la Regle de Trois fimple, que par la Conjointe. Je n'ay pas voulu
obmettre des Maximes importantes, generales &
infaillibles, pour trouver toutes fortes de Rapports de *Monnoyes*, de *Poids*, & de *Mefures* en
longueur & autres.

L'application de toutes les parties précedentes
fe verra clairement dans la Reduction des Factures de Marchandifes achetées à Londres & à Amfterdam, en d'autres Factures exprimées en Aunages & en Monnoyes de France, & dont le modelle fervira pour en faire d'autres à leur imita-
tion, en tant que celles-cy ont efté faites fur des
principes certains, & fur des préjugez qui abre-
gent les Operations des premieres.

Enfin, j'ay borné cét Ouvrage par la Defcri-
ption & par le rapport des Mefures rondes & de
capacité : le tout difpofé dans un Ordre naturel
& Alphabetique.

Au refte, je fuis dans l'obligation d'avoüer, que
pour faire un Ouvrage de la confequence de celuy-
cy, j'ay eu befoin du fecours d'autruy. Mais parce
que ceux, à qui le Public & moy fommes rede-
vables des reflexions qu'ils m'ont communiquées,
n'ont pas voulu eftre icy nommez, par un effet de

leur générofité, j'ay déferé malgré moy à leur
priere. Ainfi j'ofe me flater que ma gratitude
tacite ou reconnoiffance de leur bien-veillance,
donnera occafion à eux mefmes ou à d'autres
auffi éclairez dans les affaires de Negoce, de me
faire part des connoiffances qu'ils croiront m'ê-
tre neceffaires pour rendre ce Livre plus parfait,
tant par la reforme que par les Augmentations
que j'auray lieu d'y faire, Dieu aidant, dans la
fuite. En effet un Negociant tres renommé &
de la qualité des premiers m'a fait fenfiblement
remarquer une circonftance qui m'a échapée touchant les acceptations des Lettres de Change
tirées fur Lion : où la coûtume eft de n'accepter que les Lettres qui font payables dans l'un
des quatre payemens, qui font des *Rois* ou *de*
Pafques; d'*Aouft* ou *des Saints.* Encore n'eft-ce
qu'aprés que Meffieurs les Prevoft des Marchands
& Efchevins de ladite Ville, en ont faite eux-
mêmes l'ouverture; Car dans les autres Lettres
tirées de dehors fur Lion, lefquelles font payables mêmes à une ou à deux Ufances, dont l'é-
chéance toutefois eft dehors le temps de l'un defdits quatre payemens; ceux fur qui elles font tirées fe contentent d'y mettre feulement le mot

PREFACE.

de *Veu*, accompagné de la datte du jour qu'elles font presentées. Et lors que ces Lettres font écheuës ; ceux qui y ont écrit le mot de *Veu*, font dans la liberté de les payer ou de les laiffer protefter : parce que le *Veu* ne les engage à rien, n'y eftant mis que pour reconnoiftre plus facilement le jour de l'écheance defdites Lettres. Il eft vray que l'on accepte fouvent des Lettres de Change hors le temps des payemens pour y être aquitées , ou à une & mêmes à deux Ufances : Mais il faut que les Tireurs , par leurs Lettres d'Avis , fpécifient qu'on les acceptera à leur prefentation. Car ce n'eft que fous cette derniere condition, que cette maniere d'accepter eft en ufage dans ladite Ville de Lion.

EXTRAIT DV PRIVILEGE DV ROY.

PAr grace & Privilege de Sa Majefté , en datte du 3. Avril 1687. Signé GARNIER , il eft permis à CLAUDE IRSON , feul Juré teneur de Livres de Comptes , eftabli par Lettres Patentes de Sa Majefté , pour l'Ordre & l'Examen ; la verification & liquidation de toutes fortes de Comptes, de faire imprimer , vendre & debiter un Livre par luy compofé , qui a pour titre , *Pratique Generale & Methodique de Changes Etrangers*, &c. pendant le temps & efpace de neuf années , à compter du jour que ledit Livre fera achevé d'imprimer ; & deffenfes font faites à tous Libraires & Imprimeurs , & autres perfonnes de quelque qualité & condition qu'elles foient , de l'imprimer ou faire imprimer fous quelque pretexte que ce foit , même d'impreffion Etrangere , fans le confentement dudit Expofant ou de fes ayans caufes, fur peine de confifcation des Exemplaires contrefaits, trois mille livres d'amende , & autres peines portées plus au long par lefdites Lettres de Privilege.

Regiftré fur le Livre de la Communauté des Libraires & Imprimeurs de Paris , le huitiéme jour d'Avril 1687. fuivant l'Arreft du Parlement du 8. Avril 1653. & celuy du Confeil privé du Roi du 27. Fevrier 1665. & l'Edit de Sa Majefté donné à Verfailles au mois d'Aouft 1686. Le prefent enregiftrement fait à la charge que le debit dudit Livre fe fera par les mains d'un Imprimeur ou Libraire

Signé J. B. COIGNARD, Syndic.

Et ledit Sieur IRSON a cedé & tranfporté fon droit de Privilege à JEAN JOMBERT , Libraire à Paris, felon les conventions faites entre eux.

Achevé d'imprimer pour la premiere fois le 21. Avril 1687.

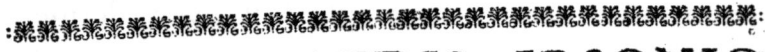

C. D. D. CLAUDIO IRSONIO

ARITHMETICO REGIO.

EPIGRAMMA.

SCripta quis, IRSONI, poſſit tua dicere Verſu.
    Non ea Mœonides, non ea ſcripta Maro.
Addis, Subducis, Mundi commercia doctus
    Pandis Arithmeticâ quidquid in arte latet.
Totus es in numeris, Numeros ſi fortè docendo,
    Sunt numeri ingrati, gratus es in numeris.

URBANUS FLEURY, Flexienſis.

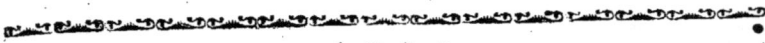

PRATIQUE

PRATIQUE
DES CHANGES
E'TRANGERS.

De la definition & de la divifion des Changes.

PAR le mot de Change il faut entendre la permutation d'une Monnoye comptée dans une place pour en recevoir la valeur dans une autre, foit en mefme Monnoye ou en d'autre.

Le Change
eft ou
{ *Manuel.*
Feint.
Reel ou proprement pris.
De Foires ou Places.

Le Change Manuel, autrement dit **Change menu**, eft celuy qui fe fait dans une mefme Ville, en y donnant une forte de Monnoye pour une autre, moyennant un profit que l'on donne à celuy qui fournit la valeur des efpeces changées. Exemple Antoine de Paris ayant deffein de voyager cherche des Piftoles d'Efpagne ou des Loüis d'Or &c. de poids, pour raifon dequoy il a recours à un Changeur ou autre Particulier, à qui il compte des Ecus d'Or, Ecus Blancs, Pieces de trois fols fix deniers, Douzains & autres Monnoyes, dont la valeur luy eft délivrée en Piftoles ou Loüis d'Or, en donnant au Changeur deux pour cent de benefice plus ou moins ou tant pour piece receuë en Change.

Le Change feint eft proprement ce que l'on appelle une promeffe en blanc, dans laquelle on comprend le principal, ou la fomme actuellement comptée avec l'intereft, dont on convient,

A

foit à raifon de tant pour cent , ou fur le pied d'un certain denier
reglé par les Ordonnances ou autrement. Il y en a qui appellent
ces fortes de Promeffes, Billets de Change , en tant qu'ils font ordinairement conceus pour valeur receuë en deniers comptant ou
en Lettres de Change, ou portant promeffe d'en fournir dans un
temps déterminé , pour telles Foires ou payemens. Il y en a quatre à Lion pendant l'année.

La p:emiere eft appellée (*payemens des Rois* ,) que l'on commence le premier jour de Mars non ferié & dure tout le mois
entier , & fe continue quelquefois jufqu'au trois & quatre du mois
d'Avril immediatement fuivant.

La feconde Foire , que l'on nomme (*payemens de Pafques* ,) fe
commence le premier jour de Juin non ferié , elle fe continuë durant tout le mois , & s'eftend mefmes fouvent jufqu'au quatre de
Juillet fuivant.

La troifiême Foire , à laquelle on donne le nom de (*payemens*
d'Aouft,) fe commence le premier jour de Septembre non ferié,
& dure tout le mois , & le plus fouvent jufqu'au quatre Octobre
fuivant.

Et la quatriéme Foire , que l'on qualifie de (*payemens des Saints*)
prend fa naiffance du premier jour de Decembre non ferié , & fe
peut continuer fouvent jufqu'au quatre Janvier fuivant.

Avertiffement.

POUR confirmer ce que j'ay avancé cy-deffus touchant les quatre Foires de Lion , il eft bon de rapporter en ce lieu les Articles
des Reglemens de la Place des Changes de la Ville de Lion, omo-
loguez par Sa Majefté en fon Confeil de Commerce , verifiez en
la Cour de Parlement de Paris & imprimez à Lion en 1667.

ARTICLE I.

QVe cy-aprés l'ouverture de chaque payement fe fera le premier jour non ferié du mois de chacun des quatre payemens
de l'année fur les deux heures de relevée , par une Affemblée des
principaux Negocians de ladite place , tant François qu'Etrangers,
en prefence de Monfieur le Prevoft des Marchands , ou en fon
abfence du plus Ancien Echevin , qui feront priez de s'y trouver.
En laquelle Affemblée commenceront les Acceptations des Lettres
de Change payables en iceluy , & continueront inceffamment à
mefure que lefdites Lettres feront prefentées jufqu'au fixiéme jour
dudit mois inclufivement , aprés lequel & iceluy paffé , les porteurs

defdites Lettres pourront faire protefter, faute d'acceptation pendant tout le courant du mois, & enfuite les renvoyer pour en tirer le rembourfement avec les frais du retour.

ARTICLE II.

QVe pour faire le Compte & eftablir le prix des Changes de ladite place de Lion avec les Eftrangers, il fera fait pareille Affemblée, le troifiéme jour de chacun defdits mois, non ferié, auffi en prefence de Monfieur le Prevoft des Marchands ou du plus Ancien Echevin.

ARTICLE IX.

QVe les Lettres de Change acceptées, payables en payemens, qui n'auront efté payées du tout, ou en partie pendant iceluy & jufqu'au dernier jour du mois inclufivement, feront proteftées dans les trois jours fuivans, non feriez, fans prejudice de l'acceptation, & lefdites Lettres, enfemble les Protefts envoyez dans un temps fuffifant, pour pouvoir eftre fignifiez à tous ceux, & par qui il appartiendra ; Sçavoir, pour toutes les Lettres qui auront efté tirées au dedans du Royaume dans deux mois ; pour celles qui auront efté tirées d'Italie, Suiffe, Allemagne, Holande, Flandres, & Angleterre dans trois mois, & pour celles d'Efpagne, Portugal, Pologne, Suede & Dannemark dans fix mois du jour & datte des Protefts, le tout à peine d'en répondre par les porteurs defdites Lettres.

Le Change proprement pris ou le Reel eft celuy qui fe fait, d'une place à une autre ; c'eft à dire en donnant de l'argent Monnoyé dans un lieu pour y recevoir une Lettre de Change, Billet, Ordonnance, Mandement ou Refcription, en vertu dequoy on touchera dans un autre lieu la valeur comptée dans le premier.

On remarquera en ce lieu, Que cette forte de Change fe pratique en deux manieres. La premiere à l'égard d'un mefme païs où la Monnoye eft uniforme. La feconde fe pratique à l'égard d'un païs avec un autre, dont les Monnoyes font differentes en efpeces & en valeur. Par Exemple Antoine de Paris defirant faire le voyage de Bordeaux compte 3000 livres à Bernard auffi de Paris, qui fournit audit Antoine une Lettre de Change de pareille fomme tirée fur Claude fon correfpondant en ladite Ville de Bordeaux, lequel en comptera ou fera compter la valeur à Denis auffi correfpondant, Facteur ou Commiffionnaire dudit Antoine, qui pour ce fujet donnera audit Bernard 1. 2. ou 3. pour cent, pour le

Change de ladite partie. Cette Pratique se doit universellement entendre dans les Negociations de Change, qui se font dans l'étenduë d'un mesme païs.

Autre Exemple, d'un Change réel, qui se fait d'un païs en un autre, où la Monnoye est differente en espece & en valeur. Comme Antoine de Paris voulant faire tenir la valeur de 1000 Ecus d'Or sol de 60 sols piece, à Amsterdam, les compte actuellement à Bernard aussi de Paris, qui luy fournit une Lettre de Change de 2400 Florins en Argent de Banque, tirée sur Claude dudit Amsterdam son correspondant, payable à Denis aussi correspondant dudit Antoine, le Change estant reglé à 96 deniers de gros pour un Ecu.

On observera en ce lieu, que cette maniere de changer de France pour les païs Estrangers se regle toûjours sur le pied d'un Ecu d'Or sol de 60 sols, ou de 100 Ecus, pour une quantité de Monnoye à recevoir dans une place Estrangere, pour laquelle cette negociation se fait, excepté pour la Foire de Noüé en Italie où l'on donne 100 Ecus de marc pour 180 Ecus d'Or sol plus ou moins.

Le Change des Foires de Lion, sur lequel on poura regler celuy des autres Places de Foires, est celuy qui consiste aux prests ou aux emprunts faits sans usure pour l'un des quatre payemens qui se font dans ladite Ville de Lion, & dont le prix du Change est reglé sur la place le troisiéme jour non ferié de chacun desdits quatre payemens, ainsi qu'il a esté dit cy-dessus.

Avertissement I.

ON remarquera que le Change, qui se fait de Place en Place, & qui suppose un changement de Monnoye, renferme deux negociations principales.

La premiere est la maniere de reduire l'Argent Monnoyé du lieu, où l'on commence la Negociation, en celuy d'un autre païs Estranger où l'on desire en faire recevoir la valeur. Comme cela arriveroit si l'on vouloit faire toucher 3000 Ecus 15 sols 8 deniers d'Or sol à Amsterdam, Anvers, & autres places des Dix-Sept Provinces Unies où la Monnoye est uniforme.

La seconde sorte de Negociation de cette permutation, est la maniere de reduire l'Argent Monnoyé d'un lieu Estranger en la Monnoye de celuy où l'on fait ou desire faire tenir en valeur ladite Monnoye Estrangere; comme cela arriveroit si l'on vouloit faire toucher d'Amsterdam en France 1231 livres 11 sols 5 deniers de gros ou 7389 Florins 8 Stuyvers, Patars ou sols & 6 penins ou deniers de Florin.

Avertissement II.

AUPARAVANT que de se déterminer sur la Pratique de ces deux Reductions, il faut sçavoir qu'il y a deux manieres de donner de l'Argent Monnoyé dans un païs pour le recevoir dans un autre païs Etranger.

La premiere est, quand on donne toûjours dans un païs un prix certain pour une quantité équivalante, mais qui hausse ou baisse dans un autre païs Estranger. Comme par Exemple en France, on donne toûjours un Ecu pour avoir 98 deniers & demy de Gros, tantost plus & tantost moins à Amsterdam. Cette maniere de reduire suppose simplement la *Multiplication.*

La seconde maniere de reduire la Monnoye du lieu, où l'on fait sa residence en celle d'un païs Estranger, est quand en faisant cette Reduction on y donne une quantité incertaine de Monnoye pour une certaine à recevoir dans un autre païs Estranger. Comme quand on donne 98 deniers & demy de gros à Amsterdam *&c.* plus ou moins pour faire recevoir un Ecu d'Or sol en France.

APPLICATIONS DES MAXIMES
generales cy-dessus.

APPLICATION PREMIERE.

De la Reduction de l'Argent Monnoyé de France, en celuy des Païs Etrangers, où son commerce se peut étendre.

POUR mieux comprendre cette sorte de Reduction de Monnoye en celles des Païs & Places de Changes Estrangers, & pour trouver plus commodément les Regles à pratiquer en pareilles rencontres, j'ay disposé des Tables suivant l'ordre des Lettres de l'Alphabet pour trouver promptement les places, où les Changeurs de France, & autres de l'Europe auront besoin de faire tenir de l'Argent.

A iij

TABLE PREMIERE.

Par le moyen de laquelle on peut connoître tout d'un coup le rapport que la Monnoye de France a avec celles des Villes ou Places des Dix-Sept Provinces Vnies.

PARIS, LION, ROUEN, BORDEAUX, *Changent & donnent.*

1 ▽ de 60 ſ. {au pair à { *Amſterdam* 100 den. de gros.
                 { *Anvers* 96 den. dits
pour avoir } aux prix courans depuis 90 juſqu'à 106 deniers de gros
             { pour ▽.

Obſervation premiere.

LE pair ou l'égalité de la Monnoye de France avec celle de Hollande , ſe tire du raport que la Richedalle de Banque, égale à un Ecu de France, a avec 100 den. de gros ou à 50 Stuyvers ou ſols de Hollande , & de ce que la meſme Richedalle à Anvers ne s'y compte que pour 48 Patars de 2 den. de gros le Patar, c'eſt à dire pour 96 deniers de gros.

On peut encore tirer ce raport de la Piſtole d'Eſpagne, qui vaut en Hollande 9 Florins ou 360 den. de gros dans le temps qu'elle ſe met en France pour 11 livres. Mais ſuivant ce raport l'Ecu de France n'y devroit rendre au pair que 98 deniers de gros peu plus.

Les prix courans du Change varient fort ſouvent, on l'a veu de nos jours depuis 90 juſqu'à 106 , & meſmes juſqu'à 108 deniers de gros pour Ecu. Le premier prix & le dernier arrivent tres-rarement : parce que l'un ſuppoſe une grande rareté d'Argent & l'autre une grande abondance. Pour l'ordinaire les prix courans du Change pour Amſterdam s'étendent depuis 98 juſqu'à 102 den. de gros pour Ecu , & ceux pour Anvers ſe font depuis 94 juſqu'à 98 ou environ.

Obſervation ſeconde.

ON remarquera que la livre de gros revient en France à 7 livres 10 ſols , quand le Change de France pour la Hollande &c. eſt à 96 den. de gros pour un Ecu d'Or ſol , & que la meſme livre de gros revient à 7 liv. 4 ſols , lorſque le Change eſt à 100 deniers de gros pour ▽. & ainſi à proportion des prix du Change courant qui augmente ou diminuë la valeur de ladite livre de gros , ainſi que je le feray voir cy-apres dans une Table particuliere. On peut faire le mesme jugement du Florin qui vaut à proportion de la livre de gros , parce qu'un Florin, qui n'est que la sixiéme partie de la livre de gros , vaut 25 sols quand le Change est à 96 deniers de gros pour ▽, & 24 sols quand le Change est à 100 den. de gros aussi pour un Ecu. Cette valeur du Florin se prend encore de la quantité de 20 Patars, dont il est composé, & qui sont égaux à 20 sols de France, cy-devant appellez sols marquez de 15 deniers chacun.

QUESTION DE CHANGE
Pour faire connoître l'usage des Observations precedentes.

UN Particulier de France voulant remettre en Hollande 3000 ▽ 15 sols 8. den. d'Or sol dans le temps que le Change est à 98 ½ den. de gros pour Ecu de 60 sols ; Sçavoir de combien de Florins, Patars & Penins, ou de livres , sols & deniers de gros, ledit Particulier sera crediteur en Hollande.

Regle.

PUisque dans cette proposition & dans les suivantes on remet toûjours sur un pied certain à l'egard de la France, & toûjours incertain dans lesdits Pais Etrangers , il faut multiplier par les Ecus , sols & deniers d'Or sol de France , le prix du Change dont on convient pour les Païs susdits, pour en faire des deniers de gros, que l'on divisera ensuite par 12 pour avoir au quotient des Scalins ou sols de gros , que l'on reduira encore en livres de gros en les divisant par 20 sols valeur d'une livre, comme suit.

Exemple.

3000 Ecus 15 f. 8 d. d'Or fol, fomme à remettre ou à tirer;
    98 : $\frac{1}{2}$ ... den. de gros prix du Change reglé pour Ecu.

294000 . . . . prod. de 98 par 3000 Ecus.
  1500 . . . 7. 10. prod. pour $\frac{1}{2}$ den. ou $\frac{1}{2}$ de 3000 Ecus 15 f. 8 den.
    49 . . - . - autre pour 10 f. ou $\frac{2}{3}$ de 98. den.
    24 : 10 . . . autre pour 5 f. ou $\frac{1}{2}$ de celuy de 10 fols.
     3 . 5. 4. autre pour 8 den. ou $\frac{1}{3}$ de celuy de 2. fols.

295577 . . 3. 2. den. de gros à divifer par 12. valeur d'un fol.

$$
\left.
\begin{array}{l}
57325 \\
295877 \\
122222 \\
1222
\end{array}
\right\}
2463.1. \text{ fols 5 deniers de gros, à divifer par 20.}
$$
                                      pour avoir des Livres de Gros.

L. 1231. 11. f. 5. d. de gros à multiplier par 6 pour
                6. avoir des Flor. Pat. & Pen.

Flor. 7389. 8. 6.

Autrement, pour reduire lefdits 295577 deniers tout d'un coup
en Florins, il les faut divifer par 40. Ce qui fe fait en retranchant la
derniere figure à droite defdits deniers, & en prenant le quart des
figures retranchées à gauche pour avoir des Florins, & en cas qu'il
refte une, deux ou trois dixaines, il les faudra joindre avec la figure retranchée à droite, pour enfuite prendre la moitié de leur
Addition que l'on confiderera comme Patars, & s'il refte enfin une
unité après cette moitié prife on la regardera comme valant 6 deniers de Florin.

Exemple.

Exemple.

29557.7 deniers de gros à divifer par 40.

Fl.　7389 : 8. Pat. 6. Penins.

Preuve.

Fl.　7389. 8. Pat. 6. Pen. à reduire en deniers de gros, ce
　　40.　　　　　　　qui fe fait en multipliant les Flor. par
　　―――――　　　40 deniers valeur d'un Flor. & en dou-
　295560　　　　blant les Patars pour avoir des deniers
　　16　　　　　　de gros , & en confiderant les 6 den.
　　1　　　　　　 de Flor. pour 1. den. de gros.
　―――――
　295577 den. de gros à divifer par 98 ⁺⁄₂ prix du Change
　　2　pour v.　　　　　　　　　　　　　2
　―――――　　　　　　　　　　　　　　　―――
　591154　　　　　　　　　　　　　　 197

Avertiffement I.

LE Banquier remetteur de France fur la Hollande &c. eftant
perfuadé que les 3000 Ecus 15 fols, 8 den. d'Or fol par luy remis
à 98 ⁺⁄₂ den. de gros pour Ecu, produifent en Hollande 1231. liv. 11. fols,
5 den. de gros, ou Flor. 7389 : 8 Pat. & 6 Penins, fuivant la Preuve cy-
deffus, il envoye à fon correfpondant une Lettre de Change, tirée
par celuy à qui il a compté fon Argent, laquelle Lettre peut eftre
conceuë en ces termes.

　A Paris, ce 2. Juin 1686. pour 1. 1231. 11. 5. de gros à 98 ⁺⁄₂.

MOnfieur à deux Vfances, il vous plaira payer par cette premiere de Change, à Meffieurs le Couteulx ou à leur ordre la
fomme de douze cens trente & une livre, unze fols, cinq deniers
de gros à nonante-huit & demy denier de gros pour Ecu de foixante fols, pour valeur receuë d'eux en trois mil écus, quinze fols,

B

huit deniers d'Or sol. Laquelle partie vous passerez au compte & suivant l'avis,

A Monsieur,   Accepté ce 10 Juin   De vostre tres-humble
Monsieur Heuglas,   1686. HEUGLAS.   serviteur CLAUDE IRSON.
Marchand Banquier,
   A Amsterdam.

Avertissement II.

LE Tireur ayant fourny sa Lettre de Change, comme dessus, il en donne avis à son Correspondant d'Amsterdam pour l'informer de toutes choses. Cette Lettre peut estre énoncée en cette maniere,

A Paris, ce 2. Juin 1686.

MOnsieur,
   Ie vous donne avis que j'ay ce jourd'huy tiré sur vous par mes Lettres premiere & seconde la somme de l. 1231. 11. 5. de gros, payables à deux Vsances à Messieurs le Couteulx Marchands Banquiers à Paris ou à leur ordre. I'en ay receu d'eux la valeur en deniers comptans. Ie vous prie de faire honneur à ma Lettre, & de la payer dans son temps. En attendant j'espere que vous me ferez connoître par une des vostres que vous aurez receu la presente avec asseurance de m'en faire sçavoir le succez, & que vous serez persuadé de ma passion, à vous témoigner que je suis,

Monsieur,
Suscription de ladite Lettre,   Vostre tres-humble serviteur,
A Monsieur,   CLAUDE IRSON.
Monsieur Heuglas,
Marchand Banquier,
   A Amsterdam.

Avertissement III.

LE Tireur aprés avoir fourny ses Lettres premiere & seconde, & en avoir donné avis, il doit aussi-tost coucher la somme par luy receuë sur son Journal en cette maniere.

Du 2. Juin 1686.

CAisse doit à Monsieur Heuglas d'Amsterdam pour mon Compte l. 9002. 7 - pour ▽ 3000. 15. 8. d'Or sol que j'ay tiré sur luy par mes Lettres premiere & seconde, en date de ce jour, payables à deux Vsances, à l'ordre de Messieurs le Couteulx, pour *valeur receuë d'eux en deniers comptans à 98 ½ den. de gros pour Ecu, faisant l. 1231. 11. 5. de gros, & en Monnoye de France, ladite somme de l. 9002. 7 sols.*

Observation.

ON remarquera en ce lieu que les Ecritures se tiennent en France en livres, sols & en deniers, en évaliant les livres par 20. & les sols par 12 : parce qu'une livre vaut toûjours 20 sols, & un sol 12 deniers. Les payemens s'y font partie en Douzains, & en pieces de 3 sols 6 den. & partie en pieces de 15. & de 30 sols, en Ecus blancs de 60 sols, en Ecus d'Or de 5 liv. 14 sols, en Loüis d'Or ou Pistoles d'Espagne de 11 livres piece, en doubles Pistoles de 22 livres & en Quadruples de 44 livres &c.

Avertissement IV.

SI le tireur d'une Lettre de Change ou de plusieurs, doit en envoyer une d'avis à son Correspondant d'Amsterdam, pour les raisons cy-dessus declarées; le remetteur ou les remetteurs ne doivent pas oublier de faire la mesme chose envers leurs Correspondans du lieu où ladite Lettre doit estre aquitée. Cette Lettre d'avis peut estre exprimée en cette sorte.

A Paris, ce 2. Juin 1686.

MOnsieur, *Vous trouverez cy incluse une premiere Lettre de Change de Monsieur Claude Irson que nous vous remettons. Elle est dattée de ce jour & de la somme de l. 1231. 11. 5. den. de gros tirée à 98 ½ den. de gros pour Ecu de 60 sols, pour valeur qu'il en a receuë de nous en 3000 Ecus 15 sols 8 den. d'Or sol, elle est payable à vous mesme ou ordre à deux Vsances par Monsieur Heuglas, Marchand Banquier à Amsterdam. Nous vous prions d'en procurer l'acceptation aussi-tost la presente receuë pour nostre plus grande seureté, & d'en faire solliciter le payement dans le temps de l'écheance, en attendant l'execution de tout nous esperons que vous nous informerez de l'un & de l'autre, & que vous nous croirez entierement à vous & à toute vostre famille,*

Monsieur,
Suscription de ladite Lettre,
A Monsieur,
Monsieur Pierre Cavilier,
Marchand.
A Amsterdam.

Vos tres-humbles & obeïssans serviteurs COUTEULZ, *freres.*

Avertissement V.

IL est evident, suivant ce que dessus, qu'en toutes negociations de Banque, qui se font par le moyen des Lettres de Change, il faut toûjours supposer réellement ou virtuellement quatre personnes : Sçavoir deux dans le lieu où la negociation prend sa naissance, qui sont le *Remetteur*, qui compte & délivre son Argent, & le *Tireur* qui le reçoit du Remetteur, à qui il délivre ses Lettres premiere & seconde de Change. Il y a encore deux autres personnes où ladite traite doit estre aquitée ; Sçavoir celuy ou ceux à qui ces Lettres sont addressées pour en procurer l'acceptation & le payement au profit ou au nom du Remetteur ou des Remetteurs ; & enfin celuy ou ceux sur qui ces Lettres sont tirées. Il est vray que souvent il n'est fait mention que de trois personnes dans les Lettres de Change : mais pour lors il y en a une qui fait la fonction de deux, & quelquefois mesmes il n'y en a que deux, ainsi que je le feray clairement voir dans l'explication des Formules de toutes sortes de Lettres de Change.

Avertissement V I.

Maniere de coucher sur le Iournal du Remetteur ou des Remetteurs la partie remise comme cy-dessus.

Du 2. Juin 1686.

MOnsieur *Pierre Cavilier d'Amsterdam* (*nostre Compte*) doit à Caisse l. 9002 7 *pour Ecus* 3000. 15. 8. den. *d'Or sol, que nous luy avons ce jourd'huy remis par une premiere de Change de M. Claude Irson de cette Ville en datte de ce jour, tirée sur M. Heuglas, & payable à nostre ordre à deux Vsances pour valeur par nous comptée audit sieur Irson à* 98 ½ *den. de gros pour Ecu, faisant l.* 1231. 11. 5. *den. de gros, & en Monnoye de France ladite somme de*   l. 9002. 7.

Avertissement V I I.

ON remarquera en ce lieu que les Ecritures ou Livres de Comptes se tiennent en Hollande, Flandre & Brabant, en Livres, sols & deniers de gros, ou en Florins, Patars & Penins, évaluant chaque livre de gros par 20 sols dits Scalins, & chaque sol par 12 den. de gros valeur d'un Scalin. On en fait de mesme à l'égard des Florins, en ce qu'on les considere comme valant 20 Stuyvers, Patars ou sols de Florin, & chaque Stuyver 16 Penins ou quatre Liards. Mais dau-

tant que les payemens des Lettres de Change & autres ne se font
pas en ces especes qui sont seulement imaginaires, en ce qu'il n'y
a point de livres de gros ny de Florins en espece, sinon à Deven-
ter où le Florin vaut 28 Stuyvers; j'ay creu devoir ajoûter cy-aprés
une Table par le moyen de laquelle on connoîtra le nom & la valeur des Monnoyes réelles & effectives qui ont cours en Hollande, Flandre & Brabant.

Noms & valeur des Monnoyes qui ont cours en Hollande &c.

Valeur des Monnoyes de Hollande &c. quand le Change est à 100 gros pour un Ecu.	*Monnoyes d'Or.*	Valeur des Monnoyes de Hollande &c. quand le Change est à 96. gros pour Ecu.
l.16.16.- Le Souverain Mon. d'Esp. vaut en Hol.	Flor. 14.—	& en Fr. l. 17:10.-
l.13. 4. Le Carolus d'Angleterre.	Flor. 11.-.-	& en Fr. l. 13.15.-
l.14. 8. Le Jacobus d'Angleterre.	Flor. 12.-.	& en Fr. l. 15:—-
l. 8. 8. Le Chevalier de Frise.	Flor. 7.-.	& en Fr. l. 8.15.-
l. 6.— Le Hongre ou Ducat de Hongrie.	Flor. 5.-.	& en Fr. l. 6. 5.-
l.10.16. La Pistole d'Espagne ou le Loüis d'Or.	Flor. 9.-.	& en Fr. l. 11. 5..

Monnoye d'Argent.

l. 3.15.- Le Ducaton. Mon. d'Espagne vaut.	Flor. 3.3 Pat.	en Fr. l. 3.18.9.
l. 3.—. Le Patagon ou Richedalle de Banq.	Flor. 2.10—	en Fr. l. 3. 2.6.
l. 1.10. L'Alue ou demy Richedalle dite.	Flor. 1. 5.—	en Fr. l. 1.11.3.
l. 1. 4. Le Gulden de 20 Stuyvers ou Patars.	Flor. 1.——	en Fr. l. 1. 5. .
l. 1.13.7 Le Flor. de Deventer &c.	Flor. 1. 8.—	en Fr. l. 1.15..

Petites Monnoyes.

Le Scalin vaut en Hollande, Flandre & Brab.	— 6 Pat. en Fr.	7 s. 6.
Le Alve Scalin.	3 . en Fr.	3. 9.
Le Stofter.	2.6. en Fr.	3. 1.
Le double Stuyver.	2.— en Fr.	2. 6.
Le Stuyver.	1.— en Fr.	1. 3.
Le Alve Stuyver	0.8. en Fr.	0. 7.$\frac{1}{2}$
L'Ortie ou Liard.	..4. en Fr.	0. 3.$\frac{3}{4}$
Le Duite ou demy-Liard.	..2. en Fr.	0. 1.$\frac{1}{4}$

Pratique des Changes de France,

Tarif, par le moyen duquel on peut connoître la valeur assez précise, tant de la livre de gros que du Florin de Hollande & de leurs parties proportionnelles depuis 90 d. de gros jusqu'à 106 pour un Ecu de 60 s.

Suivant les prix du Change courant, qui sont ; sçavoir,	La livre de gros revient en France somme suit.	Le Florin revient aussi en France comme cy-dessous.
à 90. den. de gros pour v. la l. revient à l. 8:—		Et le Flor. à l. 1. 6. 8.
à 90. ½. dit	l.7.19.1.	à l.1.6.6.
à 91. — dit	l.7.18.3.	à l.1.6.4.
à 91. ½. dit	l.7.17.4.	à l.1.6.3.
à 92. — dit	l.7.16.6.	à l.1.6.1.
à 92. ½. dit	l.7.15.8.	à l.1.5.11.
à 93. — dit	l.7.14.10.	à l.1.5.10.
à 93. ½. dit	l.7.14.—	à l.1.5.8.
à 94. — dit	l.7.13.2.	à l.1.5.6.
à 94. ½. dit	l.7.12.5.	à l.1.5.4.
à 95. — dit	l.7.11.7.	à l.1.5.3.
à 95. ½. dit	l.7.10.9.	à l.1.5.2.
à 96. — dit	l.7.10.—	à l.1.5.—
à 96. ½. dit	l.7.9.3.	à l.1.4.10.
à 97. — dit	l.7.8.5.	à l.1.4.9.
à 97. ½. dit	l.7.7.8.	à l.1.4.7.
à 98. — dit	l.7.6.11.	à l.1.4.6.
à 98. ½. dit	l.7.6.2.	à l.1.4.4.
à 99. — dit	l.7.5.5.	à l.1.4.3.
à 99. ½. dit	l.7.4.9.	à l.1.4.1.
à 100. — dit	l.7.4....	à l.1.4.—
à 100. ½. dit	l.7.3.3.	à l.1.3.11.
à 101. — dit	l.7.2.6.	à l.1.3.9.
à 101. ½. dit	l.7.1.10.	à l.1.3.8.
à 102. — dit	l.7.1.2.	à l.1.3.6.
à 102. ½. dit	l.7.0.6.	à l.1.3.5.
à 103. — dit	l.6.19.10.	à l.1.3.4.
à 103. ½. dit	l.6.19.2.	à l.1.3.2.
à 104. — dit	l.6.18.6.	à l.1.3.1.
à 104. ½. dit	l.6.17.10.	à l.1.3.—
à 105. — dit	l.6.17.2.	à l.1.2.10.
à 105. ½. dit	l.6.16.6.	à l.1.2.9.
à 106. — dit	l.6.15.10.	à l.1.2.8.

Avertissement VIII.

J'Ay crû que je ne devois pas obmettre de donner au public une Relation assez exacte des principales circonstances qui ne doivent pas estre ignorées des Negocians, tant en matiere de Banque qu'en celle de Marchandise. Elle m'a esté envoyée de la maniere suivante.

Réponses aux doutes proposez touchant le Negoce d'Amsterdam.

1. LEs Monnoyes qui ont presentement cours à Amsterdam sont les Ducatons d'Argent, qui y valent 3 Florins & 3 Patars. Les Patagons ou Richedalles qui valent 2 Florins, 10 Patars. Il y a encore d'autres petites Monnoyes d'Argent que l'on pourra voir en la page 13. cy-dessus.

On remarquera que 6 Florins valent une livre de gros. Les Pistoles d'Espagne y valent 9 Florins chacune, & quelque peù davantage. Les Hongres s'y prennent pour 5 Florins, & on les vend avec un pour ÷ de benefice.

Toutes les susdites Monnoyes sont courantes, lesquelles different de celles de banque de 3 ½ à 4 pour cent. Cét âge augmentant ou diminuant selon l'abondance ou la rareté de l'Argent. Il y a des Scalins de 6 sols, & des demy-Scalins de 3 sols, des Pieces de 2 sols, des Sols & des Liards, appellez *Dents*.

2. Amsterdam change pour les places Estrangeres suivantes ; sçavoir,

Pour Anvers, à 1 ⅛ de perte pour le Remetteur.

Pour Bordeaux, à 99 ½ deniers de gros pour Ecu.

Pour Breslau en Allemagne, à 46 ⅓ sol de Flor. pour 1 Richedalle.

Pour Cadix en Espagne, à 119 ¼ deniers dits pour 1 Ducat de 375 Maravedis.

Pour Dantzic en Pologne, à 220 - gros Polonins pour une livre de gros.

Pour Francfort, à 85 ¾ deniers de gros pour un Florin de 65 Kreuts de Change.

Pour Gennes, à 97 deniers de gros pour 1 Piastre de 96 sols dudit lieu.

Pour Hambourg, à 33 Patars ½ pour 1 Dalle de 32 sols Lubs.

Pour Lion, à 97 ½ deniers de gros pour 1 Ecu d'Or sol.

Pour Lisbonne, à 64 deniers dits pour une Creusade de 400 Raix.

Pour Livourne, à 95 ½ deniers dits pour 1 Piastre ou piece de 8. de six livres Monnoye dudit lieu.

Pour Londres à 3 5 ſols 6 deniers de gros pour une livre Sterlin.

Pour Madrid à 1 2 0 deniers $\frac{1}{2}$ dits pour 1 Ducat de 1 1 Reaux & 1 Maravedis.

Pour Paris à 9 8 deniers $\frac{1}{2}$ dits pour 1 Ecu d'Or ſol.

Pour Roüen à 9 7 deniers $\frac{1}{4}$ dits pour 1 Ecu dit.

Pour Seville à 1 2 1 deniers $\frac{1}{2}$ dits pour 1 Ducat de 375 Maracdis.

3. Les noms que l'on donne aux Poids ſont livres de 1 6 onces. Les Poids ſont differens pour Amſterdam, par raport aux lieux où cette Ville a correſpondance, ce que l'on connoîtra facilement par la Table ſuivante.

Table du rapport du poids d'Amſterdam à celuy des Places ſuivantes.

1 0 0 ℔. poids d'Amſterdam ſont égales à

1 1 3 ℔. $\frac{1}{2}$ d'Anvers à cauſe qu'une ℔. ne rend que 1 4 onces à Amſterdam.

1 2 0 ℔. - d'Avignon ſur le pied d'une ℔. pour 1 3 onces $\frac{1}{3}$.

9 8 ℔. - de Baſle ſur le pied d'une ℔. pour 1 6 onces peu plus.

1 6 9 ℔. $\frac{1}{2}$ de Bergame ſur le pied d'une ℔. pour 9 onces 4 gros.

1 5 1 ℔. $\frac{1}{2}$ de Boulogne ſur le pied d'une ℔. pour 1 0 onces 4 gros $\frac{1}{2}$.

1 5 2 ℔. - de Florence ſur le pied d'une ℔. pour 1 0 onces 4 gros $\frac{1}{4}$.

9 8 ℔. - de Francfort, comme à Baſle.

8 9 ℔. - de Geneve ſur le pied d'une ℔. pour 1 8 onces peù moins.

1 6 1 ℔. $\frac{1}{4}$ de Gennes ſur le pied d'une ℔. pour 1 0 onces peù moins.

9 8 ℔. - de Hambourg, comme à Baſle.

9 9 ℔. de la Rochelle ſur le pied d'une ℔. pour 1 6 onces peù plus.

1 1 6 ℔. - de Lion ſur le pied d'une ℔. pour 1 3 onces 6 gros $\frac{1}{3}$.

1 0 9 ℔. - de Londres ſur le pied d'une ℔. pour 1 4 onces 5 gros $\frac{4}{5}$.

1 7 5 ℔. - de Mantoüe ſur le pied d'une ℔. pour 9 onces $\frac{1}{7}$.

1 2 3 ℔. $\frac{1}{2}$ de Marſeille ſur le pied de 1 3 onces peù moins.

1 6 4 ℔. - de Meſſine ſur le pied d'une ℔. pour 9 onces 6 gros.

1 6 8 ℔. - de Milan ſur le pied d'une ℔. pour 9 onces 4 gros $\frac{1}{3}$.

1 2 0 ℔. - de Montpelier ſur le pied, comme à Avignon.

1 5 1 ℔. $\frac{1}{2}$ de Modene, comme à Boulogne.

1 6 9 ℔. $\frac{1}{2}$ de Naples, comme à Bergame.

9 8 ℔. - de Nuremberg, comme à Baſle.

1 0 0 ℔. - de Paris ſur le pied d'une ℔. pour 1 6 onces.

1 5 1 ℔. $\frac{1}{2}$ de Raconis, comme à Boulogne.

9 6 ℔. $\frac{1}{2}$ de Roüen ſur le pied d'une ℔. pour 1 6 onces 4 gros $\frac{4}{5}$.

158 ℔. ½ de Sarragoce sur le pied d'une ℔. pour 10 onces peü plus.

161 ℔. ¼ de Tortoze, comme à Gennes.

120 ℔. - de Toulouze, comme à Avignon.

151 ℔. ½ de Turin, comme à Boulogne.

158 ℔. ½ de Valence, comme à Sarragoce.

182 ℔. - de Venize sur le pied d'une ℔ pour 8 onces 6 gros ⅓

On remarquera qu'il y a encore à Amsterdam, de deux sortes de poids. L'un appellé poids de Hollande, & l'autre poids de Brabant.

Les Soyes & les Ouvrages qui en proviennent se vendent au poids de Brabant, comme aussi les Coraux & les autres effets considerables.

Mais les Marchandises ou Denrées grossieres se vendent au poids de Hollande, qui est plus pesant de 4 pour ½ que celuy de Brabant.

4. Les Mesures, que l'on appelle (Aunes) comme à Paris, ont aussi un rapport fort different, eu égard aux lieux où son negoce s'étend, ainsi que la Table suivante le fera clairement voir, car

21 aunes de Hollande rendent en Angleterre	16 Verges.
7 aunes dites rendent dans l'Arragon	6 Barres.
35 aunes de Hollande rendent à Bergame	36 Brasses.
14 aunes de Hollande rendent à Boulogne	15 Brasses.
35 aunes de Hollande rendent dans la Castille	28 Barres.
35 aunes de Hollande rendent à Constantinople	36 Pics.
343 aunes de Hollande rendent à Florence	400 Brasses.
49 aunes de Hollande rendent en Flandres	48 aunes.
7 aunes de Hollande rendent à Lion	4 aunes.
7 aunes de Hollande rendent à Luques	8 Brasses.
14 aunes de Hollande rendent à Mantouë	15 Brasses.
14 aunes de Hollande rendent à Modene	15 Brasses.
7 aunes de Hollande rendent à Milan	9 Brasses de Draps de Soye.
35 aunes de Hollande rendent à Montpellier pieds 9 lignes de longueur.	12 Cannes de 6
56 aunes de Hollande rendent à Naples	17 Cannes.
7 aunes de Hollande rendent à Paris pieds, 7 pouces, 8 lignes de longueur.	4 aunes de 3
7 aunes de Hollande rendent à Roüen	4 aunes.
21 aunes de Hollande rendent à Toulouze &c. pieds, 5 pouces 6 lignes de longueur.	8 Cannes de 5
7 aunes de Hollande rendent à Turin	8 Ras.
35 aunes de Hollande rendent à Valance	26 Barres.

C

14 aunes de Hollande rendent à Venize   15 Brasses.

Outre les Poids & les Mesures en étenduës ou en longueurs, avec leurs rapports aux Poids & Mesures de plusieurs places cy-dessus marquées, il est bon de faire icy mention des autres sortes de Mesures en continence, servant à contenir les liqueurs comme Eaux de Vie, Vins, Vinaigres, Bierres, Cidres, Huiles, Miels & autres marchandises qui se renferment dans des Mesures rondes, dont les plus ordinaires sont *Tonneaux, Muids, Demy-Muids, Pipes, Queuës, Demy-Queuës, Poinçons, Barriques, Quartes, Pintes, Chopines, Demy-Sextiers*, & plusieurs autres Mesures qui ont des noms differens quoy que souvent de mesme capacité. Ces differentes appellations sont d'ordinaire accommodées aux divers Idiomes des Langues.

Les Eaux de Vie, quoy que renfermées dans des pieces de differentes longueurs & grosseurs, se vendent ordinairement sur le pied de tant la Barrique, laquelle contient plus ou moins de Veltes : par ce qu'à la Rochelle, l'Isle de Ré & païs d'Aunis, elle est de 27 Veltes, ou Verles : à Nantes & en plusieurs autres lieux de la Bretagne elle est composée de 29 Veltes : à Bordeaux & en plusieurs endroits de la Guyenne elle est de 32 Veltes, & à Amsterdam & autres Villes de la Hollande, elle est de 30 Veltes, de six Mingles la Velte ou de 12 Pintes pesant 18 ℔. poids d'Amsterdam, de sorte que les 30 Veltes contiennent 360 pintes pesant 540 livres.

A Londres & en plusieurs Villes de l'Angleterre les Veltes n'y sont pas en usage, on n'y parle que par Tonneaux de 252 pots appellez *Gallons*.

Observation I.

ON remarquera qu'à Bordeaux il faut 100 pots d'Eau de Vie pour faire 32 Veltes ou la Barrique ; que 3 pots & ⅛ font la Velte & que quatre Barriques font le *Tonneau*.

Les Vins, Vinaigres, Huiles, Miels, &c. sont renfermez dans de semblables Vaisseaux que ceux cy-dessus specifiez. Mais suivant les Us & Coûtumes des lieux, les uns se vendent au poids comme au *Quintal*, ou poids de 100 livres, & les autres à la mesure, à quoy il se faut conformer avant que d'acheter ou de vendre.

Le Tonneau contient ordinairement trois Muids mesure de Paris : Mais par le mot de Tonneau en terme de la Navigation il faut entendre 2000 livres pesant, à cause que la Barrique de Vin pese le plus souvent 500 livres.

En Angleterre, en Hollande, & au païs du Nort, on appelle *Lest*, ce qui reçoit le nom de Tonneau en France, avec cette difference que le *Lest* pese 4000 livres, & que le Tonneau n'est que de 2000 livres.

Les Mesures, qui servent à mesurer les Bleds, Orges, Avoines & autres sortes de Grains, Charbons, ou Plastres &c. reçoivent plusieurs noms dont les plus ordinaires sont *Muids, Sextiers, Minots, Boisseaux, Litrons, Quartieres, Raziéres, Maldres* &c. qui sont des noms propres & affectez à des lieux particuliers.

Le Sextier, qui est tres-connu en tant qu'il contient en sa capacité 12 Boisseaux, pese depuis 240 jusqu'à 250 livres quand le Bled est de bonne qualité. Et le Boisseau de Bordeaux, dont deux sont égaux au Septier, pese depuis 120 jusqu'à 125 livres, on le divise en $\frac{1}{4} \frac{1}{8} \frac{1}{?}$.

Raport des Mesures de Grains de Hollande à celles des lieux cy-aprés.

1 Lest est de 54 Boisseaux à Amsterdam &

100 Boisseaux dudit lieu sont égaux à 25 Sextiers mesure de Paris ou à 50 Boisseaux de Bordeaux.

100 Boisseaux dudit Amsterdam sont égaux à 20 Barils d'Angleterre.

100 Boisseaux dits sont égaux à 2 Tonneaux $\frac{12}{19}$ ou $\frac{2}{3}$ peu plus aussi d'Angleterre.

Observation II.

PUISQUE par la connoissance d'une chose connuë on vient facilement à la découverte d'une inconnuë; je me suis contenté de marquer les noms des Mesures de capacité considerées par rapport à celles de quelques places où elles sont receuës & dont les parties sont connuës: en ce que par cette connoissance generale il sera facile à ceux qui auront tant soit peu d'intelligence de la Regle conjointe, de découvrir tels raports ou de faire telles reductions que l'on voudra, soit à l'égard des Monnoyes & des Poids, soit à l'égard des mesures de quelque nature qu'elles puissent estre, le tout suivant les Exemples que j'en donneray cy-aprés.

Observation III.

Touchant le Commerce de Hollande avec la France.

LA Nature, mere nourrice des hommes, a si justement disposé les biens dont ils ont besoin, que bien qu'elle ait privé plusieurs lieux des choses, qui sont necessaires, soit à la vie, soit à la commodité & à la bien-feance, elle y fupplée en donnant les moyens à ceux qui habitent ces fortes de païs, d'y produire l'abondance de tout ce qui leur manque à la faveur du Commerce & du Trafic. Cette mefme Nature répand fouvent, mefmes avec profufion fes dons & fes largeffes dans d'autres païs dont les peuples, qui les habitent, ne font pas fuffifans pour confumer les biens qui y viennent, foit par la bonté & fertilité de la Terre, foit par l'induftrie & le travail de fes habitans. Mais le Commerce par les differentes mutations de biens à trouvé le moyen d'introduire dans les païs fteriles dequoy y faire utilement & agreablement fubfifter ceux qui y refident. En effet on voit que chaque païs à fes avantages particuliers, & que ceux qui abondent en biens en font la repartition dans les lieux qui en manquent. Et c'eft par cette communication reciproque que les hommes entretiennent une fi grande correfpondance & une fi étroite liaifon parmy eux. Nous reconnoiffons cette verité par les tranfports frequens que l'on fait de toutes fortes de biens produits en France, & qu'elle veut bien communiquer non feulement à fes voifins „mais mefmes à ceux des païs les plus éloignez : puifque les peuples de toutes les parties du Monde en reffentent tous les jours des fecours confiderables, tant à caufe des denrées qui s'y transportent qu'à caufe des hommes qui y vont volontairement pour y établir des Colonies, & rendre par ce moyen fertiles les endroits que la Nature fembloit avoir rendus fteriles.

Le Commerce que noftre Invincible Monarque veut bien permettre a fes Sujets, fait qu'en fe privant des chofes que la Nature produit abondamment, & de celles qui proviennent de toutes fortes de Manufactures fi judicieufement établies, ils retirent des païs Etrangers d'autres effets en échange, & dont on fe fert utilement en France.

Les Hollandois, qui trafiquent dans prefque toutes les parties du Monde, prennent en France de quoy rendre leur negoce plus floriffant, ils y achetent entre autres chofes, des Vins, Eaux de Vie, du Vinaigre, des Bleds Fromens, Méteils, Segles, Bleds noirs, Orges; Poids, Féves, Noix, Chaftagnes; du Sel, des Toiles de Bretagne, de Normandie & d'autres lieux; des Huiles de Provence, des Capes, Amandes, Raifins, Figues, Prunes, & autres Fruits cruds & cuits. Toutes fortes de Draperies, Merceries, Quincailleries, Papiers, Verres pour des Vitres, du Fil à coudre de Roüen, de Bretagne, & de plufieurs autres lieux, du Paftel, Saffran, Miel, de la Terebentine & une infinité d'autres marchandifes qu'ils achetent en France. Et reciproquement les François fe fourniffent en Hollande de Draps, de Camelots de Poil de Chevre ; de Toiles dites de Hollande, & de Cotton ; de Treillis, Boucaffins, Cottons, Plumes, Laines fines, Peaux de Caftor ; de Perles & Semences de Perles, de Diamans, de Poivres, Girofles, Muſcades, Gingembre, Canelles ; d'Anis, Ris, Sucres rafinez & Bruts, de Drogues Aromatiques, Medecinales, & de celles ſervant à la Peinture ; de toutes fortes d'autres drogues propres aux Teintures, comme Indigo, bois de Breſil, & de Fernambourg, Camphes, Garances, Noix de Galle, Gommes, Aluns, Couperoſes, Vitriols & autres. De l'Eſtain, du Plomb, Cuivre, des Poilleries, Chaudieres à faire des Eaux de Vie, du Fil de Latton, Fer Blanc, Fer en Verge, des Barres d'Acier, & du Vif Argent, des Cuirs, Maroquins, Vaches de Ruſſie, Pelleteries de toutes fortes, Lins, Chanures, Raiſines, Poix, Goudrons, Brais, Gros Maſts de Navire, Planches de Sapin, & autres bois en Poutres & Soliveaux : des Canons de Bronze & de Fer, du Soufre, Salpetre, de la Poudre à Canon, Meſche ; des Mouſquets, Piſtolets, Épées, Piques, Hallebardes fines & autres Ouvrages de Fer & d'Acier. Des Fromages, du Beurre, Suif, Saûmon, & des Harangs falez, des Baleines & Huiles de Baleine, de Poiſſons, & de Lin, & pluſieurs autres Marchandiſes. On remarquera icy en paſſant que de toutes ces fortes d'effets la Hollande ne produit que des Draps, Camelots, Toiles, Fils, Beurres & Fromages ; mais les autres s'achetent dans les païs Eſtrangers où les Hollandois font porter d'autres Marchandiſes qui y font neceſſaires, & qu'ils tirent preſque toutes de la France.

C'eſt ce grand Commerce reciproque de la France & de la Hollande, qui donne lieu à celuy de la Banque qui en eſt une ſüite neceſſaire ; & dont l'utilité eſt tres connuë entre les Negocians.

5. Les Achats & les Ventes ſe font en Hollande pour l'ordinaire à ſix ſemaines ou à deux mois au plus, ou bien on rabat 1 pour ½ en payant comptant.

Quelquefois on donne quelque choſe de bon poids, mais point pour les meſures. On remarquera qu'il y a pluſieurs fortes de Marchandiſes qui ſe vendent à 27. 30 ou 33 mois de terme, & dont on peut faire l'Eſcompte à 8 pour cent par an.

6. Les Lettres qui font tirées de dehors, & que l'on doit faire proteſter le doivent eſtre ſept jours aprés l'Eſcheance pour n'eſtre point préjudiciables aux porteurs. Celles d'Angleterre n'ont que trois jours aprés l'Eſcheance, celles de France cinq jours, celles d'Eſpagne quatre jours.

7. L'Uſance des Lettres de Change tirées de France & d'Angleterre comprend 30 jours, à compter du jour qu'elles font écrites ;

mais pour celles qui font tirées d'Italie & d'Efpagne, l'Ufance comprend deux mois.

8. Dans les differens qui furviennent entre les Negocians, & qui par leurs compromis s'en raportent à des Arbitres, on peut apeller des Sentences de ces Juges quand on s'en fait relever par le moyen des Cours Souveraines.

9. Le Negoce ne deroge ny ne difconvient pas à la Noblefle. Cependant les Nobles font tres peû de Negoce en Hollande. Ils donnent feulement leurs effets pour en tirer quelque avantage raifonnable; mais ils dérogent entierement à leur Noblefle s'ils tiennent boutiques ouvertes.

10. On donne à Amfterdam de l'Argent en dépôt à 4 pour cent par an, plus ou moins felon l'abondance ou la rareté de l'Argent.

11. Les Naturels du païs & les Eftrangers payent également les droits de Doüanne & des autres femblables.

12. On prend icy de l'Argent à Intereft à 4 pour cent par an, & pour la vie à 10 pour cent. On leve encore des fommes de deniers pour fournir aux dépenfes des Admirautez, auffi à raifon de 4 pour $\frac{1}{2}$ par an. On fait la mefme chofe pour la Compagnie des Indes Orientales, & lors que ces occafions fe prefentent chacun s'empreffe d'y porter fon Argent pour les affeurances que l'on en a.

13. Il y a icy une Banque comme à Venize, & l'on y paye toutes les Lettres de Change tirées de toutes parts, & la Monnoye courante differt de celle de Banque de $3\frac{1}{2}$ à 4 pour cent, quoy que cét âge n'ait pas un prix fixe & invariable eftant reglé fuivant le plus ou le moins d'Argent qui fe trouve.

14. Toutes les Nations font icy également privilegiéés, & ceux du païs n'ont pas plus d'avantage que ceux d'un autre.

15. On plaide en Flamand & l'on comparoît en Juftice par des Docteurs en Droit ou par des Procureurs.

16. On juge icy ordinairement fuivant les Loix Romaines, & felon auffi quelques Coûtumes locales & propres en ce païs cy.

17. En cas de faillite il n'y a point de preference, le dernier y a autant que le premier. Les Creanciers doivent tous concoürir chacun pour leur intereft, & mefmes les Naturels du païs n'y ont pas de prerogatives particulieres, y eftant égaux en toutes chofes.

TABLE SECONDE.

Par le moyen de laquelle on découvre le rapport que la Monnoye de France a avec celle de la Ville de Bergame en Lombardie.

PARIS, LION, ROUEN, BORDEAUX, *Changent & donnent.*

1 ♈ de 60 f.
pour avoir ⎰ au Pair à ⎱
⎱ aux prix courans ⎰ *Bergame.* ⎰ l. 8. 14. 6. $\frac{6}{11}$ de la Mon-
depuis . ⎰ noye dudit lieu.
l. 7: 10 - . jufqu'à l. 9 -. -

Avertiſſement I.

LE Pair cy-deſſus ſe tire du Rapport qu'il y a entre l. 32. Monnoye du païs valeur de la Piſtole d'Eſpagne qui y a cours, & entre 11 livres, valeur de la meſme Piſtole qui a auſſi cours en France pour ce prix.

Mais parce que ce prix varie fort ſouvent, ſuivant l'abondance ou la rareté de l'Argent, qui en fait l'augmentation ou la diminution, cela a donné lieu à cette variation des prix courans des Changes comme il a eſté dit cy-deſſus.

Les Negocians de Bergame tiennent leurs Ecritures en Livres, Sols & deniers qu'ils reduiſent en Ducats ou Ecus de 7 livres piece, ſur le pied deſquels ils font leurs Negociations de Banque pour pluſieurs places d'Italie & du Levant.

Avertiſſement II.

JE n'ay pas crû qu'il fût neceſſaire de propoſer en ce lieu des queſtions de Traites & de Remiſes à faire pour ladite Ville de Bergame ny de dreſſer des Modelles de Lettres de Change, & d'Avis avec les precautions à prendre par les Negocians à l'égard de leurs Ecritures à coucher dans leurs Livres Journaux ; d'autant que les differentes applications, que j'en ay données pour les Negociations que la France fait avec les Dix-ſept Provinces Unies, peuvent ſuffire n'y ayant qu'à s'y conformer : Cependant pour ne laiſſer rien en arriere j'ay bien voulu propoſer cette queſtion.

Un Particulier de France voulant remettre ou tirer à droiture à Bergame une partie de 3000 Ecus, à 7 livres 15 ſols dudit lieu pour un Ecu d'Or ſol de 60 ſols ; ſçavoir de combien il y ſera crediteur ou debiteur en Ducats ou Ecus de 7 livres la piece.

Pratique.

3000 △. fomme à remettre ou à tirer fur Bergame.
7. 15 f. prix du Change convenu.

21000. :
1500. :
750. .

---

l. 23250 - - à recevoir ou à payer à Bergame, à divifer par 7.

$\frac{1}{7}$ ▽. 3321 : 8 : 6 : $\frac{6}{7}$ égaux aufdits 23250 livres, dont la preuve fe verra comme cy-aprés par une queftion contraire à celle-cy deffus.

Un particulier de Bergame ayant ordre de fon Correfpondant de France de luy remettre 3321 Ecus, 8 fols 6 den. $\frac{6}{7}$ dont il luy eft redevable à 7 livres 15 fols Monnoye courante de Bergame pour un Ecu d'Or fol ; fçavoir combien d'Ecus d'Or fol ledit particulier de France y recevra pour ladite Remife à luy faire.

Pratique.

3321 Ecus, 8 fols, 6 den. $\frac{6}{7}$ de Bergame à multiplier par
7. livres valeur d'un Ecu de Bergame.

23250 livres de Berg. à multiplier par 20, pour en faire des fols.
20 fols, valeur d'une livre.

465000 fols à divifer par 7 livr. 15 fols, ou par Reduction par
1.15 fols égaux aufdits 7 liv. 15 fols.

465000 { 3000 Ecus.

188888
1888
22

Avertiffement III.

ON remarquera en ce lieu que toutes les Villes de France n'ont pas toûjours leurs correfpondances directes dans les Royaumes & Païs Etrangers, où ils ont cependant befoin de faire tenir de l'Argent ou d'en tirer, c'eft pour cette raifon que ceux qui ont à remettre ou à tirer de l'Argent dans prefque toutes les Villes d'Italie, fe fervent de l'entremife de leurs Correfpondans qui font

leur

leur refidence actuelle dans la Ville de Lion, lefquels ont auffi d'autres Correfpondans à Milan, Gennes, Boulogne, Florence, Rome & à Venize pour executer leurs ordres comme ceux-cy executent les ordres des premiers.

Les Negocians de France, qui ont à remettre ou à tirer des Lettres de Changes fur les Villes du Levant, ont recours à leurs Correfpondans de Marfeille aufquels ils font des Remifes pour les Villes de Smirne, & de Conftantinople, dont les Banquiers ou autres Negocians ont leurs Correfpondances dans les Villes d'Egypte, de l'Afie Mineure, de la Perfe, & des autres Eftats Orientaux. Ceux qui font obligez de remettre ou de tirer des fommes petites ou grandes fur l'Allemagne, Suede, Dannemarck, Pologne, Mofcovie & autres Eftats du Nort, fur l'Efpagne & fur le Portugal, ils ont leurs Correfpondans à Hambourg, à Amfterdam & à Anvers, par le moyen defquels ils font toutes leurs Negociations de Banque qui confiftent en Traites & en Remifes.

Avertiffement IV.

JE ne me fuis pas contenté de marquer comme cy-deffus le rapport que les Monnoyes ont entr'elles pour les raifons cy-devant declarées, j'ay creu qu'il eftoit auffi neceffaire pour le profit & la fatisfaction des Negocians de rapporter à la fin de chaque Table le raport des Poids & des Mefures : parce que fi la connoiffance du Rapport de l'Argent Monnoyé, confideré par fa matiere & par fa valeur, eft abfolument neceffaire à ceux qui font le Negoce de la Banque ; l'intelligence de la Convenance & de la difference des Poids & des Mefures, n'eft pas moins avantageufe aux Marchands qui trafiquent actuellement, & qui ont pour objet les Achats & les Ventes de toutes fortes de Marchandifes, & ainfi on fçaura que

100 ℔. poids de Bergame, de Naples, Calabre, &c. font égales à

59 ℔. d'Amfterdam, dont 9 onces $\frac{11}{25}$ ou $\frac{1}{2}$ peù moins font égales à la ℔. de Bergame, &c.

66 ℔. d'Anvers, dont 10 onces 4 gros $\frac{1}{4}$ font égaux à ladite ℔. de Bergame.

70 ℔. d'Avignon fur le pied de 11 onces $\frac{1}{5}$.

57 ℔. de Bafle fur le pied de 9 onces $\frac{1}{25}$ ou $\frac{1}{8}$ peù moins.

59 ℔. de Bezançon, comme à Amfterdam.

88 ℔. de Boulogne en Italie fur le pied de 14 onces $\frac{3}{2}$, ou $\frac{1}{2}$ peù moins.

D

100 ℔. de Bergame, de Naples, de Calabre &c. font égales à

89 ℔. de Florence fur le pied de 14 onces $\frac{6}{15}$ ou $\frac{1}{3}$ peù moins.

57 ℔. de Francfort, comme à Bafle.

52 ℔. de Gennes fur le 'pied de 8 onces $\frac{2}{15}$ ou $\frac{1}{3}$ peù moins.

94 ℔. de Gennes fur le pied de 15 onces $\frac{1}{15}$.

57 ℔. $\frac{2}{}$ de la Rochelle fur le pied de 9 onces $\frac{1}{3}$ peù moins.

68 ℔. de Lion fur le pied de 10 onces $\frac{1}{2}$ peù plus.

64 ℔. de Londres fur le pied de 10 onces $\frac{1}{2}$ peù moins.

103 ℔. de Mantoüe fur le pied de 16 onces $\frac{1}{3}$ peù moins.

72 ℔. de Marfeille fur le pied de 11 onces $\frac{1}{3}$ peù plus.

96 ℔. de Meffine fur le pied de 15 onces $\frac{1}{3}$ peù moins.

98 ℔. de Milan fur le pied de 15 onces $\frac{1}{3}$ peù plus.

70 ℔. de Montpellier, comme à Avignon.

88 ℔. de Modene, comme à Boulogne.

57 ℔. de Nuremberg, comme à Bafle.

59 ℔. de Paris, comme à Amfterdam.

88 ℔. de Raconis, comme à Boulogne.

57 ℔. de Roüen, comme à Bafle.

92 ℔. de Sarragoce fur le pied de 14 onces $\frac{1}{3}$ peù moins.

59 ℔. de Strasbourg, comme à Amfterdam.

94 ℔. de Tortoze, comme à Gennes.

70 ℔. de Toulouze, comme à Avignon.

88 ℔. de Turin, comme à Boulogne.

92 ℔. de Valance, comme à Sarragoce.

107 ℔. de Venize fur le pied de 17 onces $\frac{1}{3}$ peù moins.

Rapport de la Braffe de Bergame (égale au Pic de Conftantinople) aux Mefures des lieux cy-aprés.

27 Braffes de Bergame font égales en Angleterre, à	20	Verges.
6 Braffes de Bergame font égales dans l'Arragon, à	5	Barres.
24 Braffes de Bergame font égales à Boulogne, à	25	Braffes.
9 Braffes de Bergame font égales dans la Caftille, à	7	Barres.
441 Braffes de Bergame font égales à Florence, à	500	Braffes.
21 Braffes de Bergame font égales en Flandre, à	20	Aunes.
36 Braffes de Bergame font égales en Hollande, à	35	Aunes.
9 Braffes de Bergame font égales à Lion, à	5	Aunes.
9 Braffes de Bergame font égales à Luques, à	10	Braffes.
24 Braffes de Bergame font égales à Mantoüe, à	25	Braffes.
4 Braffes de Bergame font égales à Milan, pour les Draps de Soye. à	5	Braffes,
36 Braffes de Bergame font égales audit Milan, pour les Draps de Laine. à	35	Braffes,

24 Brasses de Bergame sont égales à Modene , à 25 Brasses.
3 Brasses de Bergame sont égales à Montpellier, à 1 Canne.
288 Brasses de Bergame sont égales à Naples , à 85 Cannes.
9 Brasses de Bergame sont égales à Paris , à 5 Aunes.
9 Brasses de Bergame sont égales à Rouen , à 5 Aunes.
27 Brasses de Bergame sont égales à Toulouze , à 10 Cannes.
9 Brasses de Bergame sont égales à Turin , à 10 Ras.
18 Brasses de Bergame sont égales à Valance , à 13 Barres.
24 Brasses de Bergame sont égales à Venize , à 25 Brasses.

TABLE TROISIE'ME.

Par le moyen de laquelle on sçait le rapport que la Monnoye de France a avec celle de la Ville de Boulogne en Italie.

PARIS, LION, ROUEN, BORDEAUX, *Changent & donnent.*

1 v de 60 f.
pour avoir
{ au Pair à
{ aux prix courans
{ depuis
} *Boulogne.* {
{ 83 Bolonins dont 85 font
{ 1 Ecu dudit lieu.
{ 80. jusqu'à 90 dits.

Avertissement I.

LE Pair cy-dessus se tire du rapport qu'il y a entre 15. livres 4 sols Monnoye de ladite Ville , qui font la valeur de la Pistole d'Espagne , & entre 11 livres de France, valeur de la mesme Pistole , qui a cours dans ces deux lieux differens.

Les Negocians de cette Ville tiennent leurs Ecritures en Livres , Sols & Deniers qu'ils calculent par 20 & par 12. & qu'ils reduisent en suite en Ecus Bolonins, en divisant la valeur des premieres especes par 85 sols aussi Bolonins , valeur de l'Ecu dit Bolonin & Monnoye de Boulogne.

Avertissement II.

JE me contenteray d'ajoûter en ce lieu les noms & valeurs des Monnoyes qui ont cours dans ladite Ville de Boulogne , sans parler des autres circonstances cy-devant expliquées , & ausquelles on aura recours , pour éviter une redite qui seroit autant ennuyeuse qu'inutile.

D ij

Monnoyes d'Or.

Le Hongre d'Or eft de 8 livres, 10 fols dudit lieu &
    peut valoir en France,   .   l. 6. ——

Le Sequin de Venize, de 9 livres dudit, peut eftre
    évalué en France à   .   l. 6. 7. ——

La Piftole d'Italie de 15 livres dudit, fe peut calcu-
    ler en France à .   .   l. 10. 10.

La Piftole d'Efpagne & le Loüis d'Or de France de 15
    livres 4 fols dudit, peut valoir en France   l. 11. ——

Monnoyes d'Argent.

Le Jule y vaut 10 Quatr. ou Bolon. & en France,
    environ   .   .   l. 0. 7. 1.

Le Tefton du Pape y vaut 30 Bolon. & en France
    environ   .   .   l. 1. 1. 3.

Le Ducaton d'Italie y vaut 5 livres ou 100 Bolon. &
    en France   .   .   l. 3. 10. 5.

Le Ducaton de Milan ou de Venize à la Couronne
    y vaut 5 livres 2 fols, & en France   l. 3. 11. 10.

L'Ecu du Pape y vaut 5 livres de la Monnoye dudit
    lieu, & en France   .   l. 3. 10. 5.

L'Ecu d'Argent de Gennes y vaut 6 livres 4 fols,
    & en France   .   l. 4. 7. 4.

Le Quatrin ou Boulonin, qui fe prend audit Bou-
    logne pour un fol dudit lieu, peut valoir en
    Monnoye de France   .   l. 0. 0. 8½.

Queftion fur un Change à droiture de France fur Boulogne.

UN particulier de France defirant remettre 780 Ecus à Boulogne, à 84 fols Bolonins pour un Ecu d'Or fol ; fçavoir
combien il recevra ou fera recevoir audit Boulogne de Livres,
Sols, & Deniers Monnoye courante du païs.

Pratique.

780 v. à remettre de France fur Boulogne.
84 fols. Bolon. prix du Change convenu.

3120
6240

6552.0 fols Bolonins à reduire en livres.
⅐. 3276 livres à recevoir à Boulogne pour lefdits 780
Ecus.

Preuve de la Remife cy-devant faite.

AYant à tirer de France fur Boulogne 3276 livres Bolonines
à 84 fols Bolon. pour un Ecu d'Or fol; fçavoir combien on
recevra d'Ecus en France pour ladite Traite.

Pratique.

3276 livres à reduire en fols en les multipliant par 20;
20 fols la valeur d'une livre.

65520 fols , à divifer par 84 prix du Change.

67
65520
8444   780 Ecus pareils , à la remife precedente.
88

Avertiffement III.

*Rapport des Poids de Boulogne, Turin, Raconis, Modene & Regio,
à ceux des lieux cy-aprés; fçavoir,*

100 ℔. poids de Boulogne , font égales à

66 ℔. d'Amfterdam, & fur ce pied la ℔. dudit Boulogne ne rend
que 10 onces $\frac{7}{12}$ peù moins audit Amfterdam.
75 ℔. d'Anvers , fur le pied d'une ℔. pour 12 onces.
80 ℔. d'Avignon , fur le pied d'une ℔. pour 12 onces $\frac{4}{5}$.
65 ℔. de Bafle , fur le pied d'une ℔. pour 10 onces $\frac{2}{5}$.
113 ℔. de Bergame , fur le pied d'une ℔. pour 18 onces $\frac{1}{12}$.
66 ℔. de Bezançon , comme à Amfterdam.
101 ℔. de Florence , fur le pied d'une ℔. pour 16 onces $\frac{1}{6}$.
65 ℔. de Francfort , comme à Bafle.

D iij

100 ℔. poids de Boulogne, sont égales à

59 ℔. de Geneve, sur le pied d'une ℔. pour 9 onces $\frac{1}{2}$ peù plus.

106 ℔. de Gennes, sur le pied d'une ℔. pour 17 onces peù moins.

65 ℔. de la Rochelle, comme à Basle.

77 ℔. de Lion, sur le pied d'une ℔. pour 12 onces $\frac{1}{3}$ peù moins.

72 ℔. de Londres, sur le pied d'une ℔. pour 11 onces $\frac{1}{2}$.

116 ℔. de Mantouë, sur le pied d'une ℔. pour 18 onces $\frac{1}{2}$ peù moins.

81 ℔. de Marseille, sur le pied d'une ℔. pour 13 onces peù moins.

109 ℔. de Messine, sur le pied d'une ℔. pour 17 onces $\frac{1}{2}$.

111 ℔. de Milan, sur le pied d'une ℔. pour 17 onces $\frac{1}{4}$ peù plus.

80 ℔. de Montpelier, sur le pied d'une ℔. pour 12 onces $\frac{1}{4}$.

113 ℔. de Naples, comme à Bergame.

65 ℔. de Nuremberg, comme à Basle.

66 ℔. de Paris, comme à Amsterdam.

64 ℔. de Roüen, sur le pied d'une ℔. pour 10 onces $\frac{1}{4}$.

104 ℔. de Sarragoce, sur le pied d'une ℔. de 16 onces $\frac{1}{4}$ peù plus.

66 ℔. de Strasbourg, comme à Amsterdam.

106 ℔. de Tortoze, comme à Gennes.

80 ℔. de Toulouze, comme à Avignon.

104 ℔. de Valance, comme à Sarragoce.

121 ℔. de Venize, sur le pied d'une ℔. pour 19 onces $\frac{1}{2}$ peù moins.

Autre rapport des Mesures, de Boulogne, Mantouë, Modene, & Ve-
nize, comparées à celles des lieux cy-après.

15 Brasses de Boulogne sont égales à Amsterdam . à   14 Aunes.

45 Brasses dudit Boulogne sont égales en Angleterre, à   32 Verges.

5 Brasses de Boulogne sont égales en Arragon,   à   4 Barres.

25 Brasses de Boulogne sont égales à Bergame,   à   24 Brasses.

75 Brasses de Boulogne sont égales en Castille,   à   56 Barres.

25 Brasses de Boulogne sont égales à Constantinople, à   24 Pics.

147 Brasses de Bonlogne sont égales à Florence,   à 160 Brasses.

105 Brasses de Boülogne sont égales en Flandres,   à   96 Aunes.

15 Brasses de Boulogne sont égales à Lion,   à   8 Aunes.

15 Brasses de Boulogne sont égales à Luques,   à   16 Brasses.

5 Brasses de Boulogne sont égales à Milan,   à   6 Brasses,
     pour les Draps de Soye.

15 Brasses de Boulogne sont égales audit Milan,   à   14 Brasses,
     pour les Draps de Laine.

25 Brasses de Boulogne sont égales à Montpellier,   à   8 Cannes.

60 Brasses de Boulogne sont égales à Naples,   à   17 Cannes.

15 Brasses de Boulogne sont égales à Paris,   à   8 Aunes.

15 Braſſes de Boulogne ſont égales à Roüen, à 8 Aunes.
45 Braſſes de Boulogne ſont égales à Toulouze, à 16 Cannes
15 Braſſes de Boulogne ſont égales à Turin, à 16 Ras.
75 Braſſes de Boulogne ſont égales à Valance, à 52 Barres.

Avertiſſement IV.

LEs Poids & les Meſures ſuppoſant des effets qui ſe peſent ou qui ſe meſurent, il eſt bon de rapporter en ce lieu quelques-unes des Marchandiſes que la France tire de Boulogne. Il y a pluſieurs Negocians de France, qui font acheter pour leur compte à Boulogne des Satins plains, des Soyes toutes apreſtées ; c'eſt à dire Moulinées & preſtes à mettre en Teinture. On les appelle par excellence, *Organcins de Boulogne.* Outre ces ſortes de Soyes, il y en a d'autres que l'on appelle Soyes Greges & en Mataſſe ; on faiſoit auſſi autrefois un grand Negoce de Creſpes, pour le deüil, mais il a eſté conſiderablement diminué par l'établiſſement à Lion d'une Manufacture de ces ſortes de Creſpes. Il ne faut icy obmettre les Sauciſſons de Boulogne, les Mouſtardelles, Vermicelles, & pluſieurs autres Marchandiſes, pour le payement deſquelles les Commiſſionnaires Acheteurs ſe prevalent preſque toûjours ſur Noüé, & les Correſpondans de Noüé tirent leurs Avances & leur Proviſion convenuë ſur les Commettans de Lion, & ceux-cy ſur ceux des autres Villes de France.

TABLE QUATRIE'ME,

Par le moyen de laquelle on ſçait le rapport de la Monnoye de France avec celle de Copenhague, Ville Capitale du Royaume de Dannemarck.

PARIS, LION, ROUEN, BORDEAUX, *Changent & donnent.*

1. ou 100 ▽ de 60 ſ. pour avoir { au Pair à / aux prix courans / depuis } Copenhague. { 1 Richedalle, / 100 dites. / 96 à 106 dites.

Avertiſſement I.

LE Pair des Monnoyes cy-deſſus eſt d'autant plus aiſé à concevoir que la Richedalle peut équipoller à un Écu, & ainſi 100 Ecus ſont égaux à 100 Richedalles. Mais on peut dire icy que les Changes de France pour les Païs du Nort ſe font rarement à droiture à cauſe du peu de Lettres qui s'en font.

Les Negocians de la Ville de Copenhague tiennent leurs Ecritures en Richedalles, Orts & en Schelins qu'ils supputent par 4 & par 18, parce que la Richedalle est composée de 4 Orts & l'Ort de 18 Schelins, & puisque la Richedalle peut passer pour égale à l'Ecu d'Or sol, il s'ensuit que l'Ort est consideré, comme valant 15 sols de France, & le Schelin 10 deniers aussi de France.

Avertissement II.

JE ne doute pas que l'on ne soit curieux de sçavoir le cours des Monnoyes de Dannemarck; c'est pourquoy j'en declareray en ce lieu.

Les Noms & valeurs de celles qui s'y reçoivent.

Monnoyes d'Or.

Le Dobel Rose-Nobel vaut dans le Païs 8 Rich. ou 48 Marck Densches, & en France il peut revenir à . . . . l. 24. ————

Le Rose-Nobel y vaut 4 Richedalles ou 24 Marck Densches . . . . ou l. 12. ————

Le Ducat y vaut 2 Rich. ou 12 Marck Densch. ou l. 6. ————

La Richedalle y vaut 6 Marck Densches, & en France, ou l. 3. ————

Le Flet Dalle y vaut 4 Marc. Denches, . ou l. 2. ————

La Alve-Richedalle y vaut 3 Marc. Densches, ou l. 1. 10.—

Le Alve Flet Daller y vaut 2 Marc. Denches, ou l. 1. ————

Le Rick Marck y vaut 16 Stuyvers, ou l. 1. ————

Le Flet Marck y vaut 8 Stuyvers, : ou l. 0. 10.

Le Dotting y vaut 2 Stuyvers, . ou l. 0. 2.6

Le Lubs Scheling y vaut 1 Stuyver, . ou l. 0. 1.3

Le Densche Scheling y vaut ½ Stuyver, . ou l. 0. 0.7½

Question sur les Changes à droiture, suposé que l'on en fist de France en Dannemarck.

AYant à faire tenir de France à Copenhague 1700 Ecus d'Or sol à 97 Richedalles & demie pour 100 Ecus; sçavoir de combien le Remetteur de Paris ou d'autres Villes de France seroit crediteur audit Copenhague, de Richedalles, Orts & Schelins.

Pratique.

Faut dire par Regle de Trois.

Sy 100 v. de Fr. font rendre à Copenh. 97½ Rich. comb. 1700 v.

$$1700$$
$$\overline{}$$
$$67900$$
Il vient pour le requis 97850
1657 Riched. 2 Orts. $\overline{165750}$

                 4 Orts valeur d'une Ric.
             $\overline{2.00}$

Preuve de la Remise cy-devant faite.

Désirant tirer de France sur Copenhague 1657 Richedalles, 2 Orts, à 97½ Richedalle pour 100 Ecus d'Or sol ; sçavoir combien on devroit recevoir d'Ecus & parties d'Ecu pour ladite Traite.

Pratique.

Il faut dire par Regle de Trois.

Sy 97½ Richedalle rendent 100 v, comb. 1657 Rich. 2 Orts.

     2   1657. 2 Orts.
  $\overline{}$
  195.   165700
               50. . produit pour 2 Orts.
             $\overline{165750}$.. à multiplier par
                2.. denominateur de la fraction.
           $\overline{331500}$.. à diviser par 195 premier terme.

$$
\begin{array}{l}
1\ 6 \\
331500 \\
198885 \\
1999 \\
21
\end{array}
\Bigg\} \quad
\begin{array}{l}
1700 \text{ Ecus à recevoir en France} \\
\text{pour lesdits } 1657 \text{ Rich. 2. Orts.}
\end{array}
$$

Avertissement III.

IL se transporte de France à Copenhague, Ville Capitale de Dannemarck, du Sel, du Vin, de l'Eau de Vie, & du Vinaigre, beaucoup de Papier, des Prunes ; plusieurs sortes d'Etoffes de Soye des Manufactures de France, quoy que les Hollandois y fassent aussi negoce des leurs. On fait venir de Copenhague, c'est à dire de

E

Dannemarck & de Norvege du Cabillaud , Stocfix , du Suif, du Chanure, des Mafts de Navire , des Planches de Sapin , du Goudron, des Peaux de Bouc , du Fer & du Cuivre , &c.

Le Schipont, qui eft le Poids auquel on pefe les Marchandifes , eft d'ordinaire de 300 livres , Poids du païs répondant à 280 livres , Poids de Paris. Il eft vray que ce Poids varie dans les Places du Nort , à quoy l'on aura égard pour s'en informer exactement dans les occafions, tant pour la propre fatisfaction que pour l'utilité particuliere des Negocians.

On remarquera en ce lieu que le cent de Sel de France rend en Dannemarck 9 Lefts & demy de deux Tonneaux le Left, ou 39000 livres pefant , Poids de France, & poids de Dannemarck 41340 livres ou environ ; le poids de Dannemarck eftant plus foible que celuy de Paris de fix pour ÷.

TABLE CINQUIE'ME.

Par le moyen de laquelle on voit tout d'un coup le Rapport que la Monnoye de France a avec celle de Dantzic , Ville de la Pruffe Ducale en Pologne.

PARIS, LION, ROUEN, BORDEAUX, *Changent & donnent.*

1 ѵ de 60 fols,
ou
100 ѵ, d'Or fol,

pour
avoir

au Pair
aux prix cou-
rans depuis

à Dantzic
en Pologne.

1 Rich. de 90 gros.
100 Rich. dites
1. à 1. Rich. ÷ pour △
96 à 104 dit. pour ÷

Avertiffement I.

LEs Negocians de cette Ville & de celles qui en dépendent tiennent leurs Ecritures en Richedalles & en Grofchs, dont 90 font la Richedalle. Il y en a auffi d'autres qui y tiennent leurs Ecritures en Florins & en Grofchs, comptant 60 gros pour chaque Florin , & douze deniers pour chaque gros. D'autres encore y tiennent leurs Ecritures en Livres, gros , & en deniers ; qu'ils évalüent par 30 & par 12 : parce que 30 gros font une livre , & 12 deniers un fol.

Avertissement II.

Noms & valeurs des Monnoyes qui ont cours à Dantzic.

Monnoyes d'Or.

Le Czenvony Zloty revient en Monnoye de France, à l. 6. ————

Le Ducat d'Or se met en Pologne pour 12 livres, &
en France pour . . l. 6 : ————

Monnoyes d'Argent.

Le Talar s'y employe pour 6 livres, & en France pour l. 3. ————

L'Ecu d'Argent s'y met pour 6 livres, & en France
pour . . . . l. 3. ————

La Livre y vaut 30 Grofchs, & peut revenir en
France à . . . . l. 1. ————

L'Ort, dont 3 en Pologne, font le Talar, & 5 à Dantzic, revient en France à . . l. 0. 12. ————

Le Szoftax en Pologne, y vaut 10 gros, & en France l. 0. 4. ————

Le Pultorax peut valoir en Monnoye de France l. 0. 1. ————

Le Gros peut revenir en France à . . l. 0. 0. 8.

Le Szelong, dont 4 ⅔ font en France un fol, vaut
environ . . . l. 0. 0. 2 ⅓.

Le Sol qui y vaut 18 deniers du païs, peut valoir en
France . . . l. 0. 0. 1 ——

On obfervera que 6 gros de Dantzic en valent 10 de Pologne.

Queftions fur les Changes à droiture de France en Pologne.

Remettre 9700 Ecus à Dantzic, à 99 ¼ Richedalle pour 100
Ecus d'Or fol comptez en France; fçavoir de combien le Remetteur de France fera Crediteur audit Dantzic.

E ij

Pratique.

Il faut dire par Regle de Trois,
Sy 100 △, rendent 99 ¼ Rich. Comb. 9700 ▽, Resp. 9675. Rich.
67 gros, 6 deniers.

$$
\begin{array}{r}
99\frac{1}{4} \\
\hline
87300 \\
87300 \,. \\
4850 \\
2425 \\
\hline
9675.75
\end{array}
$$

90 gros, valeur de la Richedalle.

$$
\begin{array}{r}
67.52 \\
12 \\
\hline
6.00
\end{array}
$$

Preuve de la Remise précedente.

Tirer de France à droiture 967 Richedalles, 67 gros, 6 deniers, à 99 ¼ Richedalle pour 100 Ecus d'Or sol ; sçavoir, combien le Tireur de France y recevra d'Ecus, & parties d'Ecu pour ladite Traite.

Pratique.

Il faut dire par Regle de Trois.
Sy pour 99 ¼ Rich. on a 100 ▽. comb. pour 9675 Rich. 67. 6 deniers.

$$
\begin{array}{l}
4 \qquad\qquad 9675 : 67.6 \\
\hline
399. \qquad\quad 967500. \\
\qquad\qquad\quad 50 : .. \text{ pour } 45 \text{ gros.} \\
\qquad\qquad\quad 25 : .. \text{ pour } 22\frac{1}{2} \text{ dits.} \\
\qquad\qquad\quad \overline{967575} \\
\qquad 4 \text{ denomin. qui accompagne } 99\frac{1}{4} \text{ diviseur.} \\
3870300.
\end{array}
$$

$$
\left.
\begin{array}{l}
3870300 \\
\hline
399999 \\
3999 \\
33
\end{array}
\right\}
$$
9700 Ecus, à recevoir en France, ce qui sert de Preuve.

Avertissement III.

ON transporte de France à Dantzic du Sel , du Vin, de l'Eau de Vie, & du Vinaigre , mais en petite quantité ; beaucoup de Sucre rafiné , toutes sortes de Drogueries & d'Epiceries , des Etoffes de Soye assorties , & autres Ouvrages des Manufactures de France , propres pour la Pologne. On fait venir de Dantzic en France toutes sortes de Bois de Chesne & de Sapin , des Masts de Navirre , du Chanure, du Lin, des Potasses, Vedasses, de la Cire , du Suif, de l'Acier, du Bray, des Lames de Cuivre de Pologne , du Plomb , du Salpêtre ; du Bled & autres Grains quand on en a disette en France.

Le cent de Sel de France rend à Dantzic, depuis 11 ½ jusqu'à 12 Lests, où l'on observera que par le mot de *Lest*, il faut entendre deux Tonneaux, pesant 200 livres chacun, & par ces mots de (*cent de Sel de France*) on veut exprimer la quantité de 25 Tonneaux ou la pesanteur de 50000 livres , quoy que souvent à Dantzic il n'y rende que 46 à 48000 livres.

Le Schipont est composé de 9 Pierres ; celle qui pese 14 livres seulement est dite *petite Pierre* ; mais celle qui pese 34 livres est appellée *grosse Pierre* : de sorte que le Schipont de petites Pierres pese 126 livres, & celuy de grosses Pierres est de 306 livres, poids du Païs, & en France 114 livres , & 276 sur le pied que le premier poids est plus foible que le dernier de 10 pour cent ou environ.

La Pierre , qui sert à peser les Marchandises fines , est de 24 livres poids du Païs.

TABLE SIXIE'ME.

*Par le moyen de laquelle on connoît sensiblement le raport que la
Monnoye de France a avec celle de Florence Ville Capitale des
Etats de Toscane.*

PARIS, LION, ROUEN, BORDEAUX, *changent & donnent.*

100 v de 60 f.
pour avoir

- au Pair
- aux prix courans
- depuis

à Florence.

- 74 ∆ 10 f. 10 d. ⅓ d'Or,
- *ou*
- 70 jusqu'à 76 v dits.

Avertissement I.

LE Pair cy-dessus se tire du Rapport qu'il y a entre 20 l. 10 sols,
valeur de la Pistole d'Espagne en ladite Ville de Florence, &
dans les lieux qui en dépendent, & entre 11 livres, valeur de la
mesme Pistole en France.

Les Negocians de ce lieu tiennent leurs Ecritures en Livres,
Sols & Deniers d'Or qu'ils appellent Ecus, & que l'on y évalue
par 20 & par 12. dont ils font ensuite la Reduction en Livres,
Sols & Deniers de leur Monnoye courante ; ce qui se fait en multipliant les Livres, Sols & Deniers d'Or par 7 livres 10 sols, valeur d'un Ecu d'Or, comme cy-dessus.

Avertissement II.

*Noms & valeurs des Monnoyes qui ont cours à Florence, Livourne,
& autres lieux dépendans du Duché de Toscane.*

Monnoyes d'Or.

Le Loüis d'Or & la Pistole d'Espagne, y passent pour
20 livres 10 sols de la Monnoye de Florence, dans le temps que chacune de ces especes passe en France pour . . . . . l. 11. ——

La Pistole de Florence, du Poids de 5 deniers, 4
Grains, & à 21 ½ Carat, s'y met pour 21 livres, ou pour 30 Jules, & peut suivant ce
prix revenir en Monnoye de France, à . l. 10: 10. —

Monnoyes d'Argent.

Un Ecu blanc ou Piastre d'Espagne s'y prend pour 3
    Testons ou pour 6 livres, & en France pour l. 3 : ———

Un Ducat ou Piastre de Florence s'y prend pour 7
    livres , & en France,   .   l. 3 : 1c. ——

Le Teston y vaut 2 livres du païs, & en France ,
    environ   l. 1 : ———

La livre dudit lieu s'y prend pour 1 Jule ½ ou pour
    12 Graces, & en France elle peut revenir à l. 0. 10 ——

Le Jule s'y employe pour 8 Graces ou 40 Quatrins,
    & en France pour   .   l. 0. 6. 8.

Une Grace s'y compte pour 5 Quatrins, & vaut en-
    viron en France ,   .   l. 0. 0. 1c.

Un Sol Monnoye imaginaire , & non reel s'y com-
    pte pour 3 Quatrins , & se peut évaluer en
    France pour   .   .   .   l. 0. 0. 6.

    On peut encore ajoûter à toutes ces sortes de Monnoyes ,
celles-cy aprés tant d'Or que d'Argent.

Le Jacobus d'Angleterre y vaut 26 livres , & en Fran-
    ce sur ce pied ,   .   .   l. 13 : ———

Le Carolus ou Guinée y vaut 25 livres, & en France, l. 12. 10 ——

Le Philippe d'Espagne y vaut 10 Jules , & en France , l. 3. 6. 8.

La Creusade de Portugal y vaut 6 Jules, & en France, l. 2. ———

La Creusade de Gennes y vaut 9 livres dudit lieu, &
    en France ,   .   .   .   l. *4. 10 ——

Question sur les Changes à droiture de France à Florence.

Remettre 9700 Ecus à Florence à 73 Ecus ⅞ dudit lieu pour
100 Ecus d'Or Sol , sçavoir de combien d'Ecus, Sols & Deniers d'Or, le Remetteur de France sera Crediteur en ladite Ville
de Florence.

La Pratique se verra en la Page suivante.

Pratique.

Il faut dire par Regle de Trois.

Sy 100 ▽ rendent 73 △ $\frac{7}{8}$ combien 9700 ▽ Resp. 7165 ▽ 17. 6.

```
     9700
    -----
    51100
   657. . .
      4850. . . . .pour 4/8 ou 1/2 de 9700 Ecus.
      2425 . . . . .pour 2/8 ou 1/2 de 4/8.
      1212 : 10 - pour 1/8 ou 1/2 de 2/8.
   ----------
   7165|87. 10.
          20.
      17|50
        |12
     ----------
      60|00
```

Preuve.

Tirer de France sur Florence 7165 Ecus : 17. 6. d'Or, sur le pied de 73 Ecus $\frac{7}{8}$ pour 100 Ecus d'Or Sol; sçavoir combien le Tireur de France y recevra d'Ecus & parties d'Ecu pour ladite Traite.

Pratique.

Il faut dire par Regle de Trois.

Sy pour 73 $\frac{7}{8}$ ▽ d'Or on reçoit 100 ▽ comb. pour 7165 ▽ 17.6. R. 9700 ▽

```
  8                                      100
                                    ----------
 591                                 716500
                                         50
                                         25
                                         12 - 10.
                                    ------------
                                     716587. 10
                                           8
                                    ------------
                                    5732700.
```

```
   4 1 3
 5 7 3 2 7 00
 ------------        } 9700 Ecus à recevoir en France.
 5 9 1 1 1 1
   5 9 9 9
     5 5
```

Avertissement

Avertissement III.

Rapport des Poids de Florence, Livourne & de Pise, à ceux des lieux & Villes cy-aprés; sçavoir,

100 ℔. de Florence, &c. sont égales à

66 ℔. d'Amsterdam, d'où vient qu'une ℔. de Florence ne rend que 10 onces $\frac{1}{2}$ peù plus audit Amsterdam.	
74 - ℔. d'Anvers, sur le pied d'une ℔. pour	11 onces $\frac{5}{6}$.
79 - ℔. d'Avignon, sur le pied d'une ℔. pour	12 onces $\frac{5}{8}$.
64 - ℔. de Basle, sur le pied d'une ℔. pour	10 onces $\frac{1}{4}$.
112 - ℔. de Bergame, sur le pied d'une ℔. pour	17 onces $\frac{11}{12}$.
66 - ℔. de Bezançon, comme à Amsterdam.	
99 - ℔. de Boulogne, sur le pied d'une ℔. pour	15 onces $\frac{7}{8}$.
64 - ℔. de Francfort, comme à Basle.	
58 - ℔. de Geneve, sur le pied d'une ℔. pour	9 onces $\frac{1}{4}$.
105 - ℔. de Gennes, sur le pied d'une ℔. pour	16 onces $\frac{4}{5}$.
64 $\frac{1}{2}$ ℔. de la Rochelle, sur le pied d'une ℔. pour	10 onces $\frac{1}{3}$.
76 $\frac{1}{4}$ ℔. de Lion, sur le pied d'une ℔. pour	12 onces $\frac{1}{5}$.
71 - ℔. de Londres, sur le pied d'une ℔. pour	11 onces $\frac{3}{8}$.
115 - ℔. de Mantouë, sur le pied d'une ℔. pour	18 onces $\frac{2}{5}$.
80 $\frac{1}{2}$ ℔. de Marseille, sur le pied d'une ℔. pour	12 onces $\frac{7}{8}$.
108 - ℔. de Messine, sur le pied d'une ℔. pour	17 onces $\frac{1}{4}$.
110 - ℔. de Milan, sur le pied d'une ℔. pour	17 onces $\frac{3}{5}$.
99 - ℔. de Modene, sur le pied d'une ℔. pour	15 onces $\frac{7}{8}$.
79 - ℔. de Montpellier, sur le pied d'une ℔. pour	12 onces $\frac{5}{8}$.
112 - ℔. de Naples, comme à Bergame.	
64 - ℔. de Nuremberg, comme à Basle.	
66 - ℔. de Paris, comme à Amsterdam.	
99 - ℔. de Raconis, comme à Boulogne.	
63 - ℔. de Roüen, sur le pied d'une ℔. pour	10 onces $\frac{1}{12}$.
103 - ℔. de Sarragoce, sur le pied d'une ℔. pour	16 onces $\frac{1}{2}$.
66 - ℔. de Strasbourg, comme à Amsterdam.	
105 - ℔. de Tortoze, comme à Gennes.	
79 - ℔. de Toulouze, comme à Avignon.	
99 - ℔. de Turin, comme à Boulogne.	
103 - ℔. de Valance, comme à Sarragoce.	
120 - ℔. de Venize, sur le pied d'une ℔. pour	19 onces $\frac{1}{5}$.

RAPPORT DES MESURES DE FLORENCE.

Pour connoître la convenance & la proportion de la Braſſe de Florence,
à la Meſure des lieux où elle a ſes correſpondances ; il faut ſçavoir que,

　75 Braſſes de Flor. ſont égales, à　49 Verges　de Londres.
200 Braſſes de Flor. ſont égales, à 147 Barres　d'Arragon.
500 Braſſes de Flor. ſont égales, à 441 Braſſes　de Bergame.
500 Braſſes de Flor. ſont égales, à 343 Barres　de Caſtille.
500 Braſſes de Flor. ſont égales, à 441 Pics　de Conſtantinople.
175 Braſſes de Flor. ſont égales, à 147 Aunes　de Flandres.
400 Braſſes de Flor. ſont égales, à 343 Aunes　de Hollande.
100 Braſſes de Flor. ſont égales, à　49 Aunes　de Lion.
　50 Braſſes de Flor. ſont égales, à　49 Braſſes　de Luques.
160 Braſſes de Flor. ſont égales, à 147 Braſſes　de Mantouë.
400 Braſſes de Flor. ſont égales, à 441 Braſſes　de Milan ,
　　　　pour les Draps de Soye.
400 Braſſes de Flor. ſont égales, à 343 Braſſes　de Milan ,
　　　　pour les Draps de Laine.
160 Braſſes de Flor. ſont égales, à 147 Braſſes　de Modene.
500 Braſſes de Flor. ſont égales, à 147 Cannes　de Montpellier.
3200 Braſſes de Flor. ſont égales, à 833 Cannes　de Naples.
100 Braſſes de Flor. ſont égales, à　49 Aunes　de Paris.
100 Braſſes de Flor. ſont égales, à　49 Aunes　de Roüen.
150 Braſſes de Flor. ſont égales, à　49 Cannes　de Toulouze.
　50 Braſſes de Flor. ſont égales, à　49 Ras　de Turin.
1000 Braſſes de Flor. ſont égales, à 637 Barres　de Valance.
160 Braſſes de Flor. ſont égales, à 147 Braſſes　de Venize.

Avertiſſement IV.

Tous les beaux Ouvrages , qui ſe font à Florence en ſuppoſent les matieres dont ils ſont compoſez , & que l'on y envoye de toutes parts , & principalement par le moyen des Navires qui y portent des Soyes de toutes ſortes , des Laines fines d'Eſpagne , d'autres de la Poüille , tant ſales que lavées , & c'eſt delà d'où proviennent ces belles Etoffes de Soye & de Laine , qui ſont recherchées avec tant de ſoin des Nations les plus curieuſes & les plus propres de l'Europe en ce qui regarde leurs habillemens. On ne doit pas obmettre de dire icy quelque choſe des Brocards d'Or & d'Argent qui y ſont ſi induſtrieuſement fabriquez , de l'Or filé, en Bobine & en à trois cordons , des Draps de Laine de couleur Ecarlatte & Cramoiſy.

On tire de Florence des Satins de toutes ſortes de couleurs , & principalement des Blancs , que l'on eſtime par deſſus ceux que l'on fait ailleurs : on en fait auſſi venir des Ratines legeres faites de belle Laine , mais dont les couleurs s'alterent facilement. On peut dire que depuis l'établiſſement des Manufactures à Beauvais, Dieppe & à Roüen pour les Ratines , le Negoce de Florence en eſt diminué , auſſi bien que des Serges Drapées Noires , dont on ſe ſervoit autrefois en France pour porter le Deüil.

On tranſporte à Florence quantité de Drogueries & Merceries ; ſçavoir, du Cramoiſy ou Graine propre à faire des Teintures Riches, de la Cochenille , de la Garance , du Sucre, du Poivre ; de la Cannelle , du Girofle , Vaches de Ruſſye, du Maroquin de Levant, & autres Marchandiſes dont partie eſt conſumée dans le païs, & l'autre tranſportée ailleurs.

Queſtion ſur les Meſures de Florence.

UN Marchand de Lion ayant acheté 10 Baſles de Ratine de ladite Ville de Florence, contenant en tout 132 Cannes, 2 Braſſes , de 4 Braſſes à la Canne, & ſur le pied de 100 Braſſes pour 49 Aunes de Lion ; ſçavoir combien leſdites 10 Baſles de Ratine rendront d'Aunes à Lion. Pour la ſolution de cette queſtion il faut dire par Regle de Trois.

Sy 100 Braſſes ne rendent que 49 Aunes : comb. 132 Cannes 2 Braſſes.

Obſervation.

PUiſque dans toute Regle de Trois le premier & le troiſiéme Terme ſont ordinairement de meſme qualité, il faut que les 132 Cannes ſoient reduites en Braſſes ; ce qui ſe fait en multipliant les Cannes par 4. & en ajoûtant au produit de cette Multiplication les 2 Braſſes , qui accompagnent leſdites Cannes , le tout fera enſemble 530 Braſſes, que l'on multipliera par 49 Aunes, & dont le produit ſera diviſé par 100 , pour avoir au Quotient 259 Aunes $\frac{7}{10}$ de Lion , égales auſdites 132 Cannes 2 Braſſes ; comme ſuit,

Sy 100 - Bras .... 49 Aunes ..... 132. Can. 2. Br. R. 259 Aunes ⁴⁄₇.

4 Braſſes, valeur de la Canne.

$$528$$
$$2$$
$$\overline{530 \text{ Braſſes.}}$$
$$49.$$
$$\overline{4770}$$
$$2120$$
$$\overline{255|70}$$

Autre queſtion ſur leſdites Meſures.

A 7 livres 15 ſols, Monnoye courante, la Braſſe de Ratine de Florence, combien l'Aune de Lion, Paris &c.

Regle.

IL faut avoir égard au prix courant du Change de Florence à Lion, que l'on ſuppoſe aujourd'huy eſtre à 73 Ecus ⅞, lequel prix ſera mis au premier Terme d'une Regle de Trois : au ſecond 100 Ecus prix ſtable de Lion, & au troiſiéme Terme le prix de la Braſſe, qui eſt déterminé à 7 livres, 15 ſols, puis faiſant la Regle à l'ordinaire il viendra pour réponſe 10 livres 9 ſols, 10 deniers qu'il faudra doubler, pour avoir 20 livres 9 ſols 8 deniers, valeur de l'Aune de Lion, à cauſe que la Braſſe de Florence ne rend qu'une Demy-Aune de Lion, peù moins, ce qui eſt inſenſible.

Pratique.

Sy 73 ⅞ ѵ. de Flor. .... 100 ѵ d'Or ſol .., 7. liv. 15 ſ. R. 10. liv. 9. 10.
  8   7: 15 ſols.

591   700
        50 . . . produit pour 10 ſ. où ½ de 100 ѵ.
        25 . . . autre pour 5 ſols, où ¼ de 10 ſols.

       775 à reduire en huitiémes à cauſe de la Fra-
        8 ction qui accompagne le premier Terme.

     6200

$$\left.\begin{array}{c} 29 \\ \cancel{4290} \\ \cancel{5811} \\ \cancel{5820} \end{array}\right\} \text{10 livres.} \qquad \left.\begin{array}{c} 481 \\ \cancel{5800} \\ \cancel{892} \end{array}\right\} \text{9 fols.} \qquad \left.\begin{array}{c} 453 \\ \cancel{8772} \\ \cancel{892} \end{array}\right\} \text{9 ou 10 den.}$$

5800 fols.

On voit par la Regle de Trois cy-deſſus que l'Aune de Lion ne couteroit que 10 livres 9 ſols 10 deniers , ſi elle eſtoit égale à la Braſſe de Florence : mais cette derniere Meſure , n'étant que ½ de la premiere , il en faut doubler la valeur pour avoir 20 livres , 16 ſols , 8 deniers , à quoy revient l'Aune de Lion , ſans y comprendre les frais de Voiture , de Doüanne & autres à faire juſqu'au Magazin.

Avertiſſement V.

LA maniere de trouver la valeur de l'Aune de Lion , ſur le pied du Change courant , & ſur le rapport de la Braſſe de Florence à l'Aune de Paris , Lion , Roüen , &c. ſe peut étendre ſur les peſanteurs. Car ſuppoſé que l'on ait acheté à Florence des Etoffes de Soye , peſant 376 livres , poids de Florence , à 6 livres 10 ſols la livre , & que le prix du Change , ſoit à 73 Ecus ⅞ de Florence pour 100 Ecus d'Or ſol , on découvrira la valeur de la livre de Paris , en gardant les meſmes meſures que l'on a pratiquées pour trouver la valeur de l'Aune de Paris , Lion , &c. obſervant toutefois que 100 livres de Florence ne rendent à Paris que 66 livres. J'en diſpoſeray en ce lieu les termes ſans paſſer à l'Operation.

Exemple.

Sy 73 Ecus ⅞ .... 100 Ecus .... 6 liv. 10 ſ. R. 5 liv. 16 ſ. 2 den. pour la valeur de la livre de Paris , ſuivant les conditions cy-deſſus.

TABLE SEPTIE'ME.

Par le moyen de laquelle on découvre facilement le rapport de la Monnoye de France à celle de Francfort , Auguste , Prague , Vienne en Austriche , Strasbourg, &c.

PARIS, LION, ROUEN, BORDEAUX, *Changent & donnent,*

1 ▽ de 60 ſ. ⎰ au Pair ⎱ ⎰ 90 Kreuts courans.
ou { ⎱ à Francfort. { 74 Kreuts de Change,
{ aux prix courans { 100 Richedalles.
100 ▽ pour { aux prix courans { 85 Kreuts courans à ₵
avoir ⎱ depuis . ⎱ 96 Richedalles à 103,

Avertiſſement I.

LE Pair cy-deſſus ſe regle ſur le pied de la Richedalle , qui eſt de 90 Kreuts, Monnoye courante , ou de 74 Kreuts de Banque ou de Change , Monnoye imaginaire & non effective , & ſur la Piſtole d'Eſpagne , qui vaut en ladite Ville de Francfort cinq Florins & demy , ſupputé à 40 ſols le Florin , & laquelle a pareillement cours en France pour 11 livres.

Les Negocians de Francfort , &c. y tiennent leurs Ecritures en Florins, Kreuts & Penins, qu'ils calculent par 60 & par 8. parce que 60 Kreuts, font le Florin, & que 8 Penins font la valeur d'un Kreuts.

Avertiſſement II.

POur avoir l'intelligence des Negociations de Banque qui ſe font en France pour Francfort , Auguſte , Prague , Vienne en Auſtriche , Nuremberg, Strasbourg & autres Villes d'Allemagne, où la Monnoye eſt uniforme : comme auſſi des Traites & des Remiſes qui ſe font dans ces Places pour la France. Il faut remarquer comme j'ay fait au commencement de cette Pratique des Changes Etrangers , que la France donne toûjours le certain pour chacune deſdites Places ; c'eſt à dire toûjours ſur le pied d'un Ecu ou de 100 Ecus, & que celles-cy au contraire donnent d'ordinaire l'incertain pour la France. Cette ſuppoſition ainſi faite , il ſera facile de reſoudre les Queſtions ſuivantes.

Question premiere sur le changement de la Monnoye de France en celle de Francfort, &c.

UN particulier de France ayant à remettre à Francfort , &c. 4500 Ecus , 16 sols , 8 deniers d'Or sol. dans le temps que le Change est determiné à 72 $\frac{1}{4}$ Kreuts de Change pour un Ecu d'Or sol de 60 sols ; sçavoir de combien de Florins, de Kreuts & de Penins courans , ledit particulier de France sera crediteur audit Francfort , &c. en supposant que la Richedalle en espece y vaut 90 Kreuts courans ou un Florin & demy. Que le Florin s'y évaluë par 60 Kreuts aussi courans , qui en sont la valeur , & que le Kreuts s'y compte pour 8 Penins.

Pour donc resoudre cette question , & les autres de cette qualité , il faut multiplier par la somme proposée à remettre , c'est à dire , comme en cét Exemple , par 4500 Ecus , 16 sols , 8 deniers d'Or sol, 72 $\frac{1}{4}$ Kreuts, prix convenu du Change donné , pour avoir au produit des Kreuts de Change , que l'on poura diviser par 74 Kreuts de Change , valeur de la Richedalle en espece , pour avoir au Quotient de la division des Richedalles de mesme qualité.

Mais si l'on vouloit avoir tout d'un coup des Florins , Kreuts & Penins courans , il faudroit multiplier lesdits Kreuts de Change venus au produit de la Multiplication du prix du Change par ladite somme proposée , par 90 Kreuts courans ; valeur de la mesme Richedalle exprimée en Kreuts courans , & diviser le produit par 74 Kreuts de Change , valeur de ladite Richedalle exprimée en Kreuts de Change. Comme le tout se verra par les operations suivantes.

La Pratique se verra en la Page suivante.

Pratique Premiere.

4500 Ecus. 16. 8. den. d'Or ſol propoſez à remettre de France ſur Francfort.

   72 ½ : : : Kreuts, prix du Change pour Ecu.

—————————

  9000
 31500.
  2250 ——— 8. 4. Prod. pour ½ de Kreuts ou ½ deſd. 4500 V. 16. 8.
  1125 ——— 4. 2. Autre prod. pour ¼ de K. ou ¼ du prod. preced.
   36. . ——— Autre pour 10 ſols, ou ⅙ de 72 Kreuts.
   24. . ——— Autre pour 6 ſols 8 den. ou ⅑ deſd. 72 Kreuts.

—————————

 327436. . 12. 6. Kreuts de Change à diviſer par 74. pour
    avoir au Quotient des Richedalles.

  36
 31880 ⌉
 327436 ⌡ 4424 Richedalles, plus 60 Kreuts de Change.
 —————
 74444 ⌉
 777 ⌋

Pratique Seconde.

POur faire des Florins courans il faut diſpoſer & pratiquer une
Regle de Trois en cette maniere.

Sy 74 Kr. de Change ſont égaux à 90 Kr. cour. à combien ſeront égaux
  327436 Kreuts de Change.

   90
—————————
 29469240 Kreuts courans à diviſer par 74.

 6122
 720742
 29469240 ⌉ 39823. 3. Kreuts cour. à diviſer par 60 Kreuts cour.
 744444 ⌡ valeur d'un Florin, Argent courant.
 77777 ⌋ — 6637 Florins, plus 13 Kreuts courans.

Avertiſſement III.

ON remarquera en ce lieu que la Richedalle en eſpece vaut
toûjours à Francfort, &c. un Florin & demy, ou un Ecu de
60 ſols de France, où l'on évaluë le Florin ſur le pied de 40 ſols,
& le Kreuts courant ſur le pied de 8 deniers auſſi de France, &
            partant

partant le Penin eſt équivalent à un denier de France. Et c'eſt en
ces dernieres eſpeces que les Negocians tiennent leurs Ecritures,
à Francfort, Augufte, &c. comme j'ay dit cy-deſſus pag. 46.
Avertiſſement I.

Avertiſſement I V.

ON fait encôre en France le Change pour ces Places ſuſdites,
en donnant 100 Ecus d'Or ſol, pour avoir au Pair 100 Richedalles, ou ſuivant les prix courans qui s'étendent depuis 96
juſqu'à 103 Richedalles, plus ou moins pour 100 Ecus, leſquelles
Richedalles ſont ſouvent accompagnées de l'une des Fractions ſui-
vantes; ſçavoir de $\frac{1}{8}$ $\frac{1}{4}$ $\frac{1}{3}$ $\frac{1}{2}$ $\frac{3}{4}$ $\frac{7}{8}$, &c. comme j'ay déja dit cy-deſſus.

Exemple.

UN particulier de France voulant remettre à Francfort, &c.
7958 Ecus, 15 ſols, 6 den. d'Or ſol dans le temps que le
Change eſt à 97 $\frac{1}{4}$ Richedalle pour 100 Ecus; ſçavoir de combien
il ſera crediteur audit Francfort, en Richedalles, Kreuts & Penins.

Pratique.

Il faut diſpoſer & faire une Regle de Trois en cette maniere.
Sy 100 v. rendent 97 $\frac{1}{4}$ Rich. comb. 7958 v. 15.6. Reſp. 7779. Rich.
63 Kreuts, 2 Penins.

7958 : 15. 6.
———————
55706
716220
3979. 7. 9. prod. pour $\frac{1}{4}$ ou $\frac{1}{2}$ de 7958 Ecus, 15. 6.
1989. 13. 10. autre pour $\frac{1}{4}$ ou $\frac{1}{2}$ du prod. precedent.
48. 10.——autre pour 10 ſols ou $\frac{1}{2}$ de 97.
24. 5.——autre pour 5 ſols ou $\frac{1}{2}$ du prod. preced.
2. 8. 6. autre pour 6 d. ou $\frac{1}{10}$ du prod. de 5 ſ.
———————
7779|70. 5. 1.
|90. . . Kreuts cour. valeur d'une Riched.
———————
6300
22.10. prod. pour 5 ſols, où $\frac{1}{4}$ de 90.
4. 1 ¢: faux prod. pour 1 ſol.
7: 6. pour 1 den. où $\frac{1}{12}$ de 1 ſol.
———————
63|22. 17. 6.
|8. . . . Penins, valeur d'un Kreuts.
———————
1|83.

G

Preuve de la Remise cy-devant faite en la page 49.

UN particulier de France voulant difpofer de 7779 Richedalles, 63 Kreuts & 2 Penins, dont il eft crediteur à Francfort, & ce dans le temps que le Change eft à 97 ¼ Richedalle
pour 100 Ecus; fçavoir combien on luy devroit compter d'Ecus,
Sols, & Deniers d'Or fol, pour fournir au Remetteur une Lettre de
Change de ladite fomme de 7779 Richedalles, 63 Kreuts, 2 Pen.

Pour refoudre cette queftion, il faut dire par Regle de Trois.

Si 97 ¼ Richedalle font rendre en France 100 Ecus d'Or Sol: Combien 7779 Richedalles, 63 Kreuts, & 2 Penins y feront ils recevoir?
L'Operation eftant faite, il vient pour Réponfe 7958 Ecus, 15 fols,
6 deniers, le furplus eft à negliger.

Pratique en abregé.

97 ¼ Rich.. 100 ▽... 7779. Rich. 63 Kreuts, 2 Penins.

    4   4   400
──────   ──────   ──────────
 391   .   400.   3111600
                    200. prod. pour 45 Kreuts, où ½ de 400.
                    66 : 13.4. pour 15 Kreuts, où ⅓ de 45 K.
                    13. 6.8. pour 3 Kreuts, où ⅕ de 15 dits.
                    1. 2:3. pour 2 Penins, où 1/1½ de 3. dits.
                   ──────────────────────────
                    3111881. 2.3.

    3̶3̶
   2̶2̶4̶0̶
  3̶7̶4̶8̶3̶3̶ ⎫   9   2̶1̶ ⎫
  3̶1̶1̶1̶8̶8̶1̶ ⎬ 7958 ▽.   2̶1̶8̶7̶   2̶3̶6̶7̶ ⎬ 6 den.
  ───────── ⎪   6̶0̶6̶2̶ ⎫   3̶9̶1̶ ⎭
  3̶9̶1̶1̶1̶1̶ ⎪   3̶9̶1̶1̶ ⎬ 15 fols.
  3̶9̶9̶9̶ ⎭   3̶9̶ ⎭
  3̶3̶20   12
  ──────   ──────
  6062   2367

Avertiffement V.

LE Remetteur & le Tireur de France doivent icy obferver les
mefmes Pratiques que celles qui ont efté gardées dans les Avertiffemens I. II. III. IV. & VI. de l'Application premiere des Changes
Etrangers cy-devant expliquez pages 9. 10. 11. 12.

Avertissement V I.

COmme la Place de Francfort eſt une des plus conſiderables pour le Negoce d'Allemagne, il eſt bon de marquer la Monnoye qui y a cours.

Noms & valeurs des Monnoyes qui ont cours à Francfort, Auguſte, Vienne, &c.

Monnoyes d'Or.

Le Loüis d'Or & la Piſtole d'Eſpagne, y valent chacune 3 Richedalles & 1 Florin, ou 5 Florins & demy, quand on les prend en France, chacun pour . . . . l. 11.———

Le Ducat d'Allemagne peſant 2 den. 17 Grains, au Titre de 23 Caras ⅞ y vaut 2 Tallers ou Richedalles de 180 Kreuts ou 3 Florins de 60 Kreuts le Florin, & revient en Monnoye de France, à . . . . l. 6.———

Monnoyes d'Argent.

L'Ecu blanc s'y prend pour 1 Florin & demy ou pour 90 Kreuts, & en France pour . . l. 3 : ———

Le Taler ou Richedalle s'y met pareillement pour un Florin & demy, & revient en France, à l. 3 : ———

Le Philippe d'Eſpagne y vaut 100 Kreuts courans, ou 82 au plus de Change, revenant en France, environ à . . . l. 3. 6. 8.

Le Florin commun ou Gulden y vaut 60 Kreuts courans de 8 deniers de France piece, revenant ſur ce pied à . . . l. 2 : ———

Le Alve-Taler ou demy Richedalle s'y prend pour 45 Kreuts, & revient en France, à . l. 1. 10———

Le Kreuts vaut en France, environ . l. 0. 0. 8.

Le Penin ou la ⅛ d'un Kreuts, peut valoir en France, à l. 0. 0. 1.

Rapport des Poids de Paris, Amſterdam, Bezançon & de Strasbourg, à ceux de Francfort, &c.

100 ℔. de Paris, &c. rendent audit Francfort 98 ℔. Poids dudit lieu, ce qui fait que la ℔. de Francfort rend à Paris 16 onces 3 gros, peu moins.

100 ℔. de Francfort font égales à 102 ℔. de Paris, &c. d'où vient
que la ℔. dudit lieu rend à Paris 16 onces 3 gros, comme deſſus.

100 ℔. de Lion rendent à Francfort 84 ℔. ⅓, & ainſi la ℔. de Francfort rend à Lion 18 onces ⅞ d'once.

100 ℔. dudit Francfort rendent à Lion 118 ℔. ⅓, ce qui fait que
la ℔. de Francfort rend à Lion 18 onces ⅞ d'once, comme
cy-deſſus.

Rapport des Meſures de Paris, Lion, Roüen à celles de Francfort.

SEpt Aunes de Paris, Lion, Roüen, font égales à 12 Aunes de
Francfort, & de pluſieurs Villes d'Allemagne, & reciproc-
quement 12 Aunes de Francfort, &c. font égales à 7 Aunes de
Paris, &c. ſuivant ces Rapports, il eſt facile de faire les Reductions
d'Aunages de Francfort à celles de Paris, & les Reductions d'Aunages de Paris à celles de Francfort.

TABLE HUITIE'ME.

*Par le moyen de laquelle on connoît la convenance que la Monnoye de
France a avec celle de Gennes en Italie, Ville Capitale de la
Republique de ce nom.*

PARIS, LION, ROUEN, BORDEAUX, *Changent & donnent.*

1 ▽ de 60 ſols, { au Pair } { 95 ſols, 5 den. ½ de
pour avoir { aux prix courans } à Gennes. { la Monnoye du Païs.
{ depuis . } { 90 ſols, à 100 dits.

Avertiſſement I.

LE Pair cy-deſſus ſe tire du Rapport qu'il y a entre 17 l. 10 ſols,
Monnoye courante dudit lieu, valeur de la Piſtole d'Eſpagne
qui y a cours, & entre 11 livres, valeur de la meſme Piſtole d'Eſpagne en France.

Les Negocians de ladite Ville de Gennes tiennent leurs Ecritures
en Livres, Sols & Deniers, qu'ils évaluent par 20 & par 12. &
qu'ils reduiſent enſuite en Piaſtres, en diviſant la valeur des Livres,
Sols & Deniers par 96 ſols, valeur d'une Piaſtre ou d'un Ecu courant.

Avertiſſement II.

LEs Negocians, qui ont à faire des Remiſes ou à tirer ſur Gennes, ayant ſeulement beſoin de ſçavoir les Noms & les Va-

leurs des Especes de Monnoye à recevoir ou à payer à Gennes, j'ay trouvé à propos de donner en ce lieu une Table pour connoître facilement les especes des Monnoyes, qui y ont cours.

Noms & valeurs des Monnoyes qui ont cours à Gennes.

Monnoyes d'Or.

Le Loüis d'Or ou la Pistole d'Espagne, qui y vaut 17 livres 10 sols de la Monnoye dudit lieu, revient en France, à . . . l. 11. ⸺

La Pistole de Gennes pesant 5 den. 4 grains au Titre de 22 Karats, laquelle passe en cette Ville pour 17 livres 10 sols, se peut évalüer en Monnoye de France pour . . l. 10. 18. 9.

Monnoyes d'Argent.

L'Ecu Blanc, égal à une Piastre ou Ecu courant de 4 liv. 16 sols de leur Monnoye, peut revenir en France, à . . . l. 3: ⸺

Le Creusat de Gennes, qui y vaut 7 liv. 4 sols, peut revenir en Monnoye de France, à l. 4. 10: ⸺

Le Teston, qui pese 7 den. 10 grains, y vaut 30 sols dudit lieu, & en France, environ . l. 0:18. 9.

La Livre dudit lieu, comptée pour 20 sols, revient à l. 0. 12. 6.

Le Sol, qui y vaut six Sixains, revient en France à l. 0. 7.½.

Application.

LA France Change & donne pour Gennes un Ecu d'Or sol de 60 sols, pour y avoir 93 ½ sol de la Monnoye dudit lieu; sçavoir de combien de Piastres & parties de Piastre, ou de combien de Livres, Sols & Deniers, le Remetteur de France y sera Crediteur, en supposant qu'il ait compté à un Banquier, Tireur de France, la somme de 15958 liv. 16 sols, 8. deniers.

Pour resoudre cette question, il faut reduïre en Ecus, Sols & Deniers d'Or sol, la somme susdite à remettre; c'est à dire les 15958 livres, 16 sols, 8 deniers cy-dessus; ce qui se fait en prenant le tiers des Livres, des Sols, & des Deniers, pour avoir aux Quotiens, des Ecus, Sols & Deniers d'Or Sol, Monnoye de Change, que l'on multipliera ensuite par le prix du Change; c'est à dire par 93 ½, afin d'avoir au produit des Sols & des Deniers que l'on reduira en Livres & en Sols, à la maniere ordinaire, comme le tout verra en la page suivante. G iij

Pratique.

15958 liv. 16 f. 8 den. à reduire en Ecus, en prenant le $\frac{1}{3}$

5319 : v. 12 f. 3 den. d'Or fol à multiplier par

93 fols $\frac{1}{2}$ . . prix du Change dont on eft convenu pour v.

15957.
47871 .
2659. . 16. 1. pour $\frac{1}{2}$ ou $\frac{1}{2}$ de 5319 Ecus, 12. 3.
46. . 10. - pour 10 ou $\frac{1}{9}$ de 93.
9. . 6. - pour 2 fols ou $\frac{1}{10}$ defdits 93.
1. . 3: 3. pour 3 den. ou $\frac{1}{8}$ de 2 fols.

497384 fols 18. 4. de Gennes à divifer par 20, valeur d'une livre.
$\frac{1}{10}$ 24869 liv. 4 fols à recevoir à Gennes.

Mais fi l'on veut avoir tout d'un coup des Piaftres, il faut divifer lefdits 497384 fols dudit Gennes par 96 fols, valeur d'une Piaftre : comme cy-aprés.

497388
497384   5181 Piaftres. Plus 8 fols égaux aufdits 24869 liv. 4 fols.
96666
999

La folution de la queftion cy-deffus fait connoître la maniere avec laquelle les Remifes ou les Traites, fe font à droiture de France à Gennes, & qu'ainfi la fomme fufdite de 15958 liv. 16 fols, 8 deniers, remife au prix fufdit de 93 fols $\frac{1}{2}$ pour Ecu, rendra en ladite Ville de Gennes 24869 liv. 4 fols, Monnoye courante dudit Gennes, ou bien 5181 Piaftres, plus 8 fols, qui eft la réponfe à faire fur la queftion propofée, comme cy-deffus.

Preuve de la Remife cy-deffus.

AYant à tirer de France fur Gennes 5181 Piaftres & 8 fols, Monnoye dudit lieu à. 93 fols $\frac{1}{2}$ pour un Ecu d'Or fol ; fçavoir combien on comptera d'Ecus & parties d'Ecu, ou de Livres, Sols, & de Deniers au Tireur de France. Pour refoudre cette queftion, il faut reduire lefdites 5181 Piaftres en fols, & y ajoûter les 8 fols qui les accompagne : comme cy-aprés.

Pratique.

5181 Piaftres, 8 fols, Monnoye de Gennes, à multiplier par
96 fols, valeur de la Piaftre.

31086.
466298.

497384. fols de Gennes, égaux aufdits 5181 Piaftres, 8 fols.
2 denominateur de la fraction du prix du Change.

994768. à divifer par 93 fols $\frac{1}{2}$, prix du Change, où par 187 demis fols égaux aufdits 93 fols $\frac{1}{2}$.

```
  21
  371
 59695                5
 994768 } 5319 Ecus.  436               111
                      2300 } 12 fols.   672 } 3 deniers.
 187777               1877              187
 1888                 18
  1120                12
  2300                672
```

5319 Ecus, 12 fols, 3 deniers, à multiplier par Trois.

3

15958 livres, 16 fols, 9 deniers. Preuve de la Remife cy-deffus.

Rapport du Poids de Paris, de Lion, Roüen, &c. à celuy de Gennes.

100 ℔. Poids de Paris, rendent à Gennes 161 ℔. $\frac{1}{4}$, & fur ce pied
la ℔. de Gennes ne rend à Paris, que   10 onces.

100 ℔. Poids de Lion, rendent à Gennes 139 ℔. & fur ce pied la ℔.
de Gennes ne rend à Lion, que   11 onces $\frac{1}{2}$.

100 ℔. Poids de Roüen, rendent à Gennes 167 ℔. & fur ce pied la ℔.
de Gennes ne rend à Roüen, que   9 onces $\frac{1}{2}$.

Et reciproquement.

100 ℔. Poids de Gennes, font égales à 62 ℔. de Paris, & fur ce pied
la ℔. de Gennes, ne rend à Paris, que   10 onces.

100 ℔. Poids dudit Gennes, font égales à 72 ℔. de Lion, & fur ce pied
la ℔. de Gennes ne rend à Lion, que   11 onces $\frac{1}{2}$.

100 ℔. Poids dudit Gennes, font égales à 60 ℔. de Roüen, & fur ce
pied la ℔. de Gennes ne rend à Roüen, que   9 onces $\frac{1}{2}$.

Rapport des Mesures de Paris, Lion, Roüen, à celles de Gennes.

L A Palme de Gennes peut estre comparée à $\frac{1}{24}$ de l'Aune de
Paris, Lion, & de Roüen; c'est à dire que 24 Palmes de Gennes sont égales en étenduë à 5 Aunes de Paris, &c.

Les 9 Palmes de Gennes sont égales à la Canne dudit lieu, & ainsi l'on peut dire que 24 Palmes sont égales à 2 Cannes $\frac{2}{3}$.

Questions sur les Mesures.

QUatre cens cinquante-sept Palmes de Velours à 4 livres 5 sols de la Monnoye courante de Gennes, la Palme, se montent à 1942 livres, 5 sols, que l'Acheteur Commissionnaire d'un commettant de Lion ou d'autres Villes de France, tire sur Nove à 121 Ecus de 4 livres 16 sols, Monnoye courante, pour 100 Ecus de Marc ; & le Correspondant de Nove se prevaut sur Lion à 51 Ecus de Marc pour 100 Ecus d'Or sol ; sçavoir à combien reviendra l'Aune dudit Velours, sans y comprendre les frais.

Pour resoudre la question cy-dessus proposée, il faut y proceder, comme cy-aprés.

1°. Il faut sçavoir à combien de Livres, Sols & Deniers, Monnoyes courante de Gennes se montent lesdites 457 Palmes, ce qui se trouve par une simple Multiplication.

Exemple.

457 Palmes à
4 livres 5 sols, valeur d'une Palme.

1828.
114 : . . . 5 sols, produit pour 5 sols, où $\frac{1}{4}$ de 457 Palmes.
-----
l. 1942 . . . 5 sols.

2°. Il faut reduire lesdites 1942 livres, 5 sols, Monnoye courante de Gennes, en Ecus de 4 livres 16 sols ; ce qui se fait en divisant 1942 livres, 5 sols, reduits en sols par 4 livres, 16 sols, aussi reduits en sols.

Exemple.

1942 livres, 5 sols.
20 sols, valeur d'une livre.

38845 sols, à diviser par 96 sols, valeur de l'Ecu de Gennes.

38848

$$
\left.\begin{array}{l}
461 \\
38848 \\
8666 \\
88
\end{array}\right\} 404 \text{ Ecus.}
\qquad
\left.\begin{array}{l}
68 \\
1220 \\
966 \\
8
\end{array}\right\} 12 \text{ sols.}
\qquad
\left.\begin{array}{l}
48 \\
816 \\
88
\end{array}\right\} 8 \tfrac{1}{2}
$$

3°. Il faut tirer lefdits 404 Ecus, 12 fols, 8 den. ½ fur Nove, à 121 Ecus de Gennes, pour 100 Ecus de Marc en cette forte.

Sy 121 v. de Gen. rendent à Nove 100 v. de Marc. Comb. 404 v. 12 f. 8. deniers.

404 : 12. 8. deniers.

40400

50 . . . . prod. pour 10 fols.
10 . . . . autre pour 2 fols.
3 : . 6. 8. autre pour 8 d. où ½ de
2 fols.

40463 . . 6. 8.

$$
\left.\begin{array}{l}
84 \\
4139 \\
40463 \\
12111 \\
122 \\
1
\end{array}\right\} 334 \text{ Ecus.}
\qquad
\left.\begin{array}{l}
18 \\
886 \\
122
\end{array}\right\} 8 \text{ fols.}
\qquad
\left.\begin{array}{l}
103 \\
224 \\
122
\end{array}\right\} \begin{array}{l}1 \text{ den. à rece-} \\ \text{voir à Nove.}\end{array}
$$

4°. Le Commiffionnaire de Nove, tirant lefdits 334 Ecus, 8 fols., 1 denier par luy débourfez, fur fon Commettant de Lion, à 51 Ecus de Marc pour 100 Ecus d'Or fol; fçavoir de combien d'Ecus & de parties d'Ecu d'Or fol, fera compofée la Lettre de Change.

Il faut dire par Regle de Trois.

Sy 51 v. de Marc, rendent 100 v. Comb. 334 Ecus, 8 f. 2 den. de Marc.

334. 8. 1.

33400

25 . . . produit pour 5 f. où ½ de 100?
10 . . . autre pour 2 fols, où 1/10 defdits.
5 . . . autre pour 1 fol, où ½ de 2 fols
. 16. 8. autre pour 2 den. où ½ de 1 fol.

33440. 16 : 8.

H

$$\begin{array}{l}23\\2895\\33440\\8111\\88\end{array}\Big\}\,655\text{ Ecus.}\qquad\begin{array}{l}202\\726\\811\\8\end{array}\Big\}\,14\text{ fols, }\tfrac{3}{5}\text{ d'Or Sol, à payer à}$$
Lion.

5°. Il faut reduire les 457 Palmes de Gennes en Aunes de Lion ; ce qui se fait par cette Analogie ou Regle de Trois.

Sy 24 Palmes rendent 5 Aunes à Lion : Comb. 457 Palmes. ℞. 95 ¾.

$$\underline{5}$$
$$2285$$

$$\begin{array}{l}12\\2285\\244\\2\end{array}\Big\}\,95\tfrac{5}{24}\text{ où }\tfrac{1}{4}, \text{ peù moins, Aunes de Lion, égales ausdites}$$
457 Palmes.

6°. Enfin, pour sçavoir à combien revient l'Aune de Paris où de Lion, des Velours cy-dessus, il faut diviser 1967 livres, 2 sols, égaux ausdits 655 Ecus, 14 sols d'Or Sol, par 95 Aunes ¼, égales ausdites 457 Palmes de Gennes. Mais avant faire cette Division, il faut reduire le tout en quarts, comme suit.

1967 livres, 2 sols.	95 ¼ autre Diviseur.
4.	4
8	381.

$$\begin{array}{l}24\\7868\\3811\\38\end{array}\Big\}\,20\text{ livres.}\qquad\begin{array}{l}1285\\4868\\3811\\38\end{array}\Big\}\,13\text{ fols }\tfrac{5}{127}.$$

Avertissement I I I.

P Ar cette Operation on voit que l'Aune de Lion desdits Velours revient à 20 livres, 13 sols, sans y comprendre les frais.

TABLE NEUVIEME,

Par le moyen de laquelle on découvre le rapport que la Monnoye de France a avec celle de Hambourg, Ville Anfeatique d'Allemagne.

PARIS, LION, ROUEN, BORDEAUX, *Changent & donnent.*

1 ♈ de 60 f.	au Pair à			48 fols Lubs ⎫ pour	
ou				96 den. de gros ⎰ Ecu.	
100 ♈ d'Or		à Hambourg.		100 Richedalles pour ♈.	
Sol, pour	aux prix cou-			45 à 50 fols Lubs. ⎫ pour	
avoir	rans depuis			94 à 100 d. de gros. ⎰ Ecu.	
				96 à 105 Riched. pour ♈.	

Avertissement I.

LE Pair cy-deffus fe tire du Rapport que le Sol Lubs a avec le Sol de France, cydevant appellé *Sol Marqué*, de la valeur de 15 Deniers, dont 48 faifoient l'Ecu blanc de 60 Sols, & partant la Richedalle de 48 Sols Lubs eft égale en France à un Ecu blanc ou d'Argent.

La plus part des Negocians de cette Ville tiennent leurs Ecritures en Marques, Sols & Deniers Lubs, qu'ils évaluënt par 16 & par 12, à caufe qu'il faut 16 Sols Lubs pour faire une Marque, & 12 Deniers Lubs, pour faire un Sol Lubs.

Il y en a d'autres qui tiennent leurs Ecritures en Livres, Sols & Deniers de gros, pour garder une plus grande conformité avec leurs Correfpondans de Hollande, qui les tiennent en ces mefmes efpeces.

Les Changes, qui fe font en France pour Hambourg, fe reglent fur Trois Pieds differens; fçavoir,

1°. En donnant en France un Ecu d'Or Sol de 60 fols, pour avoir audit Hambourg depuis 45 jufqu'à 50 Sols Lubs, que l'on accompagne ordinairement de $\frac{1}{8}$ $\frac{1}{4}$ $\frac{3}{8}$ $\frac{1}{2}$ $\frac{5}{8}$ $\frac{3}{4}$ ou $\frac{7}{8}$, &c.

2°. En donnant auffi en France un Ecu pareil, pour avoir audit Hambourg, depuis 93 jufqu'à 100 Deniers de gros, accompagnez le plus fouvent de l'une des Fractions cy-deffus.

3°. En baillant 100 Ecus auffi d'Or Sol pour recevoir audit Hambourg, depuis 96 jufqu'à 102 Richedalles de Banque de 48 Sols Lubs, pour chaque Richedalle, accompagnées comme deffus de quelques-unes des Fractions cy-devant declarées.

H ij

Observation

PArce qu'il vient d'eftre dit, il s'enfuit que l'on donne toûjours
le certain en France pour l'incertain à Hambourg, & partant
que toutes les Negociations qui fe font de France pour ladite Ville
de Hambourg, s'exercent toûjours par le moyen de la Multiplication, & qu'au contraire celles qui fe font de Hambourg pour la
France, fuppofent toûjours l'ufage de la Divifion, comme le tout
fe verra par la refolution des Exemples fuivans.

Exemple Premier.

Pour la Reduction de la Monnoye de France, en celle de Hambourg, fuivant la Premiere Remarque cy-deffus.

UN Particulier de France ayant à difpofer de l. 9002, 7 fols
pour Hambourg, dans le temps que le Change eft à 48 f.
$\frac{13}{16}$ Lubs pour un Ecu d'Or fol de 60 fols ; Sçavoir de combien de
Marques, Sols & Deniers Lubs, ledit Particulier de France fera
Crediteur audit Hambourg.

Regle.

IL faut Multiplier par les Ecus, Sols & Deniers d'Or Sol, provenans defdits l. 9002. 7 fols, 48 $\frac{13}{16}$ fols Lubs, prix du Change, dont on eft convenu, & divifer le produit de cette Multiplication, reduit en Sols, par 16 Sols Lubs, valeur d'une Marque Lubs,
qui eft la Monnoye la plus commune en laquelle on tient les Ecritures.

Pratique.

1. 9002. 7 fols. Somme à difpofer pour Hambourg.

$\frac{1}{7}$ 3000 Ecus, 15 fols, 8 den. d'Or Sol, valeur defdits l 9002. 7 f.
48. . . $\frac{13}{16}$ fols Lubs, valeur d'un Ecu d'Or Sol.

144000			
1500.	.	7.	10. produit pour $\frac{8}{16}$ où $\frac{1}{2}$ de 3000 v. 15.8;
750.	.	3.	11. autre pour $\frac{4}{16}$ où $\frac{1}{2}$ de $\frac{8}{16}$.
187.	.	10.	11 $\frac{1}{4}$ autre pour $\frac{1}{16}$ où $\frac{1}{4}$ de $\frac{4}{16}$.
24.	.	——	——autre pour 10 fols, où $\frac{1}{5}$ de 48.
12.	.	——	——autre pour 5 dits, où $\frac{1}{2}$ de 10 fols.
1.	.	12.	——autre pour 8 d. où $\frac{1}{3}$ du produit de 2 f.
146476.	2	14.	8. $\frac{1}{2}$ Sols Lubs, à divifer par 16.

2̶8̶1̶2̶
2̶̶4̶6̶4̶7̶6̶ ⟩ 9154 Marques, plus 12 fols Lubs, égaux en valeur auf-
2̶6̶6̶6̶6̶ ⟩ dits 3000 Ecus, 15 fols, 8 deniers d'Or fol.
2̶2̶2̶

Preuve de la Remife cy-deffus.

AYant à tirer de France fur Hambourg 9154 Marques, 12 fols
Lubs, à 48 fols ⁴⁵⁄₄₈ Lubs pour un Ecu d'Or fol ; fçavoir com-
bien le Tireur de France y recevra d'Ecus, Sols & Deniers d'Or
Sol pour ladite Traite.

Pratique.

9154 Marques, 12 fols Lubs, à reduire en fols Lubs,
16 fols Lubs, valeur d'une Marque.

```
54924.
 9154.
   12.
```

146476 fols Lubs , équivalens aufdits 9154 Marques , 12 fols
16. Lubs, à Multiplier par 16 Denominateur de la Fraction , qui accompagne le prix du Change.

```
878856.
146476.
```

2343616. à divifer par 48 ⁴⁵⁄₄₈ où par 781. prix du Change.

```
         16
        291
         49.
        781.
         60
```

2̶3̶4̶3̶6̶1̶6̶ ⟩ 3000 Ecus. 4̶8̶7̶5̶ ⟩ 15 fols. 5̶3̶1̶ ⟩ 9.den.bon.
7̶8̶1̶1̶1̶   1̶2̶2̶2̶0̶   7̶2̶6̶0̶
7̶8̶8̶8̶   7̶8̶1̶1̶   7̶8̶1̶
7̶7̶   7̶8̶

Obfervation II.

PUisqu e la Pratique de la feconde Maniere de faire le Change de France pour Hambourg eft femblable à celle des Changes

de France pour Amsterdam, je la passe sous silence, estant suffisamment démontrée cy-devant page 8 & enfin dautant que la troisiéme Maniere se rapporte à celle, que j'ay mise en usage pour faire une sorte de Change de France pour Francfort, à laquelle on aura recours pour sa Pratique amplement expliquée cy-devant page 49. Il n'en sera fait icy aucune mention.

Avertissement I.

LE Tireur estant suffisamment persuadé que la somme à débourser à Hambourg par son Correspondant à l'ordre du Remetteur, est juste, il fournit ses Lettres Premiere & Seconde de Change, à celuy qui luy a compté lesdits 3.000 Ecus, 15 sols, 8 den. d'Or Sol, où ce qui est la mesme chose la somme de 9002 livres, 7 sols, laquelle Lettre de Change peut estre conçeuë comme celle du sieur Claude Irson, qui est énoncée en l'Avertissement Premier de l'Application Premiere, pages 9. & 10.

Avertissement II.

LE Tireur ayant fourny au Remetteur ses Lettres de Change, il en envoye une d'Avis à son Correspondant pour l'informer de sa Negociation. Cette Lettre peut estre conforme à celle dudit sieur Claude Irson, décrite à la fin de l'Avertissement II. de l'Application Premiere, page 10. cy-dessus.

Avertissement III.

CEtte Partie peut estre couchée sur le Journal du Tireur, comme est celle qui est écrite dans l'Avertissement III. de l'Application Premiere, pages 10. & 11.

Avertissement IV.

LE Remetteur en envoyant à son Correspondant de Hambourg la premiere des Lettres de Change par luy reçeuës du Tireur de la Partie cy-dessus, doit luy en donner Avis, comme à celuy qui en doit toucher la valeur en la Monnoye du lieu de sa residence. Cette Lettre d'Avis peut estre énoncée comme celle qui est dressée dans l'Avertissement IV. de l'Application Premiere, page 11,

Avertissement V.

LE Remetteur de la Partie cy-dessus doit la coucher sur son Journal, en la maniere telle qu'est celle qui est décrite en l'Avertiffement VI. de l'Application Premiere , page 12.

Avertiffement VI.

L'Ufance des Lettres de Change , payables à Hambourg , eft de dix jours aprés l'Echeance , comme en France , pour la feureté du Porteur. Mais on remarquera que cette Ufance y eft differente par Rapport aux Us & Coûtumes , que cette Place ob-ferve envers celles où fon Negoce s'étend , à quoy Meffieurs les Negocians doivent avoir égard , & s'en faire éclaircir avant que de rien entreprendre.

Avertiffement VII.

POur relever les doutes qui pourroient refter dans l'efprit des Negocians touchant la maniere de payer ou de recevoir les fommes deuës en ladite Ville de Hambourg. J'ay bien voulu ajoû-ter en ce lieu les efpeces d'Or & d'Argent Monnoyé qui y ont cours , & pour le regard de la qualité & quantité , que l'on en doit recevoir par Rapport aux fommes à toucher où à débourfer , on fe conformera aux Loix & Reglemens faits pour ce fujet dans la-dite Ville.

Noms & valeurs des Monnoyes qui ont cours à Hambourg.

Monnoyes d'Or.

Le Loüis d'Or y vaut 11 Marques Lubs , & 8 Schelins Denfche . & ce dans le temps qu'il fe
compte en France, pour   :   .   L. 11.———
Le Ducat d'Or y vaut 12 Marques Denfche , où 6
Marques Lubs , & revient en France ,   L. 6 : ———

Monnoyes d'Argent.

L'Ecu blanc s'y compte pour 3 Marques Lubs , de 16
fols Lubs la Marque , & en France le mefme
Ecu blanc y vaut   .   .   L. 3.———
La Richedalle y vaut une Dalle & demie , où 3 Mar-
ques Lubs , & revient en France , à   L. 3.———
La Dalle s'y compte pour 2 Marques Lubs , où pour
32 fols aufli Lubs , & revient en France , à   L. 2.———
La Marque Lubs y vaut 16 fols Lubs , & en France, L. 1.———
Le Sol Lubs y vaut 12 deniers Lubs , & en France, L. 0. 1. 3.

Avertissement VIII.

J'Ay bien voulu ajoûter icy une Relation assez ample, laquelle m'a esté envoyée par une personne tres éclairée de ladite Ville de Hambourg, pour réponse aux demandes que je luy ay faites par Lettres. En voicy la teneur, comme suit.

Réponses aux doutes proposez touchant le Negoce de Hambourg.

1. ON tient en cette Place les Ecritures en Marques, Sols, & Deniers Lubs, que l'on évaluë par 16 & par 12.

2. Les Monnoyes qui ont cours en cette Ville sont d'Or ou d'Argent. Les premieres sont des Ducats d'Or qui valent 6 livres piece.

Les Monnoyes d'Argent sont les Richedalles en espece qui valent 3 Marques chacune de 16 sols Lubs la Marque.

Les Richedalles ont leurs sous-especes, comme les demy Richedalles, les Quarts & les demy Quarts qui valent à proportion. C'est de cette Monnoye dont on aquite toutes les Lettres de Change; d'où vient qu'elles reçoivent le nom d'Argent de Banque. On remarquera qu'en les y portant on a 1 pour 1000 de Benefice; mais quand on les en retire on paye ⅔ pour 1000; Lesdits ⅔ estant pour le profit du Caissier qui demeure responsable des erreurs de calcul & de l'Argent faux.

Les Richedalles neuves de Brabant, de Hollande, & celles de la Ville de Ulms dans le païs de Suabe, valent 46 à 47 sols Lubs.

Les Ducats d'Argent autrement dits à la Croix ou des Suisses, valent 3 Marques de 14 à 15 sols Lubs la Marque, qui est un sol moins que les premieres Richedalles.

Les Richedalles du Roy de Dannemarck ont pareillement cours en cette Ville de Hambourg; mais elles valent 4 pour cent moins que celles de Banque cy-dessus. Toutefois en achat de Marchandises on peut donner en payement autant des unes que des autres, & quelquefois mesmes on peut faire le payement entier des effets achetez ou receus en ces dernieres, c'est à dire en Richedalles de Dannemarck, à moins que l'on ne soit convenu du contraire. Il y a encore à Hambourg des Dalles qui sont les deux tiers d'une Richedalle, des demy Dalles, des quarts de Dalle, des sols Lubs, & des demy sols.

Hambourg

3. *Hambourg Change pour les Places Eftrangeres fuivantes, & donne; fçavoir,*

UNe Dalle de 32 fols Lubs, pour avoir à Amfterdam 33 fols de Florin ou Patars, plus ou moins. Obfervez que le Pair de Hambourg pour la Hollande eft qu'une Dalle y fait rendre 33 fols, 4 deniers de Florin : à caufe que la Rich. y vaut 100 den. de gros.

Avertiffement I X.

LE Change cy-devant pour Amfterdam fe fait pour 15. 20. 30. & 36. femaines de datte : mais à proportion du temps on fait le prix. Comme par exemple on donne prefentement une Dalle de 32 fols Lubs, pour avoir à Amfterdam 33 fols ½ de Florin, lors que la Traite fe fait à 18 ou 20 femaines de datte.

Hambourg donne pareillement 1 Dalle de 32 fols Lubs, pour avoir 32 fols ½ de Florin à Anvers dans les Traites faites à Ufance, c'eft à dire à 15 jours de veuë. On obfervera icy que la Richedalle vaut audit Anvers 48 fols de Florin, autrement appellez *Patars*, & à Hambourg 48 fols Lubs. On donne encore audit Hambourg 1 Dalle pareille de 32 fols Lubs, pour avoir audit Anvers 33 fols ¼ de Florin, payables à 20 femaines de datte.

Hambourg Change pour Breflau, & donne 105 ¼ pour cent, payable à Ufance où à 15 jours de veuë, cette perte eft pour le Tireur.

Le Change de Hambourg pour Dantzic en Pologne, fe fait tantôt au Pair, & tantôt à ½, 1 ou 2, &c. pour cent de perte pour le Tireur, & les Lettres fe tirent dudit Hambourg en Richedalles efpeces à recevoir & à payer audit Dantzic ; fur lefquelles il faut quelquefois perdre 9 à 10 pour cent, pour la difference qu'il y a de ces efpeces d'avec la Monnoye courante.

Hambourg Change pour *Francfort*, & donne une Dalle de 32 fols Lubs, pour avoir au Pair à Francfort 60 Kreuts courans, ou 49 ½ dits de Change, payables dans l'une de fes Foires, qui font Sçavoir, celle de Pafques & celle de Saint Michel. Il eft vray qu'il n'y a point de prix reglé, puifqu'il dépend de la quantité ou du peù de Lettres que l'on fait pour ladite Ville de Francfort, qui ne fait pas grand Commerce avec cette Ville.

Hambourg Change & donne 2½. 2½ à 3 pour cent de perte pour *Lipfic* d'une Foire à l'autre. Où l'on remarquera qu'il y en a trois qui fe tiennent comme à Lion de trois mois en trois mois, & que la quatriéme fe tient à Newbourg. Celles de Lipfic arri-

I

vent; fçavoir, La premiere à la Saint Michel : La deuxiéme à la Circoncifion ; & la troifiéme à Pafques; Mais la quatriéme, qui fe tient à Newbourg, arrive le jour de Saint Pierre & de Saint Paul.

Le prix du Change cy-deffus eft plus où moins haut felon que l'on fait plus où moins de Lettres pour lefdites Foires ; & la perte eft foufferte par le Tireur, d'autant que l'on n'aquitte pas lefdites Lettres de Change à Lipfic en Richedalles en efpeces.

Le Change dudit Hambourg pour *Londres* fe fait à raifon de 34 fols, 6 deniers de gros plus où moins, pour une livre Sterlin, payable à Ufance, qui eft de deux mois de datte. On remarquera en ce lieu, que 8 fols Wlamefis ou de gros valent une Richedalle de 48 fols Lubs.

Ladite Place de Hambourg donne une Dalle de 32 fols Lubs, pour avoir à *Nuremberg* 63 ¼ Creuts, payables à Ufance, qui eft de 15 jours de veuë.

Hambourg Change & donne 47 fols Lubs, plus ou moins, pour avoir à *Paris* un Ecu d'Or fol de 60 fols, payables à deux Ufances, qui font de deux mois de datte.

Observation.

LE Change de cette Ville pour Roüen, eft femblable à celuy de Paris, excepté que l'on n'y donne que 46 fols ¾ Lubs, plus ou moins, pour un Ecu d'Or fol.

Hambourg Change & donne 95 ¼ deniers de gros, où 47 fols Lubs, pour avoir à *Venize* un Ducat de Banque, payable à Ufance; laquelle eft de deux mois de date.

4. Toutes les Lettres de Change, tirées fur Hambourg fe payent le dixiéme jour aprés l'écheance, finon il les faut faire protefter au pluftard dans ledit jour dixiéme, à moins que l'on ne trouve de l'Argent à la Banque. Mais lefdites Lettres tirées de Paris ou de Roüen, fe payent le troifiéme jour aprés leur Echeance, & à faute de cela, il les faut faire protefter dans l'un defdits trois jours pour demeurer dans fon droit, à moins que l'on ne trouve auffi de l'Argent à la Banque.

5. Le Poids de Hambourg eft de trois pour cent moindre que celuy de Paris, fur ce pied il eft facile d'en faire la Reduction pour les autres Places.

6. Il n'y a qu'un Poids à Hambourg, auquel on pefe generalement toutes les Marchandifes, & les Pefeurs font ferment au Senat avant que d'eftre receus, & tiennent Regiftre de tout ce qu'ils pefent.

7. Tous les achats de Marchandises pour envoyer dans les païs Etrangers se font icy au comptant, où l'on observera que les plus ordinaires de ces Marchandises sont de Cuivre, de Fer, de Fil de Laïton, de Chaudrons, de Cire, de Fer Blanc, d'Acier, d'Azur, de Vert de Montagne & autres couleurs : des Vaches de Russie, &c. Les Soiries d'Italie & les Soyes cruës s'achetent à 13 mois : mais on les peut escompter à 8 ⅓ pour cent en les payant comptant. Les Pelleteries s'y achetent à 7 mois, & on les escompte à 4 ⅓ pour cent, pour les payer comptant. Mais les Ouvrages de Soye se vendent à l'Aune de Brabant, dont 5 font 6 Aunes de Hambourg. Les Marchandises venant de France & d'Angleterre se vendent à 7 mois de Terme. Mais on n'escompte point pour celles de France, & pour celles d'Angleterre on fournit aux Vendeurs des Billets, payables dans ledit temps, & qu'ils negocient ensuite. Toutes les Victuailles, qui sont toutes sortes de Grains & autres Viandes de bouche se vendent Argent comptant.

8. Dans les differens meus pour le fait du Commerce, les Negocians s'en rapportent d'ordinaire à des Arbitres, à peine de tant d'amende contre le premier contrevenant à la Sentence Arbitrale. Que si ce compromis est fait par Sentence du Senat, qui ait nommé les Arbitres, les parties n'en peuvent pas appeller : Mais si d'un commun consentement elles en élisent, & que le Compromis porte, sur peine de tant contre le contrevenant ; celuy qui se trouvera lezé de ladite Sentence, en payant la peine portée par ladite Sentence Arbitrale, en peut appeller au Senat, & de la Sentence de celuy-cy, il peut faire renvoyer la cause à la Chambre Imperiale tenuë à Spire, pourveu que la somme soit au delà de mil Florins d'Or, qui font 4000 livres en Monnoye de France.

9. Le Negoce ne déroge nullement à la Noblesse, puisque les Marchands sont faits Bourgmestres & Senateurs. Mais on remarquera que le Pere & les Enfans ne peuvent estre en mesme temps Adjoints aux Charges dans le Senat, où elles sont à la vie seulement, & non pas hereditaires : parce que ceux qui y sont receus ont esté éleus par le Peuple.

10. Si l'on a des effets liquides comme sont Joyaux, Pierreries, Argenteries, & autres meubles precieux & peu embarassans, & sur lesquels on desirât avoir de l'Argent, on les porte à la Banque où l'on en fait un Inventaire exact, & où ils demeurent pour hypoteque ou asseurance des sommes que l'on avance à celuy, ou à ceux à qui ils appartiennent, & ce moyennant un interest limité à tant pour cent par an, & à la charge de rendre six mois après, non

feulement le preft, mais auffi les interefts , finon on fait vendre les gages au plus offrant & dernier encherifleur, aprés avoir fait afficher à la Barre le jour de la vente & délivrance defdits effets.

Ceux au contraire qui ont des Marchandifes ou des effets plus embarallans que les premiers, ne laiffent pas de trouver de l'argent à intereft, en les donnant pour nantiffement à des Marchands, qui leur preftent des fommes confiderables, toutefois de moindre valeur que lefdites Marchandifes, en exigeant comme deffus un intereft de *fix pour cent* par an.

Et fi ces effets font encore plus embarallans, comme font les Bleds, les Vins, Huiles, &c. pour lefquels il eft befoin d'avoir des Greniers, des Caves ou des Magafins, celuy à qui ils appartiennent peut encore, à la mefme raifon que deffus, trouver de l'Argent, pourveu que la fomme preftée foit de beaucoup moindre en valeur que lefdits effets qui demeurent pour hypoteque au Prefteur, à qui on les délivre dans des lieux où ils font enfermez. Et lorfque le Proprietaire defdits effets trouve à les vendre, il les va prendre chez le Prefteur qui envoye une perfonne pour les faire voir, & du provenu de la Vente, il en retire toute ou partie de la fomme preftée, fans toutefois en retenir les interefts, qui ne fe payent que dans les fix mois.

1 1. Les Etrangers & les Naturels du Païs payent également toutes fortes de Droits, horfmis les Bourgeois qui font exempts des Droits de Doüane, pour raifon des Marchandifes qu'ils envoyent ou reçoivent par Terre, & d'une petite Doüanne, que l'on appelle *Schawmbourg*, laquelle eft peù de chofe.

La Nation Angloife n'eft pas icy fujette aux Droits d'entrée ny aux autres Charges de Ville, pour raifon du Vin & de la Bierre qu'ils y font venir pour leur Compte : en cela ils ont plus de Privileges que les Bourgeois mefmes, qui ne joüiffent pas de cette grace.

1 2. Il n'y a point de Monts de Pieté, comme en Italie, ny des lieux particuliers, comme à Paris l'*Hoftel de Ville*, fur lefquels l'on donne fon Argent à intereft. Mais ceux, qui veulent faire valoir leurs deniers, les donnent à rente, & pour feureté de leur bien, ils fe font hypotequer des Maifons, des Terres & autres Biens immobiliers, dont on a un Regiftre dans la Maifon de Ville, lequel y eft exactement tenu par un Secretaire, qui en montrant quand on veut ledit Regiftre, fait connoître aux Aquereurs ou aux Prefteurs la quantité des Hypoteques, dont lefdits Immobiliers font chargez; enfuite on s'informe de leur valeur. Obfervant que

les premieres Hypoteques font preferables aux fuivantes, & que c'eft pour ce fujet que les premieres Hypoteques n'ont que trois pour cent par an de rente de leur Argent, au lieu que les derniers Prefteurs ont 5 pour cent. Mais fi le fonds ou la maifon, eft hypotequé d'une ou de plufieurs fommes, excedant fa jufte valeur; Et fi le Proprietaire ne peut ponctuellement payer tous les fix mois les interefts deubs au Prefteur, celuy-cy oblige fon debiteur de luy payer l'intereft d'une année entiere, & s'apropie ladite Maifon en cas qu'elle ne vaille pas ce que ledit Proprietaire a receu deffus; Que fi un Creancier Prefteur n'eft que le dernier en Hypoteque; le premier fera preferé, & ce dernier fera en danger de perdre fes avances.

13. La Banque de Hambourg eft la meilleure de l'Europe, & bien qu'elle ne foit pas fi riche que celle d'Amfterdam, elle eft cependant auffi affeurée. On n'y reçoit que des Richedalles, & les payemens s'y font auffi en ces mefmes efpeces. Il y a quatre principaux Bourgeois qui veillent fur toutes chofes, qui donnent l'Argent aux Caiffiers quand il y a quelque payement à faire, & lorfque l'on ne porte pas de la Ville fuffifamment d'Argent pour fatisfaire à ces payemens, fans toucher au Trefor, les Bourgeois & tout le Corps de la Republique font refponfables du fonds des Particuliers. Et afin que toutes chofes foient bien ordonnées les quatre teneurs de Livres de la Banque donnent toutes les femaines deux Bilans aux Contrôlleurs.

Le Senat n'a aucune chofe à voir fur la Banque, fur laquelle on ne peut faire aucune faifie, perfonne n'ayant nulle connoiffance du fonds de qui que ce foit; parce que les teneurs de Livres, avant que d'eftre reçeus à cette Charge, font ferment de garder le fecret. Il n'y a auffi que ceux de cette Ville qui puiffent avoir compte à la Banque ou de l'Argent, qui n'y profite de rien. Il y eft feulement mis comme en dépoft pour la commodité des Marchands, qui ne payent que par Billets affignez fur ladite Banque.

14. Toutes les Nations font icy égales en Privileges, horfmis les Anglois qui ont les prerogatives cy-deffus marquées.

15. On plaide en Allemand, & non autrement à Hambourg.

16. On juge fuïvant les Statuts & Coûtumes de la Ville, lefquels font imprimez, & aufquels on a beaucoup ajoûté.

17. En cas de faillite le premier faififfant eft preferé, à moins qu'une perfonne ne trouvât fes effets en nature, & fans changement: car en ce cas il luy eft permis de reprendre fon bien où il le trouve.

I iij

TABLE DIXIE'ME.

Par le moyen de laquelle on découvre le Rapport que la Monnoye de France a avec celle de Liege.

PARIS, LION, ROUEN, BORDEAUX, *Changent & donnent.*

100 livres.	au Pair			133 livres, 6 f. 8 deniers, *ou*
ou		} *à Liege.* {		133 v, 6 f. 8 den. dudit lieu.
100 v, d'Or fol,	aux prix cou-			130 livres jufqu'à 137. pour
pour avoir	rans depuis			÷ de la Monnoye dudit lieu,

Avertiffement I.

LE Pair cy-deffus fe tire du Rapport qu'il y a entre l'Ecu de France de 60 fols, & entre celuy de Liege qui y vaut 4 livres, qui eft le tiers en *Sus* de celuy de France. Cette inégalité provient de la diverfité d'Aloy de l'Argent Monnoyé, en ce que celuy de Liege eft à un Titre plus bas que celuy de France.

Mais lors des Negociations à faire en Banque, ce prix change par rapport à la rareté ou à l'abondance de l'Argent Monnoyé qui en eft l'objet principal; d'où vient que 100 Ecus de France difpofez pour Liege, n'y rendent quelquefois, fuivant la neceffité que l'on en a, que 132 Ecus, Monnoye dudit lieu, & fouvent auffi les mefmes 100 Ecus d'Or fol y font rendre 134 Ecus, 10 fols, & mefmes d'avantage fuivant les occurrences.

Les Negocians de la Ville de Liege tiennent leurs Ecritures en Livres, Sols & Deniers, qu'ils fupputent par 20 & par 12, en tant que 20 fols y font la livre, & 12 deniers un fol.

L'Vfage & l'Application des prix contenus en la Table cy-deffus fe connoîtra facilement par l'Exemple fuivant.

UN Particulier de Paris voulant faire acheter des Marchandifes à Liege, écrit à fon Correfpondant d'employer en des effets mentionnez en fon Memoire jufqu'à la fomme de 6000 livres ou environ, Monnoye du païs de Liege, & en mefme temps il compte la fomme de 4500 livres à un Banquier auffi de Paris, qui a correfpondance en ladite Ville de Liege : dans le temps que le Change de Paris pour Liege eft à 135 livres, 7 fols, 6 deniers, Monnoye de Liege pour 100 livres Monnoye de France; Sçavoir combien le Correfpondant dudit Particulier de Paris recevra à Liege,

Pratique.

POur refoudre cette queftion, & les autres de pareille nature, il faut difpofer les trois Termes connus & donnez en cette propofition de la maniere qui fuit.

Sy 100 livres de France font rendre à Liege 135 livres, 7 fols, 6 deniers, Monnoye du païs, combien y feront rendre 4500 livres, fomme à difpofer à Paris pour ladite Ville de Liege.

En Abrégé.

Sy 100 . . . 135 liv. 7 f. 6 d. . 4500. Refp. 6091 l. 17. 6.
      4500.
     ——————
     67500.
     540000.
      1125.   produit pour 5 fols, où $\frac{1}{4}$ de 4500.
      562. 10. autre pour 2 fols, 6 den. où $\frac{1}{2}$ de 5 f.
   6091|87. 10.
     |20.
   ——————
    17.50
    12
   ——————
    6.00.

Preuve.

UN Particulier de Paris voulant tirer fur fon Correfpondant de Liege la fomme de 6091 livres, 17 fols, 6 deniers, à 135 livres, 7 fols, 6 deniers, Monnoye de Liege pour 100 livres de France; Sçavoir combien on luy comptera à Paris de livres, fols & deniers, Monnoye de France pour la fomme cy-deffus par luy tirée.

La Pratique fe verra en la Page fuivante.

Pratique.

Il faut dire par une Regle de Trois, exprimée comme fuit.

Sy 1 3 5 ½ Mon. de Liege, rendent à Paris 1 0 0 liv. comb. 6 0 9 1 l. 17. 6.

$$\begin{array}{ccc} 8 & 8 & \text{B?. 4 5 0 0 liv.} \\ \hline 1 0 8 3 & 800 & \end{array}$$

6 0 9 1 : 17 fols, 6 deniers.

4 8 7 2 8 0 0.

     4 0 0. pr. pour 10 f. ou ½ de 8 0 0.
     2 0 0. autre pour 5 f. ou ¼ de 10 f.
     1 0 0. autre pour 2 f. 6. ou ⅛ de 5 f.

4 8 7 3 5 0 0.

$$\left.\begin{array}{l} 4\,8\,7\,3\,8\,0\,0 \\ 1\,\phi\,8\,3\,3\,3\,3 \\ 1\,\phi\,8\,8\,8 \\ 1\,\phi\,\phi \\ 1 \end{array}\right\}$$ 4 5 0 0 livres, à recevoir à Paris, pour la Traite cy-deffus faite fur Liege.

Avertiſſement I I.

ON reconnoît fenfiblement, par la Pratique des deux Regles de Trois cy-deffus, que ladite fomme de 4 5 0 0 livres comptée à Paris, & remife à Liege y fait débourfer par celuy fur qui la Traite a efté faite, celle de 6 0 9 1 livres; 17 fols, 6 deniers, Monnoye du Païs, où les payemens des Lettres de Change & des autres effets vendus ou achetez, fe font prefque en mefme Monnoye qu'en celle qui a cours en Flandre, Brabant & en Hollande, fans en exclure les Monnoyes de France, d'Efpagne & de l'Empire, dont je ne parleray icy, ayant efté décrites ailleurs.

Avertiſſement I I I.

ON remarquera qu'à Liege le Scalin, qui eft une Monnoye de Hollande, y vaut 10 fols, Monnoye du Païs, & qu'en France, aux lieux où cette forte de Monnoye à cours, il ne s'y prend que pour 7 fols, 6 deniers, dont 8. font toûjours 3 liv. égales à un Ecu, & qu'ainfi l'Ecu de France vaut juftement, & au Pair 4 livres, Monnoye de Liege, & par confequent 1 0 0 livres de France, valent 1 3 3 livres, 6 fols, 8 deniers, Monnoye de Liege, & 1 0 0 Ecus d'Or Sol, valent pareillement audit Liege 1 3 3 Ecus ⅓ Monnoye du Païs.

                                   Avertiſſement

Avertissement IV.

ON remarquera que le Remetteur & le Tireur de Paris, ensuite de l'Argent compté par le premier, & reçeu par le second, prennent également leurs précautions pour la réüssite de cette Negociation : Car l'un envoye la premiere Lettre de Change à
luy fournie, accompagnée d'une d'Avis, adressée à son Correspondant de Liege, & l'autre en donne aussi Avis à celuy qui doit
aquiter sa Lettre, en gardant le mesme Stile des Lettres décrites
dans les Avertissemens I. II. III. IV. & VI. de l'Application premiere des Changes Etrangers cy-devant marqués, pages 9. 10,
11. & 12.

TABLE UNZIE'ME.

Par le moyen de laquelle on voit le Rapport que la Monnoye de France
à avec celle de Lisbonne, Ville Capitale de Portugal.

PARIS, LION, ROUEN, BORDEAUX, Changent & donnent.

1 ♀ de 60 s.
pour avoir

{ au Pair
{ aux prix courans   à Lisbonne.
{ depuis

{ 600 Raix, de 1 denier
{ ½ le Raix.
{ 480 jusqu'à 700 Raix.

Avertissement I.

LE Pair cy-dessus se tire du Rapport qu'il y a entre 2200 Raix,
valeur juste de la Pistole d'Espagne, qui a cours dans ladite Ville de Lisbonne; & entre 11 livres, valeur de la mesme Pistole
en France.

Mais les Negociations de Banque, qui se font rarement à droiture en France pour ladite Ville, ne se reglent que suivant le cours
du Change, qui s'étend, comme il est marqué par la Table cy-dessus, depuis 480 jusqu'à 700 Raix. Ceux qui ont de l'Argent à faire tenir de France à Lisbonne se servent de leurs Correspondans de
la Ville d'Amsterdam, à qui ils font telles Remises qu'ils veulent,
en leur ordonnant ensuite de disposer du net de leurs fonds pour
Lisbonne, & ce à leur plus grand avantage.

Les Negocians de Lisbonne & de tout le Portugal y tiennent
leurs Ecritures en Raix, qu'ils somment par Periodes, distinguées
par des Virgules ou autres marques de 3 en 3 Figures, en les pla-
çant de droit à gauche, & qu'ils reduisent en *Milleraix*, qui sont

K

des demy-Piſtolles, en laquelle eſpece pluſieurs Negocians de Portugal tiennent encore leurs Ecritures.

Avertiſſement II.

POUR donner aux Negocians, qui ont deſſein de trafiquer en Portugal, une idée claire & intelligible des Remiſes & des Traites à y faire.; je rapporteray en ce lieu une Declaration des Monnoyes qui y ont cours.

Noms & valeurs des eſpeces de Monnoyes qui ont cours à Lisbonne, Ville Capitale de Portugal.

Monnoyes d'Or.

Le Loüis d'Or & la Piſtole d'Eſpagne, s'y mettent
    pour 2200 Raix, & en France, pour   l. 11. ——

1 Piece d'Or de Ducat, peſant 1 once, 3 deniers,
    12 grains, & au Titre de 23 ¼ Karat y vaut
    10000 Raix, revenant en Monnoye de
    France, à   .   .   .   l. 50. ——

1 Dopio Moeda, ou double Piſtole, y vaut 4000
    Raix, & en France,   .   . l 20. ——

1 Moeda, ou la Piſtole ſimple, y vaut 2000 Raix,
    & en France,   .   .   . l. 10. ——

1 Milleraix ou demy-Piſtole, y vaut 1000 Raix, &
    en France,   .   .   l. 5. ——

Monnoyes d'Argent.

1 Pataque, dit Patagon marqué, vaut à Lisbonne 600
    Raix, & en France,   .   l. 3 : ——

1 Patagon non marqué, vaut 500 Raix, & en France, l. 2. 10 ——

1 Creuſade marquée, vaut 500 Raix, & en France, l. 2. 10. ——

1 Creuſade non marquée, vaut 400 Raix, & en France,   l. 2 : ——

1 Teſton de 5 vingtains, vaut 100 Raix, & en France,   l. 0. 10. ——

Monnoyes de Cuivre.

On fabrique encore à Lisbonne des pieces de Cuivre de 1 Raix ½ de 2. 3. 4. &c. le Rais revenant en France, environ à   1. denier ¾

Observation.

LA moindre des pieces d'Argent, que l'on appelle *un Vinteno* vaut 20 Raix, revenant à 2 fols de France, celle d'après appellée *doi Vinteni*, y vaut 40 Raix, & en France 4 fols. Il y a auſſi des demy-Teſtons de 50 Raix, ou de 5 fols de France; des doubles Teſtons de 200 Raix, ou de 20 fols de France.

Quand on porte à la Monnoye des Piſtoles d'Eſpagne de poids, on les augmente ordinairement de 50 pour 100. On prend encore à Lisbonne des pieces de 8 Reaux de Plate; & lors que les pieces Etrangeres ſont une fois introduites dans ce Royaume-là on ne peut plus que difficilement les en tranſporter; d'où vient qu'en 1643. on fit appoſer ſur les pieces de 8 cy-deſſus, une couronne avec le prix de 480 Raix, & leurs ſous eſpeces à proportion.

Exemple d'une Remiſe faite à droiture de France à Lisbonne.

UN Particulier de France ayant deſſein de faire toucher en Portugal 4500 Ecus, à 555 Raix pour Ecu; Sçavoir de combien de Creuſades non marquées, de Teſton & de Raix, il y ſera Crediteur.

Pratique.

4500 Ecus, ſomme à remettre à Lisbonne.
à   555 Raix, valeur ſuppoſée d'un Ecu, ou le prix du Change.

277500
2220 . . .

2497500 Raix, égaux auſdits 4500 Ecus, à diviſer par 400.

113
2497500   ⎰ 6243 Creuſades, plus 3 Teſtons non marquez,
444400   ⎱ à recevoir à Lisbonne, pour valeur de ladite Remiſe.

Preuve.

AYant à tirer de France 6243 Creuſades ¼ ſur Lisbonne à 555 Raix pour Ecu; ſçavoir combien on recevra d'Ecus, &c. pour la Traite à faire, comme deſſus.

Pratique.

6243 Creufades ¼ de Creufade, à multiplier par
400 Raix, valeur d'une Creufade non marquée.

2497200.

200. pour ½ de Creufade, ou ½ de 400.
100. pour ¼ de Creufade, ou ½ de ½.

2497500 Raix, à divifer par 555 prix du Change.

27
2497500
888888   } 4500 Ecus, à recevoir à Paris pour ladite Traite.
88888
88

TABLE DOUZIE'ME.

Par le moyen de laquelle on connoît le Rapport que la Monnoye de France à avec celle de Livourne, place dépendante du Grand Duc de Tofcane en Italie.

PARIS, LION, ROUEN, BORDEAUX, *Changent & donnent.*

1 ▽ de 60 fols,   au Pair   1 Piaftre de 58 fols.
   ou   100 Piaftres pour ÷ ▽.
100 Ecus pour   aux prix courans   à *Livourne.*   57 fols ⅟, à 59 fols.
avoir   depuis   .   96 à 103 Piaftr. pour ÷ ▽.

Avertiffement I.

LEs Negocians de cette Ville tiennent leurs Ecritures en Livres, Sols & Deniers que l'on fuppofe par 20, & par 12. d'autant que par une Livre on y entend 20 fols, & par un fol 12 deniers, & l'on reduit ces dernieres efpeces en Piaftres ou pieces de 8. ce qui fe fait en divifant lefdites Livres, Sols & Deniers par 6 livres, valeur de ladite Piaftre.

Avertiffement II.

LEs Monnoyes d'Or & d'Argent qui ont cours en cette Place, font la plufpart femblables à celles de Florence, ainfi on les poura voir aux pages 38. & 39 cy-deffus.
Mais puis qu'il y a quelque difference entre les Monnoyes de Florence & celles de Livourne, au moins pour leur prix, on con-

noîtra par la Table fuivante les noms & valeurs des efpeces d'Or
& d'Argent monnoyé, qui ont cours à Livourne, lefquelles font;
Sçavoir,

Noms & valeurs des Monnoyes qui ont cours à Livourne.

Monnoyes d'Or.

La Piftole d'Italie , y vaut 20 livres dudit lieu , &
  revient en France, à   l. 10. 10. —
La Piftole d'Efpagne & le Loüis d'Or de France, y
  valent la piece 20 livres 10 fols, & en France,   l. 11. —

On remarquera en ce lieu qu'on vend à Livourne les Piftoles
d'Italie , & celles d'Efpagne , comme de la Marchandife , celles
d'Italie fe vendent fouvent depuis 21 livres ¼ jufqu'à 21 ⅓ , & celles d'Efpagne depuis 22 livres jufqu'à 22 ¼ , le tout plus ou moins ,
felon qu'elles font recherchées , ce qui fe regle fuivant le cours
du Change, qui en fait augmenter ou diminuer la valeur , aufli bien
que celles des efpeces d'Argent blanc , comme font les *Iules*, les
Teftons, & les *Ducats*, ainfi que cela fe pratique à Florence , y ayant
peu de difference d'entre ces deux Places.

Monnoyes d'Argent.

La piece de 8 Reaux vaut 6 livres dudit lieu , & c'eft en cette
efpece & à ce prix que l'on y paye ordinairement les Marchandifes , qui s'y vendent. Mais lefdites pieces de 8 ou Piaftres eftant
employées au payement des droits de Doüanne , ou prifes en
petite quantité, elles n'y paffent que pour 5 livres 15 fols la piece
dans le temps qu'elle peut valoir en France, à   l. 3 : —
Le Jule y vaut 13 fols, 4 deniers dudit lieu, & peut
  valoir en France,   l. 0. 6 f. 8.
Le Tefton y vaut 2 livres dudit lieu , & peut revenir
  en France, à   l. 1 : —
Le Ducat de Florence y vaut 7 livres , & fe peut
  compter en France, pour   l. 3. 10 : —

K iij

Petites Monnoyes.

Il y a des Quatrins Noirs , dont trois font un fol du-
    dit lieu, & en France ,   .   .   l. 0. 0. 6.
Cinq Quatrins dits , font une *Grace* , qui peut valoir
    en France ,   .   .   .   l. 0. 0. 10.
12 Graces y font la Livre de 20 fols , laquelle peut
    revenir en France, à   .   .   l. 0. 10.—

Application fur une Queſtion de Change.

UN Particulier de Paris, Lion , &c. trouvant à remettre à
    droiture à Livourne 2475 livres, fur le pied de 56 fols pour
une Piaſtre ou Piece cy-devant appellée de 58 fols ; ſçavoir de
combien de Piaſtres, & parties de Piaſtre, il fera Crediteur audit
Livourne, pour ladite ſomme de 2475 livres remiſes comme
deſſus.

Regle.

IL faut reduire leſdites 2475 livres remiſes de Paris ou de Lion,
    en fols, que l'on diviſera par le prix du Change, qui en cet
Exemple eſt 56 fols, pour avoir au Quotient 883 Piaſtres, & 52
fols de plus.

Exemple.

2475 livres, ſomme à remettre, à multiplier par
    20 fols, valeur d'une livre.
_____
49500 fols, égaux auſdites 2475 livres, & à diviſer par 56.

    25
    4722 ⎧ 883 Piaſtres , plus 52 fols à débourſer & à recevoir à
    49800 ⎪ Livourne, leſquelles Piaſtres , &c. il convient multiplier
    ————— ⎨ par 6 livres ; valeur d'une Piaſtre, & prendre pour 52
    5666 ⎪ fols, à proportion de ce qui viendroit pour 58 fols.
    88 ⎩

883 Piaſtres, & 52 fols, à multiplier par 6.
    6 livres, valeur d'une Piaſtre.
_____
5298.
        5 : 7 fols, 7 deniers, produit pour les 52 fols cy-deſſus.
_____
5303 . 7 fols, 7 deniers, Monnoye de Livourne, égaux en va-
        leur auſdites 2475 livres, remiſes de France, comme deſſus.

Preuve.

UN Particulier de Paris, Crediteur à Livourne de 5303 livres, 7 fols, 7 deniers, Monnoye courante dudit lieu, voulant en difpofer en France fur le pied de 56 fols pour une Piaftre, ou piece de 58 fols; fçavoir combien il faudroit qu'on luy comptât de Livres, Sols & Deniers, Monnoye de France.

Regle.

IL faut reduire lefdites 5303 livres, 7 fols, 7 deniers, Monnoye courante de Livourne en Piaftres, ce qui fe fait en prenant le fixiéme de ladite fomme à difpofer, pour avoir au Quotient 883 Piaftres, plus 5 livres, 7 fols, 7 deniers égaux aufdits 5303 liv. 7 f. 7 deniers. Lefquelles Piaftres eftant multipliées par 56 f. ou par 2 livres 16 fols, il doit venir au produit des Livres & parties de Livre à recevoir à Paris, à Lion, &c. pour ladite Traite.

Exemple.

5303 livres, 7 fols, 7 den. fomme à tirer, dont il faut prendre $\frac{1}{6}$.

$\frac{1}{6}$. 883 Piaftres, plus 5 liv. 7 f. 7 d. à multiplier par le prix du Change.
2 livres, 16 fols, prix du Change.

1766.
706. 8.. produit pour 16 fols.
2. 12. autre pour 5 liv. 7 fols, 7 deniers égaux à 52 fols, dont 58 font la Piaftre.

2475 livres, à recevoir à Paris, & c'eft la Preuve de la Remife cy-deffus faite de Paris à Livourne.

On remarquera que Livourne Change fouvent pour Lion, Paris, &c. par la voye de Florence.

Autre maniere de faire le Change de Lion à Livourne.

LIon Change pour Livourne, & donne 100 Ecus pour y avoir 103 $\frac{1}{2}$ Piaftres; fçavoir combien un Negociant de Lion, faifant une Remife de 824 Ecus, 3 fols, 6 deniers d'Or fol, au prix fufdit, devroit recevoir où faire recevoir pour fon compte ou pour celuy d'autruy, de Piaftres & parties de Piaftre audit Livourne.

Il faut dire par Regle de Trois.

Sy 100 Ecus de Lion font débourfer 103 $\frac{1}{2}$ Piaftres Comb. 824 Ecus, 3 fols, 6 deniers, Refp. 853 Piaftres, 1 fol, 3 deniers.

En moindres Termes.

100 Ecus.   103 ½ Piaſt. 824 Ecus, 3 ſ. 6 d. Reſp. 853 Piaſt. 1 ſ. 2 d̶.
824-3-6.

———————————

                2472
                82400
                412.   1. 9. Prod. pour ½ ou ⅛ de 824 Ecus, 3 ſols, 6 den.
                12. 17. 6. Autre pour 2 ſols, 6 d. ou ⅛ de 103 Piaſtres.
                5.   3. - Autre pour 1 ſol, ou ¼ deſdits 103 Piaſtres.

———————————

Piaſtres,   853|02. 2. 3.
                58 ſols, valeur d'une Piaſtre.
Sol.   1|18
                12 deniers, valeur d'un ſol.
Den.   2|19

Preuve.

UN Négociant de Lion, eſtant Crediteur à Livourne de 853
Piaſtres, 1 ſol, 2 deniers, & deſirant en diſpoſer ſur le pied de
103 ½ Piaſtre pour 100 Ecus d'Or ſol ; ſçavoir combien on luy
devroit donner d'Ecus, & parties d'Ecu pour fournir ſes Lettres,
premiere & ſeconde de Change.

Il faut dire par Regle de Trois.

Sy 103 ½, rendent 100 v. comb. 853 Piaſt. 1 ſ. 2. Reſp. 824 v, 3 ſ. 2 d,
        2   2
——————————————————————
    207   200
                853. 1 ſol, 2 deniers.
——————————————————————
                170600.
                3. 5, produit pour 1 ſol, ou ⅓ de 200.
                7 pour 2 deniers, ou ⅙ du prod. de 1 ſol.
——————————————————————
    170600. 4.

        83
        5062   23   69
    170600   } 824 Ecus.   644   } 3 ſols.   278   } 1 denier.
    207777   207   207
    200
    2

                                TABLE

TABLE TREIZIEME,

Par le moyen de laquelle on pourra voir le Rapport que la Monnoye de France a avec celle de Londres, Ville Capitale d'Angleterre.

PARIS, LION, ROUEN, BORDEAUX, *Changent & donnent.*

Lᵛ de 60 f.
pour avoir
{ au Pair
{ aux prix cou-
{ rans depuis
} à Londres. {
{ 55 ½ denier Sterlin.

{ 50 à 60 deniers Sterlins.

Avertissement I.

LE Pair cy-dessus se tire du Rapport qu'il y a entre 13 livres, valeur de la Livre Sterlin, quand le Change est à 55 ½ deniers Sterlins, pour un Ecu d'Or sol, & entre trois livres, valeur dudit Ecu.

Les Negocians de cette Ville & de celles de toute l'Angleterre, d'Escosse & d'Irlande, y tiennent leurs Ecritures en Livres, Sols & Deniers Sterlins, qu'ils calculent par 20 & par 12. Parce que 20 sols font une livre, & 12 deniers ou Penins un sol.

Avertissement II.

SI la plus grande partie des Negociations de Banque qui se font en France, n'estoient pas pour Londres, je me serois contenté de renvoyer les Lecteurs aux Avertissemens que j'ay cy-devant donnez pour les Traites & les Remises qui se font de France pour la Hollande, Flandres & Brabant ; mais puisque cette Place & celles qui en dépendent font le sujet d'une partie considerable des Changes qui composent ce Livre, j'ay creu qu'il ne seroit pas inutil d'en faire quelques Applications qui feront plus sensiblement connoître l'usage de la Table cy-dessus.

De la Reduction de l'Argent Monnoyé de France en celuy d'Angleterre, d'Escosse & d'Irlande.

UN Particulier de France ayant dessein de Negocier en Banque ou en Marchandise à Londres, veut disposer d'une somme de 3000 Ecus, 15 sols, 8 deniers d'Or sol, qu'il compte à un Banquier qui luy fournit une premiere & seconde Lettre de Change, de la valeur de ladite somme exprimée par Livres, Sols & Deniers Sterlins, qui sont des noms que l'on donne à la Monnoye

L

d'Angleterre, d'Escosse & d'Irlande ; laquelle Lettre de Change est tirée sur un Particulier de Londres à 55 ½ denier Sterlin, pour un Ecu d'Or sol de 60 sols ; Sçavoir de combien ledit Particulier de France sera Crediteur à Londres, de Livres, Sols & de Deniers Sterlins.

Regle.

IL faut multiplier le prix du Change convenu par la somme proposée à remettre ; ensuite diviser le produit, qui sera en Deniers par 12. pour avoir au Quotient des Schelins ou des Sols Sterlins, que l'on reduit encore ensuite en Livres, en divisant les Sols par 20. ou bien en retranchant la derniere Figure à droite des Sols, & en prenant aprés ce retranchement la moitié des Figures retranchées à gauche, le tout comme cy-aprés.

Exemple.

```
      3000 Δ. 15 sols, 8 deniers d'Or sol, à disposer pour Londres.
   à      55    ½ den. Sterl. pour Ecu, prix du Change convenu.
  165000. . . .           produit pour 55 deniers Sterlins.
    1500 - 7. 10. .        autre pour ½ den. ou ½ de 3000 v.15.8.
     27. 10. ——— :         autre pour 10 sols, ou ½ de 55 d.Sterl.
     13. 15. ——— :         autre pour 5 sols, ou ¼ de 10 sols,
      1. 16. 8.  :         autre pour 8 d. ou le ⅓ du prod. de 2 s.
  166543 ½ 9. 6. deniers Sterlins à reduire en sols, en les divi-
                           sant par 12. valeur d'un sol.
```

```
  1 1
  40997 ⎫
  166843 ⎬ 13878 sols, 7 den. ¼ Sterlin, à diviser par 20.
  222222 ⎪
  1111  ⎭ l.693 : 18 sols, 7 deniers, ¼ Sterlin, pour le requis.
```

Preuve.

AYant à disposer en France de 693 livres, 18 sols, 7 deniers ¼ Sterlin, à 55 ½ denier Sterlin pour Ecu ; sçavoir combien on doit recevoir en France pour cette somme à tirer sur Londres.

Pratique.

693 livres, 18 fols, 7 deniers $\frac{1}{2}$ Sterlin à reduire en fols.
20 fols, valeur d'une livre.

13878 fols Sterlins, égaux aufdits 693 livres, 18 fols.
12 deniers, valeur d'un fol.

166543 $\frac{1}{2}$ denier Sterlin, égaux aufdits 693 liv. 18 fols 7 den. $\frac{1}{2}$.
2 denominateur de la Fraction, qui accompagne le prix
du Change.

333087, à divifer par 55 $\frac{1}{2}$, ou par Reduction par 111.

Avertiffement III.

QUAND on eft pleinement convaincu que la Remife faite comme deffus, produit juftement 693 livres, 18 fols, 7 $\frac{1}{2}$ denier Sterlin. Le Remetteur prend ordinairement du Tireur une
premiere & feconde Lettre de Change tirée fur fon Correfpondant, laquelle peut eftre conceuë en cette maniere.

A Paris, ce premier Juin 1686. pour l. 693. 18. 7 $\frac{1}{2}$ à 55 $\frac{1}{2}$.

MESSIEVRS, A Vfance & demie, il vous plaira payer, par
cette premiere de Change, à Meffieurs le Couteulx ou ordre la
fomme de fix cens quatre-vingts treize livres, dix-huit fols, fept deniers & demy Sterlin à cinquante-cinq & demy denier Sterlin, pour
un Ecu d'Or fol de foixante fols, pour valeur receuë d'eux en deniers
comptans, laquelle fomme vous pafferez au compte, & fuivant l'Avis,

A MESSIEVRS,
Meffieurs du Livier, Banquiers,
A LONDRES.

Accepté ce 12.
Juin 1686.
Du LIVIER.

De voftre tres-hum-
ble ferviteur,
CLAUDE IRSON.

Avertiſſement I V.

LE Tireur ayant fourny au Remetteur ou aux Remetteurs ſa Lettre de Change, comme cy-deſſus, il en envoye une d'Avis à ſon Correſpondant, pour l'informer de la teneur de ladite Lettre de Change. Cette Lettre d'Avis peut eſtre exprimée en cette ſorte.

Modelle d'une Lettre d'Avis écrite à un Correſpondant au Sujet d'une Traite faite ſur luy.

A Paris, le premier Juin 1686.

MESSIEVRS,
Ie vous donne Avis que j'ay ce jourd'huy tiré ſur vous par mes Lettres premiere & ſeconde l. 693. 18. ſ. 7 ½ Sterlin, payables à V ſance ½ à Meſſieurs le Couteulx freres, Marchands Banquiers en cette Ville où à leur ordre. I'en ay reçeu d'eux la valeur en deniers comptans. Ie vous prie de faire honneur à ma Lettre, & de la payer dans ſon temps. En attendant, j'eſpere que vous me ferez connoître par une des voſtres que vous aurez reçeu la preſente, avec aſſeurance de m'en faire ſçavoir le ſuccez, & que vous ſerez perſuadé de ma paſſion à vous témoigner en toutes rencontres que je ſuis,

MESSIEVRS,
Suſcription de ladite Lettre,   Voſtre tres-humble & tres-obeiſſant
A MESSIEVRS,   ſerviteur, CLAUDE IRSON.
Meſſieurs du Livier, Mar-
chands Banquiers.
A LONDRES.

Avertiſſement V.

Maniere de coucher ſur le Iournal du Tireur la partie cy-deſſus.

Du premier Juin 1686.

CAiſſe doit à Meſſieurs du Livier de Londres (mon compte) l. 9002. 7. pour Ecus 3000. 15. 8. d'Or ſol que j'ay tirez ſur eux par mes Lettres premiere & ſeconde, en datte de ce jour, payables à V ſance ½ à l'ordre de Meſſieurs le Couteulx, pour valeur reçeuë d'eux en deniers comptans à 55 ½ denier Sterlin pour Ecu, faiſant l. 693. 18. 7 ½ Sterlins, cy en Monnoye de France ladite ſomme de   l. 9002. 7.

Avertissement V I.

SI le Tireur d'une Lettre de Change doit en donner Avis à son Correspondant du lieu où elle doit estre aquitée, pour les raisons cy-devant declarées: le Remetteur ou les Remetteurs ne doivent pas oublier de faire la mesme chose envers leur Correspondant dudit Londres où la Lettre a esté remise. Elle peut estre exprimée ainsi.

A Paris, ce premier Juin 1686.

MONSIEVR,
Vous trouverez cy incluse une premiere de Change que nous vous remettons, de la somme de l. 693. 18. 7½ *Sterlin, à* 55½ *denier Sterlin pour Ecu de soixante sols. Elle est tirée par Monsieur C. Irson, Bourgeois de Paris, en datte de ce jour sur Messieurs du Livier, Banquiers à Londres, & payable à Vsance & demie à vous mesme ou à ordre. Nous vous prions d'en faire procurer l'acceptation aussitost la presente receuë pour nostre plus grande seureté, & d'en faire aussi solliciter le payement dans le temps deû. En attendant l'execution de tout nous esperons que vous nous informerez de l'un & de l'autre, & que vous nous croirez entierement,*

MONSIEVR,
Suscription de ladite Lettre,
A MONSIEVR,
Monsieur Cook, Marchand.
A LONDRES.

Vos tres-humbles & tres-obeïssans serviteurs, A. & B. LE COUTEULX.

Avertissement V I I.

Maniere de coucher sur le Iournal du Remetteur la partie cy-dessus par luy déboursée ou remise.

Du premier Juin 1686.

MONSIEVR Cook *de Londres (nostre compte) doit à Caisse* l. 9002. 7. *pour Ecus* 3000. 15. 8. *d'Or sol, que nous luy avons ce jourd'huy remis par une premiere de Change de Monsieur Claude Irson de cette Ville de Paris, en datte de ce jour, tirée sur Messieurs du Livier, payable à nostre ordre, à Vsance & demie, pour valeur receuë de nous à* 55½ *denier Sterlin pour Ecu, faisant* l. 693. 18. 7½ *Sterlin, & en Monnoye de France ladite somme de* l. 9002. 7.

Avertissement V I I I.

Noms & valeurs des Monnoyes qui ont cours à Londres, &c.

Monnoyes d'Or.

Les Guinées ou Carolus y valent 21 Schelins, & 6 Penins, ou 21 fols, 6 deniers Sterlins, & en France, suivant le cours du Change le plus approchant de l'égalité des deux Monnoyes, lesdites Guinées reviennent chacune en France, à   l. 13. 19. 6.

Les Jacobus y passent pour 23 Schelins, & six Penins, & en France on les peut supputer par   l. 15. 5. 6.

Monnoyes d'Argent.

Le Chrone y vaut 5 Schelins, & en Monnoye de France, pour l'ordinaire il revient sur les Ports de Mer, à l.   3. 5. 0.

Le Alve-Chrone 2 Schelins ½, & en Monnoye de France, l.   1. 12. 6.

Le Schelin s'y prend pour 12 Penins, & en France pour l.   0. 13. -

Le Sixpens qui vaut 6 Penins, revient en France, à   l.   0. 6. 6.

Le Grot de 4 Penins.   l.   0. 4. 4.

Le Trepens de 3 Penins.   l.   0. 3. 3.

Le Doipens de 2 Penins.   l.   0. 2. 2.

Le Pens ou Penin.   l.   0. 1. 1.

Monnoyes de Cuivre.

Le Alve-Penin ou demy Penin, répond en France, à   l.   0. 0. 6⅔.

Le Fardin ou le quart d'un Penin, peut valoir en France, l.   0. 0. 3⅓.

TARIF.

Par le moyen duquel on peut connoître la valeur assez précise de la Livre Sterlin , & celle de ses parties proportionnelles , à compter depuis 50 jusqu'à 60 deniers Sterlins pour un Ecu d'Or\Sol de 60 sols.

à 50 den. Sterl. pour v, la livre Sterl. revient en France, à	l. 14. 8. —
à 50 ½ dit	l. 14. 5. 2.
à 51 - dit	l. 14. 2. 4.
à 51 ½ dit	l. 13.19. 7.
à 52 - dit	l. 13.16.11.
à 52 ½ dit	l. 13.14. 3.
à 53 - dit	l. 13.11. 8.
à 53 ½ dit	l. 13. 9. 2.
à 54 - dit	l. 13. 6. 8.
à 54 ½ dit	l. 13. 4. 3.
à 55 - dit	l. 13. 1. 9.
à 55 ½ dit	l. 12.19. 6.
à 56 - dit	l. 12.17. 2.
à 56 ½ dit	l. 12.14.10.
à 57 - dit	l. 12.12. 8.
à 57 ½ dit	l. 12.10. 5.
à 58 - dit	l. 12. 8. 3.
à 58 ½ dit	l. 12. 6. 2.
à 59 - dit	l. 12. 4. 1.
à 59 ½ dit	l. 12. 2. —
à 60 - dit	l. 12. —
à 60 ¼ dit	l. 11.19. —
à 60 ½ dit	l. 11.18. —

Avertissement I. X.

J'A y crû qu'il ne seroit pas hors de propos d'ajoûter en ce lieu une Réponse aux Questions que j'ay faites par Lettres à un de mes Amis de Londres ; laquelle pourra contenter plusieurs Curieux. En voicy la teneur, ainsi qu'elle m'a esté communiquée.

1. Les Ecritures se tiennent à Londres, & dans les autres Villes d'Angleterre, d'Escosse & d'Irlande en Livres, Sols & Deniers Sterlins, dont 12 font un sol, appellé *Schelin*, & 20 sols ou Schelins font une livre Sterlin.

2. Les Monnoyes qui ont cours en Angleterre font d'Or ou d'Argent, & il n'y a que celles du Païs qui y font reçeuës.

Les Monnoyes d'Or font les *Iacobus*, ainsi appellez à cause du Roy *Iacques* qui les a fait fabriquer. Dans leur commencement ils ne valoient que 20 sols Sterlins, ou 20 Schelins, & aujourd'huy on les fait valoir selon la necessité & leur rareté jusqu'à 23 Schelins. Il y a aussi des vieux Jacobus qui ne se prenoient autrefois que pour 22 Schelins, & presentement on les met jusqu'à 24 Schelins & demy. Il y a des Jacobus du Roy Charles, pere de Charles dernier, & frere du Roy, à present regnant, lesquels y ont le mesme prix que les premiers Jacobus.

Il y a de plus des *Carolus* nouveaux ainsi nommez, à cause du Roy Charles, qui les a fait monnoyer, ou autrement dits Guinées, à cause que l'Or, dont ils font faits, venoit autrefois de Guinée.

Dans le commencement on ne les prenoit que pour 20 sols Sterlins, & presentement on les passe pour 21 sols, 6 deniers, mais à la rigueur & en Justice on ne peut contraindre personne de les prendre à plus de 21 sols, 4 deniers, à quoy ils ont esté fixez par une nouvelle Ordonnance.

Les Angelots & les Nobles-à-la-Rose, font des especes fort rares parmy les Negocians ; mais ceux qui en ont les portent au Billon.

Entre les especes d'Or il y a des demy-Jacobus, & des demy-Carolus, qui valent à proportion du Jacobus & du Carolus.

Les Monnoyes d'Argent font les Chrones, autrement dits Ecus de cinq Schelins piece ; & des pieces appellées Alye-Chrones, qui valent la moitié des premiers.

Ensuite, il y a des Schelins, qui valent 12 Penins, & des demy Schelins de six Penins, &c.

Il y a encore à Londres des pieces de 13 sols, 8 deniers ½

Sterlins,

Sterlins , d'autres de 9 fols, & leurs moitiez & quarts , qui valent
à proportion. Mais pour l'ordinaire on fait les payemens en Ecus,
& demy Ecus, & en Schelins.

A l'égard des fols, il y en a qui font de Cuivre, & quelques-uns
de Bronze ; Mais pour les Monnoyes de Cuivre que l'on appellé
Fardins , il y en a quantité de faits par Ordre du Roy.

Autrefois il estoit permis à chaque Bourgeois d'en faire faire, &
d'y mettre fa Marque , mais ils n'estoient de mife que dans le quar-
tier ou dans la ruë mefme , & fe prenoient pour un Liard ou pour
¼ de Penin , felon leur grandeur.

3. La Ville de Londres Change pour les Places Etrangeres , &
donne ; Sçavoir , pour la *France* tant de deniers Sterlins pour un
Ecu d'Or fol de 60 fols, & ce Change varie d'autant plus qu'on la
veu de nos jours depuis 50 jufqu'à 60 deniers Sterlins. L'Ufance
des Lettres de Change comprend un mois ou trente jours de datte,
où l'on obfervera que l'on donne au Tireur de Londres fur la
France à demy Ufance, un demy denier de benefice pour chaque
Ecu, & lors que la Traite fe fait à veuë, le Tireur reçoit un denier de benefice par deffus le cours du Change , qui eft d'ordinaire
à double Ufance.

Londres Change pour *Amfterdam* , Mildelbourg, Anvers, Hambourg, &c. En forte que pour la valeur d'une livre Sterlin, com-
prée à Londres , on doit recevoir pour l'équivalent de ladite livre,
depuis 33 fols, 4 deniers de gros jufqu'à 37 Scalins ou fols de gros
pour une livre Sterlin.

Londres Change prefentement à 35 Scalins, & 6 deniers de gros
pour une livre Sterlin, pour lefdites Places d'Amfterdam, Mildelbourg, &c. excepté les Places où les Monnoyes ont augmenté, &
dans lefquelles on donne un Scalin davantage. On remarquera
qu'en faifant les Negociations de Change en Monnoye courante,
il y a ordinairement 3 pour ½ , plus ou moins d'augmentation, fuivant la difference de la Monnoye de Banque à la Monnoye courante , laquelle difference appellée (*Agio*) eft à fupporter par celuy
qui tire.

Les Lettres pour *Flandres* , payables à veuë, s'aquitent dans l'efpace de 12 jours : mais celles , qui portent *payés par Caiffe* , fe
payent comptant , & fans remife. Cét ufage , qui eft d'ordinaire
dans les Païs-Bas, eft modifié à Amfterdam où le Banquier à quatre jours après la Lettre veuë.

Le Change de Londres pour l'*Italie* ; Sçavoir pour *Gennes* &
pour *Livourne* fe fait par pieces de 8 effectives ; c'eft à dire de

M

Poids. Et ladite piece de 8 Argent pour Argent, & au Pair vaut 4 Schelins, & 8 deniers Sterlins ou Penins; d'où vient que les Negociations de Banque s'y font maintenant à 56 deniers Sterlins, égaux ausdits 4 Schelins, 8 Penins, & ce prix se peut haûsser ou diminuer; par ce qu'on la veu à 50 deniers Sterlins, pour une piece de 8. L'Usance pour lesdites Places, à l'égard du payement des Lettres de Change, est de trois mois de datte.

Il n'y a point de Change reglé pour la Ville de *Rome*; mais en cas qu'il s'en fist, c'est toûjours sur le pied des Pistoles d'Or en espece, qui valent suivant le cours du Change, depuis 15 Schelins jusqu'à 16½. L'Usance des Lettres de Change, tirées de Londres pour Rome, s'y payent ordinairement à trois jours de veuë.

Le Change de la Ville de Londres pour *Venize* se fait à tant de deniers Sterlins pour un Ducat de Banque de 24 gros le Ducat, & ce prix se peut estendre depuis 50 jusqu'à 56 deniers Sterlins pour un Ducat de Banque de la qualité cy-dessus. Presentement le Change de Londres pour Venize se fait à 54 deniers Sterlins pour un Ducat.

On remarquera en ce lieu, que les Lettres de Change tirées de Londres pour les Villes d'Espagne, s'adressent directement à Venize, pour y faciliter la Correspondance des principalles Villes de Trafic, avec celles de Madrid & de Cadis: de Balbao & de Seville, où les Changes se font en pieces de 8. ausquelles on donne le nom de Sevillannes ou de Mexicanes, qui valent d'ordinaire 272 Maravedis, & ladite piece de 8, revient à Londres depuis 52 jusqu'à 56 deniers Sterlins.

Les Lettres de Changes pour les Villes d'Espagne ont de coûtume d'estre payables à une ou à deux Usances de 2 mois chacune, à moins que le Remetteur ne fasse faire sa Lettre à double Usance d'un mois de 30 jours chacun. En ce cas si ladite Lettre revient à protest fait aprés les deux mois de datte, le Remetteur n'a point de recours sur son Tireur. Cét usage ayant esté introduit entre les Negocians pour obliger les Porteurs de Lettres à user de diligence.

Mais les Lettres à tant de jours de veuë, en supposent l'acceptation ou le refus prouvé par le protest, & ainsi quoy qu'une Lettre de cette qualité restât, mesmes par negligence ou par malice, entre les mains du Porteur, des années entieres sans la faire presenter, elle demeureroit toûjours aux risques du Tireur jusqu'audit protest ou acceptation; d'où vient que l'on doit prendre garde à qui l'on donne des Lettres payables à veuë ou à tant de jours de veuë.

Le Change de Londres pour *Lisbonne*, se fait sur le pied de 1000 Raix pour tant de deniers Sterlins. On remarquera que lesdits 1000 Raix, valent au Pair 8 sols, 2 deniers Sterlins, & que les prix du Change sont depuis 7 sols, 6 deniers jusqu'à 8 sols, 6 deniers pour 1000 Raix.

Londres Change pour *Dublin*, & le Remetteur donne au Tireur depuis 3 jusqu'à 6 pour $\frac{c}{o}$, à 14 jours de veuë.

On observera que toutes les Monnoyes Etrangeres qui n'ont aucun cours en Angleterre, se vendent chez les Orfévres, qui sont tous comme les Changeurs en France, & qui en font Trafic. Ils les achetent & les revendent pour leur profit, & le plus avantageusement qu'ils peuvent: d'où vient que quelquefois ils font valoir les Pistoles d'Espagne & les Loüis d'Or depuis 15 jusqu'à 17 Schelins, & qu'ils les gardent pour les revendre au besoin, & ainsi de toutes les autres especes Etrangeres.

4. La proportion ou le Rapport des Poids & des Mesures de cette Ville avec les autres Villes ou Places Correspondantes, se verra par les Tables suivantes.

TABLE

Du Rapport des Poids de Londres à celuy des Places suivantes.

100 ℔. Poids de Londres, sont égales à

91 $\frac{1}{4}$ ℔. d'Amsterdam, & une ℔. à 14 onces $\frac{1}{3}$ dudit Amsterdam, &c.
103 - ℔. d'Anvers, & une ℔. à 16 onces $\frac{1}{2}$ dudit Anvers.
110 - ℔. d'Avignon, & une ℔. à 17 onces $\frac{3}{5}$ dudit Avignon.
89 - ℔. de Basle, & une ℔. à 14 onces $\frac{1}{4}$ dudit Basle.
155 - ℔. de Bergame, & une ℔. à 24 onces $\frac{4}{5}$ dudit Bergame.
91 $\frac{3}{4}$ ℔. de Bezançon, & une ℔. à 14 onces $\frac{2}{3}$ dudit Bezançon.
137 - ℔. de Boulogne, & une ℔. à 21 onces $\frac{11}{12}$ dudit Boulogne.
139 - ℔. de Florence, & une ℔. à 22 onces $\frac{1}{4}$ dudit Florence.
89 - ℔. de Francfort, & une ℔. à 14 onces $\frac{1}{4}$ dudit Francfort.
81 - ℔. de Geneve, & une ℔. à 13 onces - dudit Geneve.
147 - ℔. de Gennes, & une ℔. à 23 onces $\frac{1}{2}$ dudit Gennes.
89 . ℔. de Hambourg, & une ℔. à 14 onces $\frac{1}{4}$ dudit Hambourg.
90 . ℔. de la Rochelle, & une ℔. à 14 onces $\frac{2}{5}$ dudit la Rochelle.
106 . ℔. de Lion, & une ℔. à 17 onces - dudit Lion.
160 . ℔. de Mantoüe, & une ℔. à 25 onces $\frac{3}{5}$ dudit Mantoüe.

M ij.

100 ℔. Poids de Londres, sont égales à

112 . ℔. de Marseille, & une ℔. à 17 onces $\frac{11}{17}$ dudit Marseille.

150 ℔. de Messine, & une ℔. à 24 onces — dudit Messine.

153 . ℔. de Milan, & une ℔. à 24 onces $\frac{1}{2}$ dudit Milan.

137 . ℔. de Modene, & une ℔. à 21 onces $\frac{11}{17}$ dudit Modene.

110 . ℔. de Montpellier, & une ℔. à 17 onces $\frac{1}{5}$ dudit Montpellier.

155 . ℔. de Naples, & une ℔. à 24 onces $\frac{4}{5}$ dudit Naples.

89 . ℔. de Nuremberg, & une ℔. à 14 onces $\frac{1}{4}$ dudit Nuremberg.

91 $\frac{1}{4}$ ℔. de Paris, & une ℔. à 14 onces $\frac{1}{3}$ dudit Paris.

137 - ℔. de Raconis, & une ℔. à 21 onces $\frac{11}{17}$ dudit Raconis.

88 . ℔. de Roüen, & une ℔. à 14 onces $\frac{1}{17}$ dudit Roüen.

144 . ℔. de Sarragoce, & une ℔. à 23 onces dudit Sarragoce.

91 $\frac{1}{4}$ ℔. de Strasbourg, & une ℔. à 14 onces $\frac{1}{3}$ dudit Strasbourg.

147 - ℔. de Tortoze, & une ℔. à 23 onces $\frac{1}{2}$ dudit Tortoze.

110 - ℔. de Toulouze, & une ℔. à 17 onces $\frac{1}{5}$ dudit Toulouze.

137 - ℔. de Turin, & une ℔. à 21 onces $\frac{11}{17}$ dudit Turin.

144 . ℔. de Valance, & une ℔. à 23 onces dudit Valance.

166 - ℔. de Venize, & une ℔. à 26 onces $\frac{1}{2}$ dudit Venize.

AUTRE TABLE,

Du Rapport de la Verge d'Angleterre aux Mesures des lieux differens où son negoce s'étend ; Sçavoir,

8 Verges d'Anglet. ou de Londres, rendent en Arragon. 9 Barres.

20 Verges dites, rendent à Bergame. 27 Brasses.

32 Verges dites, rendent à Boulogne. 45 Brasses.

20 Verges dites, rendent en Castille. 21 Barres.

20 Verges dites, rendent à Constant. 27 Pics.

7 Verges dites, rendent en Flandres. 9 Aunes.

49 Verges dites, rendent à Florence. 75 Brasses.

16 Verges dites, rendent en Holland. 21 Aunes.

9 Verges dites, rendent à Lion. 7 Aunes.

2 Verges dites, rendent à Luques. 3 Brasses.

32 Verges dites, rendent à Mantouë. 45 Brasses.

16 Verges dites, rend. pour les Draps de Soye, à Milan. 27 Brasses.

16 Verges dites, rend. pour les Draps de Laine, à Milan. 21 Brasses.

32 Verges dites, rendent à Modene. 45 Brasses.

20 Verges dites, rendent à Montpell. 9 Cannes.

128 Verges dites, rendent à Naples. 51 Cannes.

9 Verges dites, rendent à Paris. 7 Aunes.

9 Verges dites, rendent à Roüen. 7 Aunes.

2 Verges dites, rendent à Toulouze. 1 Canne.

2 Verges d'Anglet. ou de Londres, rendent à Turin. 3 Ras.
40 Verges dites, rendent   à Valance. 39 Barres.
32 Verges dites, rendent   à Venize. 45 Brasses.

5. Il y a de deux sortes de Poids à Londres. Les Marchandises ou Denrées qui se vendent au cent pesant ont 12 pour ÷ de bon poids, & les 112 livres font à Amsterdam & à Paris 102 livres ¼. Mais pour tout ce qui se vend à la livre, comme Poivre, Indigo, Tabac de toutes sortes, &c. l'Acheteur à quatre pour ÷ de bon poids, pourveu que ce soit un Bourgeois de Londres, à qui cette augmentation pour ÷, appellée *Trait*, se donne privativement à tous autres Etrangers, qui n'ont que 100 pour 100. Les Anglois mesmes, qui ne sont pas Bourgeois de ladite Ville de Londres, n'ont pas plus de Privileges que les Etrangers.

Pour ce qui est des Sucreries de toutes sortes, des Noix de Galle, Bois de Campesche & autres diverses Marchandises qui se vendent au cent, il n'y a point de droit de Bourgeoisie, tous les Acheteurs ayant également 12 pour ÷ de bon poids.

Le Poids de Soye pour les Greges est de 24 onces qui font une livre ÷, & 150 livres ne font pour le payement actuel que 100 livres : Mais la livre de Soye, nommée Organcin, Trame, Rondelette, ou Perlée, est de 16 onces, & de mesme poids que celles qui sont teintes.

6. Les choses liquides se mesurent au *Gallon*, qui pese sept livres, ÷ du susdit poids de 16 onces, & le Tonneau contient 236 Gallons du poids de 1770 livres.

Les Vins ordinaires se vendent au Tonneau, qui contient quatre Poinçons ou six Tierçons, chaque Poinçon contient 216 Pintes, & chaque Tierçon aussi 144 pintes de Paris. Mais les Vins d'Espagne se vendent à la Pipe, dont deux font le Tonneau.

7. Lors que les Bourgeois acheptent comptant, cela s'entend que partie du payement des choses achetées, ne se fait qu'un mois après, & le surplus souvent dans trois mois. Mais pour éviter cét inconvenient on dit acheter *Argent present*. Toutes les Marchandises, qui se transportent hors de la Ville se payent comptant ou en fournissant des Lettres de Change ; & quand mesmes ces Lettres ne seroient payables que dans un mois, on les prend pour Argent comptant : & celuy qui vend pour trois mois de Terme accorde six mois d'Escompte à l'Acheteur, en cas qu'il veüille payer comptant, & les Escomptes se font sur le pied de six pour ÷ par an, qui est l'interest ordinaire du Païs, suivant les Arrests du Parlement de Londres.

M iij

8. Si l'on vend des Marchandifes à un Particulier, qui vienne à faillir avant que les effets à luy vendus, luy foient délivrez, le Vendeur ne rifque point en reprenant fimplement fa Marchandife pour le prix qu'il l'avoit venduë. Mais fi les autres Creanciers du failly peuvent prouver que le Vendeur ait reçeu partie de la valeur de ladite Marchandife, il eft obligé de la délivrer, & il ne luy refte que la liberté de concourir avec les autres.

C'eft pourquoy le Vendeur demeure toûjours faifi de fa Marchandife pour nantiffement de fon dû. Mais s'il l'a délivrée à l'Acheteur, il ne la peut retirer au prejudice des autres intereffez, qu'en faifant voir un ftatut de Banqueroute, & comme il n'a reçeu aucune chofe à bon-compte, & en cas qu'il ait reçeu quelque chofe à compte, ce payement eft cenfé provenir des deniers des autres Creanciers, & partant il ne peut fur fes effets mefmes qu'entrer en participation avec eux : d'où vient qu'en une faifie generale, on n'eft pas reçeu à reconnoiftre fa Marchandife, & tous les intereffez y perdent 50 pour cent ou à proportion du net des effets reftans.

9. Lors qu'une Lettre de Change tirée fur un Particulier de Londres n'eft pas acceptée le jour de fa prefentation, ou fur le moindre refus dudit Particulier, on la fait ordinairement protefter le mefme jour, & avant le départ du premier Courier, pour juftifier de la diligence à en obtenir le payement dans le temps. Cela fe pratique ainfi à caufe qu'il n'y a point de Reglement prefix pour ce fujet, finon on peut differer jufqu'au jour de l'écheance. Mais ce retardement apporte fouvent un notable prejudice aux Tireurs ou aux Remetteurs qui n'ont point de recours contre leurs Correfpondans, qui fuivant la Loy du Païs, ne doivent pas eftre recherchez pour cette negligence : parce que cette regle fuppofant qu'une Negociation de cette nature eft un fervice que l'on rend à un Commettant Etranger, la perte ne doit pas tomber fur celuy qui eft porteur de la Lettre. Pour éviter cét inconvenient il y a plufieurs Banquiers Tireurs, qui accordent quelque benefice à leurs Correfpondans ou Commiffionnaires pour la prompte acceptation de leurs Lettres.

10. Les Lettres acceptées & non payées le jour de l'écheance, qui eft trois jours après le Terme fixé, il les faut faire protefter avant le Soleil couché. Et lors que le payement échet le Dimanche, qui fait partie defdits trois jours. Il faut que cét Acte foit paffé le Samedy immediatement devant & au temps dit, fuivant l'ufage, quoy que le Porteur de la Lettre n'y puiffe pas contraindre le

Debiteur ; mais il ufe de cette diligence pour fa décharge , & venant à recevoir fon Argent le Lundy immediatement fuivant , il ne
peut exiger du Debiteur que la moitié des frais du proteft. Cecy
fe doit entendre des Lettres tirées de dehors le Royaume ; car
pour ce qui eft de celles tirées des Provinces d'Angleterre , on les
renvoye fans proteft aux Tireurs fur le moindre refus que font de
payer ceux fur qui elles font tirées , afin de donner lieu aufdits Tireurs de prendre leurs mefures.

11. Les Creanciers originaires du Païs n'ont point de Privileges
particuliers & concourrent également avec ceux des Païs mefmes
les plus éloignez.

12. Il n'y a point de Reglement particulier pour les Marchands , il n'y a que la Loy generale du Païs qui les puiffe regler. Il eft vray qu'en tous les procez, il y a pour l'ordinaire douze
Jurez capables autant que cela fe peut, de connoiftre de tous les
differens qui peuvent naiftre, faifant profeffion actuelle de la Marchandife, fi la queftion le demande, & ce conjointement avec un
Prefident Juge, qui leur allegue les Paffages de la Loy : Et le rapport defdits fieurs Jurez donne lieu à la Sentence qui intervient
fur le fujet propofé : Mais ils doivent tous convenir de fentiment
avant que de terminer leur conference ; parce qu'autrement un
d'entr'eux, témoignant vouloir prendre part à l'affaire en queftion,
& faifant paroiftre quelque chaleur en faveur d'une partie preferab-
lement à l'intereft de l'autre, ledit Juge Prefident peut les faire
enfermer tous jufques à ce qu'ils foient convenus & demeurez
d'accord de la Juftice de l'autre ; enfuite le plus vieux & le plus
habile d'entre ces douze Jurez, portant la parole, en prefence de
fes autres Confreres ; ledit Juge prononce, fuivant leur refultat &
conformément aux Loix du Païs, dérivées du Droit Ecrit. En cas
qu'une des parties lezées voulût appeller de ce jugement, elle pouroit renvoyer la caufe à la Cour d'Equité, où eft le Maire ou le
Prevoft des Marchands ; à caufe qu'en la Cour du *Cherif* on fuit la
rigueur de la Loy, & qu'en celle du Maire on juge felon l'Equité,
fans avoir égard au droit qu'ils tâchent neantmoins d'accorder. Et
quand il y a un jugement rendu dans la Cour du Cherif, celuy qui
eft grevé, pouvant trouver un fujet d'erreur, qui s'appelle en Anglois, *Reghrof*, pour lors on peut appeller à une autre Cour qu'à
celle de l'Equité, laquelle ne prend connoiffance d'une Sentence,
que pour faire plaifir à celuy qui eft lezé, par une furfeance du
temps que l'on accorde à la partie pour faciliter fes affaires.

13. On plaide à Londres en Anglois dans toutes les Cours

Communes & dans l'Amirauté. Mais en Chancellerie on y plaide en Latin , obfervant que toutes les procedures font énoncées en cette Langue.

14. Dans les Arbitrages les parties s'obligent refpectivement pour des fommes confiderables , dont on fait *Bande* , qui eft une forte d'Obligation , pour la validité de laquelle on s'entre-donne une piece d'Argent. Ce qui fe fait en tirant par exemple un Schelin de fa bourfe, que l'on fe donne l'un à l'autre. Cela eftant ainfi fait , lefdites *Bandes* font appuyées de la Loy , & quand les Arbitres ont donné leur Jugement de ce qui eftoit en conteftation, celuy qui veut appeller de leur Sentence , eft obligé de payer la fomme portée par la *Bande* , ce qui arrive rarement , à caufe que cette fomme eft de grande confideration , & en cas qu'il s'opiniatrât d'en appeller, il peut faire aller fa caufe où bon luy femblera, mais les Parlemens ne peuvent pas le relever de cette *Bande* , fans fatisfaire aux claufes qui y font portées.

TABLE QUATORZIEME,

Par le moyen de laquelle on voit le Rapport que la Monnoye de France à avec celle de Luques.

PARIS, LION, ROUEN, BORDEAUX, *Changent & donnent.*

$$100 \, v \, de \, 60 \, f. \text{ pour avoir} \begin{cases} \text{au Pair} \\ \text{aux prix courans depuis} \end{cases} à \, Luques. \begin{cases} 81 \text{ Ecus, } 16: 4\frac{1}{3} \text{ d'Or.} \\ 80 \text{ jufqu'à } 86 \text{ dits.} \end{cases}$$

Avertiffement I.

LE Pair cy-deffus fe tire du prix de la Piftole d'Efpagne, qui vaut en ladite Ville de Luque, & dans toute l'étenduë de cette Republique 22 livres, 10 fols, Monnoye dudit lieu , & ce dans le temps que la mefme Piftole d'Efpagne fe met en France pour 11 livres.

Je donneray en ce lieu la Regle pour trouver ce Rapport fuivant les conditions cy-deffus, laquelle fervira pour faire cette découverte à l'égard des autres Rapports , tant des Places precedentes que des fuivantes.

II

Il faut dire par Regle de Trois.

Si 111. de Fr. rendent à Luques 22 l. 10 f. comb. 300 l. 平. 613 l. 12 f.

3008 d. $\frac{8}{11}$. Mon. cour. de Luques.

$$\overline{6600}$$
$$150$$
$$\overline{6750}$$
$$\frac{1}{11} \quad 613 : 12 : 8 : \frac{8}{11}$$

On voit par la Pratique de la Regle de Trois cy-dessus qu'il est venu, pour quatriéme Terme 613 livres, 12 sols, 8 deniers $\frac{8}{11}$ Monnoye courante dudit lieu égaux, suivant l'Hypotése, à 300 livres de France, c'est à dire à 100 Ecus d'Or sol. Lesquels 613 livres, 12 sols, 8 deniers $\frac{8}{11}$, Monnoye courante dudit lieu, il convient diviser par 7 livres, 10 sols, valeur d'un Ecu d'Or de Luques, pour les reduire en Ecus de mesme nom, dont la Pratique suit.

613 livres, 12 sols, 8 deniers $\frac{8}{11}$, à diviser par 7 $\frac{1}{2}$

$$2 \qquad\qquad 2$$
$$\overline{1227. \quad\quad 5. \quad 5. \qquad\qquad 15.}$$

12
$\left.\begin{matrix} 1227 \\ 288 \\ 1 \end{matrix}\right\}$ 81 Ecus. $\quad \left.\begin{matrix} 9 \\ 245 \\ 288 \\ 1 \end{matrix}\right\}$ 16 sols. $\quad \left.\begin{matrix} 68 \\ 28 \end{matrix}\right\}$ 4 den. $\frac{1}{2}$, dont la Preuve est facile.

Les Negocians de cette Ville tiennent leurs Ecritures en Livres, Sols & Deniers d'Or, que l'on appelle Ecus de Banque, & que l'on évaluë ensuite en Livres, Sols & Deniers courans; ce qui se fait en multipliant les premieres especes, c'est à dire les Livres, Sols & Deniers d'Or par 7 livres & demie : parce qu'une Livre d'Or ou Ecu de Banque se compte pour 7 livres, 10 sols, argent courant; les Sols & les Deniers d'Or valant aussi à proportion.

Exemple d'une Remise de France sur Luques.

UN Negociant de Lion remettant à Luques 600 Ecus, dans le temps que le prix courant du Change pour cette Place est à 81 $\frac{1}{2}$ Ecu de 7 livres, 10 sols piece, pour 100 Ecus d'Or Sol; Sçavoir de combien d'Ecus, Sols & Deniers d'Or, ledit Negociant de Lion sera Crediteur en ladite Place de Luques.

N

Il faut dire par Regle de Trois.

Si 100 ▽ de Lion donnent à Luq. 81 ½ ▽. comb. 600 ▽ de Lion Resp.

$$\begin{array}{r} 600 \qquad\qquad 489\ ▽, \text{à recevoir à Luques.}\\ \hline 48600\\ 300\\ \hline 489|00\ \text{à diviser par } 100. \end{array}$$

Lesquels 489 Ecus venus pour réponse à la question cy-dessus, estant multipliez par 7 livres 10 sols, il vient au produit 3667 li-vres, 10 sols, Monnoye courante dudit lieu, dont 22 livres, 10 sols sont égaux à la Pistole d'Espagne : Partant si l'on veut sçavoir la quantité de Pistoles affectives à recevoir à Luques pour ladite Re-mise, il ne faut que diviser lesdites 3667 livres, 10 sols, par 22 livres, 10 sols, après avoir reduit l'une & l'autre de ces sommes en demy livres; pour avoir au Quotient des Pistoles, lesquelles estant ensuite multipliées par 11 livres, valeur de ladite Pistole en France, on jugera facilement de la perte ou du gain fait sur cette Remise.

Pratique premiere pour évaluer lesdits Ecus en Monnoye courante.

489 Ecus d'Or de Luques proposez, à reduire en liv. sols & den. 7 livres, 10 sols, valeur de l'un desdits Ecus.

3423 . produit pour 7 livres.
244. 10: autre produit pour 10 sols, ou ½ de 489.

3667. 10. sols, à diviser par 22 livres, 10 sols, valeur supposée de la Pistole d'Espagne.

Mais avant faire cette Division, il faut doubler chacune de ces sommes pour faire des demy-livres, qui leur soient équivalentes, ce qui se fait en cette sorte.

Pratique seconde pour reduire la Monnoye courante en Pistoles d'Espagne.

3667 liv. 10 s. somme à reduire　　　22 liv. 10 s. valeur d'une Pistole.
2 denominat. de la fraction.　　　　　2 denominat. de la fraction.

7335. nombre à diviser.　　　　　　　45 diviseur.

1
28
7335
4888
44　　163 Pistoles d'Espagne, à recevoir à Luques.

Lefquelles 163 Piftoles, il faut multiplier par 11 livres, valeur d'une Piftole, pour avoir au produit 1793 livres. Laquelle fomme eftant comparée à celle de 1800 livres, valeur des 600 Ecus, cy-devant remis de Lion à Luques : on voit fenfiblement que le Remetteur retireroit, par cette Negociation, moins de 7 livres, fans y comprendre la provifion deuë à fon Correfpondant de Luques, à raifon de ⅓ ou ½ pour cent.

Preuve de la Remife de l'autre part.

UN Negociant de Lion voulant tirer fur Luques 489 Ecus d'Or Monnoye de Banque dudit lieu, dans le temps que le Change eft à 81 ½ ▽ Ecu de Banque, pour 100 Ecus d'Or Sol; Sçavoir combien il doit recevoir d'Ecus, & parties d'Ecu audit Lion, pour y fournir Lettre tirée fur fon Correfpondant de Luques.

Pour refoudre cette queftion, il faut dire par Regle de Trois.

Si, pour 81 ½ ▽ de Luques, on reçoit à Lion 100 Ecus comb. pour 489.

$$\frac{2}{163.} \qquad \frac{489.}{48900}, \text{à multiplier par}$$

Ecus de Luques.

2 denom. de la fraction.

97800, à divifer par 163.

{ 600 Ecus à recevoir à Lion pour lefdits 489 Ecus d'Or de Banque, tirez comme deffus.

Obfervation.

ON remarquera en ce lieu qu'à Luques la plufpart des Marchandifes s'y achetent, & s'y vendent en Ducats de 7 livres, 18 fols, 6 deniers, peù moins, Monnoye dudit lieu; lefquels on reduit en Ecus d'Or de Banque, de 7 livres, 10 fols, fuivant la proportion de 71. à 75. parce que 71 Ducats employez dans lefdits Achats & Ventes font égaux en valeur à 75 Ecus de Banque dudit lieu. Le refte fera facile par la Pratique des Regles cy-deffus.

TABLE QUINZIE'ME.

*Par le moyen de laquelle on découvre le Rapport de la Monnoye
de France à celle d'Espagne.*

PARIS, LION, ROUEN, BORDEAUX, *Changent & donnent.*

1 Ecu de 60 fols. ⎰ au Pair		⎱ à Madrid,	⎰ 296 ¼ Maravedis.
100 Pift. de 11 liv.		Seville,	100 Piftoles.
52 fols, à 53 fols. ⎱ aux prix cou-		Cadis, &c.	1 piece de 8.
100 Piftoles. ⎰ rans, depuis			103. à 110 Piftoles.
pour avoir			

Avertiffement I.

L E Pair cy-deffus fe tire du prix de la Piftole d'Efpagne ; qui
vaut dans lefdits Païs 32 Reaux de Plate ou d'Argent effedif
de 34 Maravedis le Real, & par confequent de 1088 Maravedis,
dont 375 font le Ducat, Monnoye imaginaire ; & entre 11 livres,
valeur de ladite Piftole d'Efpagne en France, d'où l'on peut inferer que la piece de 8 vaut 272 Maravedis.

Les Negocians pour la plufpart y tiennent leurs Ecritures en Maravedis, qui eft une forte de petite Monnoye de Cuivre de la valeur de 2 deniers ½ peù moins de France, dont 375 font le Ducat, comme cy-deffus. Ils diftinguent ces Maravedis par des Virgules ou autres Marques, difpofées de 3 en 3 Figures & de droit
à gauche, ainfi que les Portugais le pratiquent à l'égard de leurs
Raix.

Il y en a d'autres qui y tiennent leurs Ecritures en Reaux de Plate
de 34 Maravedis chacun, & qu'ils reduifent en Reales ou pieces
de 8, en divifant ceux-là par 8. dont l'une de celles-cy eft compofée.

Avertiffement II.

I L n'eft pas ce me femble hors de propos de faire icy mention
des qualitez, noms & valeurs des Monnoyes qui ont cours en
Efpagne, quoy qu'elles foient fuffifamment connuës de toute la
Terre, auffi bien que celles de France ; afin que cette connoiffance
facilite les Negociations de Banque.

Les Efpagnols ont de deux fortes de Monnoyes ; l'une appellée
Plate, & l'autre de *Billon*.

La Monnoye dite *Plate*, eft réelle, effective, & toute d'Argent.

' La Monnoye de *Billon* eſt mixte, puiſqu'elle tient en partie de la réelle & de l'imaginaire, & en partie d'Argent & de Cuivre.

Les Réales de *Plate*, & les Reaux auſſi de *Plate*, dont 8 font la Réale, ſont réels & effectifs ; c'eſt à dire d'Argent.

Par les Monnoyes de *Billon*, il faut entendre des quarts de Reaux réels, & des demy-Quarts appellez *Ochiavi*. Ces derniers ſont proprement des huitiémes parties d'un Réal de Billon, qui eſt une Monnoye, laquelle varie de prix, eſtant tantôt d'une valeur, & tantôt d'une autre.

Noms & valeurs des eſpeces de Monnoyes, qui ont cours à Madrid, Cadis, Seville, &c.

Monnoyes d'Or.

Le Loüis d'Or ſe prend en Eſpagne pour 4 Reales ou Pieces de 8, & en France, pour . l. 11. 0. ———

La Piſtole d'Eſpagne, y vaut auſſi 4 Reales ou 32 Reaux, dans le temps qu'elle ſe met en France, pour l. 11. ———

La demy-Piſtole, appellée *Ecu de Marc*, y vaut 16 Reaux ou 2 Reales de Plate, dans le temps qu'on la paſſe en France, pour . . . l. 5. 10. ———

Monnoyes d'Argent.

L'Ecu Blanc, vaut en Eſpagne 8 Reaux de Plate, dans le temps qu'il ſe met en France, pour l. 3. ———

La Réale de Plate, autrement dite piece de 8, à cauſe qu'elle contient en valeur 8 Reaux de 34 Maravedis chacun, peut revenir en France, à . l. 2. 18 ———

Le Réal de Plate dit, d'Argent effectif, peut revenir en France, à : . : l. 0. 7. 3.

Avertiſſement ● I I.

BIEN que la plus grande partie des Changes de France pour Madrid, Cadis, Seville, & autres places d'Eſpagne, ſe faſſent par l'entremiſe de la Ville d'Anvers, où les Negocians en Banque ont de coûtume de faire des remiſes d'Argent à leurs Correſpondans avec ordre d'en remettre le net dans leſdites Villes d'Eſpagne ; Cependant je ne laiſſeray pas de marquer icy la maniere de faire le Change à droiture de France en Eſpagne.

Exemple.

UN Negociant de Paris, Lion, &c. remettant 1000 Ecus à son Correspondant de Madrid, &c. à 310 Maravedis pour un Ecu: On demande de combien de Ducats, de 375 Maravedis la piece, & de parties de Ducat ledit Negociant de Paris sera Crediteur audit Madrid, &c.

Reglé.

IL faut multiplier, par la somme à remettre le prix du Change; c'est à dire 310 Maravedis par 1000 Ecus, pour avoir au produit 310000 Maravedis, que l'on divisera ensuite par 375 Maravedis, valeur d'un Ducat, pour avoir au Quotient de cette Division un nombre de Ducats, & de parties de Ducat; c'est à dire 826 Ducats, & 250 Maravedis ou $\frac{2}{3}$ de Ducat à recevoir ou à payer à Madrid, Cadis, Seville, &c.

Pratique.

310 Maravedis, prix du Change pour un Ecu.
1000 Ecus, somme à remettre ou à tirer.
_____
310000 Maravedis, à diviser par 375.

2.
285
310000 }
37888 } 826 Ducats, plus 250 Maravedis, ou $\frac{2}{3}$ de Ducat.
377
3

Preuve de la Remise cy-dessus.

UN Negociant de France, estant Crediteur à Madrid, &c. de 826 Ducats, & $\frac{2}{3}$ de Ducat, en veut disposer en faveur d'une tierce personne : avec laquelle il convient du prix du Change, qui est de 310 Maravedis pour un Ecu ; Sçavoir combien le Remetteur devroit compter d'Ecus, & parties d'Ecu au Tireur, pour en prendre Lettres de Change, à recevoir à Madrid, &c.

Regle.

IL faut reduire lesdits 826 Ducats $\frac{2}{3}$ en Maravedis; ce qui se fait en multipliant 375 Maravedis, valeur d'un Ducat par 826 Ducats $\frac{2}{3}$, pour avoir au produit de cette Multiplication des Maravedis que l'on divisera ensuite par 310 Maravedis, valeur d'un Ecu, suivant le prix du Change.

Pratique.

826 ⅓ Ducats, à tirer comme dessus, à multiplier par
375 Maravedis, valeur d'un Ducat.

4130
57820
247800

125 . produit pour ⅓ de Ducat ou ⅓ de 375.
125 . produit pour ⅓, comme dessus.

310000 Maravedis, à diviser par 310.

3̸1̸0̸0̸0̸0̸ ⎫
3̸1̸0̸0̸0̸0̸ ⎬ 1000 Ecus, à recevoir à Paris, Lion, &c. pour ladite
3̸1̸1̸1̸ ⎭   Traite de 826 Ducats ⅓.
3̸3̸

Avertissement IV.

O N remarquera en ce lieu que l'on fait rarement des Remises & des Traites en France pour lesdites Villes d'Espagne ; parce qu'au lieu d'Argent à y faire tenir par Lettres de Change, on y envoye quantité de Marchandises, comme des Toiles, Rubanneries, Etofes de Soye, Castors & autres effets pour en faire faire les retours ou en d'autres effets, comme en Barres d'Argent, Lingots d'Or, Pierreries, ou bien en Lettres de Changes tirées sur Anvers, Amsterdam, &c. sur le pied de tant de Deniers de gros pour un Ducat de 375 Maravedis, c'est à dire de 11 Reaux de 34 Maravedis le Réal, & un Maravedis de plus.

Avertissement V.

J'A Y creu que le Lecteur ne seroit point fâché de la communication que je luy donne en ce lieu de la Réponse aux demandes que j'ay faites à un celebre Negociant de Madrid, touchant le Commerce reciproque de France & d'Espagne.

1. Réponse, Les Monnoyes d'Espagne sont de *Plate* ou de *Billon* ; celles de *Plate* sont toutes d'Argent effectif, & celles de *Billon* cy-devant d'écrites, augmentent ou diminuent suivant les occurrences ; c'est à dire par Rapport à la rareté ou à l'abondance de l'Argent Monnoyé.

La Piſtole d'Eſpagne y vaut ſouvent 48 Reaux de *Billon*, & meſmes quelquefois juſqu'à 80. C'eſt ce qui fait cette difference ſi notable entre l'Argent de *Plate* & celuy de *Billon* : Laquelle difference va ſouvent juſqu'à 150 pour cent, & quelquefois plus.

La Monnoye de Banque ſuppoſe des Piſtoles d'Eſpagne, qui valent 32 Reaux de *Plate*, de 7 ſols, 3 deniers de France le Real ; faiſant que ladite Piſtole peut revenir en France à 11 livres, 12 ſols, & chaque Real de *Plate* vaut toûjours en Eſpagne 34 Maravedis, ſans augmentation ny diminution.

2. Les Changes de Madrid, &c. qui ſe font pour les Places hors le Royaume d'Eſpagne, ſont principalement pour *Amſterdam*, *Anvers* & pour *Nove* en Italie : parce que l'on trouve continuellement des Lettres de Change pour ces trois Places. Et ceux qui ont des effets à remettre pour toutes les Places *de France*, pour *Hambourg* & pour les autres de Negoce, ſe ſervent des voyes cy-deſſus.

3. Le nom, que l'on donne aux Poids, eſt *Arrobe*, qui eſt de 25 livres, & la livre eſt de 14 onces, poids de Marc : parce que 114 livres de Madrid, ne rendent à Paris que 100 livres. Mais on obſervera en ce lieu que les Denrées neceſſaires à la vie, & qui ſe vendent aux Poids ſont de 20 onces à la livre.

4. Il n'y a point d'autres Poids que celuy cy-devant déclaré au troiſiéme Article, pour peſer les Marchandiſes ; Mais celles qui ſont envoyées de Paris, ou de Lion en Eſpagne, & qui s'y vendent à la Meſure, rendent depuis 135 juſqu'à 140 Barres en Caſtille pour 100 Aunes de Paris, Lion, Roüen, &c. Et les Toilles de Morlaix en Bretagne, rendent 166 Barres à Madrid, pour 100 Aunes de Bretagne.

5. Les Achats ſe font à Madrid, au Comptant & à Terme : mais ceux qui achetent Comptant, ont meilleur marché que ceux qui achetent à Terme ; ainſi que cela ſe pratique par tout. On ne donne rien de bon Poids ny de bonne Meſure à Madrid. On n'eſt pas non plus fort exact dans les payemens. On ſçait que la pluſpart des Negocians y ſont fort lents à ſatisfaire leurs Creanciers ; ce qui leur doit donner lieu de ſe precautionner dans les Ventes, & dans les Preſts qu'ils font, comme en pluſieurs autres endroits.

6. Il faut faire proteſter les Lettres de Change au défaut de payement, non pas le jour meſme de l'écheance, ſelon la coûtume pratiquée à Madrid. Mais le quatorziéme jour après le Terme écheu. Les Lettres de Change tirées d'Anvers doivent eſtre proteſtées

teftées ledit jour quatorziéme aprés leur écheance : car fi celuy qui a une ou plufieurs Lettres à recevoir, manque d'en faire faire le Proteft dans le temps deu; c'eft à dire dans ledit jour quatorziéme au plûtard ; & fi les Accepteurs venoient à faillir, ces Lettres feroient pour le compte du Porteur, & non pas pour celuy des Tireurs ou des Endofleurs. Il eft cependant vray que cette rigueur n'eft pas fi exacte en Efpagne qu'en France, & en plufieurs autres lieux : parce que cette diligence eft au choix du Porteur des Lettres de Change, qui ne court aucun rifque pour la negligence de quelques jours à faire protefter lefdites Lettres.

7. L'Ufance des Lettres de Change, venant de Flandres ou de Hollande, eft de deux mois; & ainfi la demy-Ufance n'eft que d'un mois, & deux Ufances de quatre mois. On pratique la mefme chofe pour Paris, & pour les autres Villes de France. On fait ordinairement à Madrid les Lettres de Change, payables à tant de jours de veuë, & de là maniere dont on convient; n'y ayant rien de certain pour ce regard.

Il n'y a point à Madrid beaucoup de Banquiers pour la France. Il y a feulement des Negocians ou autres Particuliers, qui donnent des Lettres à des Auvergnats, defquels ils prennent 5. 6. 7. jufqu'à 10 pour cent de profit, Piftoles pour Piftoles, & ces Lettres font pour l'ordinaire tirées fur Aurillac & fur Toulouze. Ainfi quand on requiert un Banquier de fournir une ou plufieurs Lettres de Change pour la France, il luy faut compter fuivant la convention faite entre les Contractans 105. 106. 107. 108 Piftoles, &c. pour en recevoir 100 en France.

8. On peut appeller des jugemens rendus par des Arbitres, n'y ayant lieu de s'y fier de telle forte, que l'on n'en puiffe revenir par les voyes ordinaires de la Juftice, toutesfois & quantes que l'une des parties ne s'en veut pas tenir au jugement des Arbitres.

9. Le Negoce ne déroge pas à la Nobleffe.

10. On ne manque pas d'Argent à Madrid dans les occafions; principalement quand on a de bons gages, & ce à raifon d'un pour cent par mois, c'eft à dire de douze pour cent par an.

11. Les Etrangers & les Naturels du Païs payent également toutes les Doüannes, fans que perfonne ait nulle préference.

12. Il n'y a point de lieu public pour y mettre de l'Argent à tant pour cent, finon en la maifon de Ville, en laquelle on donne 10 pour cent de benefice par an, à celuy qui le donne. Mais on a de la peine à retirer l'Argent, que l'on y a une fois mis, & on n'a

O

point d'autre affeurance de fon bien, ainfi mis en dépôt, que celle qu'en donnent Meffieurs de Ville, qui s'obligent d'y fatisfaire, quoy que fouvent il y ait peû de certitude, & que le bailleur ne foit pas exempt de l'apprehenfion de perdre mefmes fon Capital.

13. Il n'y a point à Madrid &c. de Banque comme à *Amfterdam*, à *Hambourg* & à *Venize*.

14. On plaide dans les Villes d'Efpagne feulement en Langue Efpagnole.

15. Il n'y a point à Madrid de Nation, qui ait plus de Privilege qu'une autre.

16. Quoy que l'on juge à Madrid felon les Loix Romaines, il y a encore la Coûtume du Païs, à laquelle il fe faut conformer comme dans les autres Royaumes.

17. En cas de faillite, le premier faififfant n'eft point preferé aux autres : mais celuy-là va devant qui eft le premier fondé en Obligation, & les naturels du Païs n'ont point de preference aux autres Etrangers de quelque Nation qu'ils foient : parce que tout y eft égal.

18. La Mefure de Caftille peut eftre comparée à celle des Places cy-aprés. Puifque

14 Barres de Caftille, rendent en Arragon.			15 Barres.
7 dites, rendent	.	à Bergame.	9 Braffes.
56 dites, rendent	.	à Boulogne.	75 Braffes.
7 dites, rendent	.	à Conftantinople.	9 Pics.
49 dites, rendent	.	en Flandres.	60 Aunes.
343 dites, rendent	.	à Florence.	500 Braffes.
28 dites, rendent	.	en Hollande.	35 Aunes.
7 dites, rendent	.	à Lion.	5 Aunes.
21 dites, rendent	.	à Londres.	20 Verges.
7 dites, rendent	.	à Luques.	10 Braffes.
56 dites, rendent	.	à Mantoüe.	75 Braffes.
28 dites, rendent	.	à Milan, Draps de Soye.	45 Braffes.
28 dites, rendent	.	aud. Milan, Draps de Laine.	35 Braffes.
56 dites, rendent	.	à Modene.	75 Braffes.
7 dites, rendent	.	à Montpellier.	3 Cannes
224 dites, rendent	.	à Naples.	85 Cannes
7 dites, rendent	.	à Paris.	5 Aunes.
7 dites, rendent	.	à Roüen.	5 Aunes.
21 dites, rendent	.	à Toulouze.	10 Cannes
7 dites, rendent	.	à Turin.	10 Ras.

14 Barres de Castille, rendent à Valance. 13 Barres.
56 dites, rendent . à Venize. 75 Brasses.

Avertissement VI.

Sur les Achats & sur les Ventes des Marchandises qui se font à Seville, Cadis, & mesmes à Lisbonne.

ON observera en ce lieu, que l'on achete & que l'on vend les Marchandises à Seville, &c. en Reaux de Billon, lesquels se reduisent en Reaux de Plate ou d'Argent effectif, à raison de 33 ⅓ pour ⅓, plus ou moins de diminution de celles de Billon; c'est à dire, que 100 Reaux de Billon ne valent que 66 ⅔ Reaux de Plate. Aprés cette Reduction de Reaux de Billon en ceux de Plate: on multiplie ces derniers par 34 Maravedis, valeur d'un Real de Plate : le produit donnant des Maravedis on les divise par 375. Maravedis, valeur d'un Ducat, pour avoir au Quotient des Ducats que l'on multiplie par 4 livres, valeur probable d'un Ducat, reduit en Monnoye de France. Ce calcul se faisant ainsi pour donner rencontre dans les Livres de Comptes, tant aux Marchandises qu'à ceux de qui on les a achetées, ou à qui on en a donné l'ordre pour les acheter & envoyer. On fera le mesme jugement des Marchandises qui s'achetent ou vendent en Portugal pour le Compte des Negocians François. Excepté qu'à Lisbonne les achats s'y font en Raix, dont 400 font une Creusade, qui peut revenir en Monnoye de France à 40 sols. Ces petites spéculations ont leur usage dans la Methode des Comptes tenus à parties doubles, par debit & credit simplement & par recette, dépense & reprise. On poura avoir recours à ce Livre pour se mieux imprimer dans l'esprit la pratique de ces sortes de Calculs. On y verra aussi des achats faits en France de diverses sortes de Marchandises & leurs Cargaisons, leurs receptions & ventes faites dans les Villes d'Espagne, de Portugal, &c. avec leurs retours partie en Barres d'Argent, Lingots d'Or, Pierreries, Sucres, Huiles & autres Marchandises, comme aussi en Remises par Lettres de Changes, tirées sur Amsterdam, Anvers & ailleurs.

TABLE SEIZIE'ME.

Par le moyen de laquelle on découvre avec facilité le Rapport que la Monnoye de France à avec celle de Meſſine, de Palerme, & des autres Villes de la Sicile.

PARIS, LION, ROUEN, BORDEAUX, *Changent & donnent.*

1 ▽ de 60 ſ.	au Pair	à Meſſine,	9 Carlins de 6 ſ. 8 d. le Car.
ou		&	90 Ducats de 3 l. 6 ſ. 8 d. le D.
100 ▽ pareils	aux prix cou-	à Palerme.	7 à 12 Carlins.
pour avoir	rans depuis		86, à 94 Ducats pour ½ Ecus.

Avertiſſement I.

LE Pair cy-deſſus ſe tire de la Piſtole d'Eſpagne, qui a cours dans Meſſine, Palerme, &c. où elle vaut en Monnoye de ces Places, & dans celles de leurs dépendances 33 Carlins, dans le temps que la meſme Piſtole d'Eſpagne ſe prend en France pour onze livres.

Les Negocians de ces Villes & de toute la Sicile y tiennent leurs Livres de Comptes ou Ecritures de Negoce, en Onces, Taris, Grains & en Picolis qu'ils évaliient par 30, par 20, & par 6 : parce que 30 Taris font une Once, 20 Grains un Tary, & 6 Picolis un Grain, & ſuivant cette ſubordination on peut dire, que

1 Picoly, qui fait ⅙ de Grain, peut égaler en valeur dans la France, ... l. 0 : 0 : 1. ⅓

1 Grain, qui renferme 6 Picolis, peut valoir ſur le pied cy-deſſus, ... l. 0. 0. 8.

1 Carlin, qui contient 10 Grains, vaut en France, l. 0. 6. 8.

1 Tary, qui comprend 20 Grains, peut eſtre égal en France, à . . . . . l. 0. 13. 4.

1 Once, égale à 30 Taris, vaut en France, l. 20 : ——

Avertiſſement II.

Noms & valeurs des Monnoyes qui ont cours à Meſſine, à Palerme, &c.

Monnoyes d'Or.

La Piſtole d'Eſpagne, dite *Doppia*, y vaut 33 Carlins, & en France, ... l. 11 : ——

La Piftole d'Italie y vaut 30 Carlins, & en France fur
le pied cy-deffus, . . . l. 10
Le Sequin y vaut 18 Carlins, & en France, l. 6:

Monnoyes d'Argent.

Le Ducat courant y vaut 10 Carlins ou 100 Grains,
& en France , . . . l. 3.6.8.
La Piaftre ou l'Ecu y vaut 9 Carlins, & en France, l. 3.

Avertiffement III.

BIEN que les Remifes & les Traites fur Meffine & Palerme
fe faffent rarement de France à droiture , je ne laifferay toutefois pas d'en former icy une queftion avec fa Preuve.

Un Negociant de Lion , &c. voulant faire tenir provifion à
Meffine ou à Palerme , pour y faire acheter des Soyes , remet à
fon Correfpondant de Meffine , &c. une partie de 6000 Ecus ,
qu'il compte à un Banquier de Lion , moyennant une Lettre de
Change qu'il fournit , tirée fur l'une de ces Places , & ce dans le
temps que le Change eft fuppofé eftre à 91 ½ Ducat , pour 100
Ecus d'Or Sol ; Sçavoir de combien de Ducats . & parties de Ducat ledit Negociant de Lion fera Crediteur audit Meffine ou Palerme.

Pratique.

Il faut dire par Regle de Trois.

Si 100 v, rendent à Meffine 91 ½ Duc. comb, 6000 v ℞. 5490 Duc.
```
          6000
     ─────────────
       546000
         3000
     ─────────────
       5490|00
```

Preuve.

UN Negociant de Lion , Crediteur à Meffine de 5490 Ducats, en veut difpofer fur le pied de 91 ½ Ducat, pour 100
Ecus d'Or Sol ; Sçavoir combien le Remetteur devroit compter
d'Ecus ou l'équivalent au Tireur.

O iij

Pratique.

Il faut dire par Regle de Trois.

Si 91 ½ Duc. font rendre 100 Ecus: comb. 5490 Duc. rt. 6000 Ecus.
    2   2   200
  ─────   ─────   ─────────
   183   200   1098000

1098000 ⎱ 6000 Ecus, à recevoir à Lion pour ladite Traite.
─────── ⎰
183333
 1888
  11

Observation.

ON remarquera que les Negocians de Paris, Lion, &c. qui ont befoin de faire tenir de l'Argent à Meffine ou à Palerme, fe fervent de la Place de Nove ou de Plaifance.

Avertiffement IV.

LE Rapport du Poids de Meffine à celuy de Lion, eft que 100 livres Poids de Lion, rendent audit Meffine 141 livres, & fur ce pied la livre de Meffine ne rend à Lion que 10 onces ⅔ en fuppofant la livre de 15 onces en ladite Ville de Lion : Mais le Rapport du Poids de Paris à celuy de Meffine fe regle en forte que 100 livres de Paris rendent en ladite Ville de Meffine 164 livres, & ainfi la livre de Meffine ne rend à Paris que 9 onces ¼. Le Rapport au contraire du Poids de Meffine à celuy de Lion, eft que

100 ℔. de Meffine, rendent à Lion, au Poids de 15 onces 70 ℔. 7 onces.

100 ℔. dites, rendent à Paris au Poids de 16 onces, 61 ℔. peu moins.

TABLE DIX-SEPTIE'ME.

Par le moyen de laquelle on voit d'abord le Rapport de l'Argent Monnoyé de France à celuy de Milan.

PARIS, LION, ROUEN, BORDEAUX, *Changent & donnent.*

| 1 ꝟ de 60 fols, pour avoir | { au Pair { aux prix courans { depuis . | } à *Milan.* | { 94 fols, 1 denier ⁜ de la Monnoye du lieu. { 90 fols jufqu'à 98 ⁙ { dits. |

Avertiffement I.

LE Pair cy-deffus fe tire du prix de la Piftole d'Efpagne, qui vaut dans la Ville de Milan 17 livres , 5 fols , Monnoye Imperiale de Change.

Les Negocians y tiennent leurs Ecritures en Livres , Sols & De-niers Monnoye courante, qu'ils évaliient par 20 & par 12, & qu'ils reduifent enfuite en Piftoles d'Efpagne , en divifant les pre-mieres efpeces , c'eft à dire, les Livres, les Sols & les Deniers, Mon-noye courante par 17 livres , 5 fols, valeur de ladite Piftole, Mon-noye de Change.

Avertiffement II.

JE n'ay pas voulu taire les efpeces de Monnoyes qui ont cours dans ladite Ville de Milan , lefquelles efpeces feront clairement connuës par la Table fuivante.

Noms & valeurs des Monnoyes qui ont cours à Milan.

Monnoyes d'Or.

La Piftole d'Efpagne y vaut 21 livres , Monnoye du Païs , & peut revenir en France , fur le pied qu'elle s'y prend, à . . . . l. 11. 1. 8.
La Piftole d'Italie , s'y prend pour 20 livres , & en France, environ pour . . ; l. 10. 11. 1.

Monnoyes d'Argent.

1 Ecu ou Piaftre, y vaut 5 liv. ⁒, & en France ;	l. 2. 18. —
1 Ducaton de Milan, y vaut 7 liv. & en France,	l. 3. 13. 10.
1 Philippe d'Efpagne, y vaut 6 liv. & en France,	l. 3. 3. 4.

1 Livre, Monnoye imaginaire, y vaut 20 fols, & s'é-
valuë pour la France, fur le pied de	.	l. 0. 10. 6$\frac{4}{11}$
1 Sol du Païs y vaut 12 deniers, & fe compte en
France, pour	.	.	.	.	.	l. 0. 0. 6$\frac{4}{11}$

Avertiffement I I I.

UN Negociant de Lion, voulant remettre à droiture à Milan 736 Ecus, 13 fols, 4 deniers d'Or fol, à 95 fols Milanois pour un Ecu; Sçavoir de combien de Livres, Sols & Deniers
de Change & d'Argent courant, il fera Crediteur audit Milan.

Reglé.

IL faut multiplier par la fomme à remettre, c'eft à dire par 736
Ecus, 13 fols, 4 deniers, lefdits 95 fols prix du Change convenu pour un Ecu, pour avoir au produit 69983 fols, 4 deniers,
que l'on pourra reduire en livres, en divifant lefdits fols par 20,
lefquels produiront 3499 livres, 3 fols, 4 deniers de Milan,
Monnoye de Change; & pour les reduire en Livres, Sols & Deniers, Monnoye courante, on multipliera encore lefdits 3499
livres, 3 fols, 4 deniers, Monnoye de Change, par 19$\frac{1}{2}$, pour
avoir au produit 68233 livres, 15 fols, que l'on divifera par 17
$\frac{1}{4}$ livre, valeur de la Piftole d'Efpagne, pour trouver au Quotient
3955 livres, 11 fols, 7 deniers, Monnoye courante. Comme le
tout fe verra cy-aprés.

Pratique.

736 Ecus, 13 fols, 4 deniers d'Or Sol, à remettre à Milan, à
95 fols Milanois, prix du Change, pour Ecu.

3680 fols.
6624.
47	6. deniers pour 10 fols, ou $\frac{1}{2}$ de 95 fols.
15.	10 deniers pour 3 fols, 4 deniers, ou $\frac{1}{3}$ de 10 fols.

69983 f.	4 den. Milanois, égaux aufdits 736 Ecus, 13 fols,
4 deniers, à reduire en livres de Change, en la maniere comme cy à cofté.

3499 livres, 3 fols, 4 deniers de Change, à divifer par 17 livres, 5 fols, valeur d'une Piftole d'Efpagne, pour avoir
au Quotient 202 Piftoles $\frac{7}{8}$ peù moins.

3499 liv

3499 livres, 3. 4 deniers, à diviser par $17\frac{1}{4}$ ou 69.

4 4

13996 - - 13 : 4

158
13996
6999
66
} 202 Pistoles.

480
1173
699
6
} 17 sols, ou $\frac{7}{8}$ de Pistoles, peu moins.

20

1173

Mais pour reduire lesdites 3499 livres, 3 sols, 4 deniers de Change, en Livres, Sols & Deniers, Monnoye courante, il les faut multiplier par $19\frac{1}{2}$ livre, valeur de la Pistole d'Espagne en Monnoye courante, & en diviser le produit par 17 livres $\frac{1}{4}$, valeur de ladite Pistole d'Espagne en Monnoye de Change.

Pratique.

Si $17\frac{1}{4}$ . . $19\frac{1}{2}$ . . 3499 livres $\frac{1}{6}$. Resp. 3955 livres 11. 7. $\frac{3}{23}$.

4 19 $\frac{1}{2}$

69 Diviseur.

31491
34990
1749 : 11. 8.
3 : 3 : 4.

68233 . 15 -
4 Denominateur de la Fraction.

272935 . à diviser par 69.

334
65880
272935
69999
666
} 3955 livres.

4
211
800
699
6.
} 11 sols.

9
492
66
} 7 deniers $\frac{3}{23}$ Monnoye courante.

Preuve de la Remise cy-dessus.

UN Negociant de Lion, estant Crediteur à Milan de 3955 livres, 11 sols, 7 deniers $\frac{3}{23}$, Monnoye courante, ou de 3499 livres, 3 sols, 4 deniers, Monnoye de Change, & trouvant à disposer de cette derniere partie équivalente à la premiere, sur le pied de 95 sols Milanois, pour un Ecu d'Or Sol; Sçavoir combien le

Remetteur devroit compter audit Negociant de Lion pour Lettre à fournir de ladite somme de 3499 livres, 3 sols, 4 deniers.

Regle.

IL faut reduire en Sols la somme à tirer de France sur Milan; c'est à dire 3499 livres, 3 sols, 4 deniers, Monnoye de Change, & les sols qui en proviendront estant divisez par 95 sols, prix du Change pour Ecu, le Quotient donnera 736 Ecus, 3 sols, 4 deniers, que le Tireur doit recevoir en France, en fournissant ses Lettres premiere & seconde de Change, tirée sur son Correspondant de Milan.

Pratique.

3499 livres, 3 sols, 4 deniers.
20 sols, valeur d'une livre.
_____
69983, à diviser par 95, prix du Change.

$$\begin{array}{ccc}
66 & 2 & \\
343 & 525 & 19 \\
69983 \Big\} 736 \text{ Ecus.} & 2260 \Big\} 13 \text{ sols.} & 304 \Big\} 3 \text{ deniers.} \\
9888 & 988 & 98 \\
99 & 9 &
\end{array}$$

Rapport des Poids de Milan, à ceux des lieux cy-aprés; sçavoir,

100 ℔. Poids de Milan, rendent à Lion 69 ℔. & la ℔. 10 onces ½ de 15 onces à la ℔.

100 ℔. Poids dudit Milan, rendent à Paris 59 ℔. & la ℔. 9 onces ⁷⁄₁₀ de 16 onces à la ℔.

Et reciproquement.

100 ℔. de Lion, au Poids de Soye de 15 onces, rendent à Milan 145 ℔. & la ℔. 21 onces ¼.

100 ℔. de Paris au Poids de Doüanne de 16 onces, rendent audit Milan 168 ℔. & la ℔. 26 onces ⁷⁄₇.

Rapport des Mesures de Milan, à celles des lieux suivans; sçavoir,

9 Brasses de Milan, pour les Draps de Soye, rendent à Lion & à Paris 4 Aunes, & reciproquement 4 Aunes desdites Places sont égales à 9 Brasses, dites de Milan.

pour Milan & pour tout le Duché de ce nom.

7 Braſſes de Milan, pour les Draps de Laine, rendent à Lion & à Paris 4 Aunes, & reciproquement 4 Aunes deſdites Placés ſont égales à 7 Braſſes, dites de Milan.

TABLE DIX-HUITIE'ME.

Par le moyen de laquelle on connoît le Rapport que la Monnoye de France à avec celle de la Ville de Naples & de ſes dépendances.

PARIS, LION, ROUEN, BORDEAUX, *Changent & donnent.*

100 Ecus de 60 ſols. pour avoir { au Pair { aux prix cou-rans, depuis } à Naples. { 90 Ducats de 10 Carlins piece. { 88 juſqu'à 98 ½ Du-cat.

Avertiſſement I.

LE Pair cy-deſſus ſe tire du prix de la Piſtole d'Eſpagne, qui vaut en ladite Ville de Naples 33 Carlins, dont 10 font le Du-cat, & de la meſme Piſtole d'Eſpagne qui ſe prend en France pour 11 livres.

Les Negocians de Naples &c. y tiennent leurs Ecritures en Du-cats, Taris & en Grains, qu'ils évalüent par cinq & par vingt : parce que cinq Taris font un Ducat, & vingt Grains un Tary.

Les Noms & valeurs des Monnoyes qui ont cours à Naples, eſtant preſque toutes les meſmes que celles qui ſe debitent à Meſſine, & deſquelles j'ay cy-devant fait une ample deſcription; Le Lecteur poura y avoir recours eſtant expliqué aux pages 108. & 109.

Queſtion.

UN Marchand de Lion ayant ordonné à ſon Correſpondant de Naples, de luy acheter ſix Balles de Soye, dite Organcin, & cét ordre ayant eſté executé, il appert par le Compte dudit Commiſſionnaire que leſdites ſix Balles ont peſé à Naples 1428 li-vres, & par Reduction au Poids de Lion, ſur le pied de 100 à 68 livres, n'ont rendu que 971 livres à Lion. Et que la valeur deſdi-tes ſix Balles, tant d'achat que de frais s'eſt trouvé monter à 8032 Ducats, 2 Taris, 10 Grains, dont ledit Commiſſionnaire de Na-ples s'eſt prevalu d'ordre ſur Nove à 184 Ducats pour 100 Ecus de Marc. Et le Correſpondant de Nove pour ſe rembourſer de ſon avance, à tiré auſſi d'ordre ſur ledit Marchand de Lion à 183 ½ Ecu

P ij

d'Or Sol pour 100 Ecus de Marc ; Sçavoir combien ce dernier Commettant débourfera audit Lion pour aquiter la Traite de Nove.

Pratique Premiere.

Pour aquiter lefdits 8032 Ducats, 2 Tarins, 10 Grains deubs
à Naples pour les fix Balles de Soye fufdites.

Il faut dire par Regle de Trois.

Si 184 Duc. de Naples, rendent à Nove 100 v. de Marc. comb. 8032 Duc.
2 Taris, 10 Grains. ℞. 4365 v. 9 f. 9. d.   8032 : 2 Taris, 10 Grains.

$$803200$$

20 . pour 1 Tary, ou $\frac{1}{5}$ de $\frac{1}{2}$ v.
20 . *Idem*. pour 10 Grains.
10 . ou $\frac{1}{2}$ d'un Tary.

$$803250$$

$$
\left.\begin{array}{l}
x \\
12 \; 9 \\
67 \phi 2 \\
8 \phi 3 2 5 0 \\
\overline{184444} \\
1888 \\
11
\end{array}\right\} 4365 \text{ Ecus.}
\qquad
\left.\begin{array}{l}
144 \\
180 \phi \\
\overline{184}
\end{array}\right\} 9 \text{ fols.}
\qquad
\left.\begin{array}{l}
72 \\
1728 \\
\overline{184}
\end{array}\right\} 9 \text{ den. de Marc.}
$$

Par cette Pratique on voit que lefdits 8032 Ducats, 2 Taris, 10 Grains deubs à Naples ont fait débourfer à Nove 4365 Ecus, 9 fols, 9 deniers, dont la Preuve eft amplement expliquée en la page fuivante, où l'on verra l'ordre à garder dans les Negociations de Banque, qui fe font à Nove pour ladite Ville de Naples.

Si 100 Ecus de Marc, rendent à Naples 184 Ducats. comb. 4365 Ecus,
9 ſ. 9 den. Reſp: 8032 Duc. 2 Taris, 10 Grains, dont la Pratique ſuit.
4365 Ecus, 9 ſols, 9 den. de Marc, ſupoſez tirez ſur Naples.
184 Ducats, prix du Change pour 100 Ecus de Marc.

```
     17460
    34920.
    4365 . .
       46. . produit pour 5 ſols, ou ¼ de 184 Ducats.
      36. 16. autre prod. pour 4 ſols, ou ⅕ deſdits 184.
       4. 12. autre prod. pour 6 den. ou ⅛ de celuy de 4 ſols.
       2.  6. autre prod. pour 3 den. ou ½ de celuy de 6 den.
```

Ducats. 8032 49. 14. à diviſer 100. **Premier Terme.**
         5. Taris, valeur d'un Ducat.

Taris. . . 2|48. 10.
         20 . Grains, valeur d'un Taris.

Grains. . 9|70 . ou plûtôt 10 Grains à cauſe que 70 reſtant,
         approchent de 100.

Pratique Seconde.

Pour aquiter 4365 Ecus de Marc, 9 ſols, 9 deniers, tirez
de Noye ſur Lion.

Il faut dire par Regle de Trois.

Si 100 v. de Marc, rendent à Lion 183 ½ v. comb. 4365 v. 9. 9. de Marc.
       4365 v, 9. 9.

```
      13095
     349200
     436500
       2182. 14. 10. pour ½, ou ½ de 4365. 9. 9.
         45. 15. —   pour 5 ſols, ou ¼ de 183.
         36. 12. .   pour 4 ſols, ou ⅕ deſdits.
          4. 11.  6. pour 6 den. ou ⅛ de 4 ſ.
          2.  5.  9. pour 3 den, ou ½ de 6 d.
      8010 67. 29. 1.
           20.
      13.40.
      12.
       4.80.
```

                P iij

Par la Pratique de la Regle de Trois cy-deſſus il eſt venu au Quatriéme Terme 8010 Ecus, 13. 4. d'Or Sol, à payer à Lion pour ladite Traite de Nove.

Preuve.

Si 183 ½ ▽ d'Or ſol, font rend. à Nove 100 ▽ de Marc: comb. 8010 ▽ ⅔
```
    2                          8010 - ⅔.
  367.                         801000
                                 33.  6. 8. pour ⅓, ou ⅔ deſdits
                                 33.  6. 8. Idem          100 ▽.
                             801066. 13. 4.
                                     2.
                             1602132.  6. 8.
```
2217
13408
1602133 } 4365 Ecus.   2 3
3677777   3866 } 9 ſols.   228
3666   3677   3164 } 8 deniers, ou
33   3677   9 deniers.

Rapport des Poids de Naples, à ceux des lieux cy-aprés ; ſçavoir,

100 ℔. Poids de Naples, rendent à Lion 68 ℔. & la ℔. 10 onces ⅘ de 15 onces à la ℔.

100 ℔. Poids ſuſdit, rendent à Paris 59 ℔. & la ℔. 9 onces ½ de 16 onces à la ℔.

Et reciproquement ,

100 ℔. de Lion au Poids de Soye de 15 onces, rendent à Naples 147 ℔. & la ℔. 22 onces.

100 ℔. de Paris, au Poids de Doüanne de 16 onces, rendent audit Naples 169 ℔. ½, & la ℔. 27 onces ½.

Raport des Meſures de Naples à celles des lieux cy-aprés ; ſçavoir,

17 Cannes de Naples ſont égales à 32 Aunes de Lion, & de Paris.

Et reciproquement.

32 Aunes de Lion & de Paris ſont égales à 17 Cannes de Naples.

TABLE DIX-NEUVIÈME.

Par le moyen de laquelle on découvre le Rapport que la Monnoye de France à avec celle de Nove.

PARIS, LION, ROUEN, BORDEAUX, *Changent & donnent.*

183 v⅓ d'Or Sol de au Pair
60 fol piece, *ou* de-   &   à Nove,   100 Ecus de Marc
puis 175, à 188 Ecus   aux prix cou-   où   de 5 livres, 10 fols
dits, pour avoir   (rans depuis   à Plaisance.   de France.

Avertissement I.

LE Pair cy-deffus fe tire du prix de la Demy-Piftole d'Efpagne, qui y reçoit le nom d'*Ecu de Marc*, valant 5 livres, 10 fols en France. Et fur ce pied il eft évident que 100 Ecus de Marc à Nove font égaux à 550 livres de France.

On remarquera que Nove eft une Place de Foire, voifine de la Ville de Gennes, en laquelle Place de Nove la plus faine partie des Negocians de l'Europe fe rencontrant de trois en trois mois, pour y aquiter les Traites faites fur eux, ou pour y recevoir les fommes à eux Remifes par leurs Correfpondans.

Il y a à Nove durant le cours de l'année quatre Foires confiderables : dont la premiere, appellée *Foire de la Chandeleur*, commence le premier jour de Février..

La feconde Foire, nommée *Foire de Pafques*, commence le fecond jour de May.

La troifiéme, dite *Foire d'Aouft*, commence le premier dudit mois d'Aouft.

La quatriéme, dite *Foire des Saints*, commence le deuxiéme Novembre.

On obfervera que la durée de chaque Foire eft de 8 jours entiers, ou quelquefois prolongée de deux jours, pour faciliter les affaires des Negocians en Banque.

On tient à Nove les Ecritures en Ecus, Sols & en Deniers d'Or de Marc, que l'on évaluë par 20 & par 12 : parce que 20 fols font un Ecu, & douze deniers un fol, dit auffi de Marc. On confidere à Nove un Ecu de Marc, comme valant 20 fols ; c'eft à dire vingt parties égales, & un fol douze deniers ou plûtôt douze parties auffi égales. On remarquera en ce lieu, que par l'Ecu de Marc, qui eft imaginaire, il faut entendre une Demy-Piftole d'Ef-

pagne : parce qu'ordinairement 50 Piſtoles d'Eſpagne ſont égales
à 100 Ecu de Marc.

Application des Remarques cy-deſſus ſur une Remiſe ou ſur une Traite
de France pour Nove.

UN Negociant de Lion fait Remiſe à Nove de 3500 Ecus,
à raiſon de 184½ Ecu d'Or Sol débourſez à Lion pour 100
Ecus de Marc à recevoir audit Nove, & ſur ce pied il a pris Lettre
de Change d'un Banquier dudit Lion ou d'ailleurs : Sçavoir de combien d'Ecus, Sols & Deniers de Marc, ledit Negociant de Lion
ſera Crediteur à Nove.

Pratique.

Il faut dire par Regle de Trois.

Si 184½ ▽ de Lion, rendent à Nove 100 ▽ de Marc. comb. 3500 Ecus.

369	100
	350000
	2
	700000

2.
88
331897 ⎰
700000 ⎰ 1897 ▽ d'Or de Marc.   140 ⎰ ſ.   204 ⎰
369997 ⎰   369 ⎰   1680 ⎰ 4 d. ou 5 d.
3666 ⎰   369 ⎰
33

Preuve de la Remiſe cy-deſſus.

UN Negociant de Lion, &c. eſtant Crediteur à Nove de la
ſomme de 1897 Ecus, 5 deniers d'Or de Marc, & trouvant
à en diſpoſer ſur le pied de 184½ Ecu d'Or Sol, pour 100 Ecus
de Marc : Sçavoir combien on luy devroit actuellement compter
d'Ecus, & parties d'Ecu d'Or Sol, pour fournir au Remetteur
ſes Lettres premiere & ſeconde de Change de pareille ſomme de
1897 Ecus, 5 deniers de Marc.

Pratique.

Il faut dire par Regle de Trois.

Si 100 ▽ de Marc, rendent à Lion 184 ½ ▽ comb. 1897 ▽, 5. den.

$$184 \quad \frac{2}{2}$$

$$\begin{array}{r} 7588 \\ 151760 \\ 189700 \\ 948. 10. 2. \frac{4}{2} \\ 3. 1. 4. \\ 15. 4. \\ \hline 350000. \, \text{\small 6. 1 } \phi \frac{1}{2}. \end{array}$$

TABLE VINGTIE'ME.

Par le moyen de laquelle on sçait le Rapport de la Monnoye de France avec celle de Rome, Ville Capitale d'Italie.

PARIS, LION, ROUEN, BORDEAUX, *Changent & donnent.*

100 Ecus d'Or ⎰ au Pair ⎱
sol, de 6 a sols ⎰ ⎱ ⎰ 54 ½ Ecu d'Estampe
⎰ ⎱ à Rome. ⎱ de 15 ¼ Jule piece.
piece. ⎰ aux prix courans ⎱
pour avoir ⎰ depuis ⎱ 52 jusqu'à 58 dits.

Avertissement I.

LE Pair cy-dessus se tire du prix de l'Ecu d'Estampe, ou ce qui est la mesme chose de la Demy-Pistole d'Espagne, qui vaut en France 5 livres, 10 sols.

Les Negocians de la Ville de Rome, y tiennent leurs Ecritures en Ecus, Sols & Deniers d'Or d'Estampe qu'ils évaluent par 20 & par 12 : parce que 20 Sols font la Livre où l'Ecu d'Estampe, & 12 Deniers y composent le Sol.

Les Changes qui se font à droiture de France pour cette Place, se reglent principalement sur les Pistoles en espece ; en sorte que donnant en France 100 Pistoles, le Tireur ordonne par ses Lettres premiere & seconde de Change, de faire délivrer par son Correspondant, à l'ordre du Remetteur 102 ½ à 103, & quelquefois jusqu'à 106 Pistoles effectives ou de poids, & de la valeur de 30 ou de 31 Jules.

Q

Obſervation ſur les Monnoyes de Rome.

L'Ecu d'Eſtampe , qui eſt proprement la Demy-Piſtole de Florence , Venize , Gennes , Eſpagne & de France , vaut à Rome ,
& en la Monnoye dudit lieu, 15 Jules $\frac{1}{2}$, & en France,   .   .   .   l. 5. 10.——
La Piſtole d'Eſpagne , ou le Loüis d'Or , y vaut 31
Jules ou bien 10 Teſtons & un Jule , lors qu'en
France l'un & l'autre s'y prennent indifferemment
pour   .   .   .   l. 11. ——
La Piſtole d'Italie ou du Pape, du Poids de 5 deniers,
4 Grains, & au Titre de 21 Karas $\frac{1}{4}$, vaut à Rome 30
Jules , & en France,   .   .   l. 10. 12. ——
L'Ecu de France , & la Piaſtre d'Eſpagne , y valent
chacun 8 Jules , & Demy , & en France ,   l. 3. ——
La Piaſtre ou l'Ecu du Pape , vaut 100 Bayoques ou
10 Jules , & en Monnoye de France,   ..   l. 3. 10. 10.
Le Teſton du Pape , y vaut 30 Bayoques ou 3 Jules,
& en France ,   .   .   .   l. 1. 1. 3.
Le Jule y vaut 50 Quatrins ou 10 Bayoques , & en
France, ...   l. . 7. 1.
Le Gros y vaut 5 Bayoques ou $\frac{1}{2}$ Jule, & en France , l. . 3. 7.
La Bayoque y vaut 5 Quatrins , & en France,   l. . 0. 8 $\frac{1}{5}$.
Le Quatrin y vaut $\frac{1}{5}$ d'une Bayoque , ou   .   l. . 0. 1 $\frac{3}{5}$.

Queſtion ſur une Remiſe à faire à droiture pour Rome.

UN Negociant de Lion, Paris, &c. voulant recevoir ou faire recevoir de net à Rome 350 Piſtoles effectives d'Italie ,
de Poids & de 30 Jules la piece , & la convention eſtant faite avec
le Banquier Tireur , que pour 100 Piſtoles d'Eſpagne, ou pour
100 Loüis d'Or qu'il prend du Remetteur , il luy fera délivrer ou à
ſon ordre 103 $\frac{1}{2}$ Piſtole d'Italie ; Sçavoir combien il faudroit compter en France de Piſtoles pour en recevoir à Rome 350 effectives.

Il faut dire par Regle de Trois.

SI 103 $\frac{1}{2}$ Piſtoles d'Italie , à recevoir à Rome , en font débourſer
100 d'Eſpagne ou 100 Loüis d'Or à Lion , &c. Combien 350
Piſtoles d'Italie à recevoir en ladite Ville de Rome , feront-elles débourſer de Piſtoles audit Lion. Il doit venir pour le requis 338 Pi-

ſtoles d'Eſpagne ou Loüis d'Or, avec 36 ſols, & 3 deniers de Monnoye; comme par la Pratique cy-aprés.

Pratique de la Queſtion précedente.

Si 103 ¼ Piſt. 100 Loüis d'Or. 350 Piſt. ℟. 338 Loüis d'Or, plus 35 ſ. 2 d.

```
   2                      100
 ─────                  ──────────
  207                    35000 , à multiplier par
                              2 Denominateur de la fraction.
                         ──────────
                          70000
```

```
 163                         2
 7994 ⎫               167       1278
 70000 ⎬338 Loüis    374 ⎫     3340 ⎫            336 ⎫2 den. peü
 20777 ⎭   d'Or.     207 ⎬1 livre. 20777 ⎬16 ſols. 207 ⎭  moins.
 200 ⎭               ─────      20 ⎭
 2                   20 ſols.
```
                              12 deniers.

   1 1 livre, valeur d'un Loüis d'Or.

```
   34
   34
 ─────
  374 livres.
```

Preuve.

UN Negociant de Paris, Lion, &c. ayant compté 338 Loüis
d'Or, & 36 ſols, 2 deniers de Monnoye, à un Banquier
pour en prendre Lettre de Change, tirée ſur Rome à 103 ¼ Piſtole d'Italie de 30 Jules la piece, pour 100 Loüis d'Or; Sçavoir
de combien de Piſtoles d'Italie devroit eſtre ladite Lettre de Change à recevoir par ledit Negociant de Paris ou par autre de ſon
ordre.

Cette queſtion, en laquelle on propoſe trois nombres, pour en
découvrir un quatriéme, qui paroît inconnu, ſe reſoud en cette
ſorte. Il faut multiplier 103 ¼ Piſtole d'Italie, par 338 Loüis
d'Or, & par 36 ſols, 2 deniers en la maniere ordinaire, & ſuivant
les Régles de la Multiplication, pour avoir au produît 35000. 16.
9. que l'on diviſera enſuite par 100 Loüis d'Or équivalens auſdites
103 Piſtoles ¼ d'Italie. Comme le tout ſe verra plus demonſtrati-
vement par la Pratique de la Regle de Trois cy-aprés.

Q ij

Il faut dire par Regle de Trois.

Si 100 Loüis d'Or ... 103 ¼ Pist. d'It.comb. 338 Loüis d'Or,36 s.2 d.
           338. 36 sols , 2 deniers.   ℞. 350 Pist. d'It.
                   ———————
                   824
                   3090
                   30900
                   ———————
                   169.18. 1. pr ¼ Pist.d'It. ou ¼ de 338. 36 s. 2 d.
                    9. 7. 3. pour 20 sols, ou 1/5 de 103.
                    4.13. 8. pour 10 s.ou ½ du produit de 20 s.
                    2. 6.10. pour 5 sols , ou ½ de 10 sols.
                    9. 4. pour 1 sol , ou 1/5 de 5 sols.
                    1. 7. pour 2 den. ou 1/6 de 12 deniers.
                   ————————————————————————————
Pistoles   35000.16. 9. à diviser par 100 premier Terme.

Autre Question.

UN Negociant de Lion, voulant remettre à son Correspondant de Rome 3540 Ecus d'Or Sol, à 55 ½ Ecu d'Estampe,
pour 100 Ecus aussi d'Or Sol ; Sçavoir de combien d'Ecus d'E-
stampe , & de parties d'Ecu devroit estre la Lettre de Change , à
recevoir du Banquier Tireur de Lion sur Rome , payable à l'ordre
dudit Negociant de Lion.

Il faut dire par Regle de Trois.

Si 100 ꝟ d'Or Sol, rend. 55 ½ d'Est. comb. 3540 ꝟ. ℞. 1964 ꝟ. 14. s. d'Est.
                   55 ½.
                   ———————
                   17700
                   177000
                   1770 prod. pour ½, ou ½ de 3540.
                   ————————————————————————
Ecus d'Estampe.   1964|70, à diviser par 100.1ᵉʳ terme.
                       20
                   ————————————————————————
Sols d'Or d'Estampe. 14|00

Preuve.

UN Particulier de France estant Crediteur à Rome de 1964
Ecus, 14 sols d'Or d'Estampe , & desirant en disposer à 55
½ Ecu d'Estampe pour 100 Ecus d'Or Sol ; Sçavoir à ce prix combien il recevra en France d'Ecus , & parties d'Ecu d'Or Sol , pour

fournir Lettre de Change au Remetteur de ladite somme de 1964 Ecus, 14 sols d'Estampe à recevoir & à débourser à Rome.

Il faut dire par Regle de Trois.

Si 5 5 $\frac{1}{2}$ ▽ d'Est. rend. 100 ▽ d'Or Sol. comb, 1964 ▽, 14 ℞. 3 5 40 Ecus,

$$2 \qquad\qquad\qquad\qquad\qquad 100$$

III

$$196400$$
$$50$$
$$20$$

196470 , à multiplier par
2 Denom. de la fraction

392940.

3 5 40 Ecus d'Or Sol , à recevoir en France pour lesdits 1964 Ecus , 14 sols d'Or d'Estampe , tirez sur Rome aux conditions cy-dessus.

TABLE VINGT ET UNIE'ME.

Par le moyen de laquelle on découvre le Rapport que la Monnoye de France à avec celle de Saint Gal en Suisse.

PARIS, LION, ROUEN, BORDEAUX, *Changent & donnent.*

1 Ecu de 60 sols. pour avoir { au Pair } { aux prix courans, depuis } à S. Gal. { 98 $\frac{7}{11}$ Kreuts. ou 90 à 103 dits. }

Avertissement I.

LE Pair cy-dessus se tire du prix de la Pistole d'Espagne , qui vaut en cette place six Florins de 60 Kreuts le Florin.

Les Negocians de S. Gal tiennent leurs Ecritures , en Florins, Kreuts & Penins, comme à Francfort.

Q iij

Applications.

AYant à remettre de France à Saint Gal 1752 Ecus d'Or Sol à 93 ½ Kreuts pour Ecu : Sçavoir de combien le Remetteur de France sera Crediteur audit Saint Gal, de Florins, Kreuts & Penins, en évaluant le Florin sur le pied de 60 Kreuts, & le Kreuts sur le pied de 8 Penins.

Pratique.

1752 Ecus, somme à remettre à S. Gal, à multiplier par
93 ½ Kreuts, prix du Change pour un Ecu d'Or Sol.

   5256
157680
   876 produit pour ½ Kreuts, ou ½ de 1752 Ecus.

1638 1|2 Kreuts, à diviser par 60 : ce qui se fait en retranchant la derniere Figure à droite, & en prenant le ½ des retranchées à gauche, pour avoir des Florins, au Quotient.

2730 Florins 12 Kreuts, à recevoir à Saint Gal pour lesdits 1752 Ecus remis, comme dessus.

Preuve de la Remise cy-dessus.

AYant à tirer de France sur Saint Gal 2730 Florins, 12 Kreuts à 93 ½ Kreuts pour un Ecu d'Or Sol ; Sçavoir combien le Tireur doit recevoir du Remetteur, d'Ecus & de parties d'Ecu, pour délivrer ses Lettres premiere & seconde de Change desdits 2730 Florins, 12 Kreuts.

Pratique.

2730 Florins, 12 Kreuts sur Saint Gal, à reduire en Kreuts, en les multipliant par
60 Kreuts, valeur d'un Florin.

163800
    12 Kreuts, qui accompagnent lesdits 2730 Flor. cy-dessus.

163812 Kreuts, à multiplier par
2 Dénominateur de la fraction, qui accompagne le prix du Change.

327624 Demis Kreuts, à diviser par 187 Demis Kreuts, égaux ausdits 93 ½ Kreuts.

93
14077
327824 } 1752 Ecus d'Or Sol , à recevoir en France pour la-
187777 } dite Traite de 2730 Florins , 12 Kreuts.
1888

Autre question sur le Change de Saint Gal.

UN Negociant de Lion &c. eſtant Crediteur à Saint Gal de
100 Piſtoles effectives de 11 livres de France la piece, &
ce dans le temps que la meſme Piſtole vaut audit Saint Gal 6
Florins, 10 Kreuts, & la Remiſe s'en faiſant à Lion, à 94 Kreuts
pour Ecu ; Sçavoir la ſomme à y recevoir par ledit Negociant de
Lion.

Pratique.

100 Piſtoles , ſomme à tirer ſur Saint Gal, à multiplier par
6 Florins, 10 Kreuts, valeur d'une Piſtole.
_____

600 . .
16 $\frac{2}{3}$ de Florin,ou 40 Kreuts,produit pour 10 Kreuts, ou $\frac{1}{6}$ deſd.
100 Piſtoles.
_____

616 $\frac{2}{3}$ Florin , à remettre à Lion à 94 Kreuts pour Ecu , pour y
recevoir l'équivalent, mais pour le ſçavoir préciſément, il
faut multiplier
_____

616 $\frac{1}{3}$ de Florin , par
60 - Kreuts, valeur d'un Florin.
_____

36960
20 . produit pour $\frac{1}{3}$ de Florin, ou un $\frac{1}{3}$ de 60 Kreuts.
20 . Idem, pour un autre $\frac{1}{3}$ de Florin.
_____

37000 . Kreuts, à diviſer par 94 Kreuts , prix du Change pour Ecu.

55
8848
37000 } 393 Ecus.
9444
99
_____
20
1160.

3
222
1160 } 12 ſols.
944
9

8
384 } 4 deniers
94 } d'Or Sol.

393 Ecus , 12 fols , 4 deniers d'Or Sol , égaux aufdites 100 Piftoles , fuivant le cours du Change , lefquels 393 Ecus, &c. il faut multiplier par 3 livres , valeur d'un Ecu d'Or Sol, pour avoir au produit.

1180 livres, 17 fols, à recevoir à Lion , pour la remife cy-deffus.
1100 livres , valeur defdites 100 Piftoles , fur le pied de 11 livres piece.

---

80 livres , 17 fols excedant , ou profit fait fur lefdites 100 Piftoles effectives , tirées comme cy-deffus.

Avertiffement I I.

Rapport des Poids de Paris , Lion , Roüen , Bordeaux , à ceux Saint Gal.

100 ℔. de Paris , font égales à 98 ℔. de Saint Gal; & ainfi la ℔. de Saint Gal, contient 16 onces $\frac{5}{8}$ de celles de Paris , peù moins.
100 ℔. de Lion , font égales à 85 ℔. dudit Saint Gal , fur le pied de 18 onces $\frac{5}{4}$, peù moins de celle de Lion.
100 ℔. de Roüen, font égales à 102 ℔. dudit lieu , fur le pied de 15 onces , $\frac{2}{3}$ de celle de Roüen.
100 ℔. de Bordeaux, font égales à 98 ℔. fur le pied de 16 onces $\frac{1}{3}$.

Et reciproquement ,

100 ℔. de Saint Gal , font égales à

102 ℔. de Paris , & fur ce pied la ℔. rend audit Paris ,	16 onces $\frac{4}{5}$.
117 ℔. $\frac{1}{2}$ de Lion , & fur ce pied la ℔. rend audit Lion ,	18 onces $\frac{5}{7}$.
98 ℔. de Roüen, & fur ce pied la ℔. rend audit Roüen,	16 onces $\frac{3}{5}$.
102 ℔. de Bordeaux, fur ce pied la ℔. rend aud. Bordeaux,	16 onces $\frac{4}{5}$.

Queftion fur les Poids de Saint Gal, comparez à ceux de Paris.

L A livre de quelque chofe que ce foit acheptée à Saint Gal, ayant coufté 8 Florins, 10 Kreuts; Sçavoir à combien reviendra la livre, Poids de Paris de ladite Marchandife.

Regle.

Regle.

IL faut avoir égard au prix courant du Change, & dire ensuite.
Par Exemple.

Si 93 $\frac{1}{2}$ Kreuts, sont égaux à 3 liv. Comb. 8 Florins, 10 Kreuts.

```
        2                        60 Kreuts, valeur d'un Florin.
  _____              _____
  187 Diviseur.                  490 Kreuts, à multiplier par
                                   2 Denominat. de la fraction.
                              _____
                                 980, à multiplier par
                                   3 livres. Second Terme.
                              _____
                                 2940, nombre à diviser.
```

```
   13                 8
  2940               8320                  49
  2940   }          2700   }              984   }
  1877   } 15 livres. 1877  } 14 sols.    187   } 5 deniers.
  18     }            18    }
```

On voit par la Pratique de la Regle de Trois cy-dessus, que les 8 Florins, 10 Kreuts, valeur d'une livre de Marchandise achetée à Saint Gal, reviennent en Monnoye de France à 15 livres, 14 sols, 5 deniers, peù plus.

Mais puisque la livre de Saint Gal est plus forte que celle de Paris. Il s'ensuit que lesdites 15 livres, 14 sols, 5 deniers trouvez, comme cy-dessus, sont aussi plus forts que 15 livres, 8 sols, 1 denier. A quoy devroit revenir la Livre, Poids de Paris, suivant cette Analogie.

R

Exemple.

Si 100 ℔. de Paris, 98 ℔. de S. Gal. Comb. 15 liv. 14 ſ. 5. ℞. 15 .l. 8 ſ 1 d.

$$15. \ 14. \ 5.$$

$$490$$
$$98.$$

4 9 . . . produit pour 10 ſols, ou $\frac{1}{2}$ de 98 ℔.

1 9. 12. autre prod. pour 4 ſols, ou $\frac{1}{5}$ deſdites 98 ℔.

. 1. 12. 8. autre pour 4 den. ou $\frac{1}{6}$ de celuy de 2 ſ.

8. 2. autre pour 1 den. ou $\frac{1}{4}$ de celuy de 4 d.

Livres.   15|40. 12. 10. à diviſer par cent. Premier Terme.

|20.

Sols.   8|(2

(2

Dênier.   1|54.

Obſervation.

ON remarquera en ce lieu, que la Pratique de la Regle cy-
deſſus, peut generalement ſervir pour trouver la valeur de la
livre du lieu où l'on reſide, par rapport à la connoiſſance de la
valeur de la livre d'un autre lieu, dont on ſçait le rapport ſur une
plus grande quantité.

Autre queſtion ſur les Meſures de Saint Gal, comparées à celles
de Paris, Lion, Roüen, &c.

A Trente-ſix Kreuts l'Aune de Saint Gal ; Sçavoir, à combien
devroit revenir l'Aune de Paris en Monnoye de France.

Regle.

IL faut avoir égard au prix du Change courant pour Ecu. Comme par exemple à 93 $\frac{1}{2}$ Kreuts pour un Ecu d'Or Sol, & dire
enſuite par Regle de Trois.

Si 93 $\frac{1}{2}$ Kreuts, ſont égaux à 3 liv. combien 36 Kr. ℞. 23 ſols, 1 denier.

2   3

187 Diviſeur.   108, à multiplier par
                                              2 denominat. de la fraction.

                                              216, nombre à diviſer.

$$\frac{29}{218}\Big\{\text{ 1 livre.} \qquad \frac{19}{580}\Big\}\text{ 3 sols.} \qquad \frac{41}{228}\Big\}\text{ 1 denier.}$$
$$\overline{187} \qquad\qquad \overline{187} \qquad\qquad \overline{187}$$

Mais pour sçavoir (à ce prix) à combien revient l'Aune de Paris,
il faut dire par Regle de Trois , disposée en cette sorte.

Si 100 Aunes de Paris, rendent 150 Aunes à S. Gal. comb. 23 s. 1 d.
R. 34 s. 8 d.   23 sols, 1 denier.

      450
      300.
       12. ∴ 6 deniers produit pour 1
          denier, ou $\frac{1}{12}$ de 150.

Sols.   34|62 sols, 6 deniers, à diviser par 100
      |12 premier Terme.

Deniers. 7|50.

TABLE VINGT-DEUXIE'ME.

Par le moyen de laquelle on découvre le Rapport que la Monnoye
de France à avec celle de Stokolm, Ville Capitale de la Suede.

PARIS, LION, ROUEN, BORDEAUX, *Changent & donnent.*

1 Ecu de 60 sols, ⎰ au Pair   ⎰ 1 Richedalle.
 ou   & *à Stokolm.* ⎱ 100 dites.
100 Ecus dits, ⎱ aux prix cou-   ⎱ 94 jusqu'à 108 Rich.
pour avoir   rans depuis

Avertissement I.

LEs Negocians de Stokolm, y tiennent leurs Ecritures en Dalles de Cuivre , dont 20 font la Richedalle : Mais les Financiers y dressent leurs Comptes en Dalles d'Argent Blanc , chacune
desquelles vaut 32 sols Blancs ou *Ronstuck*, qui valent les $\frac{3}{5}$ d'une
Richedalle.

Il y en a d'autres qui tiennent leurs Ecritures en Richedalles , &
en leurs Parties, dont les plus ordinaires sont $\frac{1}{4}$ $\frac{1}{2}$ $\frac{3}{8}$ $\frac{1}{2}$ $\frac{5}{8}$ $\frac{3}{4}$ $\frac{7}{8}$.

Observation sur les Monnoyes du Païs.

Le Ducat d'Or , y vaut 2 Richedalles , ou 10 Dalles $\frac{1}{4}$, & en
France ,   l. 6. ———

       R ij

Le Double Ducat, y vaut 4 Richedalles, ou 21 Dalles, & en France, 　　　　　　　．　　　　l. 12. ————

La Richedalle d'Argent, y vaut 5 Dalles $\frac{1}{4}$, & en France, ．　　　　　　　　　　．　　　l. 3. ————

La Richedalle à la Croix, ou Patagon, y vaut 5 Dalles, & en France, ．　　　．　　　．　l. 2. 17. ——

Une Criftine ou Caroline, dont 3 font la Richedalle, y vaut 1 Dalle $\frac{1}{4}$, & en France, ．　l. 1. ————

La Copftuck, y vaut 1 Dalle $\frac{1}{4}$, & en France, l. 1. ————

La Marque peut valoir en Monnoye de France, l. 0. 10. ——

La Halve Marque à proportion de la Marque, vaut l. 0. 5. ——

La Marque Schelin, vaut environ, ．　　l. 0. 0.7.

Avertissement II.

LEs Negocians de France, qui ont à remettre des fommes grandes ou petites à Stokolm, ce qui fe fait rarement à droiture, fe fervent ordinairement de la voye d'Amfterdam, où ils font tenir les fommes d'Argent qu'ils deftinent pour la Suede, & pour les autres places du Nort, moyennant une provifion de $\frac{1}{3}$ ou $\frac{1}{2}$ pour cent, qu'ils accordent à leurs Correfpondans de ladite Ville d'Amfterdam; & ceux-cy font auffi des remifes, par Lettres de Change, des avances defdits Negocians de France à Hambourg, dont les Correfpondans envoyent pareillement des Lettres de Changes à Stokolm, pour y faire recevoir les avances de ceux d'Amfterdam, conformément aux ordres qu'ils en reçoivent.

Observation sur les Poids.

LE Schypont, pour pefer les Marchandifes groffieres, eft de 400 ℔. Poids du païs, revenant au Poids de Paris à 354 ℔. Celuy-cy eftant plus fort que celuy-là de 13 pour cent.

Le Schypont, fervant à pefer le Cuivre fin, & les autres Marchandifes de mefme qualité, eft de 320 ℔. revenant à 283 ℔. ou environ de celuy de Paris.

TABLE VING-TROISIEME?

Par le moyen de laquelle on découvre le Rapport de la Monnoye de France à celle de Turin , Ville Capitale de Savoye.

PARIS , LION, ROUEN, BORDEAUX, *Changent & donnent.*

1 Ecu de 60 fols. pour avoir
{ au Pair
{ aux prix cou-
{ rans, depuis }
à *Turin.*
{ 3 livres, 15 fols, Mon-
{ noye dudit lieu.
{ 3 livres, 5 fols, jufqu'à
{ 3 livres, 18 fols.

Avertiffement I.

LE Pair cy-deffus fe tire de la Piftole d'Efpagne , qui y vaut 13 livres, 15 fols de la Monnoye de Savoye, dans le temps que la mefme Piftole vaut en France 11 livres.

Les Negocians de Turin , tiennent leurs Ecritures en Livres , Sols & Deniers, qu'ils calculent par 20 & par 12 , parce que 20 fols font une livre, & 12 deniers un fol.

Avertiffement II.

Noms & valeurs des Monnoyes , qui ont cours à Turin.

La Piftole d'Efpagne , & le Loüis d'Or de France, y valent chacun, en la Monnoye du Païs, 13 livres, 15 fols, & en France, ... l. 11. ———
La Piftole d'Italie , y vaut en Monnoye dudit Païs, 13 livres , 2 fols, 6 deniers, & en France , l. 10. 10. ——
L'Ecu d'Or de France, s'y prend pour liv. 7. 2. 6. dans le temps qu'il vaut, . . . l. 5. 14. ——
L'Ecu de Gennes , s'y employe pour l. 3. 15. & peut valoir en France, . . . l. 3. ———

Rapport des Poids.

100 ℔. de Paris , font égales à 151 ½ ℔. de Turin , & fur ce pied la ℔. de Turin ne fait que 10 onces, 4 gros ½ de celle de Paris.

100 ℔. de Lion, font égales à 130 ℔. de Turin , & fur ce pied la ℔. de Turin , ne rend à Lion que 12 onces, 2 gros ½ de celle de Lion.

R iij

100 ℔. de Roüen, font égales à 157 ½ ℔. de Turin, & fur ce pied la ℔. de Turin, ne rend à Roüen que 10 onces ⅓ d'once,

Rapport des Mesures.

L'Aune de Paris, Lion, & Roüen eft égalle à 2 Ras de Turin.

TABLE VINGT-QUATRIE'ME.

Par le moyen de laquelle on connoît le Rapport de la Monnoye de France à celle de Venife.

PARIS, LION, ROUEN, BORDEAUX, *Changent & donnent.*

100 ♈ de 60 f. pour avoir { au Pair / aux prix courans depuis } *à Venife.* { 102 ½ Ducats de Banq. de 24 gros le Ducat. / 98 jufqu'à 105 Ducats dits.

Avertiffement I.

LE Pair cy-deffus fe tire de la Piftole d'Efpagne, qui vaut à Venife 28 livres, dites de Piçolis, qui eft une forte de Monnoye courante, ou 23 livres, 6 fols, 8 deniers, Monnoye de Banque : à caufe que cette derniere differe de la premiere de 20 pour cent ; & que 100 livres, Monnoye de Banque rendent en Monnoye courante 120 livres.

Les Negocians de Venife, tiennent leurs Ecritures en Ducats & en Gros, dont 24 font le Ducat.

Avertiffement II.

Du Nom & valeur des Monnoyes qui ont cours à Venife.

Monnoyes d'Or.

Le Loüis d'Or de France, ou la Piftole d'Efpagne, de Venife, de Florence, & de Gennes, y valent chacune en Monnoye courante 28 livres de Picolis, & en France, . l. 11 : ———
La Piftole d'Italie, y vaut 27 livres, & peut revenir en France, à . . . . l. 10. 12. ———
Le Ducat d'Or, pesant 2 deniers, 17 grains, & au Titre de 23 Karas ¼, vaut 15 livres de Picolis, & peut valoir en France, . . . l. 6. ———
Le Sequin, y vaut 17 livres, & peut valoir en France, l. 6 : 15 ———

Monnoyes d'Argent.

L'Ecu de Venise, Florence, Gennes, & de Milan, est de 9 livres, 12 sols, & en Monnoye de France, environ   l. 3. 15. 6.

L'Ecu de France, y vaut 7 livres, 10 sols, Monnoye dudit lieu , & en France ,   l. 3. ———

Le Ducat courant, qui est imaginaire , vaut 124 sols Venitiens, & peut revenir en France, environ à   l. 2 : 10. ——

Le Ducaton , du Poids d'une once , & 1 denier y vaut 9 livres, & en France , environ   l. 3. 12. ——

L'Ecu d'Argent , qui pese plus que le Ducaton , y vaut 9 livres, 12 sols, & en France environ,   l. 3. 16. 10.

Question sur le rapport des Monnoyes.

UN Negociant de Lion , &c. voulant remettre à Venise 7552 Ecus, 15 sols d'Or Sol à 99 $\frac{1}{2}$ Ducat de Banque pour 100 Ecus d'Or Sol ; Sçavoir de combien il sera Crediteur en Ducats , & parties de Ducat de Banque, & en Ducats courans ; l'Agio estant à 20 pour cent.

Pratique.

Il faut dire par Regle de Trois.

Si 100 ▽ de Lion, rendent à Venise 99 $\frac{1}{2}$ Duc. comb. 7552 ▽, 15 sols.

$$7552.15.$$
$$\overline{67968}$$
$$67968.$$

3776. 7.6. prod. pr $\frac{1}{2}$, ou $\frac{1}{2}$ de 7552,15 f.

49.10 - pour 10 f. ou $\frac{1}{2}$ de 99 Duc.

24.15. - pour 5 f. ou $\frac{1}{4}$ de 10 sols.

Ducats. 75 14|98 : 12.6.

|24 Gros, valeur d'un Ducat.

392

196.

12. pour 10 f. ou $\frac{1}{2}$ de 24 Gros.

3. pour 2 f. 6 den. ou $\frac{1}{4}$ de 10 sols.

Gros.   23|67.

Par l'Operation de la Regle de Trois cy-dessus, il est venu pour Réponse 7514 Ducats, 23 Gros. $\frac{1}{2}$ peù plus , dont le Remetteur de Lion sera Crediteur audit Venise.

Preuve.

AYant à tirer de France sur Venise 7515 Ducats de Banque à
99 ½ Ducat de Banque pour 100 Ecus d'Or Sol ; Sçavoir
combien il faudroit que le Tireur de France y receût d'Ecus, &
parties d'Ecu, pour délivrer ses Lettres premiere & seconde de
Change par luy tirées, en faveur du Remetteur, à qui on devroit
payer ou à quelqu'un de son ordre lesdits 7515 Ducats.

Il faut dire par Regle de Trois.

Si 99 ½ Duc. font rendre 100 ▽ à Lion: Comb. 7515 Duc. ℞. 7552 ▽. 15 ſ.

            2   7515
  ‾‾‾‾‾‾‾‾‾‾‾‾   ‾‾‾‾‾‾‾‾‾‾‾‾‾
  199 Diviſeur.   751500, à multiplier par
                                    2 Denominateur de la fraction.
                              ‾‾‾‾‾‾‾‾‾‾‾‾‾‾‾‾‾‾‾‾‾‾‾‾‾‾
                              1503000, à diviſer par 199. Premier Terme.

7552 Ecus.   15 ſols.   55/199 de peu de conſequence.

Obſervation I.

SI l'on deſiroit ſçavoir combien leſdits 7515 Ducats de Banque
à Venise y feront rendre de Ducats courans, ſur le pied de
l'Agio, que l'on ſuppoſe eſtre de 20 pour cent.

Il faut dire par Regle de Trois.

Si 100 Ducats de Banq. rendent 120 Duc. cour. Comb. 7515 Ducats de
                    7515   Banq. ℞. 9018 Duc. cour.
  Ducats.   9018|00, à diviſer par cent.

Leſquels 9018 Ducats courans eſtant calculez ſur le pied de l. 6.
4 ſols, valeur d'un Ducat, rendront à Venise en Monnoye courante l. 55912. 17. 6 deniers de Picolis.

Avertiſſement III.

ON remarquera, 1°. Que la Monnoye courante de Venise
s'exprime par Livres, Sols & Deniers de Picolis évaliiez par
20 &

20 & par 12. En ce que chaque livre est de 20 sols, & que chaque sol est de 12 deniers.

2°. Que ces dernieres especes se reduisent en Ducats courans, en divisant celles-là par 124 sols, valeur d'un Ducat courant.

3°. Et enfin que l'on reduit encore les Ducats courans en d'autres Ducats, appelez de Banque, ce qui se fait suivant le Rapport cy-aprés.

Si 120 Duc. cour. rendent 100 Duc. de Banq. Comb. 9018 Duc. cour.

$$\underline{ 9018 } \qquad \text{R.} 7515 \text{ Ducats de Banq.}$$

901800, à diviser par 120.

$$
\left.\begin{array}{l}
\overset{6}{\cancel{9}}\overset{6}{\cancel{0}}1\overset{}{\cancel{8}}\cancel{0}\cancel{0} \\
\underline{\cancel{1}\cancel{2}\cancel{2}\cancel{2}\cancel{2}0} \\
\cancel{1}\cancel{2}\cancel{2}
\end{array}\right\} 7515 \text{ Ducats de Banque.}
$$

Observation II.

LA Pratique de la Regle de Trois cy-dessus fait clairement voir la maniere avec laquelle on reduit les Ducats courans en ceux que l'on qualifie de Banque ; ce qui sert de preuve à la Regle de Trois cy-devant pratiquée aprés l'Observation premiere page 136. où j'ay montré l'Ordre à garder pour la reduction des Ducats de Banque en Ducats courans.

On remarquera en ce lieu, que l'on peut abreger ces deux sortes de reductions en ce que la premiere, qui consiste à reduire les Ducats de Banque en Ducats courans, se peut faire en prenant $\frac{1}{5}$ des Ducats de Banque, proposez à reduire pour l'ajoûter à leur quantité, & leur somme donnera des Ducats courans. Cette Pratique sera renduë plus palpable par la disposition des nombres donnez, comme suit,

Si 100 Ducats de Banque, donnent 20 pour l'Agio, ou d'augmentation ; Combien 7515 Ducats de Banque en donneront-ils ?

Si l'on abrege les deux premiers Termes de cette Regle, on reduira le premier à 5 Unitez, & le second à la simple Unité, laquelle ne multipliant ny ne divisant, il n'y a qu'à prendre le $\frac{1}{5}$ desdits Ducats de Banque, lequel $\frac{1}{5}$ sera ajoûté ausdits Ducats de Banque pour en avoir de *Courans.*

S

Exemple en Abrégé.

100 : : 20 : : : 7515.
5 . . 1 . . $\frac{1}{5}$ 1503, à ajoûter aux Ducats de Banque. cy-
deffus, pour avoir.

9018 Ducats courans.

Pour abreger la feconde Reduction, qui confifte à reduire les
Ducats courans en Ducats de Banque, il faut prendre $\frac{1}{6}$ defdits
Ducats courans propofez pour l'en ôter, & le refte de cette Sou-
ftraction fera des Ducats de Banque.

Exemple en Abrégé.

Si 120 Duc. cour. donnent 20 d'Agio, combien 9018 Ducats cour.
ou par Reduction des deux premiers Termes.

6 . . 1 . . 9018.
$\frac{1}{6}$ 1503, à fouftraire defd. Duc. cour.

7515 Ducats de Banque.

Ces fortes d'abreviations fe peuvent faire en mille rencontres,
& ce en fuivant les Regles que j'ay données dans mon Livre
d'Arithmetique démontrée pages 212. & 213.

Rapport des Poids de Paris, & de Lion, à ceux de Venife, & au contraire

100 ℔. Poids de Paris, &c. rendent à Venife 182 ℔. peù moins, &
ainfi la ℔. de Venife ne pefe que 8 onces $\frac{1}{2}$ de la ℔. de Paris.
100 ℔. Poids de Lion, rendent audit Venife 158 ℔.$\frac{1}{2}$, & ainfi la ℔.
de Venife, ne rend à Lion que 9 onces $\frac{1}{2}$, peù moins, au
Poids de Soye de 15 onces à la ℔.

Et reciproquement,

100 ℔. Poids de Venife, font égales à 55 ℔. de Paris, & partant la ℔.
de Venife. ne rend au Poids de Paris, d'Amfterdam, de
Bezançon & de Strasbourg que 8 onces $\frac{1}{2}$.
100 ℔. Poids de Venife, font égales à 63 ℔. de Lion, & partant la
℔. dudit Venife ne rend à Lion que 9 onces, 4 gros, comme cy-deffus.

Autre Rapport des Mefures de Paris, Lion, &c. à celles de Venife.

8 Aunes de Paris, Lion, Roüen, Bordeaux, font égales à 15
Braffes de Venife, & réciproquemeut 15 Braffes de Venife,
font égales à 8 Aunes de Paris, &c.
100 Braffes de Venife, font égales à 53 Aunes $\frac{1}{2}$ de Paris, &c.

PRATIQUE
DES CHANGES
E'TRANGERS.

APPLICATION DEUXIE'ME.

De la Reduction de l'Argent Monnoyé d'Amfterdam, Mil-
delbourg, Bruxelles, & generalement de toutes les Dix-
Sept Provinces Unies, de Cologne & de Hambourg en
partie, en Argent auffi Monnoyé des Places Etrangeres,
où le Negoce defdites Provinces fe peut eftendre.

E fuivray dans ces fortes de Reductions de Monnoyes, le mefme ordre que j'ay gardé dans celles
de France pour les Païs Etrangers, où elle à fes
Correfpondances, tant en Banque qu'en Marchandifes.

Mais auparavant que de dreffer des Tables pour
découvrir promptement ces Rapports de Monnoye, il eft à propos de remarquer que les Changes ou Reductions de Monnoyes,
qui fe font à Amfterdam, Anvers, &c. fuppofent prefque toûjours des prix Incertains pour les Places Etrangeres, où leur Commerce s'étend, & qu'il y en a auffi quelques unes pour lefquelles
on donne toûjours le Certain ; ce que l'on connoîtra par les Tables cy-aprés.

S ij

On obfervera en ce lieu, que les Negociations de Banque, qui fe font réciproquement entre toutes les Places defdites Dix-Sept Provinces Unies fe reglent fur le pied de tant pour cent de perte ou de profit.

Par exemple, quand on remet d'Amfterdam fur Anvers, on perd ordinairement $\frac{1}{2}$. 1. 1$\frac{1}{2}$. 2. 2$\frac{1}{2}$, plus ou moins, pour cent: c'eft à dire, que le Remetteur d'Amfterdam donne au Tireur qui eft en ladite Ville 101. à 102$\frac{1}{2}$, plus ou moins, pour recevoir ou faire recevoir à Anvers 100. feulement qui eft un prix ftable & certain à l'égard d'Anvers pour Amfterdam. On peut faire le mefme jugement de toutes les Negociations de Banque, qui fe font à Amfterdam pour les Places où les Monnoyes font uniformes.

TABLE PREMIERE.

Par le moyen de laquelle on peut connoître tout d'un coup le Rapport que la Monnoye des Dix-Sept Provinces Vnies, de Cologne & de Hambourg en partie, à avec celle de Bordeaux, & des autres Villes de France.

AMSTERDAM, ANVERS, MILDELBOURG, *Changent & donnent.*

100 }
96 } den. de Gros. { au Pair } d'Amfterdam, { Bordeaux 1 ▽
& depuis   aux prix cou-   d'Anvers.   } d'Or Sol de 60
94 à 104 den. dits. { rans,   pour avoir à } fols.

Avertiffement I.

LA raifon de la parité & inégalité de la Monnoye cy-deffus a efté fuffifamment démontrée cy-devant page 6. à laquelle on aura recours.

Je propoferay feulement en ce lieu quelques Remifes à faire à droiture d'Amfterdam, d'Anvers, &c. fur Bordeaux, qui ferviront à refoudre celles que l'on pouroit propofer pour toutes les Places de France, où la Monnoye eft uniforme, n'y ayant que le plus ou le moins, qui ne font point de changement dans l'efpece.

Queftion fur une Remife d'Amfterdam.

UN Negociant d'Amfterdam, d'Anvers, &c. ayant deffein de faire toucher à fon Correfpondant de Bordeaux 7500 Ecus d'Or Sol, dans le temps que le prix courant du Change eft

: reglé à 97 ½ deniers de gros pour un Ecu d'Or Sol de 60 fols ; Sçavoir combien ledit Negociant d'Amſterdam débourſera de Livres,
Sols & Deniers de Gros, ou de Florins, Patars & Penins audit
Amſterdam &c. pour y recevoir du Tireur ſes Lettres de Change premiere & ſeconde, tirées ſur ſon Correſpondant de Bordeaux.

Regle.

IL faut multiplier leſdits 97 ½ deniers, prix du Change, par la
ſomme à remettre ou à tirer ; c'eſt à dire par 7500 Ecus, pour
avoir au produit des deniers de Gros, que l'on reduira en Sols, &
en Livres, de Gros, ou ſi l'on veut en Florins, Patars & en Penins,
comme il a eſté enſeigné cy-devant page 8. & l'on verra par ces
reductions que ledit Negociant d'Amſterdam débourſera 3046 livres, 17 ſols, 6 deniers de Gros, ou bien Florins 18281. 5.
Patars.

Pratique de la Regle cy-deſſus.

7500 Ecus, ſomme à recevoir à Bordeaux &c. à multiplier par
97 ½ deniers de Gros, pour Ecu.

52500
67500
3750 produit pour ½, ou ½ deſdits 7500 Ecus.

731250 den. de Gros, dont il faut prendre 1/12 pour faire des ſols.

1/12. 6093.7 ſols, 6 deniers, à diviſer par 20, pour avoir des livres

1/20. 3046 livres, 17 ſols, 6 deniers de Gros, à multiplier par 6,
pour avoir des Florins.

6 Florins, valeur d'une livre de Gros.

18281 Florins, 5 Patars.

Par cette Operation on voit que ledit Negociant d'Amſterdam
feroit obligé de donner au Tireur ſur Bordeaux l. 3046. 17. 6.
de Gros, ou ce qui eſt la meſme choſe 18281 Florins, 5 Patars,
dont voicy la Preuve.

Preuve.

AYant à remettre d'Amſterdam, &c. à Bordeaux, &c. 3046
livres, 17 ſols, 6 deniers de Gros, ou bien 18281 Florins,
5 Patars, à 97 ½ deniers de Gros pour Ecu ; ſçavoir de combien
d'Ecus, Sols & Deniers d'Or ſol, le Remetteur ſera Crediteur
audit Bordeaux.

Regle.

IL faut reduire la somme à remettre ; c'est à dire 3046 livres, 17 sols, 6 deniers de Gros en deniers, & ceux-cy en demis, que l'on divisera par le prix du Change, qui en cét Exemple est 97 ½ aussi reduits en demis, pour avoir aux Quotiens des Divisions des Ecus, des Sols & des Deniers s'il en doit venir.

Exemple.

3046 livres , 17 s. 6 den. somme à remettre, à multiplier par 20 sols, valeur d'une livre de Gros.

——————

60937 sols , à multiplier par 12 deniers, valeur d'un sol.

——————

731250 deniers , à multiplier par 2 , pour faire des demis deniers, 2 Denominateur de la fraction.

1462500 , à diviser par 195 demis deniers égaux en valeur à 97 ½.

$$\begin{array}{l} 97 \\ \text{1462500} \\ \text{198888} \\ \text{1999} \\ \text{11} \end{array} \left\} 7500 \, \text{v}, \text{dont le Remetteur sera Crediteur à Bordeaux.} \right.$$

Avertissement II.

LE Negociant Remetteur d'Amsterdam, &c. estant convaincu, que moyennant 7500 Ecus , qu'il fera tenir à son Correspondant de Bordeaux, il doit débourser 3046 livres, 17 sols, 6 deniers de Gros, suivant la Preuve cy-dessus , il prend du Tireur une Lettre de Change qu'il envoye à son Correspondant de Bordeaux, à qui il ordonne d'en procurer l'acceptation & le payement dans le temps de l'écheance ; cette Lettre peut être couchée par écrit, ainsi.

A Amsterdam, ce premier Juillet 1686. pour 7500 Ecus, à 97 ½.

MONSIEVR, *à deux Vsances, il vous plaira payer par cette première de Change à Monsieur Heuglas ou ordre, la somme de sept mil cinq cens Ecus d'Or sol, à Nonante-sept & demy denier de Gros pour un Ecu de soixante sols, pour valeur receuë de luy en*

3 0 4 6 *livres,* 1 7 *fols,* 6 *deniers de Gros, laquelle partie vous paſſerez au Compte & ſuivant l'Avis,*

A MONSIEVR,		
Monſieur d'Harriette,	Accepté, ce 10.	*De voſtre tres-humble*
Marchand.	Juillet 1686.	*ſerviteur,*
A BORDEAVX.	D'HARRIETTE.	P. CAVILLIER.

Ce ſeroit icy le lieu de marquer les précautions à prendre par le Remetteur, & par le Tireur, tant pour les deux Lettres d'Avis à envoyer, d'Amſterdam aux deux Correſpondans de Bordeaux, que pour l'ordre des Ecritures à pratiquer dans les Livres Journaux des deux Particuliers d'Amſterdam. Mais ces circonſtances ayant eſté amplement expliquées dans les Avertiſſemens II. III. IV. & V I. de l'Application premiere, pages 1 0. 1 1. & 1 2. Il ſera facile de les mettre en uſage, pour raiſon de la Negociation cy-deſſus.

Avertiſſement III.

ON pouroit encore icy faire connoître le nom & la valeur des eſpeces de Monnoye qui ont cours à Amſterdam, & aux autres Villes deſdites Dix-Sept Provinces Unies, comme auſſi les Rapports des Poids & des Meſures, comparées aux Poids & aux Meſures des lieux où les premieres Places cy-deſſus declarées correſpondent, ſans obmettre pareillement les autres circonſtances inſeparables du Negoce de Banque & de Marchandiſe, mais ayant eſté ſuffiſamment parlé de toutes ces choſes dans les Avertiſſemens VII. & VIII. & aux Obſervations I. II. & III. de la premiere Application des Changes de France, pour les Païs Etrangers, pages 1 3. 1 4. & 1 5. juſqu'à 2 2. Le Lecteur poura s'en inſtruire.

TABLE SECONDE.

Par le moyen de laquelle on peut découvrir tout d'une veuë le Rapport que la Monnoye d'Amsterdam & des autres Places des Dix-Sept Provinces Vnies, à avec celle de Breslau en Silesie Province incorporée à la Boheme.

AMSTERDAM, ANVERS, &c. *Changent & donnent;*

48 fols de Flor. & depuis 45 à 49 ½ dits. { au Pair, aux prix courans } pour avoir } à Breslau. } 1 Richedalle de 90 Kreuts courans.

Avertissement I.

PUISQUE la Richedalle de l'Empire est égale à un Ecu de France, & que celuy-cy, est aussi égal à 48 fols de Florin, dits Stuyvers ou Patars, il s'enfuit que la Richedalle vaut au Pair 48 fols de Florin. Mais parce que ce prix varie fort souvent, on s'accommode au temps pour faire les Remises ou les Traites sur ladite Ville de Breslau.

On tient à Breslau, comme en la plus grande partie des Villes d'Allemagne les Ecritures en Florins, Kreuts & en Penins, que l'on évaluë par 60 & par 8 : parce que 60 Kreuts valent un Florin, & 8 Penins font un Kreuts, obfervant que la Richedalle y vaut 90 Kreuts, Argent courant, comme il est marqué dans la Table cy-deffus.

Avertissement II.

JE ne produis pas en ce lieu de modelle de Lettres de Change à tirer d'Amsterdam &c. fur Breslau : parce que le Formule de celle cy-deffus, tirée fur Bordeaux, peut s'étendre fur toutes celles qui font ou peuvent eftre tirées des Villes des Dix-Sept Provinces Vnies, fur les Places où elles ont leurs Correspondances : n'y ayant qu'à y exprimer la qualité & quantité des especes remifes ou tirées : comme pour Breslau, on marqueroit dans le contenu des Lettres de Change, tant de Richedalles ou tant de Florins avec leurs fous-especes à y recevoir, ou à payer, & ainfi des autres efpeces qui font en ufage dans les Places de Change.

Les noms & valeurs des Monnoyes, qui ont cours à Breslau eftant les mefmes que celles qui ont cours à Francfort, dont j'ay
donné

donné une deſcription ſuffiſante dans la Table Septiéme de la premiere Application cy-devant expliquée pages 51. & 52. Les
Curieux pourront conſulter cette Table & ſon Explication.

On peut encore mettre icy en uſage ce que j'ay avancé dans les
Avertiſſemens I. II. III. IV. & VI. de la premiere Application
des Changes de France cy-deſſus, pages 9. 10. 11. & 12. dont
la Pratique ſera aiſée, & l'application facile pour peu d'attention
que l'on y apporte.

Queſtion d'une Remiſe d'Amſterdam, &c. ſur Breſlau & d'une Traite de Breſlau ſur Amſterdam.

UN Negociant d'Amſterdam, voulant remettre à Breſlau
1000 Richedalles, à 46 ſols ½ de Florin pour une Richedalle; ſçavoir la ſomme à débourſer audit Amſterdam, pour y
prendre Lettre de Change de ladite ſomme de 1000 Richedalles,
tirée ſur Breſlau.

Régle.

IL faut multiplier par la ſomme à remettre, comme deſſus, leſdits 46 ſols ½ prix du Change, pour avoir au produit des ſols,
que l'on diviſera par 20, pour avoir des Florins, & le ſurplus ſera
converty en Patars & en Penins de Banque, & de ceux-cy on en
prendra auſſi un ſixiéme, pour faire des Livres, Sols & Deniers
de Gros, égaux en valeur auſdites 1000 Richedalles.

Exemple.

1000 Richedalles, ſomme à remettre, à multiplier par
　46 ſols ½ de Florin, prix du Change pour une Richedalle.
———————
46000
　500, produit pour ½, ou ½ de 1000 Richedalles.
———————
46500 ſols de Florin, à diviſer par 20. pour avoir des Florins.
2325 Florins de Banque, dont il faut prendre ⅙ pour avoir
　　des Livres, Sols & Deniers de Gros.
387 livres, 10 ſols de Gros, à débourſer à Amſterdam.

Preuve.

AYant à payer à Amſterdam une Lettre de Change de 387 livres, 10 ſols de Gros, tirée de Breſlau à 46 ½ ſol de Florin
pour une Richedalle; ſçavoir de combien de Richedalles & parties

T.

de Richedalle, le payeur de ladite Lettre fera Crediteur audit Breflau.

Regle.

IL faut reduire la fomme à remettre, c'est à dire 387 livres, 10 fols de Gros, en fols de Florin, & ceux-cy en demy fols, que l'on divifera par le prix du Change ; c'est à dire par 46 fols ½ aufli reduits en demis pour avoir aux Quotiens des divifions des Richedalles, & parties de Richedalle, s'il y en peut avoir.

Pratique.

387 livres, 10 fols de Gros, fomme à remettre, à reduire en fols.
20 fols, valeur d'une livre de Gros.

7750 fols de Gros, à multiplier par 6 pour faire des fols de Florin.
6 fols de Florin, valeur d'un fol de Gros.

46500 fols de Flor. à multiplier par 2, pour en faire des demis fols.
2 Denominateur de la fraction du prix du Change.

93000, à divifer par 93 demis fols, égaux à 46 fols ½.

$$\left.\begin{array}{l} 93000 \\ 93333 \\ 999 \end{array}\right\} \text{1000 Richedalles à payer, ou à recevoir à Breflau.}$$

Avertiffement III.

Rapport des Poids d'Amfterdam & d'Anvers, à ceux de Breflau.

100 ℔. d'Amfterdam, rendent 98 ℔. à Breflau, & la ℔. 15 onces ½.
100 ℔. d'Anvers, rendent 86 ℔. audit lieu, & la ℔. 13 onces ¼.

Et reciproquement.

100 ℔. de Breflau, rendent 102 ℔. à Amfterdam, & la ℔. 16 onces ½.
100 ℔. de Breflau, rendent 116 ℔. peù plus à Anvers, & la ℔. 18 onces ¼.

TABLE TROISIE'ME.

Par le moyen de laquelle on découvre tout d'une veuë le Rapport que la Monnoye des Dix - Sept Provinces Vnies , à avec celle de Cadis , Seville , Madrid , & des autres Villes principales d'Espagne.

AMSTERDAM, ou plûtôt Anvers , &c. *Changent & donnent.*

126 ⅞ den. de Gros d'Amſterdam.
121 ⅜ den. de Gros d'Anvers.
118 à 128 dits.

{ au Pair
{ aux prix
{ courans

{ pour
{ avoir
{ à

{ Cadis,
{ &c.

{ 1 Ducat de 375
{ Maravedis.

Avertissement I.

LE Pair cy-deſſus ſe peut tirer de l'égalité qu'il y a entre 296 ¼ Maravedis, valeur d'un Ecu de France, ainſi que je l'ay cy-devant fait voir en la Table 15. de la premiere Application des Changes de France, page 100. Et entre 100 deniers de Gros, auſſi valeur du meſme Ecu à Amſterdam, & encore entre 96 deniers de Gros, auſſi valeur dudit Ecu à Anvers, ce qui eſt aiſé à juſtifier.

On tient à Cadis , Seville &c. les Ecritures comme à Madrid, comme je l'ay cy-devant remarqué , page 100. On apprendra auſſi au meſme endroit , pages 100. & 101. le nom & la valeur des Monnoyes qui y ont cours, ce qui ſervira pour toutes les Villes d'Eſpagne, à la reſerve de celles de Barcelone , de Sarragoſſe & de Valence , qui ont quelque difference d'avec les premieres, mais où le Negoce de Banque eſt peû frequent.

Queſtions ſur une Remiſe , & ſur une Traite de Hollande, &c. Sur Cadis , &c.

UN Negociant d'Anvers &c. voulant remettre à ſon Correſpondant de Cadis 3958 livres , 10 ſols de Gros , à 119 ¾ denier de Gros , pour un Ducat de 375 Maravedis ; Sçavoir de combien ledit Negociant d'Anvers ſera Crediteur de Ducats ou de pieces de 8 , & de leurs parties , & de combien doit eſtre la Lettre de Change , tirée d'Anvers ſur Cadis, &c.

Regle.

IL faut reduire la somme à remettre ; c'est à dire, comme en cét Exemple 3958 livres, 10 fols de Gros, en deniers, & ceux-cy en quarts, que l'on divifera par le prix du Change ; c'est à dire par 119 $\frac{1}{4}$ auffi reduits en quarts, pour avoir aux Quotiens des Divifions des Ducats, & parties de Ducat, que l'on reduira enfuite en pieces de 8.

Exemple.

3958 livres, 10 fols, fomme à remettre, à reduire en fols.
20 fols, valeur d'une livre.
_____
79170 fols de Gros, à multiplier par
12 deniers, valeur d'un fol.
_____
950040 deniers de Gros, à reduire en quarts.
4 Denominateur de la fraction du prix du Change.
_____
3800160, à divifer par 477 quarts, égaux à 119 $\frac{1}{4}$.

                                3
        3327   348
        461848   6321
        3800160   } 7966 Ducats.   141789 } 297 Maravedis.
        477777   47777
        4777   {   477   {
        44   4

375 Maravedis, valeur d'un Ducat.
_____
   1890
   2645.
  1134..
_____
 141750.

Preuve de la Remife cy-devant.

UN Negociant d'Anvers, voulant tirer 7966 Ducats $\frac{4}{5}$ peu plus, dont il eft Crediteur à Cadis, & ce à raifon de 119 $\frac{1}{4}$ denier de Gros pour un Ducat de 375 Maravedis : Sçavoir combien il faudroit qu'il receût de Livres, Sols & Deniers de Gros pour fournir fes Lettres de Change premiere & feconde au Remetteur.

Regle.

IL faut multiplier par la somme à tirer, c'est à dire par 7966 Ducats $\frac{4}{5}$, 119$\frac{1}{4}$ denier de Gros, prix du Change pour avoir au produit des deniers de Gros, que l'on divisera par 12, pour faire des sols, & ceux-cy par 20. pour avoir au Quotient des livres de Gros.

Exemple.

7966 Ducats $\frac{4}{5}$, somme à tirer ou à remettre.

119$\frac{1}{4}$ denier de Gros, prix du Change pour un Ducat.

71694
7966.
7966...

1991. 14. produit pour $\frac{1}{4}$, ou le $\frac{1}{4}$ de 7966 Ducats $\frac{4}{5}$.
23. 16. pour $\frac{1}{5}$, ou $\frac{1}{5}$ de 119. faux produit.
95. 4. produit pour $\frac{4}{5}$.

950041. 18. den. de Gros, à diviser par 12. pour avoir des sols.

79170. sols, 1 denier, à diviser par 20. pour faire des livres.

3958 livres, 10 sols, 1 denier, somme égale à la Remise, cy-devant faite.

Observation.

SI le Negociant, d'Anvers desiroit sçavoir la quantité de pieces de 8. & parties de l'une d'icelles, dont il seroit Crediteur à Cadis, au lieu desdits 7956 Ducats $\frac{4}{5}$, il faudroit qu'il disposât & fît une Regle de Trois en cette sorte.
Si 8 Reaux sont moindres que 11 Reaux, valeur d'un Ducat, Ainsi 7966 Ducats $\frac{4}{5}$ sont moindres en quantité que 10954 pieces de 8. & $\frac{7}{40}$.

La même Regle en Abregé.

Si 8 - 11. - 7966. $\frac{4}{5}$.
79660
8. 16. produit pour $\frac{4}{5}$.

87634. 16. dont il faut prendre le $\frac{1}{8}$, pour avoir des pieces de 8.

10954 pieces de huit & $\frac{7}{40}$ d'une piece.

T iij

Avertissement II.

POur reduire promptement les Ducats en pieces de 8. il ne faut que prendre le quart des Ducats, & la $\frac{1}{2}$ de ce quart, & le tout estant ajoûté, ce sera des pieces de 8.

Exemple.

7966 Duc. 16 sols, ou $\frac{4}{5}$ de 11 Reaux le Ducat.
$\frac{1}{4}$. 1991. 14. produit pour 2 Reaux.
$\frac{1}{2}$. 995. 17. autre produit pour 1 Real.

10954 pieces de 8 plus $\frac{7}{20}$ d'une piece, comme cy-devant.

TABLE QUATRIE'ME.

Par le moyen de laquelle on découvre facilement le Rapport que la Monnoye des 17. Provinces Vnies, à avec celle de Dantzic, Ville de la Prusse Ducale en Pologne.

AMSTERDAM, ANVERS, &c. *Changent & donnent.*

1 livre de Gros pour avoir	au Pair	*à Dantzic.*	216 Groschs.
	aux prix courans depuis		210 à 230 dits.

Avertissement I.

LE Pair cy-dessus se peut tirer de l'égalité qu'il y a entre une Richedalle de Dantzic de 90 Groschs, & un Ecu de France; Mais l'Ecu de France estant aussi égal à 100 deniers de Gros d'Amsterdam, il s'ensuit que la livre de gros doit rendre sur ce pied 216 Groschs à Dantzic.

Il est vray que le Change, dont le propre est de varier incessamment, ne se fait que tres-rarement à ce prix, estant tantôt plus haut & tantôt plus bas; on l'a veu depuis 207 jusqu'à 230 Groschs, & souvent accompagné de quelque fraction Arithmetique, comme de $\frac{1}{8}$ $\frac{1}{4}$ $\frac{3}{8}$ $\frac{1}{2}$ $\frac{5}{8}$ $\frac{3}{4}$ $\frac{7}{8}$, &c.

Pour sçavoir de quelle maniere les Negocians de Dantzic & des autres Villes de Pologne tiennent leurs Ecritures, il faut voir la Table cinquiéme de la premiere Application des Changes de France, page 34 cy-devant où il en a esté parlé. On apprendra aussi en la page 35. Les noms & valeurs des Monnoyes qui ont cours en Pologne.

Question sur une Remise d'Amsterdam pour Dantzic.

UN Negociant d'Amsterdam, faisant remise de 2500 livres de Gros à son Correspondant de Dantzic, dans le temps que le Change est à 225 ½ gros Polonins pour une livre de Gros ; Sçavoir de combien de Richedalles, de Florins de 30 Grofchs le Florin, & de Grofchs. Ledit Negociant d'Amsterdam fera Cre-diteur à Dantzic.

Regle.

IL faut multiplier 2500 livres, somme à remettre par 225 ½ Grofchs, prix du Change ; pour avoir au produit des Grofchs que l'on divisera par 90 Grofchs, valeur d'une Richedalle, & le reste par 30, pour faire des Florins.

Exemple.

2500 livres de Gros, somme à remettre d'Amsterdam à
    Dantzic, & à multiplier par
    225 ½ Grofchs, valeur d'une Richedalle.

112500
450...
  1250.

563750. Grofchs, à diviser par 90, valeur d'une Richedalle.

6263 : Richedalles, 2 Florins, 20 Grofchs, à recevoir à
    Dantzic, pour valeur de la Remise cy-dessus.

Preuve.

UN Negociant d'Amsterdam estant Crediteur à Dantzic de 6263 Richedalles, 2 Florins, & 20 Grofchs, trouve à en disposer à 225 ½ Grofchs, pour une livre de Gros ; Sçavoir com-bien il devroit recevoir de Livres, Sols & Deniers de Gros, pour fournir ses Lettres de Change premiere & seconde au Remetteur, tirées sur son Correspondant dudit Dantzic.

Regle.

IL faut reduire les 6263 Richedalles, 2 Florins, 20 Grofchs en Grofchs, & ceux-cy en demis, pour ensuite les diviser par 225 ½ Grofchs, aussi reduits en demis, pour avoir au Quotient de la Di-vision des Livres de Gros, & parties de Livre s'il y en a.

Exemple.

6263 Richedalles, 2 Florins, 20 Groschs, à tirer sur Dantzic,
90 Groschs., valeur d'une Richedalle.

563670
60 Groschs, valeur dés 2 Florins cy-deſſus.
20 Groschs, reſtant dés 80 Groschs.

563750 Groschs, à multiplier par
2 Denominateur de la fraction qui accompagne le prix du
Change.

1127500 démis Groschs, à diviſer par 451 démis Groschs, égaux
en valeur auſdits 225 ⅟₂ Groschs.

2 8
1127800 } 2500 livres de Gros, à recevoir à Amſterdam pour la
451111 } Traite cy-deſſus.
4888 (
44.

TABLE CINQUIEME.

*Par le moyen de laquelle on peut voir le Rapport que la Monnoye
des 17. Provinces Vnies, à avec celle de Francfort ſur
le Mein en Allemagne.*

AMSTERDAM, ANVERS, &c. *Changent & donnent.*

86 ⅟₄ den. de Gros. } au Pair } pour } à Francfort. } 1 Florin de
80 à 90 dits. } aux prix cou- { avoir } } 65 Kreuts de
} rans depuis } } } Change.

Avertiſſement I.

L E Pair cy-deſſus ſe peut tirer de l'égalité qu'il y a entre 74
Kreuts de Change, valeur d'une Richedalle de l'Empire à
Francfort, & entre 98 ⅟₂ denier de Gros, pour un Ecu d'Or Sol,
qui eſt un milieu proportionnel aſſez precis, entre 100 Gros d'Amſterdam & 96 d'Anvers, qui ſont les paritez d'entre la Monnoye
de France, & celle deſdites Dix-Sept Provinces Unies, ainſi qu'il a
eſté

esté cy-devant démontré par la Table premiere de la premiere Application , page 6.

On remarquera en ce lieu que le Florin de 65 Kreuts de Change est Imaginaire , aussi bien que les Kreuts de Change.

On a sceu par l'explication de la Table sixiéme de la premiere Application des Changes de France pour les Places Etrangeres, cy-devant décrite page 46. de quelle maniere on tient les Ecritures à Francfort. Les noms & les valeurs des especes de Monnoye, qui y ont cours , ont esté pareillement specifiées dans la page 51. pour raison dequoy le Lecteur poura y avoir recours , pour éviter une redite qui ne pouroit estre qu'ennuyeuse en ce lieu.

Question sur une Remise & sur une Traite d'Amsterdam sur Francfort.

UN Negociant d'Amsterdam &c. voulant faire tenir à son Correspondant de Francfort 9050 Florins ⅛ dudit Amsterdam Argent courant, à 84 ⅞ denier de Gros pour un Florin de 65 Kreuts de Change ; Sçavoir combien il faudroit que ledit Negociant d'Amsterdam receût ou fit recevoir de Florins & de Kreuts , Argent courant audit Francfort, & combien il faudroit que la Lettre du Tireur renfermât de Florins & de Kreuts courans à recevoir audit Francfort.

Exemple.

Il faut dire par Regle de Trois.

Si 84 ⅞ denier de Gros font débourser à Francfort 65 Kreuts de Change : combien 9050 Florins , 15 Patars ℞. 5620 Fl. 1 K. cour.

Disposition en Abrégé des Trois Termes cy-dessus.

Si 84 ⅞ . . 65 Kreuts. 9050 Florins , 15 Patars, à multiplier par
8 .   40 deniers de Gros , valeur d'un Florin.
679 Diviseur.   362000
                30 , valeur des 15 Patars cy-dessus.
          362030 deniers de Gros à multiplier par
                8 Denominateur de la fraction.
          2896240. Troisiéme Terme, à multiplier par
                65 Kreuts ; Second Terme.
      14481200
      17377440 .
      188255600 , à diviser par 679. Premier Terme.
                V.

```
  1 5 2
  4 9 7 6 1 3
  5 2 4 2 2 8 5 4
  1 8 8 2 5 8 6 6 0 }  277254 Kreuts de Change, à reduire en Kreuts
    6 7 9 9 9 9 9      90.      courans,ce qui se fait en multipliant
    6 7 7 7 7 7   24952860.     ceux-cy par 90, & en divisant le
      6 6 6 6                   produit par 74. comme cy aprés.
```

```
      5 2
    2 7 3 4
  24952860  } 337201 Kreuts courans, à diviser par 60, valeur
    7 4 4 4 4 4 } d'un Florin courant.
    7 7 7 7 7
```

```
        1
    3 3 7 2 0 1 } 5620 Florins, 1 Kreuts Argent courant, à recevoir à
      6 6 6 6 0 }  Francfort pour la Remise ou Traite cy-dessus.
```

Preuve.

UN Particulier d'Amsterdam estant Crediteur à Francfort de
5620 Florins, 1 Kreuts, Argent courant, en veut disposer
à 84 ⅞ denier de Gros pour un Florin de 65 Kreuts de Change;
Sçavoir combien il faudroit qu'il receût à Amsterdam de Florins,
Patars & Penins, Argent de Banque, pour fournir au Remetteur
ses Lettres de Change, premiere & seconde de ladite somme de
5620 Florins, 1 Kreuts, Argent courant à payer & à recevoir
audit Francfort.

Pratique.

1°, Il faut reduire les Florins & Kreuts courans en Kreuts de
Change, ce qui se fait par une Regle de Trois, disposée comme
cy-aprés.

Si 90 Kreuts courans, sont égaux à 74 Kreuts de Change, à combien seront égaux 5620 Florins, 1 Kreuts courant.

En Abrégé.

Si 90 Kr.cour. 74 Kr. de Change. comb. 5620 Flor. 1 K. ℞. 277254

$$60 \quad\quad \text{K. de Change.}$$

337201 , à multiplier par
74 Kreuts. Second Terme.

1348804
2360407.

24952874 , à diviser par 90.

662431
24952874 ⎰ 277254 Kreuts de Change , égaux en valeur ausdits
999990 ⎱ 337201 Kreuts courans cy-dessus.

2°. Il faut sçavoir ce que lesdits 277254 Kreuts de Change rendront de deniers de Gros à Amsterdam. Pour cet effet on disposera une Regle de Trois en cette sorte.

Si 65 K. de Ch. rendent 84 $\frac{7}{8}$ den. de Gros: comb. 277254 K. ℞. 362029.

$$84 \tfrac{7}{8}$$

1109016
22180320
138627   pour $\frac{4}{8}$.
69313.10 s. pour $\frac{2}{8}$.
34656.15 s. pour $\frac{1}{8}$.

23531933. 8.

4200848
23531933 ⎰ 362029 den. de Gros , peù plus, à diviser par 40 Gros.
8888888 ⎱
66666 ⎱ 9050 Florins, 15 Patars, peù moins Argent de Banque à recevoir ou à débourser à Amsterdam pour la Traite cy-dessus.

Rapport des Poids d'Amsterdam & d'Anvers à ceux de Francfort.

100 ℔. d'Amsterdam sont égales à 98 ℔. de Francfort , & la ℔. à 15 onces $\frac{2}{3}$.

100 ℔. d'Anvers sont égales à 86 ℔. $\frac{1}{2}$ dudit Francfort , & la ℔. à 13 onces $\frac{5}{6}$.

Et au contraire.

100 ℔. de Francfort font égales à 102 ℔. d'Amfterdam, & la ℔. à 16 onces $\frac{1}{2}$.

100 ℔. de Francfort font égales à 116 ℔. d'Anvers, & la ℔. à 18 onces $\frac{3}{5}$.

Rapport des Mefures d'Amfterdam & d'Anvers, à celles de Francfort.

100 Aunes de Hollande font égales à 98 Aunes de Francfort.
100 Aunes de Flandres font égales à 100 Aunes dudit Francfort.

TABLE SIXIE'ME.

Par le moyen de laquelle on peut voir le Rapport que la Monnoye des Dix-fept Provinces Vnies, à avec celle de Gennes, Republique d'Italie.

AMSTERDAM, ANVERS, &c. *Changent & donnent.*

98 $\frac{1}{4}$ denier de Gros. } au Pair } } pour } } 1 Ecu de 96
& depuis } aux prix cou- } avoir } à Gennes. } fols.
94 à 99 dits. } rans, } } } }

Avertiffement I.

LE Pair cy-deffus fe tire de l'égalité affez précife qu'il y a entre 95 fols $\frac{1}{2}$, Monnoye de Gennes, & 98 $\frac{1}{4}$ denier de Gros, qui font la valeur d'un Ecu d'Or Sol de France, fuivant les Obfervations cy-devant faites, page 52. On peut encore inferer cette égalité de la Pratique de la Regle de Trois, difpofée en cette forte. Si 95 fols $\frac{1}{2}$ de Gennes, valeur d'un Ecu d'Or Sol, font égaux à 98 $\frac{1}{4}$ denier de Gros, auffi égaux à un Ecu d'Or Sol. Il faut que 96 fols de Gennes, valeur d'un Ecu dudit lieu, rendent fur ce pied 98 $\frac{1}{4}$ denier de Gros a'fez précifément. La Pratique en eftant aifée, je la paffe fous filence.

Ceux qui feront curieux de fcavoir comment les Genois tiennent leurs Ecritures; le nom & la valeur de leurs Monnoyes, ils n'auront qu'à lire les Avertiffemens I. & II. de la huitiéme Table de l'Application premiere, page 52. & 53.

Question sur une Remise d'Amsterdam &c. pour Gennes.

UN Particulier d'Amsterdam ou d'Anvers, voulant remettre à son Correspondant de Gennes 1500 livres de Gros à 97 ¾ denier de Gros pour un Ecu de Gennes de 4 livres, 16 sols : Sçavoir de combien d'Ecus ou Piastres, & de parties d'Ecu, ledit Particulier sera Crediteur à Gennes.

Regle.

IL faut reduire la somme à remettre ; c'est à dire 1500 livres de Gros en Deniers, & ceux-cy en Quarts, pour les diviser en-suite par le prix du Change, qui est 97 ¾ aussi reduits en Quarts, c'est à dire par 391. afin d'avoir aux Quotiens des Divisions 3682 Ecus ⅞ de Gennes.

Preuve.

UN autre Particulier d'Anvers estant Crediteur à Gennes de 3682 Ecus ⅞ de 4 livres, 16 sols la piece, & desirant en dis-poser à 97 ¾ denier de Gros pour un Ecu dudit Gennes : Sçavoir combien il faudroit que ledit Particulier receût audit Anvers pour y fournir au Remetteur ses Lettres premiere & seconde de Chan-ge de ladite somme de 3682 Ecus ⅞, peù moins, ou 4 livres, 3 sols.

Regle.

IL faut multiplier la somme à tirer ; c'est à dire lesdits 3682 Ecus, 83 sols, par le prix du Change, qui est 97 ¾ denier de Gros pour un Ecu, afin d'avoir au produit des deniers que l'on divi-sera par 12, pour faire des sols, & ceux-cy par 20, pour faire des livres à recevoir audit Anvers pour ladite Traite.

Pratique.

3682 Ecus $\frac{2}{4}$, ou 17 fols, 6 deniers, fomme à tirer fur Gennes.
97. $\frac{1}{4}$ denier de Gros, prix du Change pour Ecu.

25774
33138.
1841. 8.9. produit pour $\frac{2}{4}$, ou $\frac{1}{2}$ de 3682 $\frac{2}{4}$.
920. 14. 4. autre prod. pour $\frac{1}{4}$, ou $\frac{1}{2}$ de celuy de $\therefore$.
48. 10. - autre pour $\frac{1}{8}$, ou $\frac{1}{2}$ de 97.
24. 5. - autre pour $\frac{1}{8}$, ou $\frac{1}{2}$ de $\frac{1}{4}$.
12. 2.6. autre pour $\frac{1}{8}$, ou $\frac{1}{2}$ de $\frac{1}{8}$.

360001 - φ. $\frac{1}{4}$. deniers de Gros à reduire en Livres, ce qui fe fait
en prenant $\frac{1}{12}$ defdits Deniers, pour avoir des
Sols, & $\frac{1}{20}$ de ceux - cy pour faire 1500 Livres,
égales à la fomme cy-devant remife d'Amfterdam
ou d'Anvers fur Gennes.

Rapport des Poids d'Amfterdam & d'Anvers, à ceux de Gennes.

100 ℔. d'Amfterdam, font égales à 161 $\frac{1}{4}$ ℔. de Gennes, & la ℔. à
25 onces $\frac{4}{5}$.
100 ℔. d'Anvers, font égales à 141 - ℔. dudit Gennes, & la ℔. à
22 onces $\frac{2}{6}$.

Au contraire,

100 ℔. de Gennes, font égales à 62 ℔. d'Amfterdam, & la ℔. à 9
onces $\frac{11}{12}$.
100 ℔. de Gennes, font égales à 70 ℔. $\frac{1}{2}$ d'Anvers, & la ℔. à 11
onces $\frac{1}{3}$.

Rapport des Mefures d'Amfterdam & d'Anvers, à celles de Gennes.

7 Aunes de Hollande, font égales à 19 Palmes $\frac{1}{5}$ de Gennes.
12 Aunes de Flandres, font égales à 33 Palmes $\frac{1}{3}$ dudit Gennes.

TABLE SEPTIÉME.

Par le moyen de laquelle on découvre le Rapport que la Monnoye d'Amsterdam, d'Anvers, &c. a avec celle de Hambourg.

AMSTERDAM, ANVERS, &c. *Changent & donnent.*

3 2 Stuyvers ou Patars.
& depuis
3 1 à 34 dits.
{ au Pair
aux prix
courans }
pour
avoir
à Hambourg.
{ 1 Dalle de 32
sols Lubs.

Avertissement I.

LE Pair cy-dessus se tire de l'égalité qu'il y a entre un Stuyver, un Patar, un Sol Lubs, & entre 15 Deniers de France cy-devant égaux à un Sol marqué ; dont 48 faisoient l'Ecu blanc de 60 Sols ; de mesmes que 48 Sols Lubs font la Richedalle, égale au mesme Ecu blanc de 60 Sols.

Avertissement II.

POur sçavoir la maniere dont on tient les Ecritures à Hambourg ; le nom & la valeur des especes d'Or & d'Argent monnoyé qui y ont cours, On poura voir l'Explication de la neuviéme Table de la premiere Application des Changes, pages 59. & 63.

Question sur une Remise ou sur une Traite d'Amsterdam, &c. Sur Hambourg.

UN Particulier d'Amsterdam, &c. desirant faire une Remise de 3500 livres de Gros à Hambourg, sur le pied de 33 sols ¼ Stuyver ou Patar, pour une Dalle de 32 Sols Lubs : Sçavoir de combien il sera Crediteur audit Hambourg de Marques, Sols & Deniers Lubs, pour raison dequoy il doit prendre Lettre de Change du Tireur.

Regle.

IL faut reduire la somme à remettre ; c'est à dire 3500 livres de Gros en Sols aussi dits de Gros, & ceux-cy en Sols de Florin, & enfin ces Deniers en Quarts de Sol, que l'on divisera ensuite par 33 ¼ Stuyver, aussi reduits en Quarts, pour avoir au

Quotient de la Division des Dalles, que l'on doublera pour avoir des Marques de 16 Sols Lubs chacune.

Pratique.

3500 livres de Gros à reduire en Sols, en les multipliant par
20 sols de Gros, valeur d'une Livre de mesme nom.

70000 sols de Gros, à reduire en sols de Flor. en les multipliant par
6 sols de Florin, valeur d'un sol de Gros.

420000 sols de Florin, Stuyvers ou Patars, à multiplier par
4 Denominateur de la fraction du prix du Change.

1680000 Quarts de sol, à diviser par 33 $\frac{1}{4}$, reduits en Quarts;
c'est à dire par 133 Quarts.

$$
\begin{aligned}
&8007 \\
&384217 \\
&1680000 \\
&13333 \\
&13333 \\
&111
\end{aligned}
\Bigg\}
\begin{aligned}
&12631 \text{ Dalles, 18 f. 6 d. Lubs, peù plus, à multiplier par} \\
& \text{2 Marques, valeur d'une Dalle.} \\
\rule{6cm}{0.4pt} \\
&25263 \text{ Marques, 2 sols, 6 deniers Lubs, égaux ausdits} \\
& \text{3500 livres de Gros, sur le pied du Change} \\
& \text{proposé comme cy-dessus.}
\end{aligned}
$$

Preuve par une Question contraire.

UN Particulier d'Amsterdam voulant tirer sur Hambourg 25263 Marques, 2 sols, 6 deniers Lubs à luy deubs, à 33 $\frac{1}{4}$ sol de Florin, pour valeur d'une Dalle de l'Empire de 32 sols Lubs; Sçavoir la somme à débourser à Amsterdam par le Remetteur pour ladite Traite.

Regle.

IL faut 1°. Reduire lesdites 25263 Marques, 2 sols, 6 deniers Lubs en Dalles; ce qui se fait en prenant la moitié de celles-là pour avoir 12631 Dalles 18 sols, 6 deniers Lubs, qu'il faut ensuite multiplier par 33 sols $\frac{1}{4}$ sol de Florin, prix du Change, pour avoir au produit des sols de mesme qualité, desquels on prendra $\frac{1}{6}$ pour faire des sols de gros, que l'on divisera encore par 20, pour avoir au Quotient des livres de gros.

Pratique de la Regle cy-dessus.

25263 Marques, 2 sols $\frac{1}{2}$, dont il faut prendre $\frac{1}{2}$, pour faire des Dalles.

$\frac{1}{2}$ 12631 Dalles, 18 sols $\frac{1}{2}$ Lubs, à multiplier par
33 sols $\frac{1}{4}$ de Florin, valeur supposée d'une Dalle.

37893.
378930.
3157. 15 s. pour $\frac{1}{4}$ de Florin, ou $\frac{1}{4}$ de 12631 Dalles.
16. 12. 6. pour 16 sols Lubs, ou $\frac{1}{2}$ de 33 sols $\frac{1}{4}$ de Florin.
2. 1. 7. pour 2 sols dits, ou $\frac{1}{8}$ du produit de 16 sols.
10. 5. pour 6 deniers, ou $\frac{1}{4}$ de celuy de 2 sols.

420000. 19. 6. sols de Florins dont il faut prendre $\frac{1}{6}$ pour faire des sols de Gros.

$\frac{1}{6}$ 70000. de Gros, à diviser par 20, pour en faire des livres.

$\frac{1}{20}$ 3500. livres de Gros, égales à la Remise précedente.

Rapport des Poids d'Amsterdam & d'Anvers, à ceux de Hambourg.

100 ℔. d'Amsterdam, sont égales à 102 ℔. de Hambourg, & la ℔. à 16 onces $\frac{1}{3}$ dudit Hambourg.

100 ℔. d'Anvers, sont égales à 89 ℔. $\frac{7}{8}$ dudit Hambourg, & la ℔. à 14 onces $\frac{3}{8}$.

Au contraire.

100 ℔. de Hambourg, sont égales à 98 ℔. d'Amsterdam, & la ℔. à 15 onces $\frac{2}{3}$.

100 ℔. de Hambourg, sont égales à 111 ℔. $\frac{1}{4}$ d'Anvers, & la ℔. à 17 onces $\frac{4}{5}$.

Raport des Mesures d'Amsterdam & d'Anvers à celles de Hambourg.

49 Aunes de Hollande, sont égales à 48 Aunes de Hambourg.
48 Aunes de Flandres, sont égales à 48 Aunes dudit Hambourg.

TABLE HUITIE'ME.

Par le moyen de laquelle on découvre le Rapport de la Monnoye
d'Amsterdam, d'Anvers &c. à celle de Paris, Lion, Roüen &c.

AMSTERDAM, ANVERS, &c. *Changent & donnent.*

98 ⅞ denier de Gros.⎰au Pair⎱ ⎰ ⎱ ⎰ ⎱⎰1 Ecu d'Or fol de
& depuis ⎱aux prix⎰pour ⎱⎰à *Lion.*⎰60 fols.
94 à 106 dits. ⎱courans⎰avoir⎱ ⎱ ⎱ ⎱ ⎱

Avertissement I.

LE Pair cy-deffus fe tire d'un prix moyen entre Amfterdam &
Anvers, dont on a cy-devant parlé dans la cinquiéme Table
de l'Application feconde des Changes, page 152. Et les Negociations de Banque d'Amfterdam &c. pour Lion, eftant femblables
à celles qui fe font pour Bordeaux, on aura recours à la Table
premiere de la feconde Application des Changes, pages 140. à 143.
pour y voir la maniere de faire les Traites & les Remifes.

TABLE NEUVIE'ME.

Par le moyen de laquelle on découvre le Rapport de la Monnoye
d'Amfterdam &c. à celle de Lisbonne en Portugal.

AMSTERDAM, ANVERS, &c. *Changent & donnent.*

65 ½ denier de Gros.⎰au Pair⎱ ⎰ ⎱ ⎰ ⎱⎰1 Creufade de
& depuis ⎱aux prix⎰pour ⎱⎰à *Lisbonne.*⎰400 Raix.
58 à 70 dits. ⎱courans⎰avoir⎱ ⎱ ⎱ ⎱ ⎱

Avertissement I.

LE Pair cy-deffus fe tire de l'égalité qu'il y a entre 600 Raix
& 98 ⅞ denier de Gros, qui font également la valeur de l'Ecu
de France. Car la Creufade de Lisbonne ne faifant que les deux
tiers de 600 Raix, elle ne doit rendre audit Amfterdam que 65 ½
denier de Gros, peu moins.
On peut fçavoir la maniere avec laquelle les Portugais tiennent
leurs Ecritures, comme auffi les noms & valeurs de leurs Monnoyes par le moyen de l'explication que j'en ay cy-devant donnée

dans la Table unziéme de la premiere Application des Changes, pages 73. 74. & 75. où le Lecteur est renvoyé.

Question sur une Traite d'Amsterdam &c. sur Lisbonne.

UN Negociant d'Amsterdam estant Crediteur à Lisbonne de 6945 ¼ Creusade, & desirant en disposer sur le pied de 64 ¾ denier de Gros pour une Creusade ; Sçavoir combien ledit Negociant devroit recevoir en Monnoye de Hollande, pour fournir au Remetteur ses Lettres premiere & seconde de Change de ladite somme de 6945 ¼ Creusade.

Regle.

PUisque Lisbonne donne le certain pour Amsterdam, il ne faut que multiplier les Creusades susdites par le prix du Change ; c'est à dire par 64 ¾ denier de Gros, pour avoir au produit des deniers de Gros, que l'on divisera par 12, pour faire des sols, & ceux-cy par 20, pour faire des livres aussi de Gros, à recevoir à Amsterdam pour ladite Traite.

Pratique de la Regle cy-dessus.

6945 ¼ Creusade, somme à tirer & à multiplier par
64 ¾ denier de Gros, prix du Change ; pour une Creusade.

27780.
416700.
3472. 17. 6. produit pour ½, ou ½ de 6945 ¼ Creusade.
1736. 8. 9. autre produit pour ¼, ou ½ de celuy de ½.
32. - - autre pour ½, ou ½ de 64 deniers de Gros.
16. - - autre pour ¼, ou ½ de celuy de ½.

449737 6. 3. d. de Gros, dont il faut prendre 1/12 pour faire des s.

1/12 37478 sols, 1 den. de Gros, à diviser par 20. pour faire des liv.

1/12 1873 livres, 18 sols, 1 denier de Gros, à recevoir à Amsterdam, pour la Traite cy-dessus.

Question sur une Remise d'Amsterdam à Lisbonne, pour servir de preuve à la Traite cy-devant faite.

UN Negociant d'Amsterdam voulant remettre à son Correspondant de Lisbonne 1873 livres, 18 sols, 1 denier de Gros, dont il luy est Debiteur, & ce sur le pied de 64 ¾ denier de Gros pour une Creusade de 400 Raix : Sçavoir combien ledit Cor-

X ij

refpondant de Lisbonne recevra de Creufades , & parties de Creufade pour ladite Remife.

Regle.

IL faut reduire 1873 livres , 18 fols , 1 denier , fomme à remetttre , en Deniers , & ceux-cy en Quarts de Deniers , que l'on divifera par 64 ¼ prix du Change, auffi reduits en Quarts ; pour avoir au Quotient de cette Divifion des Creufades , & parties de Creufade.

Pratique.

1873 livr. 18 f. 1 d. de Gros , fomme à remettre à multiplier par
20 fols , valeur d'une livre de Gros.
_____
37478 fols de Gros , à reduire en deniers , en les multipliant par
12 deniers , valeur d'un fol.
_____
449737 deniers de Gros , égaux aufdits 1873 livres , 18 fols,
1 denier , à multiplier par
4 Denominateur de la fraction du prix du Change.
_____
1798948 Quarts de deniers , à divifer par 64 ¼ reduits en Quarts,
ou par 259 Quarts, Divifeur.

```
      1
   1149
  244883
 1798948  } 6945 Creufades.        20 1
  259999  {                       28498
   2888                          77200  } 298 Raix, ou ¼.
    22  400 Raix, valeur d'une Creufade.  259999 {
                                           2888  {
77200 Raix , à divifer par lefdits 259.      288
```

Par les Divifions cy-deffus , il eft venu aux Quotiens 6945 Creufades & 298 Raix , qui font peù moins de ¼ d'une Creufade. Cette difference ne provenant que de la negligence de quelque partie de denier de Gros omife dans la Traite cy-devant faite.

TABLE DIXIE'ME.

Par le moyen de laquelle on sçait le Rapport que la Monnoye d'Amsterdam &c. à avec celle de Livourne.

AMSTERDAM, ANVERS, &c. *Changent & donnent.*

98 ⅕ denier de Gros. ⎰ au Pair ⎱ ⎰ pour ⎱ ⎰ 1 Piastre de
& depuis ⎰ aux prix ⎰ avoir ⎰ *à Livourne.* ⎰ 6 livres.
94 à 102 dits. ⎱ courans ⎱

Avertissement I.

LE Pair cy-dessus se prend sur l'égalité qu'il y a entre 98 ⅕ denier de Gros, valeur d'un Ecu d'Or Sol, & entre une Piastre de Livourne, comme on peut voir dans la Table XII. de la premiere Application des Changes, page 76. où l'on verra aussi la maniere de tenir les Ecritures à Livourne ; comme aussi les noms & valeurs des especes d'Or & d'Argent qui y ont cours, pages 77. & 78. Lesquelles sont semblables à celles qui se debitent à Florence.

Question sur une Remise, ou sur une Traite d'Amsterdam à Livourne.

UN Negociant d'Amsterdam estant redevable à un autre de Livourne de 16000 livres, Monnoye dudit lieu, & trouvant occasion de luy en faire Remise sur le pied de 95 ½ denier de Gros pour une Piastre de six livres : Sçavoir combien il faudroit qu'il comptât au Tireur d'Amsterdam pour en prendre Lettre de Change de ladite somme de 16000 livres à payer , & à recevoir à Livourne.

Regle.

IL faut reduire les livres de Livourne, qui sont à disposer , en Piastres, ce qui se fait en divisant ces premieres especes ; c'est à dire les Livres, Sols & Deniers, s'il y en a, par six livres , valeur de la Piastre , pour avoir au Quotient des Piastres , & parties de Piastre ; que l'on multipliera ensuite par 95 ½ denier de Gros , prix du Change , pour une Piastre. Et le produit de cette multiplication estant divisé par 12 , il viendra des Sols , & ceux-cy estant encore divisez par 20. Le Quotient produira des livres de Gros.

X iij

Pratique.

16000 livres de Livourne, fomme à y remettre à 95 ½ denier de Gros pour une Piaftre de fix livres, & a reduire en Piaftres, en divifant lefdites livres par fix.

¼   2666 ⅔ de Piaftre de Livourne, à multiplier par
      95 ½ denier de Gros, prix du Change, pour une Piaftre.

    13330
   239940
    1333. ⅓. produit pour ½ denier, ou ½ de 2666 ⅔ Piaftre.
    31. ⅓. autre produit pour ⅓ de 95 deniers de Gros.
    31. ⅓. autre produit pour ⅓, comme deffus.

    254667. ⅔. den. de Gros, à reduire en fols, en les divifant par 12.

1/12   21222 f. 3. den. de Gros, à divifer par 20. pour en faire des livres.

1/20   1061 l. 2 fols, 3. d. de Gros, à multiplier par 6. pour avoir des
    6.   Florins, Patars & Penins.

Flor.   6366.-13.Pat.6. Penins, ou deniers de Florins, à débour-
              fer à Amfterdam, pour y prendre Lettre de
              Change de 16000 livres, Monnoye cou-
              rante de Livourne.

Preuve par une Queftion contraire à la précedente.

UN Negociant d'Amfterdam eftant redevable à un de fes Correfpondans de Livourne de 6366 Florins, 13. Patars & fix Penins, Argent de Hollande, & defirant de luy en faire Remife dans le temps que le Change eft à 95 ½ denier de Gros pour une Piaftre de fix livres, Monnoye dudit lieu : Sçavoir combien ledit Correfpondant de Livourne y recevra de Livres, ou de Piaftres.

Regle.

IL faut reduire les Florins, Patars & Penins, à remettre comme deffus, en Deniers, & ceux-cy en Demis ; que l'on divifera par 95 ½ denier, prix du Change, pour avoir au Quotient des Piaftres, que l'on multipliera par fix livres, valeur d'une Piaftre, afin d'avoir au dernier produit ce que l'on cherche.

Pratique.

6366 Florins, 13 Patars, 6 Penins, à multiplier par
40 deniers de Gros, valeur d'un Florin.

254640 deniers de Gros, égaux aux 6366 Florins fufdits.
  26 dits, égaux aux 13 Patars cy-deffus.
   1 dit, égal aux 6 Penins, auffi cy-deffus.

254667 deniers de Gros, à multiplier par
  2 Denominateur de la fraction du prix du Change.

509334 Demis-Deniers, à divifer par 191 Demis-Deniers, égaux
  à 95 ½ Denier, prix du Change propofé en la queftion
  cy-deffus.

Par les Divifions cy-deffus, il eft venu au premier Quotient
2666 Piaftres, & aux deux Quotiens, qui fuivent le premier, il eft
venu 13 fols, 4 deniers, qui répondent à ⅓ de livre, ou plûtôt à ⅔ de
Piaftre, laquelle fomme eft à recevoir à Livourne pour aquiter celle
qui eftoit deuë à Amfterdam.

Mais pour fçavoir le nombre de Livres, Sols & Deniers à recevoir audit Livourne, il ne faut que multiplier lefdites 2666 Piaftres, & ⅔ de Piaftre par fix livres, valeur d'une Piaftre, & le produit donnera 16000 livres, valeur defdites Piaftres &c. à recevoir,
comme deffus.

Pratique.

2666 Piaftres, 13 fols, 4 deniers, ou ⅔.
   6

16000 livres, Monnoye courante de Livourne.

TABLE UNZIEME.

Par le moyen de laquelle on découvre le Rapport que la Monnoye des 17. Provinces Vnies, a avec celle d'Angleterre, d'Escoße & d'Irlande.

AMSTERDAM, ANVERS, &c. *Changent & donnent.*

35 fols, 5 den. ⅜ de Gros. ⎧ au Pair ⎫ ⎧ ⎫ ⎧ ⎫ 1 livre Ster-
      & depuis   ⎨ aux prix ⎬ pour ⎨ à Londres. ⎬ lin.
33 à 36 fols ½ dits.   ⎩ courans. ⎭ avoir ⎩ ⎭ ⎩ ⎭

Avertißement I.

LE Pair cy-deßus se tire de l'égalité qu'il y a entre 55 ¾ denier Sterlin, & 98 ½ denier de Gros, qui font la valeur de l'Ecu d'Or Sol; ainfi qu'il a efté démontré en fon lieu, page 81. & dans la cinquiéme Table de la deuxiéme Application des Changes, pages 152. & 153. En ce que fuivant cette Hypothefe, on n'a qu'à difpofer & faire une Regle de Trois, pour avoir au Quatriéme Terme le jufte Rapport de la Monnoye de Hollande avec celle de Londres. Les Termes de cette Regle de Trois peuvent eftre difpofez en cette maniere.

Si 55 ¾ denier Sterlin, font égaux à 98 ½ denier de Gros: à combien feront égaux 240 deniers Sterlins, valeur de la Livre de mefme, nom, & fur, le pied de laquelle on regle tous les Changes d'Angleterre pour les Dix-fept Provinces Unies, & mefmes pour la Ville de Hambourg.

L'ordre & la maniere de tenir les Ecritures à Londres; le nom & la valeur des efpeces de Monnoye, qui y ont cours; le Rapport des Poids & des Mefures de ladite Ville de Londres, & de celles qui en dépendent, ayant efté fuffifamment expliquez dans la treiziéme Table de l'Application des Changes, pages 81. à 96. On y aura recours pour s'en inftruire dans les occafions. Ces obmiffions en ce lieu, n'étant que pour éviter les redites que l'on feroit icy fans fondement.

Queftion d'une Remife d'Amfterdam, &c. fur Londres.

UN Negociant d'Amfterdam, voulant pour la neceffité de fes affaires, remettre à fon Correfpondant, Facteur, ou
Commiffionnaire

Commissionnaire de Londres 5410 livres, 12 sols, 6 deniers de Gros, dans le temps que le Change est à 35 sols, 6 deniers de Gros pour une livre Sterlin ; Sçavoir de combien de Livres, Sols & Deniers Sterlins, ledit Negociant sera Crediteur à Londres.

Regle.

IL faut reduire la somme à Negocier ; c'est à dire, 5410 livres, 12 sols, 6 deniers de Gros, en Deniers, que l'on divisera ensuite par le prix du Change, qui est en cette proposition, 35 sols, 6 deniers, aussi reduits en Deniers, pour avoir aux Quotiens des Divisions, des Livres, des Sols, & des Deniers Sterlins à payer, & à recevoir à Londres.

Pratique.

5410 liv. 12 sols, 6 den. somme à remettre, à multiplier par
20 sols de Gros, valeur d'une livre.

108212 sols de Gros, à reduire en Deniers, en les multipliant par
12 deniers de Gros, valeur d'un Sol.

1298550 deniers de Gros, à diviser par 426 deniers de Gros, prix du Change, égaux à 35 sols, 6 deniers aussi de Gros.

On reconnoît sensiblement par la Pratique précedente que lesdits 5410 livres, 12 sols, 6 deniers de Gros remis d'Amsterdam à Londres y ont produit 3048 livres, 4 sols, 9 deniers, peu plus, au profit du Remetteur, & dont la Preuve suit par une Question opposée à la précedente.

Question d'une Traite d'Amsterdam, &c. sur Londres.

UN Particulier d'Amsterdam voulant tirer 3048 livres 4 sols, 9 deniers ½ Sterlin, dont il est Crediteur à Londres, & ce sur le pied de 35 sols, 6 deniers de Gros pour une livre Sterlin : Sçavoir combien ledit Negociant d'Amsterdam devroit recevoir de Livres, Sols & Deniers de Gros, pour fournir au Remetteur

Y

ſes Lettrés premiere & ſeconde de Change, pour ladite ſomme de 3048 livres, 4 ſols, 9 denier ½ Sterlin.

Regle.

IL faut multiplier la ſomme à diſpoſer, comme deſſus à Amſterdam pour Londres, par le prix du Change; c'eſt à dire 3048 livres, 4 ſols, 9 deniers ½ Sterlin, par 35 ſols, 6 deniers, pour avoir au produit la ſomme à recevoir à Amſterdam.

Pratique.

3048 l. 4 ſ. 9 den. ½ Sterlin, ſomme à tirer ſur Londres, à multiplier par 1 l. 15 ſ. 6 de Gros, prix du Change, & valeur d'une livre Sterlin.

3048 -	4. 9.	
1524 -	2. 5.	produit pour 10 ſols, ou ½ de 3048 livr. 4 ſols, 9 den. ½
762 -	1. 2.	autre produit pour 5, ou ½ de celuy de 10 ſols.
76 -	4. 2.	autre produit pour 6 deniers, ou 1/10 de celuy de 5 ſols.

5410 l. 12 ſ. 6 deniers de Gros, ſomme à recevoir à Amſterdam pour la Traite cy-deſſus, ce qui fait la Preuve de la Remiſe précedente.

TABLE DOUZIEME.

Par le moyen de laquelle on peut découvrir le Rapport que la Monnoye des 17. Provinces Vnies, a avec celle de Madrid, Ville Capitale d'Eſpagne.

AMSTERDAM, ANVERS, &ç. *Changent & donnent.*

126 ½ d. de Gros d'Amſt.
121 ⅓ dits. d'Anvers.
& depuis
118 à 128 dits.

{ au Pair
aux prix
courans }

pour
avoir

à *Madrid.*

{ 1 Ducat de
375 Maravedis.

Obſervation.

PUISQUE toutes les Places d'Eſpagne ſe reglent comme Cadis, on ſe gouvernera dans les Traites & dans les Remiſes à y faire des Places des Dix-Sept Provinces Unies, comme cy-devant pages 147. & 150. Table troiſiéme de l'Application deuxiéme des Changes.

TABLE TREIZIE'ME.

Par le moyen de laquelle on découvre le Rapport que la Monnoye des Dix-Sept Provinces Vnies, a avec celle de Nove, Place de Foire en Italie.

AMSTERDAM, ANVERS, &c. *Changent & donnent.*

180 deniers de Gros. & depuis 175 à 186 dits.	au Pair aux prix courans	pour avoir	*à Nove.*	1 Ecu de Marc.

Avertissement.

LE Pair cy-dessus se peut tirer de l'égalité qu'il y a entre 98 $\frac{1}{5}$ denier de Gros, valeur d'un Ecu d'Or Sol, & entre 183 $\frac{1}{3}$ Ecu aussi d'Or Sol, valeur de 100 Ecus d'Or de Marc à Nove: Car suivant ces proportions, l'Ecu de Marc doit rendre à Amsterdam 180 deniers de Gros. Ce Rapport se poura plus clairement connoître par la Pratique de la Regle de Trois suivante, dont voicy la Disposition. Si pour un Ecu de France on à 98 $\frac{1}{5}$ denier de Gros à Amsterdam: Combien y en auroit on pour 183 $\frac{1}{3}$ Ecu aussi de France, égaux en valeur à 100 Ecus de Marc à Nove. Ayant multiplié 183 $\frac{1}{3}$ par 98 $\frac{1}{5}$. Il doit venir au produit 18003 $\frac{1}{3}$ denier de Gros, dont la centiéme partie, qui est 180 deniers de Gros, fait la juste valeur de l'Ecu de Marc à Nove.

TABLE QUATORZIE'ME.

Par le moyen de laquelle on découvre le Rapport que la Monnoye des 17. Provinces Vnies, a avec celle de Paris.

AMSTERDAM, ANVERS, &c. *Changent & donnent.*

98 $\frac{1}{5}$ denier de Gros. & depuis 94 à 106 dits.	au Pair aux prix courans,	pour avoir	*à Paris.*	1 Ecu d'Or Sol de 60 f.

Avertissement.

L'EXPLICATION de la Table cy-dessus suit celles cy-devant décrites pour la Ville de Bordeaux & de Lion, on les poura consulter, pour raison de celle-cy, qui n'a esté placée en ce lieu

que pour garder l'ordre que je me fuis prefcris pour contribuer au
foulagement des Lecteurs de cét Ouvrage , lors de leurs doutes fur
les Changes à faire dans les Negociations de Banque, c'eft à dire
pour les Traites, & pour les Remifes.

TABLE QUINZIE'ME.

*Par le moyen de laquelle on voit le Rapport de la Monnoye des
Dix-fept Provinces Vnies, à celle de Roüen.*

AMSTERDAM, ANVERS, &c. *Changent & donnent,*

98 ½ denier de Gros. au Pair   pour   à Roüen.   1 Ecu de 60 fols.
                                 avoir
& depuis   aux prix
94 à 106 dits.   courans

Avertiffement.

ON fe comportera dans les Traites & dans les Remifes à faire
dans les Dix-Sept Provinces Unies pour Roüen , comme
pour Bordeaux , ny ayant qu'à avoir égard aux prix du Change
courant.

TABLE SEIZIE'ME.

*Par le moyen de laquelle on peut connoître le Rapport de la Monnoye
des Dix-Sept Provinces Vnies, à celle de Seville en Efpagne.*

AMSTERDAM, ANVERS, &c. *Changent & donnent.*

126 ½ den. de Gros d'Amft. au Pair   pour   à Seville.   1 Ducat de
121 ½ dits d'Anvers.   avoir   375 Mara-
& depuis   aux prix   vedis.
118 à 128 dits.   courans

Avertiffement.

CE que j'ay obfervé touchant les Negociations à faire en Banque & en Marchandife dans l'étenduë des Dix-fept Provinces
Unies pour Cadis, fe peut & fe doit entendre de Seville , comme
des autres Villes d'Efpagne. C'eft pourquoy le Lecteur fera renvoyé à l'Explication de la troifiéme Table de l'Application feconde
des Changes, page 147.& fuivantes pour s'y conformer.

TABLE DIX-SEPTIE'ME.

Par le moyen de laquelle on connoît le Rapport de la Monnoye des Dix-Sept Provinces Vnies, à celle de Venize.

AMSTERDAM, ANVERS, &c. *Changent & donnent.*

95 $\frac{3}{4}$ denier de Gros. & depuis 94 à 100 dits.	au Pair / aux prix courans	pour avoir	*à Venize.*	1 Ducat de Banque de 24 Gros.

Avertissement I.

LE Pair cy-dessus se peut tirer de l'égalité qu'il y a entre 98 $\frac{1}{5}$ denier de Gros, valeur de l'Ecu d'Or Sol, & entre 102 $\frac{5}{8}$ Ducat de Banque à Venize pour 100 Ecus aussi d'Or Sol : car si l'on multiplie 98 $\frac{1}{5}$ denier de Gros par 100 Ecus, il viendra au produit 9820 deniers de Gros, aussi égaux au produit de 102 $\frac{5}{8}$ Ducat multipliez par 95 $\frac{3}{4}$ denier de Gros pour un Ducat, lequel produit rend les mesmes 9820 deniers, peù moins. Partant si l'on divise lesdits 9820 deniers par 102 $\frac{5}{8}$, reduits en huitiémes, il doit venir au Quotient de la Division 95 $\frac{3}{4}$, peù moins, pour la valeur assez précise d'un Ducat.

La maniere de tenir à Venize les Ecritures des Negocians ; le nom & la valeur des Monnoyes qui y ont cours, ayant esté suffisamment declarez dans l'Explication de la vingt-quatriéme Table de la premiere Application des Changes, page 135. & suivantes. Je proposeray seulement en ce lieu deux Questions, pour faire voir l'usage de la Table cy-dessus.

Question premiere sur une Remise d'Amsterdam &c. pour Venize.

UN Particulier d'Amsterdam ou d'Anvers, &c. voulant faire tenir à Venize 3000 Ducats de Banque dans le temps que le Change pour cette Place est à 96 $\frac{1}{2}$ denier de Gros pour un Ducat de Banque de 24 Gros : Sçavoir combien il devroit débourser audit Amsterdam, de Livres, Sols & Deniers de Gros pour ladite Remise.

Regle.

IL faut multiplier lesdits 3000 Ducats par 96 $\frac{1}{2}$ denier de Gros, pour avoir au produit des Deniers, que l'on divisera par 12.

pour faire des Sols, & ceux-cy par 20. pour faire des Livres.

Pratique.

3000 Ducats de Banque à remettre à Vénize, & à multiplier par 96 ½ denier de Gros, prix du Change pour un Ducat.

288000

1500, produit pour ½ denier, ou ½ de 3000 Ducats.

289500 den. de Gros, à diviser par 12. pour faire des Sols de Gros.

24125 sols de Gros, à diviser par 20. pour faire des livres.

1206 livres, 5 sols de Gros, à débourser à Amsterdam, pour la Remise susdite.

Question deuxiéme sur une autre Remise d'Amsterdam &c. pour Venize.

UN Negociant d'Amsterdam, estant redevable à son Correspondant de Venize de la somme de 1206 livres, 5 sols de Gros, & ayant ordre de luy en faire la Remise suivant le cours du Change, qui se trouve lors de la reception dudit ordre à 96 ½ denier de Gros pour un Ducat : Sçavoir de combien de Ducats & de parties de Ducat, doit estre la Lettre de Change que ledit Negociant d'Amsterdam doit prendre du Tireur sur Venize, en luy comptant ladite somme de 1206 livres, 5 sols.

Regle.

IL faut reduire la somme à remettre ; c'est à dire 1206 livres, 5 sols en Deniers, & ceux-cy en Demis, pour les diviser ensuite par 96 ½ denier, prix du Change, ou par 193 Demis deniers, pour avoir au Quotient le nombre des Ducats à recevoir à Venize pour la Remise cy-dessus.

Pratique.

1206 livres, 5 s. de Gros, somme à remettre, & à multiplier par 20 sols, valeur d'une Livre.

24125 sols, à multiplier par 12. pour en faire des Deniers.
12 deniers, valeur d'un Sol.

289500 deniers, à multiplier par 2 Denominateur de la fraction, pour en faire des demis deniers.

579000 demis deniers. à diviser par 193 aussi Demis-Deniers, égaux à 96 ½ denier, prix du Change cy-dessus.

579000 ⎫
293333 ⎬ 3000 Ducats, à recevoir à Venize, pour la remise cy-
1999 ⎭ deſſus.
11

Obſervation.

S I l'on deſire ſçavoir combien les 3000 Ducats de Banque cy-
deſſus rendront de Ducats courans, & ceux-cy de Livres, Sols
& Deniers de Picolis, on n'aura qu'à lire les Rémarques que j'en
ay faites dans l'Explication de ladite vingt-quatriéme Table de l'Application premiere des Changes, pages 134. à 138.

Rapport des Poids d'Amſterdam & d'Anvers, à ceux de Venize.

100 ℔. d'Amſterdam, ſont égales à 182 ℔. de Venize, & la ℔. à
29 onces ⅛ d'once dudit Venize.
100 ℔. d'Anvers, ſont égales à 160 ℔. de Venize, & la ℔. à 25
onces ⅔ d'once.

Et reciproquement.

100 ℔. de Venize, ſont égales à 55 ℔. d'Amſterdam, & la ℔. à 8
onces ⅘ d'once.
100 ℔. dudit Venize, ſont égales à 62 ℔. ½ d'Anvers, & la ℔. à 10
onces.

SUITE DE L'APPLICATION DEUXIE'ME
DES CHANGES ÉTRANGERS.

De la Reduction de l'Argent Monnoyé de la Ville d'Ancone en celuy des Places, où elle à ſes Correſpondances, tant en Banque qu'en Marchandiſe.

ANCONE, Ville Capitale *de la Marche d'Ancone,*
vers le Golphe de Venize, a eſté bâtie par les Habitans de Siracuſe, dans le deſſein de s'y refugier, &
de ſe retirer de la Domination de Denis le Tiran.
Cette Ville pouroit eſtre nommée *la petite Rome,*
ſi l'on a égard aux Reliques Remarquables qui y ſont ; à ſa ſituation,

à fes Forterefles , à fes Richefles , & au grand nombre de fes Habitans. Son Port la rend l'une des plus celebres Villes de toute l'Italie : puifque toutes les Nations de l'Europe y abordent.

Les Negocians y tiennent leurs Ecritures en Ecus de 10 Jules la piece. On y évaluë les premiers par 20. & par 12. parce que 20 fols y font un Ecu, & 12 deniers un fol.

Pour concevoir une plus haute idée des avantages de la Ville d'Ancone , je rapporteray en ce lieu, la Traduction fidelle d'une Relation Italienne qui en a efté envoyée à un de mes amis, laquelle je décriray en la maniere fuivante.

I.   *Noms & valeurs des Monnoyes qui ont cours à Ancone.*

Monnoyes d'Or.

La Piftole d'Efpagne , qui eft de 31 Jules , peut revenir en France ,   .   .   .   l. 10. 19. 7.

La Piftole d'Italie , qui eft de 30 Jules , peut valoir en France,   .   .   .   l. 10. 12. 6.

Le Sequin Nouveau , qui eft de 19 Jules , peut revenir en France, à   .   .   .   l. 6. 14. 7.

Le Sequin , dit Vieux , qui eft de 18 Jules , fe peut compter en France, pour   .   .   l. 6. 7. 6.

Le Hongre , qui eft de 17 Jules , peut valoir en France, ...   l. 6. 0. 5.

Ces dernieres efpeces , fe vendent & fe prennent quelquefois pour 17 ¼ jufqu'à 17 ½ Jule, lors que l'on en a befoin pour le Levant , & fur tout quand elles font de Poids.

Monnoyes d'Argent.

Le Jule , qui vaut 10 Bayoques à Ancone , revient en Monnoye de France, à   .   .   .   l. 0. 7. 1.

Le Tefton , qui y vaut 30 Bayoques , ou 3 Jules , peù plus, vaut en France ,   :   .   .   l. 1. 1. 3.

La Livre de Florence , eft de 15 Bayoques , & en France , de   .   .   .   .   l. 0. 10. 8.

La Piaftre Papale , ou de Florence , eft de 10 Jules ½, & en France,   .   .   .   l. 3. 14. 4.

L'Ecu du Pape , qui eft de 10 Iules , vaut en France, fur le pied fufdit ,   .   .   l. 3. 10. 10.

L'Ecu

L'Ecu de Venize & de Milan à la Couronne, de 10$\frac{1}{4}$
Iule, plus ou moins, peut revenir en France, à　　l. 3. 12. 8.
La Réale ou piece de 8. vaut à Ancone 8 à 8$\frac{1}{2}$ Iule,
& peut valoir en France,　　.　　l. 2. 18. 6.
L'Ecu de Gennes, vaut audit Ancone 12 Jules, &
peut valoir en France,　　.　　.　　l. 4. 5. ——
Le Quatrin de Cuivre, dont 5 font une Bayoque,
peut valoir, en Monnoye de France,　　.　　l. 0. 0. 1$\frac{2}{4}$

2.　　ANCONE , *Change & donne ; Sçavoir,*

113 Ecus $\frac{2}{3}$ de 10 Jules , plus où moins , pour avoir toûjours à
Florence 100 Ecus d'Or de 7 livres , 10 fols , Monnoye
de Florence.

155 Ecus $\frac{1}{3}$, aussi de 10 Iules , plus ou moins , pour avoir toûjours
à *Nove* 100 Ecus de Marc , autrement dits Demy-
Pistoles d'Espagne.

100 Ecus $\frac{1}{2}$ encore de 10 Iules , plus ou moins , pour avoir toûjours
à *Rome* 100 Ecus du Pape.

82 Ecus $\frac{1}{2}$ dits , plus ou moins , pour avoir toûjours à *Venize* 100
Ducats de Banque de 24 Gros le Ducat.

Avertissement I.

L A raison pourquoy Ancone donne au Pair 113 Ecus $\frac{2}{3}$ de 10
Jules à peù prés pour 100 Ecus de Florence , est fondée sur
74 Ecus, 10 fols, 10 deniers $\frac{2}{3}$ d'un denier d'Or, égaux en valeur
à 100 Ecus d'Or Sol de France; ainsi qu'il a esté démontré en la
Table sixiéme de la premiere Application des Changes de France, page 38. parce que si lesdits 74 Ecus, 10 fols, 10 deniers $\frac{2}{3}$
de Florence, rendent 300 livres ou 100 Ecus en France, on peut
inferer que 100 Ecus de Florence doivent rendre 402 livres, 8
fols, 10 deniers aussi de France. Mais un Ecu d'Ancone, qui est
de 10 Jules, revient en Monnoye de France, à 3 livres, 10
fols, 10 deniers aussi de France, lesquels estant multipliez lesdits 113 Ecus $\frac{2}{3}$, le produit revient à ladite somme de 402 livres,
8 fols, 10 deniers. Ce qui en fait l'égalité, ou l'équivalent assez
précisément ; le surplus estant insensible.

La raison pour laquelle Anconne donne au Pair 155 Ecus $\frac{1}{3}$ aussi
de 10 Jules pour 100 Ecus de Marc à recevoir à Nove , vient de
ce que 100 Ecus de Marc , qui font des Demy-Pistoles d'Espagne,
évaluée chacune sur le pied de 5 livres, 10 fols, valent 550 livres,

Z

& que les mesmes 155 Ecus $\frac{1}{3}$ d'Ancone, évaluez sur le pied de 3 livres, 10 sols, 10 deniers, produisent la mesme somme de 550 livres, le plus étant insensible.

La raison pourquoy Ancone donne au Pair 100 Ecus pour Rome; c'est à cause que la Monnoye est semblable dans ces deux Places.

Il reste à dire d'où provient que 82 Ecus $\frac{1}{2}$ d'Anconne, & de la qualité cy-dessus, c'est à dire de 10 Iules piece, sont égaux à 100 Ducats de Banque de Venize. Mais cecy se connoîtra facilement par les Observations suivantes.

102 Ducats $\frac{5}{8}$ de Banque, ont été démontrez égaux à 100 Ecus d'Or Sol, dans l'Explication de la vingt-quatriéme Table de l'Application premiere des Changes de France pour la Ville de Venize, page 134. Et sur ce pied 100 Ducats de Banque de Venize ne doivent rendre que 292 livres, 6 sols, 6 deniers. Mais multipliant lesdits 82 Ecus $\frac{1}{2}$ d'Ancone, évaluez, comme cy-dessus, à raison de 3 livres, 10 sols, 10 deniers de France pour un desdits 82 Ecus $\frac{1}{2}$, le produit se monte à 292 liv. 3 sols, 9 den. qui sont un peu moindres que lesdits 292 livres, 6 sols, 6 deniers. Cette difference étant tres-petite, elle n'est pas capable d'empêcher l'égalité d'entre lesdits 82 Ecus $\frac{1}{2}$, & les 100 Ducats de Banque cy-dessus.

On verra à la fin de cette Relation les Applications des prix courans des Changes cy-dessus, par des Questions de Traites de Remises faites reciproquement d'Ancone à Florence, Nove, Rome & à Venize, & de ces dernieres Places à Ancone.

3. *A l'égard des Pesanteurs, on sçaura que,*

100 ℔. Poids d'Ancone rendent; Sçavoir,

60 ℔. ou environ à Amsterdam, suivant la qualité de la Marchandise, & ainsi la ℔. d'Ancone, ne rend à Amsterdam, que		9 onces $\frac{3}{5}$.
107 ℔. à Bergame, & ainsi la ℔. y rend,	.	17 onces $\frac{1}{8}$.
92 ℔. à Boulogne, & ainsi la ℔. y est égale à	.	14 onces $\frac{3}{4}$.
96 ℔. à Ferrare, & ainsi la ℔. y rend,	.	15 onces $\frac{3}{8}$.
98 ℔. à Florence, & ainsi la ℔. y rend,	.	15 onces $\frac{2}{3}$.
100 ℔. à Milan, & ainsi la ℔. y rend,	.	16 onces. —
106 ℔. à Naples, & ainsi la ℔. y rend,	.	17 onces. —
96 ℔. à Rome, & ainsi la ℔. y rend,	.	15 onces $\frac{3}{8}$.
112 ℔. à Venize, Poids subtil, & ainsi la ℔. y rend	.	17 onces $\frac{11}{12}$.

4. *Pour les Mesures, il faut remarquer que,*

100 Brasses de la Ville d'Ancone, sont égales à

97 Brasses de Bergame.
105 Brasses de Boulogne.
97 Brasses de Ferrare.
112 Brasses de Florence.
100 Brasses de Milan, pour la Mesure des Draps de Laine.
75 Brasses dudit Milan, pour la Mesure des Draps de Soye.
94 Brasses de Naples.
100 Brasses de Rome.
105 Brasses de Venize.

5. Il entre tous les jours dans la Ville d'Ancone tant de sortes de Marchandises, & en une si grande abondance, qu'elles y seroient superfluës, si l'on n'en transportoit une grande partie pour l'usage des lieux, mesme les plus éloignez. On en tire principalement une tres-grande quantité de Cuirs aprêtez, & des étoffes de Soye.

Les Achats & les Ventes, qui se font pour comptant à Ancone, se traitent comme si l'on devoit compter de l'Argent dans le temps mesme de la livraison de la Marchandise; quoy que bien souvent le payement ne s'en fasse que deux ou trois mois aprés l'Achat. Ce retardement est plus ou moins grand suivant la confiance que le Vendeur a en la personne de l'Acheteur. En cela on ne peut pas fixer un temps déterminé. Cependant l'Acheteur fait son Billet comme pour deux ou pour trois mois; & en cas qu'il en fasse un pour six mois, il augmente de quelque chose le prix de la Marchandise à luy venduë pour comptant, & ainsi à proportion des temps plus longs ou plus courts.

6. Lors que celuy, sur qui les Lettres de Change sont tirées, refuse de les achepter on les fait protester pour les renvoyer au Remetteur. Mais on a de coûtume d'attendre l'ordre de ce dernier ou jusqu'au jour de l'écheance. Quand la Lettre a esté acceptée, & qu'elle n'a pas esté payée dans le temps de l'écheance, on attend ordinairement encore huit jours aprés. Ce delay que l'on accorde, n'est que pour faire plaisir au porteur de la Lettre de Change, lequel aprés le Terme expiré est dans l'Obligation d'en faire faire le Protest pour n'en pas courir le risque; & il doit renvoyer ladite Lettre avec le Protest à celuy de qui il l'a receuë. Cette Pratique n'est fondée que sur l'usage, mais elle n'est pas établie sur des Loix Particulieres, ny appuyée d'aucun Statut.

7. L'Ufance des Lettres de Change, qui font tirées de dehors, de quelque Place Etrangere que cè foit, eft de 15 jours aprés l'acceptation : c'eft à dire à 15 jours de veuë, aprés quoy l'on a encore 8 jours de grace pour la feureté du Porteur de la Lettre de Change.

8. Dans les differens meus entre les Negocians, on a de coûtume de s'en rapporter à des Arbitres, avec Promeffe réciproque des parties de s'en tenir à la Sentence Arbitrale, quand elle fera renduë avec connoiffance de caufe. On peut cependant appeller de ces fortes de Sentences Arbitrales : parce que celuy qui fe trouve lezé, ou qui à l'efprit de chicane, ne manque pas de trouver des raifons pour éluder le jugement des Arbitres.

9. Il n'y a point de lieu de *Dépoft* à Ancone ; Mais il y a des Negocians aifez qui prétent de l'Argent à 4. 5. ou à 6. pour cent par an, moyennant qu'on leur donne des Gages folvables, & excedans la fomme qu'ils prétent.

10. Les Doüannes fe payent également à Ancone, tant par ceux du Païs que par les Etrangers. Il eft vray que les Droits y font differens par rapport aux Marchandifes qui y entrent ou qui en fortent.

11. Il n'y a point à Ancone de Banque particuliere, où l'on paye ou reçoive la valeur des Marchandifes achetées ou venduës, ou des Lettres de Change. Ceux qui ont des fommes à recevoir s'adreffent directement à leurs Debiteurs, defquels par accommodement ils prennent des Billets ou Lettres fur d'autres Negocians.

12. La difference de la Monnoye de Change à la Monnoye courante fuit la qualité des efpeces, dont on fait les payemens, qui fe font ordinairement en *Iules*, *Teftons*, *Piaftres*, *Livres de Florence*, & en Marchandifes de toutes fortes, eftimées en Or ou en Argent, fuivant leur prix & leur Poids.

13. Il n'y a point à Ancone aucun Mont de Pieté, où l'on puiffe mettre en dépôt des effets Mobiliaires, pour en recevoir des fommes proportionnées à leur valeur, moyennant un intereft moderé, ny mefmes à Fonds perdu. Mais ou y trouve des perfonnes qui en donnent à intereft à 4. 5. & à 6. pour cent par an. Il y a cependant un *Mont de Pieté* où l'on donne de l'Argent pour le foulagement des Pauvres, & où l'on prefte fur gages, fans en retirer aucun intereft.

14. On juge à Ancone felon les Loix Romaines, & il n'y a point de Coûtume particuliere.

15. En cas de faillite, celuy qui pour la feureté de fon deu, a fait le premier faifir le tout ou partie des effets du failly, n'a pas plus de préférence que le dernier, & le Creancier, quoy que du Païs, n'a pas plus de privilege que celuy qui eft Etranger. On a feulement égard aux *Dettes Antérieures*, foit celles qui font deuë s par Obligations paffées pardevant Notaires ou celles créees par Pro-meffes fous-feing privé; mais reconnuës pardevant des Témoins, ou dans lefquelles il y ait la claufe *In forma Cameræ Apoftolicæ*. On confidere encore les dettes Actives privilegiées, & les Creanciers qui avant la faillite ont fait des pourfuites en Iuftice, d'où s'en feroient enfuivies des Sentences ou autres Iugemens confirmatifs de leurs créances. Les Promeffes fous-feing privé, & mefmes recon-nuës pardevant Notaires, comme auffi les Lettres de Changes ac-ceptées, font reputées *Dettes pofterieures*, quand elles ne font pas accompagnées de cette claufe, *In forma Cameræ Apoftolicæ*.

16. Il n'y a à Ancone qu'un mefme Poids, duquel on a de coûtume de fe fervir pour pefer toutes fortes de Marchandifes, mefmes les Soyes, l'Or & l'Argent. Mais les Monnoyes d'Or, comme les Piftoles d'Italie, de quelque Eftampe ou coin que ce foit, fe pefent au Poids de Marc de Venize, comme auffi les Hon-gres & les Sequins.

17. Il ne fe bat point de Monnoye en la Ville d'Ancone. L'A-loy & le Tître de l'Or qui y a cours, eft à 20. & à 21. Carats, & le Tître de l'Argent eft à 11 deniers de fin.

Queftions fur les Remifes, & fur les Traites d'Ancone, pour les Places où celle-là à fes Correfpondances.

UN Negociant d'Ancone remettant à fon Correfpondant de Florence 3500 Ecus ½, à 112 ¼ Ecu de 10 Jules piece, pour 100 Ecus de ladite Ville de Florence de 7 livres, 10 fols pour Ecu; Sçavoir de combien ledit Negociant d'Ancone fera Crediteur à Florence en Ecus & parties d'Ecu, ou en Livres, Sols & Deniers en Monnoye dudit lieu.

Il faut dire par Regle de Trois.

Si 112 Ecus ¼ d'Ancone, rendent 100 Ecus à Florence : Com-bien 3500 Ecus ¼, ou 7 Iules, & 5 Bayoques dudit Ancone ren-dront-ils à Florence.

Ayant multiplié & divifé fuivant les Loix de la Regle de Trois, il doit venir pour réponfe 3111 Ecus, 15 fols, 5 deniers à rece-voir à Florence, lefquels eftant multipliez par 7 livres, 10 fols,

Z iij

le produit sera de 23338 livres, 6 sols, 3 deniers, Monnoye courante de ladite Ville de Florence.

Pratique.

112 ½ d'Ancone, 100 v Flor. 3500 ¼ d'Anc. ℞. 3111 v, 15 s. 6 den.
    2   3500. ¾

---

225 Diviseur.

350000
       50. produit pour ½, ou ½ de 100 Ecus.
       25. autre produit pour ¼, ou ½ de ½.

350075, à multiplier par
       2 Denominateur de la fraction du Diviseur.

700150, à diviser par 225. Premier Terme, égaux
         à 112 ½.

Par l'Operation de la Regle de Trois cy-dessus, il est venu 3111 Ecus, 15 sols, 6 deniers, peu plus, à recevoir à Florence, lesquels estant multipliez par 7 livres, 10 sols, valeur d'un Ecu de Florence, il doit venir au produit 23338 livres, 3 sols, 3 deniers, équivalens ausdits 3111 Ecus, 15 sols, 6 deniers, comme on peut voir par la Pratique suivante.

Pratique.

3111 Ecus, 15 sols, 6 deniers, à multiplier par
    7 livres, 10 sols, valeur d'un Ecu de Florence.

21782 livres,   8 sols, 6 deniers, produit pour 7 livr. de Florence.
1555 livres, 17 sols, 9 deniers, autre produit pour 10 sols, ou
              ½ de 3111 Ecus, 15 sols, 6 deniers.

23338 livres, 6 sols, 3 den. de Florence, Monnoye courante.

Autre question d'une Traite d'Ancone fur Florence, fervant de Preuve à la Remife précedente.

UN Negociant d'Ancone trouvant à difpofer de 23338 livres, 6 fols, 3 deniers, Monnoye courante, dont il eft Crediteur à Florence, dans le temps que le Change eft à 112 Ecus ½ de 10 Iules piece, pour 100 Ecus de Florence; Sçavoir la fomme à recevoir par ledit Negociant d'Ancone pour fournir fa Lettre de Change au Remetteur, fuivant les conditions cy-deffus.

Regle.

IL faut reduire ladite fomme à tirer en Ecus de Florence; ce qui fe fait en divifant 23338 livres, 6 fols, 3 deniers, par 7 livres, 10 fols, valeur d'un Ecu, aprés avoir reduit l'une & l'autre de ces fommes en fols, dont la Pratique fuit.

Pratique.

23338 livres, 6 fols, 3 deniers.   7 livres, 10 fols.
20 fols.   20

————————————   150 f. valeur d'un Ecu de Flor.
466766, à divifer par 150 fols, égaux à un Ecu.

1
1121
466766 ⟩ 3111 Ecus.   87   9
288880 ⟩   2320 ⟨ 15 fols.   843 ⟨ 5 deniers.
111   1880 ⟨   580 ⟨
                        1

Par les Divifions cy-deffus, il eft venu aux Quotiens 3111 Ecus, 15 fols, 5 deniers, Monnoye de Change, égaux aufdites 23338 livres, 6 fols, 3 deniers, Monnoye courante de Florence. Mais pour fçavoir la fomme à recevoir à Ancone pour la Traite de la fomme cy-deffus. Il faut multiplier 112 Ecus ½ d'Ancone, prix du Change convenu, par 3111 Ecus, 15 fols, 6 deniers aufli de Florence, pour avoir au produit 350075, peù moins, dont on retranchera les deux dernieres Figures à droite, & les reftantes à gauche feront confiderées comme des Ecus d'Ancone, comme le tout fe verra par la Pratique fuivante, laquelle fuppofe une Regle de Trois, les Termes de laquelle feront difpofez, comme cy-aprés.

Regle de Trois pour refoudre la Question précédente.

Si 100 ▽ de Flor. donnent ▽ 112 ½ à Anc. comb. 3111 ▽, 15 ſ. 6. ℞ 3500 ▽
         3 1 1 1 ▽, 15 ſ 6 d.   7 Iules, 5 Bayoques.

         6 2 2 2
         3 1 1 1 0
        3 1 1 1 0 0

         1 5 5 5. 17. 9. pour ½ ▽, ou ½ de 3111 ▽, 15 ſ. 6 d.
             5 6. - - pour 10 ſ. ou ⅕ de 112 ▽ d'Anc.
             2 8. - - pour 5 ſ. ou ½ du produit de 10 ſ.
             2. 16. - pour 6 d. ou ⅒ de celuy de 5 ſ.

Ecus d'Ancone. 3 5 0 0 | 74. 1 ſ 9.
             | 10 Iules, valeur de l'Ecu d'Ancone.

Iules.   7 | 5 0
             | 10 Bayoques, valeur d'un Iule.

Bayoques.   5 | 0 0.

Par la Pratique de la Regle de Trois cy-deſſus, il eſt venu pour quatriéme Terme cy-deſſus 3 500 Ecus, 7 Iules, 5 Bayoques, ou ¼ d'un Ecu, conformément à la Remiſe cy-devant faite d'Ancone à Florence.

Autre Question ſur une Remiſe d'Ancone à Nove.

UN Particulier d'Ancone deſirant remettre 4650 Ecus ½ à ſon Correſpondant de Nove, quand le Change eſt à 154 Ecus ⅔ de 10 Iules piece, pour 100 Ecus d'Or de Marc; Sçavoir de combien d'Ecu & de parties d'Ecu de Marc, ledit Particulier d'Ancone ſera Crediteur à Nove.

Il faut dire par Regle de Trois.

Si 154 ▽ ⅔ d'Anc. donnent 100 ▽ de Marc : comb. 4650 ▽ ½ ℞ 3006 ▽
    3   4650 Ecus ½ d'Ancone.   15 ſ 9 d. de Marc.

464 Diviſeur.   465000

            5 0 prod. pour ½ ▽, ou ½ de 100 ▽, de Marc.

           465050, à reduire en Tiers, en multipliant par
                3 Denominat. de la fraction du Diviſeur.

    1395150, à diviſer par 464, Diviſeur.

```
                36
 3366{                 2680{               144{
 399380{  3006 Ecus.   7320{  15 fols;     4320{  9 den.de Marc,
 48444{                4644{                484{   recevoir à Nove
 4888.                 48                         pour ladite Re-
 44                                               mife.
```

Traite d'Ancone fur Nove, fervant de preuve à la remife
cy-deffus.

UN Negociant d'Ancone trouvant à difpofer de 3006 Ecus,
15 fols, 9 deniers de Marc à luy deubs à Nove, fur le pied
de 154 Ecus $\frac{2}{3}$ de 10 Iules piece, pour 100 Ecus de Marc; Sçavoir combien ledit Negociant devroit recevoir d'Ecus & parties
d'Ecu en ladite Ville d'Ancone, pour fournir fa Lettre de Change, tirée fur fon Correfpondant de Nove.

Il faut dire par Regle de Trois.

Si 100 v de Marc, don. 154 v $\frac{2}{3}$ à Anc. comb. 3006 v, 15 f. 9 d. de Marc?
 v 3006, 15 f. 9 den.   R. 4650 v, 5 Iules.

```
     12024
    150300
    300600.
      1002. 5. 3. pour ⅓ d'Ecu d'Anc.ou ⅓ de 3006
                      Ecus, 15 fols, 9 deniers.
      1002. 5. 3. Idem.
        77. --- pour 10 f.ou ⅕ des 154 v cy-deffus
        38. 10. - pour 5 f. ou ½ du produit de 10 f.
         3. 17. - pour 6 den.ou ⅒ du prod. de 5 fols.
         1. 18. 6. pour 3 den.ou ½ de celuy de 6 den.
```

Ecus d'Ancone. 4650 50. 18. - refte à multiplier par
           10 Iules, valeur de l'Ecu d'Ancone.

Iules.   500.

La Pratique de la Regle de Trois cy-deffus fait fenfiblement
connoître que le Tireur d'Ancone, y recevra 4650 Ecus, 5 Iules,
en délivrant au Remetteur fa Lettre de Change, tirée fur fon Correfpondant de Nove, ce qui fait la Preuve de la Remife cy-devant
faite d'Ancone à Nove.

Remettre une somme d'Ancone à Rome.

UN Particulier d'Ancone desirant faire tenir en valeur 4600 Ecus, de 10 Iules piece à Rome, sur le pied de 101 Ecus ½ aussi de 10 Iules, pour 100 Ecus pareils ; Sçavoir de combien ledit Particulier Remetteur sera Credireur en ladite Ville de Rome, d'Ecus, de Iules, & de Bayoques, Monnoye dudit lieu.

Il faut dire par Regle de Trois.

Si 101 ½ ▽ d'Anc. donnent à Rome 100 v. comb. 4600 v ℞. 4532 v,

     2   4600 Ecus.   2 Bayoques.

   203 Diviseur.   460000, à multiplier par

                    2 , Den. de la fract. du Diviseur.

               920000, nombre à diviser par 203 Div.

   64

  10884

  920000 ⎫

  203333 ⎬ 4532 Ecus, ô Iule.   400 ⎫ 2 Bayoques peu moins.

  2000 ⎭   203 ⎭

   22   10 Iules, valeur d'un Ecu du Pape.

     40 Iules, à reduire en Bayoques, en multipliant par

     10 Bayoques, valeur d'un Iule.

     400 Bayoques, à diviser par ledit Diviseur 203.

On voit par l'Operation de la Regle de Trois cy-dessus, que ledit Particulier d'Ancone, fera recevoir pour son compte à Rome 4532 Ecus, 2 Bayoques pour 4600 Ecus par luy remis, comme cy-dessus. Dont la Preuve suit.

Tirer d'Ancone une somme sur la Ville de Rome.

UN Negociant d'Ancone estant Crediteur à Rome de 4532 Ecus, 2 Bayoques, & trouvant à tirer cette somme en faveur d'un autre Particulier à 101 ½ Ecu d'Ancone pour 100 Ecus du Pape ; Sçavoir combien ledit Negociant devroit recevoir à Ancone pour fournir sa Lettre de Change, tirée sur son Correspondant de Rome.

Il faut dire par Regle de Trois.

Si 100 ▽ de Rome donnent 101 ▽ ⅓ à Anc. comb. 4532 ▽, 2 Bayoq:

4532 Ecus, 2 Bayoques.   ℞ 4600 Ecus.

```
        4532
      453200
      2266..1. Bayoque pour ⅓ ▽ d'Anc. ou ⅓ de
                          4532 ▽, 2 Bayoques.
        1 ¢.1. Bayoque faux prod. pour 1 Iule,
                          ou 1/10 de 101 Ecu.
        2.0.⅔ de Bayoque pour 2 Bayoques,
                          ou ⅓ d'un Iule.
```

Ecus d'Ancone.   4600|00. 1. ⅔.

Ainsi le Negociant d'Ancone, Tireur sur Rome, recevra pour sa Lettre à fournir au Remetteur 4600 Ecus, qui est la Preuve de la Remise cy-dessus.

Remise d'une somme déboursée à Ancone pour Venize.

UN Negociant d'Ancone desirant remettre 4000 Ecus à Venize à 82 Ecus ⅓ de 10 Iules piece pour 100 Ducats de Banque de 24 Gros le Ducat; Sçavoir de combien ledit Particulier sera Crediteur à Venize de Ducats, & de parties de Ducat de Banque, pour la Remise de la somme cy-dessus.

Pour resoudre cette Question, il faut dire par Regle de Trois.

Si 82 ▽ ⅓ d'Anc. donnent 100 Ducats à Venize: comb. 4000 ▽ d'Anc.

2   4000 Ecus.   ℞ 4848 Duc. 12 Gros, peù m.

165 Diviseur.   400000, à multiplier par

2 Denominateur de la fraction du premier Terme, Diviseur.

800000, à diviser par 165, comme on pourra voir en la page suivante 188.

1
8
14048
800000 ⎱ 4848 Ducats.   27 ⎱ 12 Gros, peù moins.
168888 ⎰   1920 ⎰
1666   16

1124 Gros, valeur d'un Ducat.

320
160

1920 Gros, à divifer par 165.

On voit par l'Operation de la Regle de Trois cy-deffus, que le Remetteur d'Ancone fera recevoir pour fon compte à Venize la fomme de 4848 Ducats, 12 Gros de Banque. Dont la Preuve fuit.

Traite faite à Ancone fur Venize.

UN Negociant d'Ancone eftant Crediteur à Venize de la fomme de 4848 Ducats, & de 12 Gros, Argent de Banque, & voulant en difpofer à raifon de 82 Ecus ½ d'Ancone pour 100 Ducats de Banque de Venize ; Sçavoir quelle fomme il faudroit débourfer pour prendre Lettre du Tireur de ladite fomme de 4848 Ducats, 12 Gros.

Il faut dire par Regle de Trois.

Si 100 Ducats de Banque donnent à Anc. 82 ▽ ½. comb. 4848 Duc.
4848 Duc. ½.   ℞. 4000.▽

9696
387840
2424. 6 Gros, pour ½ ▽, ou ½ de 4848 Duc. ½.
41. - pour ½ Duc. ou ½ de 82 ▽.

Ecus d'Ancone. 4000|0 1. 6. Gros de nulle confequence.

De la Reduction de l'Argent Monnoyé d'Ausbourg en Allemagne, en celuy des Places, où cette Ville correspond.

AUSBOURG, Change & donne; Sçavoir,

101 Talers, plus ou moins, de 90 Kreuts, pour avoir 100 Patagons de 100 deniers de Gros, . à Amsterdam.

99½ dits, plus ou moins, pour avoir 100 Talers
semblables, . . . à Bolzam.

99½ dits, plus ou moins, pour avoir 100 Richedalles de 74 Kreuts de Change, . à Francfort.

88 Kreuts, plus ou moins, pour avoir un Ecu
d'Or Sol de 60 sols, . . à Lion, &c.

181½ Taler, plus ou moins, pour avoir 100 Ecus de
Marc, . . . à Nove.

100 dits pour avoir 99½ Taler, semblables de 90
Kreuts, plus ou moins, . . à Nuremberg.

100 dits
ou   } pour avoir { 113 Talers, plus ou moins.
100 Florins.   113 Florins de 60 Kreuts, } à Saint Gal.
                          plus ou moins.

100 Talers, pour avoir 101 dits semblables, plus ou
moins, . . . à Vienne.

Avertissement I.

N découvre par le moyen de la Table cy-dessus &
des suivantes, toûjours disposées suivant l'ordre des
Lettres de l'Alphabet, les Places qui donnent toûjours
un prix Certain pour un Incertain dans les lieux où
elles correspondent; & celles au contraire qui donnent un prix Incertain pour un certain. Les prix certains se con-
noîtront quand ils ne seront pas accompagnez de ces Particu-
les, *plus* ou *moins*, ou par ces Lettres *p.* ou *m.* qui dans leur
simplicité signifient la mesme chose. Et les prix Incertains au
contraire seront toûjours accompagnez de *plus* ou de *moins*

A a iij

écrits tout au long & en abrégé de *p.* ou *m.* ce que j'ay crû
devoir avancer pour se relever des doutes que l'on pouroit avoir
sur ces sortes de sujets.

Applications sur les Changes d'Ausbourg pour les Places suivantes,

Remise d'Ausbourg à Bolzam.

UN Particulier d'Ausbourg, voulant remettre 3700 Talers,
dits Richedalles & ¾ de Taler à Bolzam, à 101 ¾ Taler pour
100 Talers semblables à Bolzam; Sçavoir de combien de Talers &
parties de Taler, le Remetteur d'Ausbourg sera Créditeur à Bolzam.

Il faut dire par Regle de Trois.

Si 101 ¾ Taler d'Ausbourg, font rendre à Bolzam 100 Talers:
combien 3700 Talers ¾ déboursez à Ausbourg féront-ils rendre à
Bolzam. ℞. 3637 Talers, 9 Kreuts, dont la Pratique suit.

Si 101 ¾ . . 100 Tal. 3700 ¾ de Taler.

4   100

407 Diviseur.   370000

           50 pour ½ Taler, ou ½ de 100.

           25 pour ¼ dit, ou ½ de ½ de Taler.

           370075, à multiplier par

           4 Denomin. de la fraction du prᵉ terme.

           1480300, à diviser par 407; premier ter-
me, Diviseur.

2

1584

25919ᵗ

1480300 } 3637 Talers.   3690 } 9 Kreuts.   216 } 0 denier.

407777   407   407

4000   8 Penins.

44   90 Kreuts, valeur d'un Taler.

3690 Kreuts, à diviser 407.

On découvre par l'Operation de la Regle de Trois cy-dessus,
qu'il vient aux Quotiens des Divisions cy-dessus 3637 Talers, & 9
Kreuts, peù plus, à recevoir à Bolzam, au profit du Remetteur
dudit Ausbourg, dont on verra cy-après la Preuve.

Traite d'Ausbourg sur Bolzam, pour Preuve de la Remise précedente.

UN Particulier d'Ausbourg estant Crediteur de 3637 Riche-dalles 9 Kreuts à Bolzam, & desirant en disposer à 101 ¼ pour 100 Talers ; Sçavoir combien de Talers, & parties de Taler ledit Particulier d'Ausbourg y recevra pour fournir ses Lettres premiere & seconde de Change, tirées sur son Correspondant de Bolzam.

Il faut dire par Regle de Trois.

Si 100 Tal. de Bolz. rendent 101 ¼ Taler d'Ausb. comb. 3637 Tal. 9 K.
```
          3637 Tal. 9 Kreuts.                   ℞. 3700 ¾.

              3637
             363700
             1818. 50 Kr. pour ¼, ou ½ de 3637 Tal. 9 K.
              909. 25 Kr. pour ¼, ou ½ du produit de ½.
               10.  9 Kr. pour 9 K. ou 1/10 de 101 Taler.
```
Talers d'Ausbourg. 3700 75 84 Kreuts, ou 1 Taler, peu moins.

On voit par l'Operation de la Regle de Trois cy-dessus, que la Traite faite, comme cy-dessus, fait débourser par le Remetteur d'Ausbourg 3700 Talers, & ¾ de Taler.

Remise d'Ausbourg à Francfort.

UN Banquier d'Ausbourg, veut remettre à Francfort 3700 Talers, & ¾ de Taler, à 99 ¼ Taler pour 100 dits de Franc-fort ; Sçavoir de combien le Remetteur sera Crediteur à Francfort de Richedalles, & de parties de Richedalle de 74 Kreuts de Change, ou de 90 Kreuts courans la Richedalle.

Il faut dire par Regle de Trois.

Si 99 ¼ Tal. d'Ausb. donnent 100 Rich. à Francf. comb. 3700 ¾ ℞ 3719
```
        2                      3700 ¾ de Taler.            Richedalles.

 199 Diviseur.        370000
                          50. prod. pour ¾ Tal. ou ¼ de 100 Riched.
                          25. autre prod pour ½, ou ½ de celuy de ¾.
                      370075, à multiplier par
                           2 Denomin. de la fraction du pr terme.

                      740150, à diviser par 199 pr terme, Diviseur.
```

```
  x
2¢3869                    41          129
7¥¢1¥¢  }3719 Talers.    6x1¢ }31 Kreuts. ¥x8 }10 ou 2 Penins.
299999                   1999         199
1999                     198 Penins, valeur d'un Kreut.
x1  90 Kreuts, valeur d'un Taler.
```

6210 Kreuts, à diviser par 199.

On voit par la Pratique de la Regle de Trois cy-deſſus que le Banquier d'Ausbourg recevra ou fera recevoir pour ſon compte à
Francfort 3719 Talers 31 Kreuts, & 2 Penins, Monnoye courante
pour leſdits 3700 ¼ Taler par luy débourſez en ladite Ville d'Ausbourg, dont la Preuve ſe verra cy-aprés.

Traite d'Ausbourg ſur Francfort.

UN Negociant d'Ausbourg voulant tirer ſur Francfort la ſomme de 3719 Talers, 31 Kreuts, & 2 Penins, Monnoye courante, dont il y eſt Crediteur, à raiſon de 99 ½ Taler d'Ausbourg,
pour 100 Richedalles de 74 Kreuts de Change, ou de 90 auſſi
Kreuts courans, pour valeur de chaque Richedalle; Sçavoir le nombre des Talers, & parties de Taler à recevoir à Ausbourg, pour y
fournir Lettre de Change, tirée ſur le Correſpondant de Francfort
de ladite ſomme de 3719 Talers ou Richedalles, 31 Kreuts &
deux Penins.

Il faut dire par Regle de Trois.

Si 100 Richedalles de Francfort font débourſer à Ausbourg 99 ¼ Taler : combien 3719 Talers, trente-un Kreuts, & deux Penins y feront-ils recevoir. Ou en Abregé.

```
Si 100 ℞.   99 ½ Tal. comb 3719. Tal. 31 K. 2 Pen. ℞. 3700 Tal. 67 K.
            3719. 31 Kreuts, 2 Pen.                  4 Penins, ou 4/7
─────────
     33471.
     334710.
       1859. 60. 5. Pen. pour ½ Tal. ou ½ de 3719. 31. 2 Penins.
         33. - - pour 30 Kreuts, ou ⅓ de 99 Talers.
          1. 9 - pour 1 Kreuts, ou 1/30 du produit de 30 Kreuts.
             25 - pour 2 Penins, ou ¼ d'un Kreuts.
```

```
Talers.  3700|75. 4. 5. Penins.
              |90 Kreuts, valeur d'un Taler.
─────────
Kreuts.    67|54
             |8 Penins, valeur d'un Kreuts.
─────────
Penins.      4|37 fraction inutile.
```

Par.

Par la Pratique de la Regle de Trois précedente, il appert que le Tireur d'Ausbourg y doit recevoir, suivant les conditions cy-dessus 3700 Talers, 67 Kreuts, & 4 Penins ou ¾ de Taler, pour faire tenir à Francfort, & au profit du Remetteur ladite somme de 3719 Richedalles, 31 Kreuts, & 2 Penins; comme par la Remise cy-devant faite.

Remise d'Ausbourg à Lion, ou autres Villes de France.

UN Particulier d'Ausbourg, desirant remettre 2500 Talers, 1 Florin, & 5 Kreuts courans, à son Correspondant de Lion, &c. sur le pied de 89 ½ Kreuts pour un Ecu d'Or Sol; Sçavoir de combien de Livres, Sols & Deniers ledit Particulier d'Ausbourg sera Crediteur à Lion.

Il faut dire par Regle de Trois.

Si 89 ½ Kr. donnent 1 v à Lion. comb. 2500 Tal. 1 Fl. 5 K. ℞ 2514 v, 13. 10.

2
90 Kreuts; valeur d'un Taler.

179 Diviseur.

225000
60. pour le Florin susdit.
5. pour 5 Kreuts qui accompagnent la somme.

225065 Kreuts, à multiplier par
2. Denominat. de la fraction.

450130 demis Kr. à diviser par 179.
Premier terme.

Par l'Operation de la Regle de Trois cy-dessus, on voit que le Particulier d'Ausbourg sera Crediteur à Lion de 2514 Ecus, 13 sols, 10 deniers d'Or Sol, ou ce qui est la mesme chose de 7544 livres, 1 sol, 6 deniers, dont la Preuve suit.

Traite d'Ausbourg fur Lion. Pour preuve de la Remife précedente.

UN Particulier d'Ausbourg eftant Crediteur à Lion de 7544 livres, 1 fol, 6 deniers, Monnoye de France, & trouvant à en difpofer en faveur d'un Negociant dudit Ausbourg ou d'ailleurs, fur le pied de 89 $\frac{1}{2}$ Kreuts pour un Ecu d'Or Sol de 60 fols : Sçavoir combien le Remetteur devroit compter au Tireur pour en prendre Lettre de Change, tirée fur fon Correfpondant de Lion.

Regle.

IL faut reduire la fomme à Negocier ; 'c'eft à dire , 7544 livres, 1 fol, 6 deniers en Ecus, Sols & Deniers d'Or Sol, pour les multiplier enfuite par 89 $\frac{1}{2}$ Kreuts, prix du Change, afin d'avoir au produit des Kreuts, que l'on divifera par 90 Kreuts, valeur de la Richedalle, pour avoir aux Quotiens des divifions des Richedalles, Florins & des Kreuts.

Pratique.

7544 livres, 1 fol,6 den. fomme à tirer, à reduire en ▽, en prenant

$\frac{1}{3}$ 2514 ▽, 13 fols, 10 deniers d'Or Sol, à multiplier par
89 $\frac{1}{2}$ Kreuts, prix du Change convenu pour un Ecu d'Or Sol.

```
22626
201120
```
1257. 6. 11. pour $\frac{1}{2}$ Kreuts, ou $\frac{1}{2}$ de 2514 ▽, 13 f. 10 d. d'Or Sol.
44. 10. - pour 10 fols, ou $\frac{1}{9}$ de 89 Kreuts.
8. 18. - pour 2 fols, ou $\frac{1}{5}$ du produit précedent.
4. 9. - pour 1 fol, ou $\frac{1}{2}$ de celuy de 2 fols.
2. 4. 6. pour 6 deniers, ou $\frac{1}{2}$ de celuy d'un Sol.
1. 9. 8. pour 4 deniers, ou $\frac{1}{3}$ de celuy d'un fol.

225065. 28. 1. Kreuts, à divifer par 90 Kreuts, valeur d'un Taler.

4
225065 $\left\{$ 2500 Richedalles, ou Tal. 1 Flor. & 5 Kreuts.
99990 $\right.$

On voit par la Pratique de la Regle cy-deffus, que le Tireur d'Ausbourg en fourniffant fa Lettre de Change fur Lion, devroit recevoir en la Monnoye de la Ville de fa refidence 2500 Richedalles, 1 Florin, & 5 Kreuts.

Remise d'une somme d'Ausbourg, à Nove.

UN. Negociant d'Ausbourg ayant besoin à Nove de 3548 Ecus, 15 sols de Marc, & cherchant des Lettres de Change, pour y faire cette Remise, en trouve dans le temps que le Change d'Ausbourg pour Nove est à 181 $\frac{1}{4}$ Taler pour 100 Ecus de Marc; Sçavoir combien de Talers, Florins & Kreuts, il faudroit que ledit Negociant d'Ausbourg déboursât pour y prendre Lettres de ladite somme de 3548 Ecus, 15 sols de Marc, tirée sur Nove.

Il faut dire par Regle de Trois.

SI 100 Ecus de Marc à Nove, font débourser 181 $\frac{1}{4}$ Taler à Ausbourg: combien 3548 Ecus, 15 sols de Marc à Nove feront-ils compter de Talers & parties de Taler à Ausbourg. Ayant multiplié 181 $\frac{1}{4}$ Taler, deuxiéme terme par 3548 Ecus, 15 sols, troisiéme terme, & divisé le produit de ces deux Nombres, qui est 643211 Talers, peù moins, par 100, premier terme de cette Regle. Il vient pour Réponse 6432 Talers, 10 Kreuts à débourser à Ausbourg pour faire la Remise cy-dessus de 3548 Ecus, 15 sols de Marc à Nove. Et pour Preuve de cette égalité trouvée suivant les proportions cy-devant données. Il ne faut que proposer la question suivante opposée à la précedente.

Tirer de Nove sur Ausbourg, pour prouver la remise cy-dessus.

UN Banquier, qui se trouve à la Foire de Nove, y veut disposer de 6432 Talers, 10 Kreuts, dont il est Crediteur à Ausbourg, à raison de 181 $\frac{1}{4}$ Taler pour 100 Ecus de Marc; Sçavoir combien on luy devroit compter d'Ecus, & parties d'Ecu de Marc, pour fournir au Remetteur Lettres de Change de ladite somme de 6432 Talers, 10 Kreuts, tirées sur Ausbourg.

Il faut dire par Regle de Trois.

Si 181 $\frac{1}{4}$ d'Ausb. donnent 100 v de Marc: comb. 6432 Tal. 10 Kreuts.

    4   6432 Tal. 10 Kreuts.
_____   _____
725 Diviseur.   643200
                              11. 10.
                         _____
                         643211 Ecus, 10 sols, à multiplier par
                                4. Denominat. de la fraction du pr terme.
                         _____
                         2572846, à diviser par 725. premier terme.
                                                     B.b. ij

6
385
39734
2872846
—————
728888
7222
77
} 3548 Ecus de Marc.

4
3675
10920
—————
7288
72
} 15 sols.

Par l'Operation de la Regle de Trois cy-deſſus, il eſt venu aux Quotiens des Diviſions 3548 Ecus, 15 ſols d'Or de Marc, à recevoir à Nove, pour fournir Lettre de Change de 6432 Talers, & de 10 Kreuts, tirée ſur Ausbourg.

Queſtion ſur une Remiſe faite à Ausbourg pour Nuremberg.

UN Particulier d'Ausbourg voulant diſpoſer de 3750 ½ Taler pour en recevoir ou faire recevoir la valeur à Nuremberg, dans le temps que le Change reciproque de ces deux Places eſt à 99 ½ Taler de Nuremberg pour 100 d'Ausbourg; Sçavoir de combien le Remetteur d'Ausbourg ſera Crediteur à Nuremberg en Talers, & parties de Taler pour la Remiſe faite comme cy-deſſus.

Il faut dire par Regle de Trois.

Si 100 Tal. d'Ausb. rendent 99 ½ Tal. à Nuremb. comb. 3750 ½ Rt. 3731ˡ.
67 Kr. 2 Pen.
3750 ½.

33750
33750 .
1875. 5. pour ½ Tal. ou ½ de 3750 ½ Taler.
49. 10. pour ½ Tal. ou ½ de 99 dits de Nur.

Talers de Nuremb.   3731|74. 15. à diviſer par 100, premier terme.
|90 - Kreuts, valeur d'un Taler.

6660
45 - pour 10 ſols, ou ½ de 90 Kreuts.
22. 10. pour 5 ſ ou ½ du produit de 10 ſ.

Kreuts de Nuremb.   67|27. 10.
|8. . Penins, valeur d'un Kreuts.

Penins.   2|20.

Autre Question sur une Traite faite à Ausbourg pour Nuremberg.

UN Particulier d'Ausbourg estant Crediteur à Nuremberg de 3731 Talers, 67 Kreuts, & de 2 Penins, & trouvant occasion de tirer cette partie, à 99 ½ Taler de Nuremberg pour 100 dits d'Ausbourg ; sçavoir combien il faudroit que le Remetteur d'Ausbourg y comptât de Talers, & parties de Taler au Tireur, pour en prendre Lettre de Change de ladite somme de 3731 Talers, 67 Kreuts, 2 Penins, tirée sur son Correspondant de Nuremberg.

Il faut dire par Regle de Trois.

Si 99 ½ Tal. de Nur. font rendre 100 dits à Ausbourg. comb. 3731 ¼.

2	3731. ¼.	℞. 3750 ½ Taler.
199 Diviseur.	373100	
	50. pour ¼, ou ½ de 100 Talers.	
	25. pour ⅛, ou ½ du produit de ¼.	
	373175 Talers, à multiplier par	
	2. Denom. de la fraction du p^r term.	
	746350, à diviser par 199. Premier terme.	

1
119φ0
746350 ⟩ 3750 Talers ¹⁰⁰⁄₁₉₉, ou ½ conforme à la Remise cy-dessus.
199999
1999
11

Remise d'Ausbourg à Saint Gal en Suisse.

UN Negociant d'Ausbourg desirant faire toucher à son Correspondant de Saint Gal 9750 Florins de soixante Kreuts le Florin, & ce dans le temps que Saint Gal donne 113 Florins pour 100 dits d'Ausbourg ; Sçavoir combien ledit Remetteur doit compter au Tireur, de Florins & parties de Florin pour ladite Remise.

Il faut dire par Regle de Trois.

Si 113 Fl. de S. Gal, font débourser 100 dits à Ausb. comb. 9750 Fl. ℞. 8628.
9750   Fl. 19 Kr.
975000, à diviser par 113. Premier terme.

Bb iij

$$
\begin{matrix}
5\phi 3 \\
2246 \\
878\phi\phi\phi \\
223333 \\
2222
\end{matrix}
\Big\} \; 8628\ \text{Florins.}
\qquad
\begin{matrix}
1 \\
2\phi33 \\
22\phi\phi \\
2233 \\
22
\end{matrix}
\Big\} \; 19\ \text{Kr. à débourser à Ausbourg,}
$$

22   60 Kreuts , valeur d'un Florin.

$\overline{2160}$

Traite d'Ausbourg sur Saint Gal susdit, pour preuve de la remise
cy - dessus.

UN autre Negociant de Saint Gal, Créditeur à Ausbourg de
8628 Florins, & 19 Kreuts, trouvant à en disposer à 113
Florins de Saint Gal pour 100 Florins d'Ausbourg ; Sçavoir combien le Tireur devroit recevoir du Remetteur pour luy fournir sa
Lettre de Change de ladite somme de 8628 Florins, 19 Kreuts.

Il faut dire par Regle de Trois.

Si 100 Flor. d'Ausb. font rendre 113 dits à S. Gal: comb. 8628 Fl. 19 K.

8628. 19 Kreuts.   ℞ 9750 Flor.

$\overline{}$

25884
86280
862800

28. 5. pour 15 K. ou ⅛ de 113 Fl.
5. 13. pour 3 Kr. ou ⅕ de 15 Kr.
1. 17. 8. pour 1 K. ou ⅓ de 3 Kr.

Florins de Saint Gal.   9750|00. 28. 8. à diviser par 100 pre-
mier terme.

$\overline{}$

LEs Changes d'Ausbourg estant à l'égard de Vienne, comme
envers Nuremberg on y observera les mesmes circonstances
que celles qui ont esté pratiquées, pages 196. & 197.

De la Reduction de l'Argent Monnoyé de Bary, Ville dépendante du Royaume de Naples, en celuy des lieux où son Commerce répond.

BARY, *Change & donne pour les Places suivantes ; sçavoir,*

100 Ducats de 100 Grains le Ducat, pour avoir 100 Ducats $\frac{1}{2}$, plus ou moins, . . . à Lecce.

100 Ducats dits, . . pour avoir 101 Ducats $\frac{1}{2}$, p. ou m. . . . . à Naples.

166 Ducats $\frac{1}{2}$, dit plus ou moins, pour avoir 100 Ecus de Marc, ... à Nove.

87 Ducats $\frac{1}{4}$, dit plus ou moins, pour avoir 100 Ducats de Banque, ... à Venize.

Avertissement.

SUIVANT les prix du Change courant, comme cy-dessus, il sera facile de proposer & de resoudre les Questions à faire sur les Negociations reciproques de Banque dans ladite Ville de Bary, pour les Villes ou Places, où ses Correspondances se peuvent étendre.

De la Reduction de l'Argent Monnoyé de la Ville de Bergame, en celuy des Places Etrangeres, où elle a ses Correspondances tant en Banque qu'en Marchandise.

BERGAME, qui est de la dépendance de l'Etat Venitien, est une Ville fort ancienne, éloignée de Milan de dix lieuës, c'est à dire de vingt-mille d'Italie ou environ. Quelques-uns veulent qu'elle tire son origine des Peuples de l'Asie, qui luy donnerent le nom de Pergame, & non celuy de Bergame. Mais l'opinion la plus commune, est qu'elle a esté bâtie par les Toscans ou Florentins, & rétablie considerablement par les Anciens Gaulois. Sa situation avantageuse & l'air, qui y est tres-sain, font que ses Habitans sont forts, robustes & doüez d'un esprit élevé, propres à toutes sortes d'exercices loüables, & sont principalement portez aux Sciences & au Commerce. D'où vient que cette Ville produit fensiblement & fans un fecours étranger, un grand nombre de Docteurs, d'Avocats, de Medecins & de Phiofophes tres-profonds, & d'une conception fans égale. Ceux qui s'attachent au Negoce y réüffiffent avec tant de bon-heur & de fuccez, qu'ils attirent l'admiration des Peuples de differentes Nations.

Le Territoire de Bergame eft remply de Vallées abondantes en toutes fortes de fruits tres-excellens. On y trouve auffi des Pierres à aiguifer, lefquelles à caufe de leur bonté & de leur grand ufage, font recherchées des Nations les plus éloignées.

On y fabrique des Tapifferies de Laine de toutes fortes de couleurs & de Figures, des Etamines, des Ferandines, &c.

On y tranfporte de plufieurs endroits une tres-grande quantité de Laine, tant pour les Manufactures de la Ville que pour celles des environs, où on les met en œuvre. On y envoye auffi toutes fortes de Grains, d'Huiles ; des Lins, des Toiles, des Cheveux, & toutes fortes de Drogues & de Parfums : comme auffi des Cinnamones, qui font les Ecorces d'un Arbre, d'une odeur agreable : de la Civette, du Mufc, &c.

Les Negocians de Bergame tiennent leurs Ecritures en Livres, Sols & en Deniers, qu'ils évalüent par vingt & par douze ; comme prefque toutes les autres Places de Negoce. Ainfi que je l'ay déja fait remarquer en la Table feconde de l'Application premiere des Changes de France, page 23.

Pour fatisfaite les Lecteurs, touchant les autres circonftances qui regardent le negoce de Banque & de Marchandife ; Je n'ay pas voulu obmettre icy la Traduction fuivante d'une Relation qui m'a efté communiquée en Italien par un Negociant tres éclairé ; & ce pour réponfe à plufieurs propofitions qui avoient efté faites à l'Auteur de cette Relation.

I.　　*Noms & valeurs des Monnoyes qui ont cours à Bergame.*

Monnoyes d'Or.

La Piftole d'Efpagne, vaut à Bergame 32 livres en Monnoye courante, & 28 livres, en Monnoye de Change, & ce dans le temps qu'elle fe met en France, pour　　·　　·　l. 11. ═══

La Piftole d'Italie, y vaut 31 livres, 10 fols, Monnoye courante dudit lieu, & 27 livres, 10 fols, Monnoye de Change, & peut fur ce pied revenir en France, l. 10. 16. ═══

Le

Le Sequin, vaut à Bergame 16 livres, Monnoye dudit
lieu, & peut valoir en France suivant la supposition
cy-dessus,   l. 6. 6¼
Le Hongre, y vaut 15 livres, 10 sols, & en France, environ   l. 6. 1. 9¼

Monnoyes d'Argent.

Une Genoise ou Ecu de Gennes, vaut à Bergame
11 liv. 6 sols, & peut revenir en France, à l. 4. 9—
Le Ducaton, s'y met pour 9 livres, 12 sols, & peut
valoir en France, environ   l. 3. 15. 6¼
Le Ducat d'Argent de Venize, y vaut 8 livres, 10
sols, & peut revenir en France, à l. 3. 6. 9.
Le Ducat de la Nouvelle Estampe, y vaut 6 livres,
4 sols, & peut valoir en France, l. 2. 8. 9.
Le Philippe de Milan, y vaut 8 livres, 6 sols, &
peut revenir en France, à l. 3. 5. 3.

Observation.

ON pese l'Or à Bergame au poids de Marc; comme cela se
pratique à Venize; & mesmes l'Argent Monnoyé pour y
estre de mise doit estre de Poids. On doit icy remarquer que toutes les especes cy-dessus ont cours à Bergame, chacune pour son
prix, tant en Banque qu'en Marchandise : Mais parce qu'elles n'ont
pas cours en France, elles n'y sont estimées que par rapport à la
valeur de la Pistole d'Espagne, que j'ay jusques icy supposée estre
de onze livres; lequel prix sera continué dans la suite comme une
Hypothese fixe quelque changement qu'il y puisse avoir, & ainsi l'on
peut dire que trente-deux livres, Monnoye de Bergame, aussi valeur de la mesme Pistole d'Espagne, sont égales ausdites onze livres
de France. Laquelle condition se peut étendre sur toutes les Places, où l'évaluation des Monnoyes a esté faite sur une égalité ou
convenance de mesme nature.

2. Bergame n'étend ordinairement son Commerce de Banque
qu'à *Bolzam*, Place de Foire en Allemagne, *à Lion, Milan, Nove,
Rome*, & à *Venize*, & l'on donne en ladite Ville de Bergame;
Sçavoir,

152 sols ¼, plus ou moins pour une Richedalle de 90 Kreuts, à recevoir   à Bolzam.
152 ¼, plus ou moins, pour 1 Ecu d'Or Sol de 60 s.
   à recevoir,   à Lion.
       Cc

Bergame Change & donne ; Sçavoir,

190 fols, plus ou moins, pour 1 Ecu de 117 fols,
 Monnoye Imperiale de Change ,   à Milan.

280 Ecus $\frac{1}{7}$, plus ou moins, pour 100 Ecus de Marc,
 à recevoir   .   à Nove.

280 Ecus $\frac{3}{4}$, plus ou moins, pour 100 Ecus d'Or d'E-
 ftampe, à recevoir   .   .   à Rome.

1 Ecu de 7 livres, pour 116 fols $\frac{1}{2}$, Monnoye de
 Banque, plus ou moins ,   .   à Venize.

Démonstration des prix des Changes cy-dessus.

LA raison pour laquelle Bergame donne au Pair 152 fols $\frac{3}{4}$, Monnoye de Change dudit lieu , pour une Richedalle à recevoir à Bolzam, ou un Ecu d'Or Sol en France , qui font égaux entr'eux, vient de ce que, fuivant l'Explication de la Table feconde de la premiere Application des Changes de France, page 23. Il a efté démontré qu'un Ecu de France eft égal à 8 livres, 14 fols, 6 deniers $\frac{6}{11}$, Monnoye courante dudit Bergame. Mais lefdites 8 livres, 14 fols, 6 deniers $\frac{6}{11}$, eftant reduits en Monnoye de Change , fur le pied de la Reduction de 32 livres, Monnoye courante, qui eft la valeur de la Piftole d'Efpagne, à la fomme de 28 livres, Monnoye de Change , qui font auffi la valeur de la mefme Piftole d'Efpagne , il vient pour le requis 152 fols, 9 deniers à peû prés.

La raison pourquoy Bergame donne 190 fols , Monnoye de Change dudit lieu , pour un Ecu de 117 fols , Monnoye Imperiale de Change à Milan ; c'eft parce que 11 livres, Monnoye de France, eftant la valeur d'une Piftole d'Efpagne , laquelle vaut auffi à Bergame 28 livres, Monnoye de Change, & à Milan 17 livres, 5 fols , auffi Monnoye Imperiale de Change ; il s'enfuit que 17 livres , 5 fols de Milan font égaux aufdits 28 livres de Bergame, & par confequent que 117 fols, Monnoye Imperiale de Change, valeur de l'Ecu de Milan , font équivalens à 190 fols de Bergame, comme cela paroît évidemment par l'Operation d'une Regle de Trois à faire en pareille rencontre, & dont les termes peuvent eftre difpofez en cette forte.

Si 17 livres, 5 fols, Monnoye de Change de Milan, font égaux à 28 livres, auffi Monnoye de Change de Bergame ; à combien de fols de Bergame, Monnoye de Change, 117 fols, Monnoye de Change de Milan feront-ils égaux. R. à 190 fols.

La raison pourquoy Bergame donne 280 fols ½, Monnoye du-dit lieu pour un Ecu de Marc à Nove : C'est parce que l'Ecu de France rendant audit Bergame 153 fols, ou environ au Pair ; un Ecu de Marc, ou plûtôt 5 livres, 10 fols, qui en font la valeur, y fera rendre auffi au Pair 280 fols ½ de Bergame pour un Ecu de Marc à Nove. Car comme 183 Ecus ½ d'Or Sol, font égaux à 100 Ecus de Marc, fuivant l'explication de la Table XIX. page 119. Et lefdits 183 Ecus ½ estant multipliez par 153 fols de Bergame, le produit donne 28050 fols de Bergame ; Et multipliant pareille-ment 100 Ecus de Marc, par 280 fols ½ auffi de Bergame, il doit venir le mefme nombre de fols de Bergame, pour juftifier l'égalité des Changes cy-deffus. Ainfi que cela fe peut facilement voir par les deux Multiplications à faire, ce qui eft facile.

La raifon pourquoy Bergame donne un Ecu de 7 livres, Mon-noye dudit lieu, pour faire recevoir au Pair 116 fols ½, Monnoye de Banque à Venize : c'eft parce que 11 livres de France font égales à 23 livres, 6 fols, 8 deniers de Banque à Venize, dans le temps que la Piftole d'Efpagne s'y prend pour 28 livres de Picolis, Mon-noye courante de Venize, faifant que fur ce pied, 3 livres qui font la valeur de l'Ecu d'Or Sol, y rendent 6 livres, 7 fols, 3 deniers auffi Monnoye de Banque ou de Change, ou 127 fols, 3 deniers. Et parce que le mefme Ecu de France rend au Pair à Bergame 153 fols dudit lieu, il s'enfuit qu'il y a égalité entre lefdits 127 fols, 3 deniers, Monnoye de Banque de Venize, & entre lefdits 153 fols de Bergame : partant pour fçavoir ce qu'un Ecu dudit Bergame doit rendre au Pair à Venize, fuivant les prix cy-deffus.

Il faut dire par Regle de Trois.

Si 153 fols de Bergame font égaux à 127 fols, 3 deniers de Venize : à combien feront égaux 140 fols de Bergame, qui font la valeur de l'Ecu dudit lieu, c'eft à dire à 7 livres. La Regle eftant faite, il doit venir pour réponfe 116 fols ½, Monnoye de Banque de Ve-nize pour un Ecu de Bergame.

Avertiffement.

ON verra à la fin de cette Relation les Applications de ces prix des Changes fur des Queftions de Changes pratiquez à Bergame pour les Places où cette Ville correfpond, & réciproque-ment ceux de ces Places pour Bergame.

3. Lors que l'on refufe à Bergame d'accepter les Lettres de Changes qui font tirées fur cette Ville ; Les Porteurs defdites Let-

tres font obligez de les faire protefter dans le temps qu'en font le
refus ceux fur qui elles font tirées.

4. L'Ufance des Lettres de Changes tirées de Venize fur Bergame eft, d'ordinaire de vingt-quatre jours de datte, & en cas
qu'elles ne foient pas aquitées dans ce temps-là, le Porteur defdites
Lettres n'a que trois jours après pour les faire protefter, & pour
les renvoyer à leur fource pour n'en point courir le rifque. On
remarquera en ce lieu que les Negocians s'affemblent deux fois la
femaine dans un lieu particulier, appellé *Place du Change*, pour y
traiter de leurs affaires.

5. Les Achats & les Ventes de Marchandifes fe font au comptant & à terme, le tout felon les conditions dont les Acheteurs
conviennent avec les Vendeurs. Mais on peut dire en ce lieu que
les Acheteurs ne payent pas fort exactement. Puifque le plus fouvent la plus part prolongent le payement des Marchandifes par eux
achetées de deux & de trois mois, & quelquefois plus, après le
temps convenu, felon la nature du Negoce, & de la qualité des
Marchandifes. On achette à Bergame les Soyes argent comptant.
Mais les Marchandifes de Laine s'y vendent pour les payer dans un
an, & les autres Merceries pour fix mois.

6. Il y a à Bergame un Magiftrat & quatre Confuls, qui font
quatre Notables Bourgeois ou Marchands de la Ville, que l'on re-
nouvelle tous les ans; pardevant lequel Magiftrat on décide tous
les differens meus entre les Negocians, foit pour raifon des Lettres de Changes, ou à caufe des Marchandifes achetées ou vendues.
Outre le Magiftrat, qui prefide dans le Confulat, comme il vient
d'être dit, il y en a plufieurs autres, pardevant lefquels on termine
les differens des parties fuivant les Loix de la Republique. Et lors
que l'une des parties appelle de leurs Sentences, on va par appel
directement à Venize.

7. On peut encore dans les differens, qui peuvent naître entre
les Negocians, s'en rapporter à des Arbitres, qui en vertu d'un
compromis fait par lefdites parties, décident l'affaire en queftion,
& dont le Jugement doit eftre executé, felon fa forme & teneur.

8. Il n'y a point à Bergame de lieu de Dépôt, où l'on donne
ou reçoive de l'Argent. Mais quand un Marchand ou autre Particulier en a befoin, il luy eft facile d'en trouver par l'entremife des
Courretiers ou Agens de Change, qui luy en font donner moyennant fes Lettres de Changes, tirées fur quelques-unes des Places
cy-deffus mentionnées.

9. Les Marchands Etrangers ne payent pas plus de Droits d'entrée & de sortie, pour raison de leurs Marchandises, que les Sujets de la Republique de Bergame.

10. Il se fabrique en la Ville de Bergame des Etoffes dites *Poux de Soye, du Fleuret,* & des *Crespes.* Desquelles Marchandises on fait un grand Negoce à Bolzam. On fait aussi à Bergame beaucoup d'Etamines Rayées & bien travaillées, qui sont d'un grand usage, non seulement en la Ville de Bergame, mais aussi en plusieurs lieux de dehors où on les envoye. On fait dans l'étenduë de cette Republique beaucoup de Tapisseries de Laine de toutes sortes, la plus grande partie desquelles est envoyée dehors.

Il y a dans la Montagne voisine de Bergame des Mines de Fer, & plusieurs Forges pour le Fabriquer. Il s'en fait une grande consommation pour Milan où on l'envoye.

11. Il y a dans la Ville de Bergame deux sortes de Poids : le premier s'appelle *Poids Subtil,* ou plus leger ; le second reçoit le nom de *Gros Poids.*

Le *Poids Subtil,* n'est que de 12 onces à la livre, & le Gros Poids est de 30 onces aussi à la livre pesante.

On se sert du *Poids Subtil* pour peser les Soyes, la Cochenille, l'Indigo, la Cire, & les autres Drogueries, & ce Poids est plus fort que celuy de Venize de 7 à 8 pour cent : d'où vient que 100 livres de Bergame rendent à Venize depuis 107 jusqu'à 108.

On pese les Laines & les autres Marchandises indifferemment au Gros Poids. Mais ayant cy-devant, pages 25. & 26. décrit une Table fort ample du Rapport des Poids de la Ville de Bergame à ceux des Places ou Villes, avec lesquelles celle-là correspond, & une autre Table des Mesures en étenduës, pages 26. & 27. il n'en fera pas icy fait mention.

On remarquera seulement en ce lieu que le Poids de Bergame est égal à celuy de Naples, de Calabre, & de Cossense, Ville de la Calabre Citérieure, & partant les Rapports des Poids de ces trois dernieres Places sont semblables à ceux que le Poids de Bergame a avec celuy des lieux qui sont marquez dans ladite Table des Poids.

12. Il n'y a point à Bergame de lieu, où l'on prenne de l'Argent à Fonds perdus ; comme cela se pratique à Venize, & en plusieurs autres lieux. On y trouve seulement des Particuliers qui donnent ou prennent de l'Argent à 5 ou plus pour cent par an. Et le constituant de la rente à payer tous les ans, doit donner à l'Aquereur des seuretez ou Hypotheques sur des Fonds Immobi-

liers que les Creanciers puissent vendre , liciter ou s'approprier faute de payement. Et c'est sur ce fondement là seulement que les Particuliers trouvent de l'Argent dont ils font rente Annuelle, à quoy ils sont obligez par des Contrats passez pardevant Notaires.

13. C'est une verité constante , & une Loy inalterable observée dans tout l'Etat Venitien , qu'en cas de faillite le premier saisissant est preferé à tout autre. Cecy toutefois se doit entendre seulement sur les Marchandises & autres effets Mobiliaires : mais non pas sur les Immeubles : parce que les anciennes Hypoteques sont toûjours preferées, estant pour cét effet qualifiées de *Dettes privilegiées.* Dans ces occasions les Naturels du Païs n'ont pas plus de préference que les Etrangers.

14. Il n'y a point à Bergame de lieu où l'on batte aucune sorte de Monnoye. Il y en a seulement à *Venize* , *Milan* , *Gennes* , *Florence* , *Rome* , *Palme* , *Modene* , & à *Mantouë.* Entre l'Or & l'Argent de quelque titre & aloy que ce soit, le Sequin est le plus recherché ; quoy qu'il s'en voye peû en cette Ville , à cause qu'on les transporte dans les Etats éloignez.

15. Un Marchand ne peut pas pretendre au degré de Noblesse ; cependant depuis peû de temps en ça, on en a veu quelques-uns , comme Messieurs *Broglio* élevez avec d'autres de leurs parens ou alliez aux plus hautes Charges de la Republique , & admis dans tous les Conseils. Ils ont esté les Inventeurs des Fabriques de Draperies , de Tapisseries, de Toilles , &c.

Applications des Changes de Bergame pour les places suivantes.

Remise de Bergame à Bolzam en Allemagne.

BErgame Change & donne 151 sols ¾, Monnoye dudit lieu , pour avoir à Bolzam une Richedalle ou Taler de 90 Kreuts : Sçavoir combien on recevra audit Bolzam pour 3015 livres, 15 sols , Monnoye de Bergame au prix susdit pour y fournir Lettre de Change , tirée sur Bolzam.

Regle.

IL faut reduire en sols la somme à remettre , c'est à dire 3015 livres, 15 sols , & les sols en demis, pour les diviser ensuite par 151 sols ¾ de Bergame aussi reduits en demis sols , pour avoir aux Quotiens des Divisions des Richedalles & des Kreuts à recevoir à Bolzam pour ladite Remise.

Pratique.

3015 liv. 15 f. de Bergame, à remettre à Bolzam, & à multiplier par
20 fols, valeur d'une livre.

_____

60315 fols, à multiplier par
  2. Denominateur de la fraction, qui accompagne le prix du
  Change, qui eft 151 fols $\frac{1}{2}$.

120630, à divifer par 303 Demis-Sols, égaux aufdits 151 fols $\frac{1}{2}$,
  valeur de la Richedalle.

```
  243
  9766
12 1206 30 ⎱ 398 Richedalles.      3240 ⎱ 11 Kreuts, peù moins à
  9633 ⎰                          9633 ⎰ payer à Bolzam.
  300                              30
   90 K. valeur d'une Rich.
```

Traite de Bergame fur Bolzam en Allemagne.

UN Negociant de Bergame voulant tirer fur fon Correfpondant de Bolzam 398 Richedalles, 11 Kreuts, dans le temps
que le Change de Bergame eft à 151 fols $\frac{1}{2}$, Monnoye dudit lieu,
pour une Richedalle de 90 Kreuts à recevoir à Bolzam ; Sçavoir
combien le Remetteur devroit payer au Tireur pour en prendre
Lettre de Change de ladite fomme de 398 Richedalles, 11 Kreuts,
tirée fur fon Correfpondant dudit Bolzam.

Regle.

IL faut multiplier le prix du Change, qui eft 151 fols $\frac{1}{2}$ de Bergame par 398 Richedalles, 11 Kreuts de Bolzam, pour avoir
au produit 60315 fols, peù plus, mais de nulle confequence, que
l'on reduira en Livres, & en fols, à recevoir à Bergame pour la
Traite cy-deffus.

L'Operation de la Regle cy-deffus fe verra tout au long dans la
page fuivante 208.

Pratique.

151 fols $\frac{1}{2}$ de Bergame, prix du Change, ou valeur d'une Richedalle, ou Taler, à multiplier par
398 Richedalles, 11 Kreuts, fomme à tirer

1208 fols.
1359..
453..
199 $\frac{1}{2}$ produit pour $\frac{1}{2}$ fol, ou $\frac{1}{2}$ de 398 Richedalles.
16. 10. den. prod. pour 10 Kreuts, ou $\frac{1}{6}$ de 151 f. $\frac{1}{2}$ de Bergame.
1. 8. den. prod. pour 1 Kreuts, ou $\frac{1}{10}$ de celuy de 10 Kr.

6031|5 f. 6. den. de Bergame, à divifer par 20, pour faire des fols.
$\frac{1}{20}$. 3015 livres, 15 fols, 6 deniers, à payer au Tireur de Bergame.

Traite de Bergame fur Lion, & autres Villes de France.

UN Negociant de Bergame eftant Crediteur à Lion de 3045 Ecus, 13 fols, 4 deniers d'Or Sol, & trouvant à tirer ladite fomme fur le pied de 151 fols $\frac{2}{3}$, Monnoye de Bergame pour un Ecu auffi d'Or Sol de 60 fols; Defire fçavoir combien il devroit recevoir de Livres, Sols & Deniers, à Bergame pour y fournir fes Lettres premiere & feconde de Change, tirées fur fon Correfpondant de Lion.

Regle.

IL faut multiplier 151 fols $\frac{2}{3}$ de Bergame, prix du Change par 3045 Ecus, 13 fols, 4 deniers d'Or Sol de Lion, pour avoir au produit 461926 fols, 1 denier peu plus, que l'on reduira en Livres, Sols & Deniers, s'il eft befoin, à recevoir à Bergame pour la Traite cy-deffus.

Pratique.

3045 ▽, 13 f. 4 d. d'or fol, fomme à tirer fur Lion, & à multipl. par
151 fols $\frac{2}{3}$, prix du Change, ou valeur d'un Ecu d'Or Sol.

3045 fols.
152250.
304500.
1015. produit pour $\frac{1}{3}$ de fol, ou $\frac{1}{3}$ de 3045 Ecus.
1015. autre produit auffi pour $\frac{1}{3}$, comme deffus.
75. 10 den. autre pour 10 fols d'Or Sol, ou $\frac{1}{2}$ de 151 f. $\frac{2}{3}$.
25. 3 $\frac{1}{3}$, pour 3 f. 4 d. auffi d'Or Sol, ou $\frac{1}{3}$ du prod. de 10 f.

46192|6 f. 1 $\frac{1}{3}$, à divifer par 20, pour faire des livres.
$\frac{1}{20}$. 23096 l. 6 f. 1 d. à recevoir à Berg. pour y fournir Lettre de Change de lad. fomme de 3045 ▽, 13 f. 4 d. d'Or Sol.

Remife

Remise de Bergame à Lion , servant de preuve à la Traite cy-dessus.

UN Negociant de Bergame , voulant remettre à son Correspondant de Lion 23096 livres , 6 sols , 1 denier, Monnoye de Bergame , dans le temps que le Change est à 151 sols $\frac{1}{3}$ pour un Ecu d'Or Sol de 60 sols : Desire sçavoir de combien d'Ecus & de parties d'Ecu , il sera Crediteur à Lion.

Regle.

IL faut reduire 23096 livres , 6 sols , 1 denier, somme à remettre , en sols , & ceux-cy en tiers de sol , que l'on divisera ensuite par 151 sols $\frac{1}{3}$, prix du Change, aussi reduits en tiers de Sol , pour avoir aux Quotiens des Divisions des Ecus , des Sols & des Deniers d'Or Sol.

Pratique.

23096 livres, 6 sols , 1 denier, somme à remettre , à multiplier par 20 sols , valeur d'une livre , pour faire des sols.

461926 sols , à multiplier par
    3. Denominateur, qui accompagne le prix du Change.

1385778 tiers de sol , à diviser par 455 tiers aussi de sol , égaux ausdits 151 sols $\frac{1}{3}$, prix du Change pour un Ecu d'Or Sol.

Par l'Operation de la Division cy-dessus , il est venu aux Quotiens 3045 Ecus , 13 sols , 4 deniers à recevoir à Lion , pour la Remise cy-dessus.

Remise de Bergame à Milan.

UN Negociant de Bergame , voulant remettre à son Correspondant de Milan 945 Ecus $\frac{1}{4}$ de 7 livres piece , Monnoye dudit Bergame , & ce dans le temps que le Change est à 191 sols $\frac{1}{3}$

D d

de Bergame, pour un Ecu de Milan de 117 fols, Monnoye Imperiale
de Change ; Sçavoir de combien de Livres , Sols & Deniers ledit
Negociant de Bergame fera Crediteur audit Milan , en Monnoye de
Change , & en Monnoye courante.

Regle.

IL faut multiplier les 945 Ecus ¾ de Bergame, fomme à remettre
par 140 fols, valeur d'un Ecu dudit Bergame, pour avoir au
produit des Sols , que l'on multipliera par 2.ᵉ Denominateur de
la fraction , qui accompagne les 191 fols ½ de Bergame, prix du
Change , pour un Ecu de Milan , lefquels Sols reduits en Demis-
Sols feront le Divifeur des Demis-Sols , provenans de ceux de la
Multiplication des 995 Ecus ¾ de Bergame , auffi reduits en Demis-Sols ; le tout comme cy-aprés.

Pratique.

945 ▽¾ de Bergame, à remettre à Milan, & à multiplier par
140 fols, valeur d'un Ecu de Bergame.

```
        37800
        94500
          70. produit pour ½ , ou ½ de 140 fols.
          35. autre produit pour ¼ , ou ½ de celuy de ½.
    ─────────────────────────────────────────────
    132405 fols de Bergame, à multiplier par
             2. Denominateur de la fraction du prix du Change.
    ─────────────────────────────────────────────
    264810 demis-Sols , à divifer par 383, auffi demis-fols , égaux
             à 191 fols ½ , prix du Change convenu pour un Ecu.
```

```
    1
    85
    38047
    264810 } 691 Ecus.    76        146
    38333                 3240 } 8 fols.  912 } 2 den. de Chan-
    388                   383          383 } ge, peù plus, à re-
    3                                      cevoir à Milan.
```

Obfervation I.

MAis fi l'on defire fçavoir combien lefdits 691 Ecus, 8 fols,
2 deniers , rendent de Livres , Sols & Deniers , Monnoye
de Change à Milan , il faut multiplier lefdits Ecus , Sols & Deniers
dudit Milan , par 117 fols , valeur d'un Ecu dudit lieu , pour avoir

au produit des Sols, que l'on divisera par 20. pour avoir des Livres, Sols & Deniers de Change audit Milan, comme cy-aprés.

Pratique.

691 Ecus, 8 fols, 2 den. de Change de Milan, à multiplier par 117 f. valeur d'un Ecu dudit Milan, en Monnoye de Change.

4837 fols.
6910
69100

29. - 5 fols, produit pour 5 fols, ou $\frac{1}{4}$ de 117 fols.
11. - 14 f. autre pour 2 fols, ou $\frac{1}{10}$ defdits 117 fols.
5. - 17. autre pour 1 fol, ou $\frac{1}{2}$ de celuy de 2 fols.
19. 6. autre pour 2 deniers, ou $\frac{1}{3}$ de celuy d'un fol.

80895 f. 18 6. à diviser par 20. pour avoir des livres.

$\frac{1}{20}$. 4044 l. 15 fols, Monnoye de Change, à recevoir à Milan, pour la remife cy-deffus.

Obfervation II.

POUR reduire lefdits 4044 livres, 15 fols, Monnoye de Change cy-deffus en Monnoye courante, il faut fçavoir que 17 $\frac{1}{4}$, Monnoye de Change rendent 19 $\frac{1}{2}$ en Monnoye courante : & fur ce pied lefdits 4044 livres, 15 fols cy-deffus doivent rendre à Milan 4572 livres, 7 fols, 6 den. en Monnoye courante : ainfi que cela fe peut clairement voir par la Pratique de la Regle de Trois fuivante, dont les termes feront difpofez en cette forte.

Si 17 $\frac{1}{4}$, rendent 19 $\frac{1}{2}$ combien 4044 liv. 15 f. R. 4572 liv. 7 f. 6 d.

4   19 $\frac{1}{2}$.

69 Divifeur.   36396
                         40440
                         2022. 7. 6. pour $\frac{1}{2}$ de 4044 l. 15.
                            9. 10.   pour 10 fols.
                            4. 15.   pour 5 fols.

                         78873. 12. 6. à multiplier par
                            4. Denomin. du premier terme, Divifeur.

                         315494. 10 fols, à divifer par 69.

D d ij

```
  422
 39986 ⌠
 38494 ⎬ 4572 livres.    47 ⌠       12 ⌠
 69999 ⎬                 530 ⎬ 7 fols.  864 ⎬ 8 deniers, Mon-
  666 ⌡                  69 ⌡          69 ⌡ noye courante.
```

Traite de Bergame fur Milan , fervant de preuve à la remife
cy - deffus.

UN Negociant de Bergame eftant Crediteur à Milan de 691
Ecus, 8 fols, 2 deniers, Monnoye Imperiale de Change,
Et ce dans le temps que le Change eft à 191 fols ⅟ de Bergame
pour un Ecu de 117 fols , auffi Monnoye de Change dudit Milan,
Sçavoir combien ledit Negociant de Bergame y recevra d'Ecus, &
parties d'Ecu de 7 livres piece , Monnoye dudit lieu , pour fournir
fa Lettre de Change de la fomme cy-deffus à recevoir à Milan.

Regle.

IL faut multiplier lefdits 691 Ecus, 8 fols, 2 deniers de Milan ,
par 191 fols ⅟ de Bergame , prix du Change , pour un Ecu de
117 fols , Monnoye de Change dudit Milan , pour avoir au produit
des fols , que l'on divifera par 20. pour avoir au Quotient de la
Divifion des livres dudit Bergame. Mais fi l'on defire fçavoir combien on y recevroit d'Ecus, il faut divifer lefdites livres de Bergame par
7 , & le Quotient donnera le nombre d'Ecus &c. que l'on cherche.

Pratique.

691 ▽, 8 fols, 2 deniers, fomme à tirer, & à multiplier par
191 fols ⅟ de Bergame , prix du Change pour un ▽ de Milan.

```
        691
     62190
     69100
        345. 14.  1. produit pour ⅟, ou ⅟ de 691 ▽, 8 fols, 2 deniers.
        47. 15. -  autre pour 5 fols, ou ⅟ de 191 fols.
        19.  2. -  autre produit pour 2 fols, ou 1/12 de 191 fols.
         9. 11. -  autre prod. pour 1 fol, ou ⅟ de celuy de 2 fols.
         1. 11. 10. autre produit pour 2 den. ou ⅟ de celuy d'un fol.
     ──────────────────────────────────────────────
     1324ols l. 13. 11. à divifer par 20. pour avoir des livres.
        66201. 5 fols, à divifer par 7 livres , valeur d'un Ecu.
     ──────────────────────────────────────────────
        945 ▽, 15 fols, ou ⅟ d'un Ecu à recevoir à Bergame , confor-
              mément à la remife cy-devant faite pour Milan.
```

Traite de Bergame fur Nove en Italie.

UN Particulier de Bergame eſtant Crediteur à Nove de 1845 Ecus $\frac{2}{3}$ de Marc , & trouvant à tirer ladite partie ſur ſon Debiteur , à raiſon de 278 Ecus $\frac{1}{4}$ de 7 livres piece , pour 100 Ecus de Marc : Sçavoir combien il devroit recevoir de Livres , Sols & Deniers en Monnoye de Bergame , pour donner ſes Lettres premiere & ſeconde de Change , de ladite ſomme , tirée ſur ſon Correſpondant de Nove.

Il faut dire par Regle de Trois.

Si 100 ▽ de Marc, rendent 278 ▽ $\frac{1}{4}$ à Berg. comb. 1845 ▽ $\frac{2}{3}$. Bt 5144 ▽ 16 ſ.
1845 $\frac{2}{3}$ Ecu de Nove.

```
14760
129150
369000
```

922. 16. 8. prod. pour $\frac{2}{2}$, ou $\frac{1}{4}$ de 1845 ▽ $\frac{2}{3}$.
461. 8. 4. autre prod. pour $\frac{1}{2}$, ou $\frac{1}{8}$ de celuy de $\frac{1}{4}$.
92. 13. 4. autre pour $\frac{1}{2}$, ou $\frac{1}{5}$ de 278 Ecus de Bergame.
92. 13. 4. Idem , pour le meſme tiers.

Ecus de Bergame. 5144|80. 11. 8. à diviſer par 100. pʳ terme.
|20
Sols.   16|00

Avertiſſement.

ON voit par l'Operation de la Regle de Trois cy-deſſus, que le Tireur de Bergame devroit y recevoir 5144 Ecus, 16 ſols, Monnoye de Change. Mais s'il eſtoit queſtion d'en ſçavoir le produit en Livres , Sols & Deniers , en Monnoye courante dudit lieu ; il faudroit multiplier leſdits 5144 Ecus , 16 ſols , par 7 livres , valeur de l'Ecu, pour avoir au produit 36013 livres , 12 ſols , Monnoye courante.

Remiſe de Bergame à Nove , pour ſervir de preuve à la Traite cy-deſſus.

UN Negociant de Bergame voulant remettre 5144 Ecus, 16 ſols, Monnoye de Change à ſon Correſpondant de No-

vé , dans le temps que le Change est à 278 Ecus ¼ de Bergamē
pour 100 Ecus de Marc : Sçavoir de combien d'Ecus & de parties
d'Ecu de Marc ledit Negociant sera Crediteur à Nove , pour ladite
Remise.

Il faut dire par Regle de Trois.

Si 278 ▽ ¼ de Berg. rend. 100 ▽ de Marc : comb. 5144 ▽, 16 s. ℞. 1845 ▽ ⅔
    4   5.144 Ecus , 16 sols.
─────────────
1115 Diviseur.   514400
                         80. produit pour 16 s. ou ⅘ de 100 ▽ de Marc.
                    ─────────────
                    514480 , à multiplier par
                         4. Denominat. du prem. terme , Diviseur.
                    ─────────────
                    2057920 , à diviser par 1115 , égaux à 278 Ecus ¼.

$$\begin{array}{ccc}
\text{1845 Ecus.} & \text{13 sols.} & \text{4 deniers.}
\end{array}$$

Observation.

PUis qu'une Demy-Pistole d'Espagne passe à Rome , pour un
Ecu d'Estampe , & à Nove pour un Ecu de Marc ; il s'ensuit
que l'Ecu d'Estampe & l'Ecu de Marc sont équivalens. Et qu'ainsi
les Traites & les Remises , qui se peuvent faire dans Bergame pour
Rome , doivent suivre les mesmes Pratiques que celles qui ont esté
cy-devant mises en usage pour Nove , ausquelles on poura avoir
recours.

Remise de Bergame à Venize.

UN Banquier de Bergame , voulant remettre à son Correspondant de Venize 3500 Ecus , 10 sols, Monnoye de Change
de Bergame , dans le temps que l'on donne en cette derniere Place un Ecu de sept livres , pour avoir 116 sols ⅓, Monnoye de Banque à Venize : Sçavoir de combien de Ducats & de parties de Ducat, ledit Banquier de Bergame sera Crediteur à Venize , en prenant du Tireur Lettre de Change , tirée sur son Correspondant.

pour la Ville de Venize.

IL faut multiplier la fomme cy-deffus à remettre ; c'eft à dire
3500 Ecus, 10 fols de Bergame par 116 fols ½, pour avoir au
produit des fols, que l'on divifera par 124 fols, valeur d'un Ducat
de Banque, pour avoir aux Quotiens des Divifions des Ducats &
des Gros de mefme qualité.

Pratique.

3500 Ecus, 10 fols de Bergame, fomme à remettre à Venize.
116 fols ½, Monnoye de Banque, valeur fuppofée d'un Ecu.

21000 fols.
35000
350000
1750. 5. produit pour ½, ou ½ de 3500 Ecus, 10 fols.
58. - autre produit pour 10 fols, ou ½ de 116 fols.

407808 fols, 3 deniers, à divifer par 124 fols, valeur d'un Ducat.

1109
37086
407808 } 3288 Ducats.
2144444
1222

7
1062
23045 } 18 Gros ½, peù plus, à recevoir à
12444 } Venize pour la remife cy-deffus.
12

11 24 Gros, valeur d'un Ducat.

384
192.

2304 Gros, à divifer par 124.

*Traite de Bergame fur Venize, fervant de preuve à la remife cy-devant
faite pour ladite Ville.*

UN Banquier de Bergame eftant Crediteur à Venize de 3288
Ducats, 18 Gros ½ de Banque, & trouvant à tirer ladite fomme fur fon Debiteur, dans le temps que l'on y donne 116 f. ½ Venitien,
pour un Ecu de 7 livres, de Bergame ; Sçavoir combien ledit Banquier recevra d'Ecus, & parties d'Ecu pour délivrer fes Lettres premiere & feconde de Change de la fomme cy-deffus à recevoir à
Venize.

Regle.

IL faut reduire en sols lesdits 3288 Ducats, 18 Gros $\frac{1}{2}$, & les sols qui en proviendront en demis sols, que l'on divisera ensuite par 116 sols $\frac{1}{2}$, aussi reduits en demy-sols, pour avoir aux Quotiens des Ecus, des Sols & des Deniers de Bergame, Monnoye de Change, que l'on multipliera par sept, pour avoir au produit des Livres, Sols & Deniers, Monnoye courante ; comme cy-aprés.

Pratique.

3288 Ducats, 18 Gros $\frac{1}{2}$, somme à tirer sur Venize.
124 sols, valeur d'un Ducat de Banque.
———————————————
13152.
65760.
3,28800.
     62. produit pour 12 Gros, ou $\frac{1}{2}$ de 124 sols.
     31. autre produit pour 6 Gros, ou $\frac{1}{2}$ de celuy de 12 Gros.
     2. $\frac{7}{12}$ autre pour $\frac{1}{2}$ Gros, ou $\frac{1}{12}$ de 6 Gros.
———————————————
407807 sols $\frac{7}{12}$, à multiplier par
     2. Denominateur de la fraction du prix du Change, Diviseur.
———————————————
815615. à diviser par 233 demis-sols, égaux à 116 s. $\frac{1}{2}$, prix du Change.

  1 61   203
  818615 }   2300 }
  233333 } 3500 Ecus.   233 } 9 sols, ou 10 sols, peù moins.
  2333 }
  22

Par l'Operation de la Regle cy-dessus, il est venu pour réponse 3500 Ecus, 10 sols, peù moins, Monnoye de Change à recevoir à Bergame pour lesdits 3288 Ducats, 18 Gros $\frac{1}{2}$, tirez comme dessus sur Venize. Mais si le Tireur desiroit sçavoir combien de Livres, Sols & Deniers, Monnoye courante, il devroit recevoir à Bergame, il n'auroit qu'à multiplier lesdits 3500 Ecus, 10 sols, par sept livres, valeur de l'Ecu, pour avoir au produit 24503 livres, 10 sols, Monnoye courante de Bergame.

De la Reduction de l'Argent Monnoyé de Bolzam , Place
de Foire en Allemagne , en celuy des Villes où Places
cy-après où celle-là correspond.

BOLZAM *susdit , Change pour les Places suivantes & donne ; Sçavoir,*

1 Florin de 60 Kreuts , pour avoir 58 ½ Bayoque , plus ou
moins , ... à Ancone.

99 ½ Taler de 90 Kreuts , plus ou moins, pour avoir
100 Talers , . . . à Ausbourg.

1 Ecu de 93 Kreuts, pour avoir 160 fols , Monnoye de Change, plus ou moins , . à Bergame.

1 Florin de 60 Kreuts , pour avoir 57 ½ fol Boulonin , plus ou moins , . . . à Boulogne.

117 Kreuts, *p.* ou *m.* pour avoir un Ecu de 7 liv. 10 fols. à Florence.

98 Talers , *p.* ou *m.* pour avoir 100 Talers de 74
Kreuts de Change , . . . à Francfort.

99 ½ Taler, *p.* ou *m.* de 90 Kreuts, pour avoir 100
Richedalles de 48 fols Lubs , . à Hambourg.

88 Kreuts , *p.* ou *m.* pour avoir un Ecu d'Or Sol
de 60 fols , ... à Lion.

1 Florin de 60 Kreuts , pour avoir 66 fols , *p.* ou *m.*
Monnoye de Change, dont 117. font un Ecu, à Milan.

91 Kreuts, *p.* ou *m.* pour avoir un Ducat de 10 Carlins, à Naples.

161 ¼ Kreuts , *p.* ou *m.* pour avoir un Ecu de Marc. à Nove.

99 Talers , *p.* ou *m.* pour avoir 100 dits de 90 Kreuts. à Nuremberg.

163 ¼ Kreuts, *p.* ou *m.* pour avoir un ♈ d'Or d'Estampe. à Rome.

87 ½ Florin de 60 Kreuts le Florin , *p.* ou *m.* pour
avoir 100 dits , . . . à S. Gal.

1 Ecu de 93 Kreuts susdits , pour avoir 134 fols ,
Monnoye de Banque , *p.* ou *m.* . à Venize.

99 Talers, *p.* ou *m.* pour avoir 100 Talers semblables. à Vienne.

Avertissement.

QUOY que les prix courans cy-dessus approchent fort
de l'égalité ou parité des Monnoyes comparées entr'elles. Je ne laisseray pas en ce lieu d'en découvrir la raison , autant qu'il me sera possible ; par la conference que je
Ee

feray des prix cy-deſſus avec ceux qui ſont déja connus par les Tables précedentes.

Il a eſté cy-devant démontré page 178. dans l'Explication de la parité des Monnoyes d'Ancone à celles de Venize, que l'Ecu d'Ancone peut revenir en France à 3 livres, 10 ſols, 10 deniers ; Que ledit Ecu y vaut 10 Jules, & que le Jule y vaut 10 Bayoques. Sur ce pied il eſt facile d'inferer que 56 ½ Bayoques, ſont égales à un Florin de 60 Kreuts, Monnoye d'Allemagne, où le Florin peut-étre calculé, à raiſon de 40 ſols, Monnoye de France. Mais leſdites 56 ½ Bayoque eſtant auſſi évaluées ſur le pied de 8 deniers ½ de France la Bayoque, elles produiſent les meſmes 40 ſols de France, ce qui en prouve l'égalité.

La Parité de la Monnoye de Bolzam à celle de Bergame ſe peut tirer de 8 livres, 14 ſols, 6 deniers ½, Monnoye courante, qui ſont la valeur de l'Ecu de France, que l'on ſuppoſe eſtre égal à une Richedalle de l'Empire de 90 Kreuts la Richedalle, ſuivant la ſupputation cy-devant faite, page 23. En ce que ſur ce pied 93 Kreuts de Bolzam, valeur ſuppoſée d'un Ecu de Change pour Bergame, peuvent y rendre 9 livres, 4 deniers, ou 180 ſols, 4 deniers, Monnoye courante ; ou 7 livres, 17 ſols, 9 deniers ½, égaux à 157 ſols, 9 deniers ½, Monnoye de Change, laquelle Monnoye ſe prend de 28 livres, auſſi Monnoye de Change, qui ſont la valeur de la Piſtole d'Eſpagne.

L'égalité de la Monnoye de Bolzam à celle de Boulogne, Ville d'Italie, ſe peut tirer de 83 ſols Boulonins, valeur de l'Ecu de France, ainſi que je l'ay cy-devant démontré, page 27. Table troiſiéme de la premiere Application des Changes de France. Car puiſque trois livres, valeur de l'Ecu d'Or Sol, ſont égales à 83 ſ. Boulonins ; 40 ſols, valeur du Florin d'Allemagne, ou de Bolzam doivent eſtre égaux à 55 ſols ½ Boulonin.

L'égalité de la Monnoye de Bolzam à celle de Florence ſe peut tirer de la parité qu'il y a entre 100 Ecus d'Or Sol de France, & entre 74 Ecus, 10 ſols, 11 den. peu moins de Florence ; ainſi que je l'ay cy-devant démontré, page 38. Table ſixiéme de la premiere Application des Changes de France. Mais puiſque l'Ecu de France eſt équivalent à un Taler de Bolzam, ou à 90 Kreuts d'Allemagne, il s'enſuit que 100 Ecus d'Or Sol, c'eſt à dire 74 Ecus, 10 ſols, 11 deniers de Florence, ſont égaux à 9000 Kreuts. Et ſi l'on diviſe leſdits 9000 Kreuts par 74 Ecus, 10 ſols, 11 deniers. Il viendra au Quotient 120 Kreuts, & ¼ de Kreuts, pour le Pair de l'Ecu de Florence. Ce que l'on poura plus clairement découvrir par le moyen d'une Regle de Trois, difpofée en cette forte.

Si 74 ▽, 10 fols, 11 deniers de Florence, font égaux à 9000 Kreuts, à combien fera égal un Ecu de ladite Ville de Florence. La Regle eftant faite, il viendra pour quatriéme Terme lefdits 120 Kreuts ¼: ce qui eftoit à trouver.

Le Pair du Florin de Bolzam à la Monnoye de Milan, fe peut prendre de 94 fols, 1 denier, Monnoye Imperiale de Change, valeur de l'Ecu de France, comme il a efté cy-deffus démontré, page 111. Table dix-feptiéme des Changes de France. Car fi trois livres, valeur de l'Ecu d'Or Sol, font égales à 94 fols, 1 denier de Milan: 40 fols de France, valeur probable du Florin de Bolzam feront pareillement égaux à 62 fols, 9 deniers dudit Milan, ce qui eftoit à prouver.

L'égalité de la Monnoye de Bolzam à celle de Naples fe peut ti- rer du rapport qu'il y a entre 9 Carlins de Naples, & entre un Ecu d'Or Sol de France. Ainfi qu'il paroît par la demonftration qui en a efté cy-devant faite, page 115. Table dix-huitiéme de la premie- re Application des Changes de France. Mais dautant que le Ducat de Naples, fur le pied duquel on fait tous les Changes pour Bol- zam, eft de 10 Carlins; il s'enfuit qu'un Ducat de Naples doit ren- dre au Pair à Bolzam 100 Kreuts, dont 90 font le Taler.

La parité de la Monnoye de Bolzam à celle de Nove, vient de ce que 100 Ecus d'Or de Marc à Nove ont efté démontrez égaux à 183 Ecus ⅓ d'Or Sol, page 119. Table XIX. de la premiere Appli- cation des Changes de France. Et puifque par ce rapport l'Ecu d'Or de Marc peut rendre à Bolzam 165 Kreuts; il s'enfuit que 100 Ecus femblables eftant multipliez par 165 Kreuts, il doit venir au produit 16500 Kreuts, égaux au produit de 183 ⅓ Ecu d'Or Sol, auffi multi- pliez par 90 Kreuts, valeur d'un Ecu ou d'une Richedalle, & divifant lefdits 16500 Kreuts, par 100. Il vient au Quotient 165 Kreuts, pour un Ecu de Marc, ce qu'il faloit prouver.

La raifon du rapport de la Monnoye de Bolzam, à celle de Rome, eftant la mefme que celle cy-deffus, on y aura recours.

La raifon de l'égalité du prix de la Monnoye de Bolzam à celle de Saint Gal, vient de ce qu'un Ecu d'Or Sol de France, ou une Richedalle de Bolzam de 90 Kreuts, qui valent également audit Saint Gal 98 ⅓ Kreuts, peu moins; ainfi qu'il a efté cy-devant démon- tré en la premiere Application des Changes de France, Table vingt & uniéme, page 125. parceque la Piftole d'Efpagne, qui a cours à Saint Gal, y vaut 6 Florins de 60 Kreuts le Florin, ou 360 Kreuts. Mais puisque Saint Gal donne toûjours 100 Florins, prix certain, pour Bolzam. Il s'enfuit que suivant la proportion cy-deffus 100 Florins de Saint Gal doivent rendre au Pair 91 Florins $\frac{5}{8}$, peù plus à Bolzam; mais ce plus eft infenfible. Tout ce que deffus fe pourra plus fenfiblement connoître par la difpofition des Termes d'une Regle de Trois en cette forte.

Si 98 $\frac{4}{5}$ Kreuts courans de Saint Gal, font égaux à 90 Kreuts de Bolzam, valeur d'un Taler : combien 100 Florins de Saint Gal en mettront-ils à Bolzam. Sa Regle eftant faite il viendra pour le requis 91 Florins $\frac{5}{8}$.

L'égalité de la Monnoye de Bolzam à celle de Venize, fe peut tirer de la valeur de la Piftole d'Efpagne, qui rend à Venize 23 livres, 6 fols, 8 deniers, Monnoye de Change : ainfi que je l'ay cy-devant fait clairement voir par l'Explication de la vingt-quatriéme Table de l'Application premiere des Changes de France, page 134. Car fuivant cette Analogie ou rapport on peut affurer que 3 livres, valeur de l'Ecu d'Or Sol de France, ou le Taler de Bolzam doivent rendre chacun au Pair 6 livres, 7 fols, 3 deniers, Monnoye de Change à Venize. Mais puifque Bolzam donne toûjours un Ecu, Monnoye Imaginaire, que l'on y compte pour 93 Kreuts, il s'enfuit que l'Ecu de Bolzam de 93 Kreuts, fera égal à 6 livres, 11 fols, 6 deniers de Venize, ou à 131 fols, 6 deniers, peù moins, Monnoye de Change ; ce qui eftoit à démontrer.

Applications des Changes de Bolzam pour les Places fuivantes.

Remife de Bolzam à Ancone, Ville d'Italie.

BOLZAM change & donne 1 Florin de 60 Kreuts, pour avoir à Ancone 58 $\frac{1}{4}$ de Bayoque : Sçavoir combien l'on recevra en cette derniere Place pour 354 9 Talers $\frac{3}{4}$, à la raifon fufdite.

Regle.

IL faut reduire les Talers fufdits & parties de Taler en Florins, ce qui fe fait en prenant la $\frac{1}{2}$ des Talers, & de leurs parties, pour en fuite faire une Addition du total. que l'on multipliera par le prix du Change ; c'eft à dire par 58 $\frac{1}{4}$ Bayoque, pour avoir au pro-duit des Bayoques, defquelles on retranchera les deux dernieres Figures à droite, pour enfuite prendre les retranchées à gauche, pour des Ecus d'Ancone, lefquels font de 10 Jules pieçe, & chaque Jule de dix Bayoques, dont la Pratique fuit.

Talers.   3549. 15 fols, ou ¼, fomme à remettre de Bol-
        zam à Ancone, dont il faut prendre
        la moitié.
        1774. 17. 6. moitié des Talers fufdits.

Florins.   5324. 12. 6. ou ½, à multiplier par
Bayoques.   58. ¼ de Bayoque, prix du Change, pour 1 Flor.

     42592
     266200
     1331: 3. 1. produit pour ¼, ou ½ de 5324 Flor. 12. 6.
      29. - - autre prod. pour 10 f. ou ½ de 58 Bayoq.
       7. 5. - autre pour 2 fols, 6 d. ou ¼ de 10 fols.

Ecus d'Anc. 3101|59. 8. 1. à divifer par 100. à caufe qu'un Ecu
         d'Ancone, y vaut 100 Bayoques.
     10 Jules, valeur d'un Ecu d'Ancone.

     590
       2 . produit pour 4 fols, ou ½ de 10 Jules.
       2 . Idem pour autre 4 fols.

Jules.   5|94. . refte à multiplier par
      10. . Bayoques, valeur d'un Jule.

Bayoques.   9|40. . refte de nulle confideration.

Traite de Bolzam fur Ancone, fervant de preuve à la Remife cy-deffus.

UN Negociant de Bolzam eftant Crediteur à Ancone de 3101
Ecus, 5 Jules & de 9 Bayoques, & defirant en difpofer en faveur d'un autre Particulier fur le pied de 58 ¼ de Bayoque pour un
Florin de 60 Kreuts: Sçavoir combien ledit Negociant de Bolzam
y devroit recevoir de Florins & de parties de Florin, pour délivrer fes Lettres, premiere & feconde de Change au Remetteur de
ladite fomme de 3101 Ecus, 5 Jules, & de 9 Bayoques, tirées fur
Ancone.

Regle.

IL faut reduire la fomme à tirer fur Ancone ; c'eft à dire 3101
Ecus, 5 Jules, & 9 Bayoques, en Bayoques, & celles-cy en
quarts de Bayoques, que l'on divifera enfuite par le prix du Change, qui eft 58 ¼ de Bayoque auffi reduites en quarts, pour avoir aux
Quotiens des Divifions des Florins, & parties de Florin.

Pratique.

3101 ▽, 5 Jules, 9 Bayoques, fomme à tirer fur Ancone.
10 Jules, valeur d'un Ecu d'Ancone.

31015 Jules, égaux aufdits 3101 ▽, 5 Jules, à multiplier par
10 Bayoques, valeur d'un Jule.

310159 Bayoques, à multiplier par
4. Denominateur de la fraction du prix du Change.

1240636. à divifer par 58¼, prix du Change, ou par 233.

$$
\begin{array}{lll}
\quad\quad 1 & & \\
104 & 8 & \\
78774 \Big\} & 884 \Big\} & 76 \Big\} \\
1240636 \Big\} 5324\ \text{Flor.} & 2886 \Big\} 12\ \text{fols.} & 1008 \Big\} 4\ \text{deniers.} \\
23333 & 2333 & 233 \\
2333 & 23 & \\
22 & &
\end{array}
$$

Obfervation.

IL eft venu aux Quotiens des Divifions cy-deffus 5324 Florins, 12 fols, 4 deniers, au lieu de 6 deniers qu'il devoit y avoir; mais ce défaut provenant d'une fraction negligée dans la remife précedente, ou doit fuppofer 6 deniers, au lieu de 4 deniers, & ainfi affeurer que la fomme à recevoir à Bolzam fera de 5324 Florins ½. Mais fi l'on vouloit fçavoir combien ces Florins & leurs parties font de Talers & parties de Taler; il faudroit prendre le tiers defdits Florins, & de leurs parties pour l'en fouftraire, afin d'avoir pour refte des Talers, comme par la Pratique fuivante.

5324 Florins, 12. 6. ou ½, dont il faut prendre le tiers.
1774 . . . 17. 6. à fouftraire des Florins cy-deffus.

Talers. 3549 . . , 15 fols, ou ¾ de Taler, conformément à la Remife cy-deffus.

Remife de Bolzam à Ausbourg, auffi en Allemagne.

UN Negociant de Bolzam, voulant remettre à Ausbourg 3750 Talers de Bolzam, & ½ de Taler de 90 Kreuts le Taler; & ce dans le temps que le Change de Bolzam pour Ausbourg eft à 99½ Taler de Bolzam, pour 100 dits d'Ausbourg; Sçavoir la fomme à recevoir à Ausbourg pour ladite Remife.

Il faut dire par Regle de Trou.

Si 99 ⅟₂ Tal. de Bolzam, rendent 100 dits à Ausb. comb. 3750 Talers ¾.

2	3750. ¾.	℞ 3769 Tal. 53 K. 6 Pen.

199 Diviſeur.

375000

50. produit pour ½, ou moitié de 100 Talers.

25. autre produit pour ¼, ou ¼ de ce-celuy de ¾.

375075 Talers, à multiplier par,
2. Denom. du prem. terme, Diviſeur

750150, demis Talers, à diviſer par 199.
Diviſeur.

3769 Talers.   53 Kreuts.   6 Penins.

90 K. valeur d'un Tal.   8 Penins, valeur d'un Kreuts.

10710.   1304

Par les Diviſions cy deſſus, il eſt venu 3769 Talers, 53 Kreuts, 7 Penins, peu moins, à payer à Ausbourg, par le Correſpondant du Tireur de Bolzam, dont la Preuve ſuit.

Traite de Bolzam ſur Ausbourg, ſervant de preuve à la remiſe cy-diſſus.

UN Negociant de Bolzam eſtant Crediteur à Ausbourg de 3769 Talers, 53 Kreuts, & de 7 Penins, & trouvant à ne-gocier ladite partie à 99 ⅟₂ Taler de Bolzam, pour 100 dits à rece-voir à Ausbourg ; Sçavoir le nombre de Talers & de parties de Ta-ler à recevoir à Bolzam par le Tireur, pour luy donner lieu de fournir au Remetteur ſes Lettres premiere & ſeconde de Change, tirées ſur ſon Correſpondant d'Ausbourg.

Il faut dire par Regle de Trois.

Si 100 Tal. d'Ausb. rend. 99½ dits à Bolz. comb. 3769, Tal. 53. K. 7 Penins.
3769 Tal. 53 K. 7 Penins.   Ƀe. 3750 Tal. ¾

33921
339210
1884. 10 sols, produit pour ½ d'un Tal. ou ½ de
3769 Talers.
49. 15. . autre produit pour 45 Kreuts,
ou ½ de 99½ Taler.
9. 19. ⁒ autre pour 9 Kreuts, ou ⅕ de 45
Kreuts, peù moins,

Talers de Bolzam. 3750|75. 4. à diviser par 100. Premier terme.
|20. valeur d'une livre, ou d'un entier.
trois quarts de Tal.   15|04.

Remise de Bolzam à Bergame.

UN Particulier de Bolzam, voulant faire tenir à Bergame 5690 Talers ½, dans le temps que le Change est à 161 sols, ½, Monnoye de Change de Bergame pour un Ecu de Bolzam compté sur le pied de 93 Kreuts ; Sçavoir de combien de Ducats & de parties de Ducat de 7 livres le Ducat, sera la Lettre de Change, tirée sur le Correspondant du Tireur de Bolzam, en faveur dudit Particulier de Bolzam Remetteur.

Regle.

IL faut multiplier la somme à remettre ; c'est à dire 5690½ Taler, par le prix du Change qui est 161 sols ½, Monnoye de Change de Bergame, & diviser le produit par 140 sols, valeur d'un Ducat, pour avoir au Quotient des Ducats, & parties de Ducat.

Pratique.

5690 ½ Taler, somme à remettre de Bolzam à Bergame.
161 sols ½, de Bergame, prix du Change.

5690 sols.
341400.
569000.
2845. 3 den. prod. pour ½ sol de Bergam. ou ½ de 5690½ Taler.
80. 6 den. autre prod. pour ½ Taler, ou ½ de 161 sols de Berg.

919016 s. 9 den. à diviser, par 140 s. valeur d'un Ducat de Berg.
919026

$$\left.\begin{array}{l}7685\\289026\\144440\\111\end{array}\right\}$$ 6564 Ducats, plus 56 fols, à recevoir, & à payer à Bergame.

Traite de Bolzam fur Bergame, fervant de preuve à la remife cy-deffus.

UN Particulier Banquier à Bolzam eftant Crediteur à Bergame de 6564 Ducats de 7 livres piece, & de 56 fols, Monnoye dudit-lieu, & voulant difpofer de cette fomme à 161 fols ½, de Bergame pour un Ecu de 93 Kreuts : Sçavoir combien ledit Particulier recevra de Talers & parties de Taler, ou de Florins, & parties de Florin à Bolzam pour y fournir fes Lettres premiere & feconde de Change, tirées fur fon Correfpondant de Bergame.

Regle.

IL faut reduire en fols lefdits 6564 Ducats en les multipliant par 140 fols, valeur d'un Ducat, enfuite ajoûter à leur produit 56 fols qui accompagnent lefdits Ducats ; & enfin divifer le tout par 161 fols ½, prix du Change, aprés avoir reduit l'une & l'autre de ces deux fommes en Demis fols.

Pratique.

6564 Ducats, plus 56 fols de Bergame, fomme à tirer, & à multiplier par
140 fols, valeur d'un Ducat.
_____
262560 fols.
656400
56. pour ceux qui accompagne les Ducats.
_____
919016 f. à reduire en demis, en les multipliant par
2. Denominat. de la fraction du Divifeur, & prix du Change.
_____
1838032 demis fols, à divifer par 323 demis fols, égaux aufd. 161 f. ½.

$$\left.\begin{array}{l}61\\22526\\1838032\\323333\\3222\\33\end{array}\right\}5690 \text{ Talers.}$$ $$\left.\begin{array}{l}1\\3240\\3233\\32\end{array}\right\}10 \text{ fols, ou } \tfrac{1}{3} \text{ Taler.}$$

Ff

La Diviſion précedente fait ſenſiblement connoître que le Tireur de Bolzam y recevra 5690 Talers $\frac{1}{2}$, pour ſa Lettre de Change fournie ſur Bergame : Mais ſi l'on deſiroit ſçavoir le nombre des Florins & parties de Florin à débourſer à Bolzam, il ne faudroit que prendre la moitié des Talers & de ſes parties, pour en faire une Addition qui rendra des Florins.

Exemple.

5690 Talers $\frac{1}{2}$, ou 10 ſols, dont il faut prendre la moitié.
$\frac{1}{2}$ 2845 . $\frac{1}{4}$, ou 5 ſols, moitié deſdits Talers, & à ajoûter.

8535 Flor. $\frac{3}{4}$, ou 15. de 60 Kreuts le Florin.

Remiſe de Bolzam à Boulogne.

Un Particulier eſtant à Bolzam, voulant remettre à Boulogne en Italie 6945 Talers $\frac{3}{4}$ dans le temps que le Change de Bolzame pour Boulogne eſt déterminé à 57 ſols $\frac{1}{2}$ Boulonins, pour un Florin de 60 Kreuts; Sçavoir de combien d'Ecus & de parties d'Ecu Bolonin ſera la Lettre de Change tirée ſur Boulogne pour raiſon de la Remiſe cy-deſſus.

Regle.

Il faut reduire leſdits 6945 $\frac{3}{4}$ Taler en Florins, ce qui ſe fait en prenant la $\frac{1}{2}$ des premieres eſpeces pour en faire une Addition, que l'on multipliera enſuite par 57 ſols $\frac{1}{2}$ Boulonin, prix du Change; & ce dernier produit eſtant diviſé par 85 ſols Boulonins, valeur de l'Ecu de Boulogne, il viendra au Quotient de cette Diviſion des Ecus, &c.

Pratique.

Talers. 6945. 15 ſ. ou $\frac{3}{4}$ de Taler, ſomme à remettre, dont il faut prendre moitié.
$\frac{1}{2}$ 3472. 17. 6. produit pour $\frac{1}{2}$, ou $\frac{1}{2}$ de 6945 Talers $\frac{3}{4}$.

Florins. 10418. 12. 6. ou $\frac{5}{8}$ de Florin, à multiplier par
57 ſ. $\frac{1}{2}$. Boulon. prix du Change pour un Flor. de 60 K.

72926
520900
5209. 6. 3. produit pour $\frac{1}{2}$ ſ. ou $\frac{1}{2}$ de 10418 Fl. 12 ſ. 6 d.
28. 10. - autre prod. pour 10 ſ ou $\frac{1}{2}$ de 57 ſ. Boulonins.
7. 2. 6. autre pour 2 ſols, 6 d. ou $\frac{1}{4}$ de celuy de 10 ſ.

599071 ſ. 18. 9. Boulonins, à diviſer par 85 ſ. valeur de l'v Boul.

4876
599071
88888 } 7047 ▽ Boulonins, plus 3 livres, 16 fols, aussi Boulonins.
888

Traite de Bolzam fur Boulogne , pour preuve de la remise précedente.

UN Banquier de Bolzam , voulant tirer fur Boulogne 7047 Ecus, 3 livres 16 fols Boulonins, dans le temps que le Change eft à 57 fols ⅓ Boulonin, pour un Florin de 60 Kreuts ; Sçavoir combien il faudroit que ledit Banquier receût à Bolzam pour y fournir fes Lettres premiere & feconde de Change de ladite fomme de 7047 Ecus, 3 livres, 16 fols Boulonins, tirées fur Boulogne.

Regle.

IL faut reduire lefdits 7047 Ecus en fols, ce qui fe fait en les multipliant par 85 fols, valeur de l'Ecu Boulonin , & en ajoûtant à leur produit les 76 fols qui accompagnent lefdits Ecus. Enfuite on divifera leur fomme par 57 f. ⅓ prix du Change ; après toutesfois avoir reduit l'une & l'autre de ces fommes en demis-fols, fuivant la qualité de la fraction , mais parce que le Quotient de cette Divifion ne rendra que des Florins, il les faudra reduire en Talers , en fouftrayant le tiers des Florins de leur fomme , pour envifager le refte de cette Souftraction , comme des Talers ou Richedalles.

Pratique.

7047 Ecus Boulonois , à reduire en fols , multipliant ceux-là par 85 fols Boulonins, valeur d'un Ecu, auffi Boulonin.

35235
563760

76 fols , provenant des 3 livres , 16 fols cy-deffus.

599071 fols , égaux aufdits 7047 ▽, 3 livres, 16 fols, à multiplier par 2. Denominateur de la fraction, du prix du Change.

1198142 demis-fols , à divifer par 115 demis-fols , égaux à 57 f. ⅓.

Ff ij

```
      7                        6
    4200                      200              30
  1108142  } 10418 Fl.       1440  } 12 sols.  720 } 6 deniers.
  ---------                  1188              118
  11888888                    11
   11111
    111
```

10418 Florins, 12. 6. ou $\frac{5}{8}$ de Florin, dont il faut prendre le $\frac{1}{3}$.
$\frac{1}{3}$ 3472 . . 17. 6. à soustraire de la somme cy-dessus.

Talers. 6945 . . . 15. - ou $\frac{3}{4}$ de Taler à recevoir à Bolzam pour la Traite cy-dessus.

Remise de Bolzam à Florence.

UN Negociant de Bolzam estant redevable à Florence de 5456 Ecus, 16 sols, 8 deniers d'Or de 7 livres, 10 sols pour Ecu, en la Monnoye courante dudit lieu; veut sçavoir combien de Talers & de parties de Taler, il déboursera à Bolzam pour y prendre Lettre d'un autre Particulier Tireur sur Florence dans le temps que le Change est à 117 Kreuts, pour un Ecu de Florence de 7 livres, 10 sols.

Regle.

IL faut multiplier le prix du Change, qui en cét Exemple est 117 Kreuts, par 5456 Ecus, 16 sols, 8 deniers, & diviser le produit par 90 Kreuts, valeur d'un Taler, pour avoir au Quotient de la Division des Talers, & parties de Taler, égaux à ladite somme de 5456 Ecus, 16 sols, 8 deniers à remettre à Florence.

Pratique.

5456 ᴠ, 16. 8. den. somme à remettre de Bolzam à Florence, & à multiplier par
117 Kreuts, prix du Change pour un Ecu de Florence.

38192
54560
5456..
58.. 10. . produit pour 10 s. ou $\frac{1}{2}$ de 117 K. valeur d'un ᴠ.
39. . . autre produit pour 6 s. 8 den. ou $\frac{1}{3}$ desd. 117 Kr.

638450.. 10. s. ou $\frac{1}{2}$ Kr. à diviser par 90 Kr. valeur d'un Taler.

$8
$3848° ⎰
9999 ⎱ 7093 Talers, & ⁸⁄₉ de Tal. à débourſer à Bolzam pour faire
            payer à Flor. lad. ſomme de 5456 v, 16 ſ. 8. cy-deſſus.

Traite de Bolzam ſur Florence, pour Preuve de la Remiſe
précedente.

U N Negociant de Bolzam y eſtant Crediteur de 7093 Talers ⁸⁄₉ de Taler, & debiteur dans le meſme temps à Florence
de 5456 Ecus, 16 ſols, 8 deniers, Monnoye dudit lieu & trouvant
à diſpoſer de la partie à luy deuë à Bolzam pour Florence à 117
Kreuts pour un Ecu de Florence : Sçavoir ſi ces deux ſommes ſeront compenſées ou non.

Regle.

1°. **I** L faut feindre que l'on ignore la ſomme deuë à Florence par
ledit Negociant de Bolzam. 2°. Il faut reduire les Talers & parties de Taler en Kreuts, pour en diviſer le produit par le prix du
Change ; comme en cét Exemple, par 117 Kreuts : le Quotient
de cette Diviſion produira des Ecus, & parties d'Ecu de Florence.

Pratique.

7093 Talers ⁸⁄₉ de Taler, à multiplier par
90 Kreuts, valeur d'un Taler.
_____
638370
        80. produit pour ⁸⁄₉ de Taler, ou les ⁸⁄₉ de 90 Kreuts.
_____
638450 Kreuts, à diviſer par 117 Kreuts, valeur ſuppoſée d'un
        Ecu de Florence.

$89
$3$$8 ⎰   8   3
3845 ⎱ 5456 Ecus.   793 ⎰   1$8$ ⎰
117777   1960 ⎱ 16 ſols.   1$7 ⎱ 9 deniers.
1111   11
11

Avertiſſement.

O N voit clairement par la Pratique de la Regle cy-deſſus, qu'il
y a une juſte compenſation à faire de la debte paſſive creée à
Florence par la ceſſion de la debte Active auſſi creée à Bolzam. Et
partant que la Remiſe cy-devant faite à Bolzam de 5456 Ecus, 16 ſ.

8 deniers pour payer à Florence , a fait débourser audit Bolzam
7093 Talers , & $\frac{2}{9}$ de Taler.

Remise de Bolzam à Francfort.

UN Particulier de Bolzam , voulant remettre 3000 Talers à
Francfort, 98 $\frac{1}{2}$ Taler de Bolzam pour 100 Richedalles de
74 Kreuts de Change la Richedalle à Francfort ; Sçavoir combien cette Remise fera débourser audit Francfort.

Il faut dire par Regle de Trois.

Si 98 $\frac{1}{2}$ Tal. de Bolz. rendent 100 Rich. à Francfort. comb. 3000 Tal.

  2   3000 Tal.   ℞ 3045. Rich. 51 Kr.

197 Diviseur.   300000 Talers , à multiplier par
       2. Den. de la fract. du premier terme, Diviseur.

       600000 demis Talers , nombre à diviser par
         197 , égaux à 98 $\frac{1}{2}$.

 113
 8225
 600000 } 3045 Richedalles.   14
 297777   9980 } 50 Kreuts, ou 51, peù moins.
 1999   2977
  11   74 Kreuts de Change , valeur d'une Richedalle.   19
  540
  945.
  9990

Traite de Bolzam sur Francfort , pour prouver la Remise cy-dessus.

EStant deu à un Particulier de Bolzam 3045 Richedalles, &
51 Kreuts de Change , argent de Francfort : Sçavoir quelle
somme il luy faudroit compter à Bolzam , pour en prendre sa
Lettre de Change tirée sur son Correspondant de Francfort, dans
le temps que le prix du Change de Bolzam à Francfort est à 98 $\frac{1}{2}$
Taler pour 100 Richedalles de Francfort.

Il faut dire par Regle de Trois.

Si 100 Rich. de Francf. rendent 98 ½ Tal. à Bolz. comb. 3045. R. 51 K.

$$3045 . R . 51 K. \qquad \mathbb{R}. 3000 \, Tal.$$

$$24360$$
$$27405 .$$

1522.10 f. pour ⅓ Tal. ou ½ de 3045 Rich.
49.   5. pour 37 K. ou ½ de 98 Talers ½.
18.12. 8. pour 14 Kreuts ou ¹⁴⁄₇₄ defdits
                                        98 Talers ½.

Talers de Bolzam. 3000|00   7. 8. à divifer par 100, pᵣ terme.

Remife de Bolzam à Hambourg.

UN Particulier de Bolzam eftant redevable à Hambourg de 6955 Marques, & 12 fols Lubs, & trouvant à y en faire la Remife à fon Creancier dans le temps que le Change de Bolzam pour Hambourg eft à 99 ½ Taler pour 100 Richedalles de Hambourg évaluées fur le pied de 48 fols Lubs ; Sçavoir la fomme à débourfer à Bolzam, pour y prendre Lettre de ladite fomme de 6955 Marques, & 12 fols Lubs.

Regle.

IL faut reduire lefdites Marques en Richedalles, ce qui fe fait en prenant le tiers defdites Marques, pour avoir des Richedalles, que l'on multipliera par 99 Talers ½, & divifer enfuite leur produit par 100 Richedalles, le tout comme cy-après.

Il faut dire par Regle de Trois.

Si 100 Rich. de Hamb. rend. 99 ½ Tal. à Bolz. comb. 2318. Rich 28 f. Lubs.

$$2318 . R . 28 \text{ fols Lubs.} \qquad \mathbb{R}. 2307 \, Tal.$$

$$20862$$
$$20862 .$$

1159. prod. pour ⅓ Taler, ou ½ de 2318 Rich.
49. 15 f. autre produit pour 24 fols Lubs,
                                ou ½ de 99 ½ Taler.
8.   4. 9. aut. pᵣ 4 f. Lubs, ou ½ de 24 dits.

Talers de Bolzam. 2306|99. 19. 9. à divifer par 100, prem terme.
                              |90 - - Kreuts, valeur d'un Taler.

Kreuts. 89|10.   ou un Taler, peù moins.

Autre remife de Bolzam à Hambourg, pour preuve de la remife précedente.

UN Particulier de Bolzam ayant compté à un Banquier de la mefme Place la fomme de 2307 Talers, pour en prendre Lettre de Change, tirée fur Hambourg, fur le pied de 9 9 ½ Taler, pour 100 Richedalles de 48 fols Lubs : Sçavoir de combien de Marques, Sols & Deniers Lubs, ou de Richedalles, Marques & Sols Lubs, ledit Particulier de Bolzam fera Crediteur à Hambourg.

Il faut dire par Regle de Trois.

Si 99 ½ Tal. font rend. 100 Rich. à Hamb. comb. 2307 Tal. ℞ 2318 Rich.

$$2 \qquad\qquad 2307 \text{ Talers.} \qquad\qquad 28 \text{ fols Lubs.}$$

199 Divifeur. 230700, à multiplier par

2. Denominateur de la fraction du prᵉ terme.

461400, à divifer par 199, prem. terme, égaux à 99 ½.

```
  2 1                          9
  3 7 1 8                    1 0 8 2
4 6 1 4 0 0 ⎰ 2318 Richedal.  5 6 5 4 ⎰ 28 fols, le furplus eftant de nulle
1 9 9 9 9 9 ⎱              1 9 9 9 ⎱              valeur.
  1 9 9 9                     1 9
```

1 1 48 fols Lubs, valeur d'une Richedalle.

```
944
4720
```

5664 fols Lubs.

Avertiffement.

ON voit par la Pratique de la Regle cy-deffus, qu'il eft venu pour réponfe 2318 Richedalles, & 28 fols Lubs : Mais puifque dans la propofition cy-deffus on y parle de Marques, de Sols & Deniers Lubs. Il faut reduire lefdites Richedalles & les Sols cy-deffus en Marques, &c. ce qui fe fait en multipliant lefdites Richedalles par trois Marques, valeur d'une Richedalle, pour avoir au produit des Marques équivalentes aufdites Richedalles : & à l'égard des fols, qui accompagnent les Richedalles, il faudra compter autant de Marques qu'il y aura de fois 16 fols Lubs, comme le tout fe verra cy-aprés.

2318 Rich.

2 3 1 8 Richedall. 28 fols Lubs de Hambourg, à multiplier par
3 Marques, valeur d'une Riched. pour faire des Marques.

6954

1. 12 fols Lubs , valeur des 28 fols Lubs cy-deſſus ,
reſtans d'une Richedalle.

Marques. 6955. 12 fols Lubs, conformément à la remiſe de Bolzam
à Hambourg, comme cy-deſſus.

Avertiſſement pour le Change de Bolzam à Lion.

PUISQUE Bolzam ſe gouverne pour Lion, comme Ausbourg,
il ne ſera pas icy parlé ny des Remiſes ny des Traites pour
ladite Ville de Lion, & par conſequent de toutes les Villes de France.
On poura cependant conſulter les Queſtions qui ont eſté cy-devant
propoſées & reſoluës pour ce ſujet dans les pages 193. & 194.

Remiſe de Bolzam à Milan.

UN Negociant de Bolzam, voulant remettre à Milan en Italie 3955 livres, 11 fols, 8 deniers, Monnoye courante de
Milan, ou 3499 livres, 3 fols, 4 deniers, Monnoye de Change:
& trouvant Lettre de Change pour cette derniere partie équivalente à la premiere, ſur le pied de 66 fols ⅟ Milanois, dont 117
font l'Ecu dudit lieu, pour un Florin de 60 Kreuts ; Sçavoir la
ſomme à compter à Bolzam, pour y prendre du Tireur ſa Lettre
de Change de ladite ſomme de 3499 livres 3 fols, 4 deniers Monnoye de Change dudit Milan.

Regle.

IL faut reduire en Sols la ſomme à remettre, & les Sols qui en
proviendront en Demis-Sols, à cauſe de la fraction qui accompagne le prix du Change, qui ſera auſſi reduit en Demis-Sols : puis
diviſant la ſomme à remettre par le prix du Change ainſi condition-
né, il viendra au Quotient de la Diviſion des Florins de 60 Kreuts
piece, deſquels ôtant le tiers, le reſte ſera des Richedalles ou des
Talers, & des Kreuts à payer ou à recevoir audit Bolzam pour ladite Remiſe à faire à Milan.

Gg

Pratique.

3499 livres, 5 fols, 4 deniers de Milan, à multiplier par
20 fols, valeur d'une livre.

69983 fols, à multiplier par
2. Denominateur de la fraction du prix du Change, 66 f. ⁹⁄ₓ

139967. à divifer par 133 Demis-Sols, égaux aufdits 66 fols ⁹⁄ₓ

5
6̸3̸7̸1
2̸3̸9̸9̸6̸7̸ } 1052 Florins.
2̸3̸3̸3̸3̸3̸ }
1̸3̸3̸3̸

4̸0̸1
3̸0̸6̸0̸ } 23 Kreuts.
1̸3̸3̸3̸ }
1̸3̸

1 1 60 Kreuts, valeur d'un Florin.

3060 Kreuts, à divifer par 133.

Avertiſſement.

PAR l'Operation de la Regle cy-deſſus, il eſt venu pour réponfe 1052 Florins, & 23 Kreuts à payer à Bolzam ; mais pour
les reduire en Richedalles, il en faut prendre le tiers que l'on fou-
ftraira pour prendre le refte en qualité de Richedalles.

Exemple.

1052 Flor. 23 Kreuts, à débourfer à Bolzam, dont il faut prendre;
⅓ 350. . 47⅓ Kreuts, à fouftraire defdits Florins, &c.

701 Tal. 35 K. ⅓, équivalens aufdits 1052 Florins, 23 Kreuts.

Traite de Bolzam ſur Milan, pour prouver la remiſe cy-deſſus.

UN Particulier de Bolzam, voulant faire tenir en valeur & en
Monnoye de Milan 701 Talers, & 35 Kreuts ⅓ de Bolzam,
ſur le pied de 66 fols ⅓ Milanois, pour un Florin de 60 Kreuts: Sçavoir combien le Correfpondant de Milan y recevra pour le Compte de fon Commettant de Bolzam qui luy fait une Remife, comme cy-deſſus.

Regle.

IL faut reduire en Florins lefdits 701 Talers, 35 Kreuts ⅓, ou ²¹⁄₃₁
de Taler, peù moins : ce qui fe fait en prenant la moitié defdits Talers, &c, qu'on leur ajoûtera. Enfuite on multipliera la fom-

me provenuë de cette Addition, qui representera des Florins &
des parties de Florin, par 66 fols ½ Milanois, dont le produit fe reduira en Livres, comme cy-aprés.

Exemple.

701 Talers. 35 Kreuts ½, dont il faut prendre la moitié.
½ 350   47   ½, à ajoûter aux Talers, &c. cy-deffus.

1052 Florins. 23 Kreuts, à multiplier par
66 fols.   ½ Milanois, prix du Change.

6312 fols.
6312.
526. - produit pour ½ fol, ou ½ de 1052 Florins.
22. 2. d. autre produit pour 20 Kr. ou ⅓ de 66 fols ½ Milanois.
2. 3. d. autre pour 2 Kreuts, ou ⅟₁₀ de celuy de 20 Kreuts.
1. 1 d. autre pour 1 Kreuts, ou moitié de celuy de 2 Kreuts.

6998 3. 6 d. à divifer par 20, pour faire les livres.

. l. 3499. 3. 6 d. peù plus, égaux à la Remife cy-deffus.

Remife de Bolzam à Naples.

UN Particulier de Bolzam, voulant faire tenir à fon Correfpondant de Naples 3755 Ducats & 9 Carlins, dans le temps
que le Change eft reglé à 91 Kreuts, pour un Ducat de 10 Carlins; Sçavoir la fomme à débourfer à Bolzam, foit en Talers ou en
Florins, avec leurs fous-efpeces.

Regle.

IL faut multiplier lefdits 3755 Ducats & 9 Carlins, fomme à
remettre par 91 Kreuts, prix du Change convenu, pour avoir
au produit des Kreuts, que l'on divifera par 60 Kreuts, valeur d'un
Florin, fi l'on veut avoir des Florins pour payer à Bolzam; ou par
90 Kreuts, valeur d'un Taler, fi l'on defire payer en Talers, dont
la Pratique fuit.

3755 Ducats, 9 Carlins, somme à remettre à Naples, & à
multiplier par
91 Kreuts, valeur supposée d'un Ducat, ou prix du Change.

3755
337950
  45.   10. produit pour 5 Carlins, ou $\frac{1}{2}$ de 91 Kreuts.
  18.   4. autre produit pour 2 Carlins, ou $\frac{1}{5}$ desdits 91 Kr.
  18.   4. autre produit pour 2 Carlins, comme dessus.

$\frac{1}{6}$ 341787 K. 18. à diviser par 60. pour faire des Florins.

5696. Florins, 27 Kreuts, ou $\frac{9}{2}$ de Florin.

Autrement pour faire des Talers ou Richedalles.

341787 Kreuts, à diviser par 90. pour faire des Talers.

$\frac{2}{9}$ 3797 Talers, 57 Kreuts, ou $\frac{19}{4}$ de Taler.

Encore autrement pour faire des Florins, ou reduction de Talers en Florins.

$\frac{1}{2}$ 3797 Talers, 57 Kreuts, dont il faut prendre une moitié.
1898. . . $\frac{142}{2}$ de Kreuts, à ajoûter aux Talers & parties de
Taler susdit.

5696 Florins, $\frac{9}{2}$ de Florin, ou 27 Kreuts, suivant l'évalüa-
tion de la fraction $\frac{9}{2}$.

Et reciproquement reduire les Florins en Talers.

Our reduire les Florins en Talers & en leurs sous especes, il
faut prendre le $\frac{1}{3}$ des Florins, & de leurs parties à reduire en
Talers, lequel tiers on soustraira desdits Florins, & le reste sera
consideré comme des Talers, &c.

Exemple.

5696 Florins 27 Kreuts, dont il faut prendre le tiers.
$\frac{1}{3}$ 1898 . . $\frac{9}{2}$, à soustraire de la somme cy-dessus.

3797 Talers $\frac{19}{4}$ de Taler, ou 57 Kreuts, égaux en valeur ausdits 5696 Florins, 27 Kreuts.

Autre Remise de Bolzam à Naples, servant de preuve à la précedente.

UN Particulier de Bolzam, voulant faire tenir à son Correspondant de Naples 3797 Talers & 57 Kreuts lors que le

Change de Bolzam pour Naples eft reglé à 91 Kreuts, pour 1 Ducat de 10 Carlins ; Sçavoir de combien de Ducats & parties de
Ducat ledit Negociant de Bolzam fera Crediteur à Naples pour
ladite Remife.

Regle.

IL faut reduire les 3797 Talers en Kreuts, en les multipliant par
90. & en ajoûtant à leurs produit les 57 Kreuts qui accompagnent lefdits Talers, pour avoir au produit 341787 Kreuts, que
l'on divifera par 91 Kreuts, prix du Change pour un Ducat. Les
Quotiens des Divifions donneront le nombre des Ducats & Carlins que l'on cherche.

Pratique.

3797 Talers, 57 Kreuts, fomme à remettre & à reduire en Kreuts.
90 Kreuts, valeur d'un Taler.
_____
341730.
    57 pour ceux qui accompagnent les Talers fufdits.
341787. Kreuts, à divifer par 91 Kr. prix du Change, pour 1 Ducat.

888
68032
341787 } 3755 Ducats.   820 } 9 Carlins.
91111   91
999 10 Carlins, valeur d'un Ducat.
820 Carlins, à divifer par 91. Divifeur.

___

Remife de Bolzam à Nove, place de Foire en Italie.

UN Particulier de Bolzam, voulant faire tenir à Nove 10000
Ecus d'Or de Marc, dans le temps que le Change eft à 161
Kreuts ½, pour un Ecu de Marc à Nove ; Sçavoir la fomme à payer
à Bolzam, pour y recevoir Lettre de Change de ladite fomme de
10000 Ecus de Marc.

Regle.

IL faut multiplier 161½ Kreuts, prix du Change, par la fomme
à remettre ; c'eft à dire par 10000 Ecus, & divifer le produit
par 60, ou par 90. par rapport aux efpeces, felon lefquelles on defire payer le Tireur de la Lettre à remettre à Nove.

Pratique.

10000 ▽ d'Or de Marc, fomme à remettre de Bolzam à Nove.
161 ½ Kreuts, valeur fuppofée d'un Ecu de Marc.

1610000

5000. produit pour ½ Kreuts, ou ½ de 10000 Ecus de Marc.

1615000 Kreuts, à divifer par 90. pour faire des Talers.

$\frac{1}{90}$ 17944 Talers, & 40 Kreuts, ou $\frac{4}{9}$ de Taler, à reduire en Florins.

$\frac{1}{2}$ 8972 , à ajoûter à la fomme fufdite.

26916 Florins, 40 Kreuts, ou $\frac{2}{3}$ de Florin, à reduire en Talers.

$\frac{1}{3}$ 8972 . . $\frac{4}{8}$, à fouftraire de la fomme cy-deffus.

17944 . .   40 Kreuts, ou $\frac{4}{9}$ de Taler, comme cy-deffus.

Traite de Bolzam fur Nove.

UN Negociant de Bolzam y ayant débourfé 26916 Florins, & 40 Kreuts, pour prendre Lettre de Change, tirée à fon profit fur Nove à 161 ½ Kreuts, pour un Ecu d'Or de Marc ; Sçavoir de combien ledit Negociant de Bolzam fera Crediteur en Ecus de Marc, & de parties d'Ecu à Nove.

Regle.

IL faut reduire les Florins fufdits en Kreuts, & ceux-cy en Demis, que l'on divifera par 161 ½, auffi reduits en demis ; pour avoir au Quotient des Ecus, & parties d'Ecu d'Or de Marc, à recevoir à Nove.

Pratique.

26916 Fl. & 40 K. fomme à difpofer pour Nove, & à multiplier par 60 Kreuts, valeur d'un Florin.

1615000 Kreuts, égaux aufdits 26916 Fl. 40 Kreuts, à multiplier par 2. Denominateur de la fraction du prix du Change.

3230000 demis Kreuts, à divifer par 323, auffi demis K. égaux à 161 ½.

323̶0̶0̶0̶0̶
3̶2̶3̶3̶3̶3̶3̶   10000 Ecus de Marc, à payer & à recevoir à Nove.
3̶2̶2̶2̶2̶
3̶3̶3̶

⋆⋆⋆⋆

Remife de Bolzam à Nuremberg auffi d'Allemagne.

REmettre de Bolzam à Nuremberg 1500 Talers, 45 Kreuts à 98 ¼ de Taler, pour 100 dits de Nuremberg ; Sçavoir combien on y recevra de Talers & parties de Taler pour la Remife cy-deffus.

Il faut dire par Regle de Trois.

Si 98 ¼ Tal. de Bolzam, rendent 160 dits à Nuremb. comb. 1500 Tal. ¼.

     4.   1500 ½ Tal.   ℞ 1519 Tal. 44 K. 4 Pen.
 ——————   ——————
 395 Divifeur.   150000

                 50. produit pour ½, ou ¼ de 100 Tal.
             ——————
          150050, à multiplier par
              4. Denom. de la fraction du prem.
                    terme , Divifeur.
             ——————
          600200, à divifer par 395 quarts , égaux
                          à 98 ¾.

 3
 719
 20878 5 ⌠   I
 20878 5 ⌠   277   175
 600200 ⎬ 1519 Talers.   17880 ⎰ 44 Kreuts.   1360 ⌠ 3 ou 4 Pen.
 398888 ⎰   3988 ⎰   398 ⎰
 3999 ⎱   398 Penins, valeur d'un Kreuts.
 ——
 33   90 Kr. valeur d'un Tal.
 ——————
 17550 Kreuts.

Traite de Bolzam fur Nuremberg , fervant de preuve à la remife cy-deffus.

TIrer de Bolzam fur Nuremberg 1519 Talers , & 44 Kreuts ½ dudit lieu à 98 ¼ Taler dudit Bolzam , pour 100 dits de Nuremberg : Sçavoir combien le Tireur de Bolzam y recevra en la Monnoye dudit lieu, pour y fournir fa Lettre de Change de la fomme cy-deffus, à recevoir audit Nuremberg.

Il faut dire par Regle de Trois.

Si 100 Tal. de Nur. rendent 98 ¼ dit à Bolz. comb. 1519 Tal. 44 Kr. ½.

15 19 Tal. 44 Kr. ½.   ℞ 1500 Tal. ½.

12152.

136710.

   759.45. K. prod. pour ½, ou ⅓ de 1519 Tal.

   379.67. K. 4 Penins, autre prod. pour ¼,

          ou ¼ de celuy de ½.

   49. . . autre pour 44 ½ Kreuts, ou ½

            de 98 ¼.

Talers de Bolzam. 1500|50. 22 Kreuts, 4 Penins.

         |90 Kreuts, valeur d'un Taler.

Kreuts dudit Bolzam. 45.22. le surplus est insensible.

Remise de Bolzam à Rome.

UN Negociant de Bolzam, voulant faire tenir à Rome une partie de 6500 Ecus d'Or d'Estampe, dans le temps que le Change est à 163 ¾ Kreuts pour un Ecu d'Estampe; Desire sçavoir la somme qu'il devroit débourser à Bolzam, pour y prendre Lettre de Change de ladite somme de 6500 Ecus d'Estampe.

Regle.

IL faut multiplier 163 ¾ Kreuts, prix du Change par la somme à remettre; c'est à dire par 6500 Ecus, & diviser le produit par 60, ou par 90. suivant les especes que l'on se propose de donner en payement au Tireur.

Pratique.

6500 ▽ d'Or d'Estampe, somme à remettre de Bolzam àRome.

163 ¾ Kreuts, prix du Change, & valeur supposée de l'▽ d'Est.

19500 sols.

390000.

650000.

  3250. produit pour ½, ou ⅓ de 6500 Ecus d'Estampe.

  1625. autre produit pour ¼, ou ½ de celuy de ½ cy-dessus.

1064375. Kreuts, à diviser, par 90. pour faire des Talers.

⅟₉₀. 11826. Talers, & 35 Kreuts, à payer à Bolzam pour ladite remise.

Autre.

Autre remife faite à Bolzam pour Rome, ou la preuve de la remife précedente.

UN Particulier de Bolzam ayant compté à un autre dudit lieu 11826 Talers, & 35 Kreuts, pour en prendre Lettres de Change pour Rome à 163 ¼ Kreuts, pour un Ecu d'Or d'Eſtampe; Sçavoir de combien d'Ecus, & de parties d'Ecu d'Eſtampe, ledit Particulier de Bolzam ſera Crediteur à Rome, & quel ſera le contenu de la Lettre de Change à luy délivrée, pour raiſon de cette Remiſe.

Regle.

IL faut reduire la ſomme propoſée, comme cy-deſſus en Kreuts, & ceux-cy en quarts, pour les diviſer enſuite par 163 ¼, prix du Change auſſi reduits en quarts. Le Quotient de la Diviſion donnera des Ecus d'Eſtampe, & parties d'Ecu s'il y en doit avoir.

Pratique.

11826 Tal. 35 Kr. à reduire en Kreuts, en multipliant leſdits Tal. par 90 Kreuts, valeur d'un Taler.

1064375 Kreuts, à multiplier par
4. Denominateur de la fraction du prix du Change.

4257500. à diviſer par 655 quarts de Kreuts, égaux à 163 ¼.

$$\begin{array}{l} 3x \\ 4257500 \\ 688888 \\ 8888 \\ 66 \end{array} \Big) \; 6500 \; \text{Ecus d'Or d'Eſtampe, à recevoir à Rome pour ladite Remiſe.}$$

Traite de Bolzam ſur Saint Gal en Suiſſe.

UN Negociant de Bolzam, eſtant Crediteur à Saint Gal de 6450 Florins, & trouvant à Negocier ladite ſomme à 87 ¼ Florin de 60 Kreuts de Bolzam, pour 100 dits de Saint Gal; Sçavoir combien ledit Tireur de Bolzam y recevra de Florins & parties de Florin en la Monnoye dudit lieu, pour fournir ſa Lettre de Change, tirée ſur ſon Correſpondant de Saint Gal.

Hh

Il faut dire par Regle de Trois.

Si 100 Fl. de S. Gal, rend. 87-½ dit de Bolz. comb. 6450 Fl. ℟. 5643 Fl.¾

```
        6450
       _____
       45150
       516000
           3225. produit pour ½Fl. ou ½ de 6450 Florins.
```

Florins de Bolzam. 5643|75 Kreuts, à diviser par 100. Premier terme.
             |60 Kreut , valeur d'un Florin.

Kreuts, ou ¼ de Fl.   45|00.

Remise de Bolzam à Saint Gal , ou la preuve de la Traite cy - dessus.

UN Negociant de Bolzam , voulant remettre à Saint Gal 5643 Florins, & ¾ de Florin de Bolzam, sur le pied de 87½ Florin, pour 100 dits de Saint Gal : Sçavoir de combien de Florins & de parties de Florin, sera la Lettre de Change tirée sur ledit Saint Gal.

Il faut dire par Regle de Trois.

Si 87½ Fl. de Bolz. rend. 100 dits à S. Gal. comb. 5643 Fl.¾ ℟. 6450 Fl.
   2   5643¾. Florins de Saint Gal.
_____
175 Diviseur.   564300.
               50. prod. pour ½, ou ½ de 100 Flor. de S. Gal.
               25. autre prod. pour ¼ , ou ½ de celuy de ½.
            _____
           564375 Kreuts, à multiplier par
               2. Denom. de la fraction du p^r terme, Div.
           _____
          1128750, à diviser par 175. égaux à 87½ Florin.

```
   7
1128750  {
 178888  {  6450 Florins, à payer par le Remetteur audit Nego-
   777   {          ciant de Bolzam, tireur sur Saint Gal.
   22
```

Remise de Bolzam à Venize.

UN Negociant de Bolzam , voulant remettre à Venize 7900 Talers, sur le pied d'un Ecu de 93 Kreuts, pour 129 sols

Venitiens, Monnoye de Banque : Sçavoir de combien de Ducats de Banque, & de Gros ledit Negociant de Bolzam sera Crediteur à Venize, pour raison de la somme précedente par luy Remise.

Regle.

POur resoudre cette question, il faut reduire lesdits 7900 Talers en Kreuts, que l'on multipliera par 129 sols Venitiens, pour avoir au produit des sols aussi Venitiens, qui seront divisez par 93 Kreuts, valeur de l'Ecu de Change, Monnoye Imaginaire de Bolzam, pour avoir au Quotient des sols Venitiens, égaux à la somme remise aux conditions cy-dessus, pour lesquels reduire en Ducats; ils seront divisez par 124 sols Venitiens, égaux à un Ducat de Banque, pour avoir aux Quotiens des Divisions, des Ducats & parties de Ducat.

Pratique.

7900 Talers, somme à remettre, & à multiplier par
90 Kreuts, valeur d'un Taler de Bolzam.
_____
711000 Kreuts, à multiplier par
129 sols Venitiens, égaux à un Ecu de 93 K. de Bolzam.
_____
6399000.
1422000
71100000
_____
91719000 sols Venitiens, à diviser par 93 Kreuts.

$\cancel{8228}$
$\cancel{8071448}$
$\cancel{91719000}$ $\left.\begin{array}{c} \\ \\ \\ \end{array}\right\}$ 986226 sols Venitiens; peù moins; à diviser par
$\cancel{9333333}$ 124 s. égaux à un Ducat de Banque.
$\cancel{99999}$

$\cancel{94}$
$\cancel{228654}$
$\cancel{986226}$ $\left.\begin{array}{c} \\ \\ \end{array}\right\}$ 7953 Ducats. $\cancel{1296}\atop\cancel{1244}$ $\left.\begin{array}{c}5\\ \\ \end{array}\right\}$ 10 Gros, peù moins.
$\cancel{224444}$ $\cancel{12}$
$\cancel{1222}$
1224 Gros, valeur d'un Ducat.
216
108.
_____
1296 Gros, à diviser par 124 Gros, valeur d'un Ducat.

Hh ij

Traite de Bolzam fur la Ville de Venize, pour fervir de preuve à la remife précedente.

UN Negociant de Bolzam eftant Crediteur à Venize de 7953 Ducats, 10 Gros $\frac{1}{2}$ de Banque, & defirant negocier cette partie dans le temps que le Change eft à 129 fols Venitiens pour un Ecu de 93 Kreuts de Bolzam ; Sçavoir la fomme à recevoir par ledit Negociant de Bolzam, pour fournir fa Lettre de Change de ladite fomme de 7953 Ducats, 10 Gros $\frac{1}{2}$, tirée fur fon Correfpondant du dit Venize.

Regle.

POur refoudre cette queftion, il faut multiplier lefdits 7953 Ducats, 10 Gros $\frac{1}{2}$, par 124 fols Venitiens, valeur d'un Ducat, pour avoir au produit des fols, que l'on multipliera par 93 prix du Change, pour avoir au produit des Kreuts, lefquels on divifera par 129 fols Venitiens, prix du Change, pour un Ecu de 93 Kreuts, pour avoir au Quotient de cette Divifion des Kreuts, lefquels on divifera par 90, pour avoir des Talers & parties de Taler, s'il y en doit avoir, comme il fe verra cy-après.

Pratique.

7953 Ducats, 10 Gros $\frac{1}{2}$, fomme à tirer, & à multiplier par
124 fols Venitiens, valeur d'un Ducat de Banque.

```
        31812
       159060
       795300
    41.  6 f. 8. produit pour 8 Gros, ou ⅓ de 124 f. Venitiens.
    10.  6. 8. autre pour 2 Gros, ou ¼ de celuy de 8 Gros.
     2. 11. 8. autre pour 2 Gros, ou ¼ de celuy de 2 Gros.
```

      986226. 8 . . fols Venitiens, à multiplier par
          93. . . . Kreuts, égaux à 129 fols Venitiens.

```
     2958678
     8876034.
```

91719018, à divifer par 129 fols Venitiens, prix du Change,
pour un Ecu de Bolzam de 93 Kreuts.

```
    1
   42
 91719018  } 71000 K. peù plus, à divifer par 90, pour avoir des Tal.
 12999999  }
 1111111
 1111  ½ ⌡    7900 Talers, à recevoir à Bolzam pour la Traite cy-
             deffus, & égaux à la Remife cy-devant faite
             de Bolzam à Venize.
```

De la Reduction de l'Argent Monnoyé de Boulogne, en celuy des Places, où cette Ville étend son Negoce, tant en Banque qu'en Marchandise.

BOULOGNE est une des plus belles & des plus riches Villes de toute l'Italie, & que le Negoce rend tres recommandable. Je n'ay pas voulu taire en ce lieu une Relation veritable qui m'en a esté envoyée par une personne qui a une parfaite connoissance de ses prerogatives, & dont la lecture ne sera, je m'asseure pas ennuyeuse aux Curieux. En voicy la teneur.

1. Les Monnoyes qui ont cours en cette Place, ayant esté cydevant décrites en la page 28. On y poura avoir recours, pour avoir une connoissance exacte du nom & de la valeur des especes qui s'y employent, & de leur rapport à celle de France, que l'on pourra étendre sur celuy des Places, où cette Ville à ses Correspondances, par le moyen de l'égalization, qu'il sera facile de faire, par le moyen de la Regle conjointe, dont il sera parlé cyaprés.

On verra pareillement dans ladite page 28. Table troisiéme, de quelle maniere les Negocians de Boulogne, tiennent leurs Ecritures: & dans les pages 29. & 30, les rapports des Poids & des Mesures de cette Ville avec ses Correspondantes y sont dans toute leur étenduë, & autant exacts que le sujet le peut permettre. Ainsi il n'en sera fait icy aucune mention, en tant que l'on peut avoir recours aux endroits cy-dessus marquez.

2. BOULOGNE, *Change & donne; Sçavoir,*

98 sols ⅔ Boulonin, *p*. ou *m*. pour avoir un Ecu de 10 Jules, à Ancone.

55 sols ⅓ Boulonin, *p*. ou *m*. pour avoir 1 Florin de 60 Kreuts, . . . à Bolzam.

98 sols ⅛ Boulonin, *p*. ou *m*. pour avoir 1 Ecu de 10 Jules, à Ferrare.

103 sols Boulonins, *p*. ou *m*. pour avoir 1 Piastre de 10 Jules ⅓, ... à Florence.

83 sols Boulonins, *p*. ou *m*. pour avoir un Ecu d'Or Sol de 60 sols, . . . à Lion.

83 sols Boulonins, *p*. ou *m*. pour avoir une Piastre de 8 Reaux, ... àLivourne.

Hh iij

Boulogne Change & donne ; Sçavoir,

103 sols Boulonins, *p.* ou *m.* pour avoir un Ecu de 117 sols, Monnoye de Change,   à Milan.

88 sols Boulonins, *p.* ou *m.* pour avoir un Ecu de 6 livres, Monnoye courante,   auditMilan.

92 sols ⅓ Boulonin, *p.* ou *m.* pour avoir un Ducat de 10 Carlins,   à Naples.

184 Ecus Boulonins, de 85 sols, *p.* ou *m.* pour avoir 100 Ecus de Marc.   à Nove.

98 sols ¼ Boulonin, *p.* ou *m.* pour avoir un Ecu de 10 Jules,   à Rome.

1 Ecu de 85 sols Boulonins, pour avoir 127 sols, *p.* ou *m.* Monnoye de Banque,   à Venize.

Demonstration du Rapport des prix des Changes contenus dans la Table cy-dessus.

POur rendre raison des prix des Changes cy-dessus, & de l'égalité des Monnoyes ; On observera que 83 sols Boulonins font égaux à un Ecu de France, suivant la remarque qui en a esté cy-devant faite en la page 27. Table troisiéme, & que 3 livres, 10 sols, 10 deniers de France, sont aussi égaux à un Ecu de 10 Jules, lequel à cours à Ancone, comme je l'ay fait voir en l'Avertissement premier des Changes d'Ancone, page 177. Car suivant cette supposition on peut asseurer que 98 sols Boulonins, font l'égalité assez précise de l'Ecu d'Ancone, qui est de 10 Jules : parce que si 3 livres, valeur de l'Ecu d'Or Sol, rendent 83 sols Boulonins ; il faut que 3 livres, 10 sols, 10 deniers, valeur de l'Ecu d'Ancone, en Monnoye de France, soient égaux à 98 sols Boulonins à Boulogne.

Que la parité du Change de Boulogne à celuy de Bolzam, se tire de cette analogie ou proportion si souvent reïterée. Si 90 Kreuts, valeur de la Richedalle, égale à un Ecu de France, rendent 83 sols Boulonins : 60 Kreuts de Bolzam, valeur d'un Florin dudit lieu, doivent rendre suivant cette Hypothese 55 sols ⅓ Boulonin audit Boulogne.

Que Ferrare & Ancone changeant de mesme maniere pour Boulogne, & supposant la mesme Monnoye, ces deux Places gardent la mesme égalité à l'égard de la Monnoye dudit Boulogne.

Que si 10 Jules, valeur de l'Ecu d'Ancone & de Ferrare, rendent au Pair à Boulogne 98 sols Boulonins, on y doit donner 103 sols Boulonins ou environ, pour une Piastre de 10 Jules à Florence.

L'égalité de la Monnoye de France à celle de Boulogne & de Livourne ayant esté suffisamment démontrée pages 27. & 76. Je passeray à celle de Milan, laquelle se peut tirer de la parité qu'il y a entre 83 sols Boulonins, valeur d'un Ecu d'Or Sol, & entre 94 sols, 1 denier Milanois aussi égaux à un Ecu d'Or Sol. Car suivant cette Hypothese on peut dire par Regle de Trois.

Si 94 sols, 1 denier Milanois, sont égaux à 83 sols Boulonins : à combien seront égaux 117 sols Milanois, valeur de l'Ecu de Change de Milan. La Regle estant faite, il doit venir pour quatriéme Terme 103 sols Boulonins, peù plus, égaux ausdits 117 sols Imperiaux de Change de Milan.

Mais parce que les Changes, qui se font aujourd'huy de Boulogne à Milan, se reglent plûtost sur le pied d'un *Philippe d'Espagne*, qui vaut audit Milan six livres en Monnoye courante. Il s'ensuit que le Philippe susdit devroit rendre à Boulogne 87 sols ⅓ Boulonin : parce que si 3 livres, valeur de l'Ecu de France, sont égales à 83 sols Boulonins, il faut que ledit *Philippe d'Espagne*, estimé en France 3 livres, 3 sols, 4 deniers, suivant l'Observation que j'en ay cy-devant faite, page 111. soit équivalent à 87 sols ⅓ Boulonins, peù moins.

L'égalité de la Monnoye de Boulogne à celle de Naples, se peut tirer de la proportion qu'il y a entre 83 sols Boulonins, égaux à un Ecu de France, & entre 9 Carlins aussi, égaux au mesme Ecu d'Or Sol : Mais 10 Carlins, valeur d'un Ducat à Naples, valent plus que 9 Carlins, partant le Ducat de Naples doit faire débourser au Pair à Boulogne 92 ⅓ Boulonin, peù moins.

L'égalité de la Monnoye de Boulogne à celle de Nove, Place de Foire en Italie, se peut tirer de celle qu'il y a entre 183 Ecus ⅓ d'Or Sol, & entre 100 Ecus de Marc, comme il a esté démontré cy-dessus, page 119. Table XIX. de la premiere Application des Changes de France. Mais il a aussi esté démontré qu'un Ecu d'Or Sol est égal à 83 sols Boulonins, partant multipliant lesdits 83 sols Boulonins, par 183 Ecus ⅓. Il doit venir au produit 15217 sols Boulonins, lesquels estant divisez par 85 sols, valeur de l'Ecu de Change de Boulogne, il vient au Quotient 179 Ecus Boulonins, assez précisément pour la valeur de 100 Ecus de Marc.

La raison de la parité de la Monnoye de Boulogne, à celle de Venize se tire du Rapport qu'il y a entre 102 Ducats ⅓ de Banque & 100 Ecus d'Or Sol, qui sont égaux entr'eux, suivant l'Explication de la Table XXIV. de la premiere Application des Changes de France, page 134. parce que lesdits 102 Ducats $\frac{5}{8}$ estant multipliez par 124 sols Venitiens, valeur d'un Ducat de Banque, le produit est de 12725 sols, 6 deniers, aussi Venitiens, lesquels estant divisez par 100 Ecus d'Or Sol, il vient au Quotient 127 sols, 3 deniers, pour la valeur d'un Ecu d'Or Sol, égal à 83 sols Boulonins; Mais l'Ecu de Boulogne, sur le pied duquel on y fait les Changes pour Venize, estant de 85 sols Boulonins, il doit rendre au Pair 130 sols, 4 deniers Venitiens, peù moins, ce qu'il faloit démontrer.

3. *Rapport des Poids de Boulogne, à ceux des lieux cy-aprés.*

100 ℔. Poids de Boulogne, sont égales à

105 ℔. d'Ançone & de Ferrare, & la ℔. à 16 onces $\frac{4}{5}$ d'once.
101 ℔. de Rome, & la ℔. à 16 onces, & $\frac{1}{8}$ d'once.
121 ℔ de Venize, Poids Subtil, & la ℔. à 19 onces $\frac{3}{8}$ d'once.
77 ℔. dudit Venize, Gros Poids, & la ℔. à 12 onces $\frac{1}{3}$ d'once.

Observation I.

ON remarquera en ce lieu, que 100 ℔. de Venize, Poids Subtil ne rendent à Boulogne que 82 ℔. $\frac{2}{3}$. Et que suivant la proportion cy-dessus 100 ℔. dudit Venize, Gros Poids, rendent 130 ℔. au Poids de Boulogne.

Observation II.

ON poura voir la Table du Rapport des Poids de Boulogne, à tous ceux des Places où cette Ville correspond, pages 29. & 30.

Rapport des Mesures de Boulogne, à celles des Places suivantes.

3 Brasses de Boulogne, sont égales à une Canne de 8 Palmes de la Ville & Republique de Gennes.
100 Brasses de Boulogne, sont égales à 32 Cannes de Rome.

On remarquera que la Mesure de Florence est plus petite que celle de Boulogne de 8 $\frac{5}{6}$, ou environ pour cent; puisque 100 Brasses de Boulogne, sont égales à 108 $\frac{5}{8}$ de Florence.

4. Les Achapts & les Ventes se font au comptant & à Terme, & les payemens doivent estre ponctuels : par ce que si l'on achepte comptant, il faut bailler son Argent en recevant la Marchandise acheptée, si à terme, il faut que le Debiteur ait soin de satisfaire son Creancier au temps que les contractans sont convenus; car ce n'est

n'eſt pas la coûtume à Boulogne d'attendre le payement à faire pluſieurs jours aprés le Terme écheu; à moins que le Creancier n'ait affaire avec des perſonnes de grand credit, & ſoigneuſes de payer leurs dettes.

5. On ne ſçait ce que c'eſt que de donner quelque choſe de bon Poids, ny de bonne Meſure dans les Ventes que l'on fait à Boulogne : Mais ſi cela arrive quelquefois, c'eſt que les contractans en ſont demeurez d'accord auparavant que de conclure le marché.

6. Il n'y a point à Boulogne de Loix qui obligent à faire proteſter les Lettres de Changes au défaut des payemens qui s'en doivent faire. Et lors qu'il s'en fait, ce n'eſt que pour ſatisfaire à la coûtume, & par rapport au ſoin & à la diligence du Porteur des Lettres de Change, qui en uſe ainſi pour la ſeureté de ſes Correſpondans qui les luy ont fait tenir pour en procurer le payement.

7. L'Uſance des Lettres de Change, qui viennent de dehors, eſt de huit jours, à compter du jour de l'acceptation non compris, & l'on doit payer le jour meſme de l'écheance, & ſans aucun retardement. Cette pratique eſt mieux obſervée à Boulogne que s'il y avoit des Loix & des Statuts qui obligeaſſent les Marchands à les garder pour ce regard.

8. Dans les differens qui naiſſent ſouvent entre les Negocians, on s'en peut rapporter à des Arbitres; mais auparavant on fait un compromis au dedit de quelque peine ordinairement pecuniaire contre l'un des contrevenans. Il eſt vray qu'il arrive ſouvent que celuy, qui ne s'en veut pas tenir à l'Arbitrage, trouve toûjours des biais & des moyens pour appeller de la Sentence Arbitrale, pardevant les Juges Superieurs. Mais d'ailleurs on peut dire qu'un honneſte homme, qui a fait choix d'un autre éclairé dans les affaires de Negoce, & de plus reconnu pour homme de bien, s'en tient preſque toûjours à ce qu'il a arreſté.

9. Les Negocians, dans la neceſſité de leurs affaires, ayant beſoin de trouver de l'argent, ont recours à ceux qui en ont, leſquels moyennant une ſeureté entiere en donnent à 5 ou à 6 pour 100 par an.

10. Il y a dans la Ville de Boulogne pluſieurs Monts, qui reçoivent divers noms, les uns ſont appellez *Monts Perpetuels*, & les autres *Francs*.

Les *Monts Perpetuels*, ſont des lieux eſtablis pour y recevoir de l'Argent Monnoyé que l'on évaluë en Ecus d'Or effectifs, & que l'on y porte pour en retirer ordinairement un intereſt à raiſon de

7 ou 8 pour cent. On fait l'évaluation de ces Ecus d'Or suivant le prix qui leur est donné; comme sur le pied de 5 livres, 2 sols. Presentement on y prend des Ecus susdits à 4 pour ½ par an de profit pour le bailleur.

Les *Monts Francs* ont esté érigez & establis pour y recevoir des Livres de deux Jules Romains, par ce que les Genois en y portant de grosses sommes, l'ont ainsi voulu. On y donne un interest de 4 pour ½ par an. Et les revenus en estoient cy-devant payez si exactement aux Creanciers, qu'ils pouvoient de deux en deux, ou de trois en trois mois demander l'interest de leur Argent, qu'on leur assignoit sur les entrées de la Ville, jusqu'à la fin de l'année, à commencer du jour de la Creation de la Rente; sur les Imposts mis sur les Moulins, sur la Viande, sur les Vers à Soye, sur le Vin; comme aussi sur les grosses entrées de la Ville; & sur ce que l'on retire des Païsans, à cause des Denrées qu'ils apportent dans la Ville. De sorte que ce Mont est fort estimé de tous ceux qui ont des Rentes ou Revenus à y recevoir pour l'interest de leur Capital; parce qu'il n'y a point d'autre peine que celle d'aller faire le recouvrement de son deub en toût temps, & sans aucune dépense. Ceux qui veulent disposer des fonds qu'ils ont mis dans ce Mont, en trouvent à toute heure les occasions. Ces lieux là mesmes érigez en Monnoye Romaine avec les Privileges & Prérogatives de Rome, ont toûjours des Acheteurs qui donnent 10 à 12 pour cent par an, pour les Genois qui les voudroient attirer à eux s'il leur estoit possible.

11. Les Doüiannes & les autres Droits qui se levent sur les Marchandises, qui entrent dans Boulogne ou sur celles qui en sortent, sont également payez par les Naturels du Païs, & par les Etrangers sans aucune difference. Il n'y a que les Religieux Reguliers qui sont exempts de tous Droits, & les Maisons des Senateurs, qui ont en cela quelque avantage particulier, en ce qu'on leur accorde quelque diminution de ces Droits, mais de peu de consideration.

12. Les Pistoles que l'on fabrique à Boulogne, tiennent de bonté ou de fin 20 Carats au Marc d'Aloy, qu'ils appellent *Once*. On remarquera en ce lieu que l'once de l'Or le plus fin & exemt de toute Tare & impureté est à 24 Carats: que chaque Carat se divise encore en 24 parties moindres qu'ils appellent *Grains*; & qu'ainsi l'*Once* ou le *Marc* d'*Aloy* susdit contient de bonté 576 Grains.

Mais les Orfévres divisent le Marc, ou l'Once d'Or d'Aloy, en *Octaves*, *Carats*, & en *Grains*; ensorte qu'un Marc, ou Once d'Aloy, se divise en 8 Octaves; que chaque Octave se divise en 20 Carats, & que le Carat vaut 4 Grains. En un mot le Marc ou l'Once d'Aloy chez les Orfévres de Boulogne se divise en 640 Grains, au lieu que chez les Maîtres des Monnoyes on ne le considere que sur le pied de 576 Grains, comme il a esté dit cy-dessus.

On fabrique encore à Boulogne des pieces d'Argent, mais il n'y a que la Piastre & la Livre de Boulogne qui ait toûjours le mé-me Aloy, qui est de 10 deniers & 22 Grains. On observera en ce lieu que l'Once de l'Argent le plus fin est à 12 deniers.

13. Le Negoce déroge asseurément à la Noblesse. On peut neantmoins couvertement, & sous le nom d'autruy negocier, & parce moyen faire valoir son fonds, ainsi que Pie V. la permis en faveur des Negocians de cette Ville dans le Traité de *Cambiis*, page 518.

14. Quand aux Inventeurs de *Voiles*, *Cresses*, *Draps de Soye*, *Toiles*, *Savonnettes*, *Fleurets de Soye*, & autres Galanteries, & Cu-riositez particulieres, on n'en peut dire que peû de chose de cer-tain. On sçait seulement par Tradition que les Anciens Bourgeois de cette Ville se sont toûjours soigneusement estudiez & appliquez à la recherche des Manufactures les plus agreables, & les plus diffi-ciles à ouvrer, afin de se rendre recommandables à la posterité.

Applications des Changes de Boulogne, pour les Villes ou Places suivantes.

Remise de Boulogne à Ancone en Italie.

UN Particulier de Boulogne estant Debiteur envers son Cor-respondant d'Ancone de 2096 Ecus ½ Boulonin, & voulant luy remettre ladite partie lors que le Change de Boulogne pour la-dite Ville d'Ancone est à 99 sols ½ Boulonin, pour un Ecu de 10 Jules: Sçavoir combien il fera recevoir d'Ecus de 10 Jules, & par-ties d'Ecu audit Ancone pour la somme cy-dessus par luy débour-sée à Boulogne.

Regle.

IL faut multiplier les 2096 Ecus ½, somme à remettre par 85 sols Boulonins, valeur de l'Ecu dudit lieu, pour avoir au pro-duit des sols Boulonins, que l'on multipliera par 4. Denominateur de la fraction, qui accompagne le prix du Change, pour avoir au produit des Quarts de Sol, que l'on divisera ensuite par 397.

auſſi Quarts de Sol équivalens à 99 ſols ⅟, prix du Change pour un Ecu d'Ancone, afin d'avoir aux Quotiens des Diviſions des Ecus de 10 Jules , & parties d'Ecu s'il y en doit avoir.

Pratique.

2096 Ecus ⅟, ſomme à remettre , & à multiplier par
85 ſols Boulonins, valeur de l'Ecu dudit lieu.

10480
16768.

42 ⅟. produit pour ⅟ Ecu Boulonin, ou ⅟ de 85 ſols auſſi Boulon.

178202 ⅟ ſol, Boulonin, à multiplier par
4. Denominateur de la fraction du prix du Change.

712810. quarts de ſols , à diviſer par 397. prix du Change, auſſi reduit
en quarts, pour avoir des Ecus de 10 Jules, & parties d'Ecu.

2
719
358985
712810 ⟩ 1795 Ecus.
397777
3999
33 10 Jules, valeur d'un ℣.

362
2950 ⟩ 4. ou 5 Jules, peù moins, à
397   payer, & à recevoir à Ancone.

Traite de Boulogne ſur Ancone , pour ſervir de preuve à la Remiſe
cy-deſſus.

UN Banquier de Boulogne, eſtant Crediteur à Ancone de 1795 Ecus, & 5 Jules, & trouvant à tirer ladite partie ſur ſon Correſpondant dudit Ancone, ſur le pied de 99 ⅟ Boulonin, pour un Ecu de 10 Jules : Sçavoir combien il recevra audit Boulogne d'Ecu, & parties d'Ecu de 85 ſols Boulonins piece, pour fournir ſes Lettres au Remetteur de la ſomme cy-deſſus , à recevoir à Ancone.

Regle.

IL faut multiplier 1795 Ecus, & 5 Jules , ſomme à tirer par 99 ſols ⅟ Boulonin , pour avoir au produit des ſols Boulonins, que l'on diviſera par 85 ſols, valeur d'un Ecu , afin d'avoir aux Quotiens des Diviſions des Ecus, & parties d'Ecu Boulonin,

Pratique.

1795 ℣, 5 Jules, à tirer de Boulogne fur Anc. & à multiplier par
99 f. ⅟₄ Boulonin, prix du Change pour un Ecu.

```
 16155
161550
   448. 15 f.    produit pour ⅟₄ de f. Boulonin, ou ⅟₄ de 1795 ℣.
    49. 12.  6 d. autre produit pour 5 Jules, ou ⅟₄ de 99 fols ⅟₄ de f.
178203.  7.  6 fols Boulonins, à divifer par 85 f. pour avoir des Ecus.
```

```
         4
        88
178203  ⎱                  1
88888   ⎰ 2096 Ecus.      860 ⎱ 10 fols, peù plus, mais de nulle
888                       888 ⎰ confideration, à recevoir à Boulo-
                            8  ⎱ gne pour la Traite cy-deffus.
```

On voit par la Pratique cy-deffus qu'il eft venu aux Quotiens des
Divifions 2096 Ecus, 10 fols, peù plus, à recevoir à Boulogne
pour la Traite à y faire fur Ancone, & égaux à la Remife cy-devant
faite de Boulogne à Ancone.

Remife de Boulogne à Bolzam en Allemagne.

UN Negociant de Boulogne, voulant faire une Remife à fon
Correfpondant de Bolzam de 3087 Ecus, 10 fols de 85 fols
Boulonins piece, dans le temps que l'on donne 56 fols ⅟₄ Boulonin
pour un Florin de 60 Kreuts à Bolzam ; Sçavoir de combien de Florins & parties de Florin, il fera Crediteur audit Bolzam.

Regle.

IL faut multiplier les 3087 Ecus, 10 fols, fomme à remettre à
Bolzam par 85 fols, valeur d'un Ecu Boulonin, pour avoir au
produit des Sols, que l'on multipliera par 2. Denominateur de la
fraction qui accompagne le prix du Change, pour avoir au produit
des Demis-Sols, que l'on divifera par 113 auffi Demis-Sols équivalens à 56 fols ⅟₄ Boulonin, prix du Change, pour un Florin de
60 Kreuts, & les Quotiens des Divifions donneront des Florins,
Kreuts & Penins s'il y en doit avoir.

Pratique.

3087 ℣, 10 fols, à remettre de Boul. à Bolz. & à multiplier par
85 fols Boulonins , valeur d'un Ecu dudit lieu.

15435.
246960.
    42. 6 den. produit pour 10 fols de Boulogne, ou ⅟₂ de 85 fols,

262437 f. 6 deniers Boulonins , à multiplier par
    2. Denominateur de la fraction du prix du Change.

524875 Demis-Sols, à diviser par 113 , prix du Change, pour
                avoir des Florins , & parties de Florin.

$$
\left.\begin{array}{l}
1 \\
880 \\
72983 \\
524878 \\
113333 \\
1111 \\
11
\end{array}\right\} 4644 \text{ Florins.}
\qquad
\left.\begin{array}{l}
7 \\
838 \\
6280 \\
1133 \\
11
\end{array}\right\} 54. \text{ ou } 55 \text{ Kreuts, peù moins.}
$$

60 Kreuts, valeur d'un Florin.

Traite de Boulogne sur Bolzam , servant de preuve à la Remise
cy - dessus.

UN Negociant de Boulogne estant Crediteur à Bolzam de
4644 Florins & 55 Kreuts , de 60 Kreuts le Florin , &
trouvant à disposer de ladite partie , dans le temps que l'on donne
audit Boulogne 56 f. ⅟₂ Boulonin , pour avoir à Bolzam 1 Florin de
60 Kreuts ; Sçavoir combien ledit Negociant de Boulogne devroit
recevoir d'Ecus & parties d'Ecu du Remetteur, pour luy fournir ses
Lettres de la somme cy-dessus à recevoir à Bolzam.

Regle.

IL faut multiplier les Florins à tirer sur Bolzam par 56 fols ⅟₂ Boulonin , prix du Change pour un Florin , afin d'avoir au produit
des Sols, que l'on divisera par 85 fols , valeur d'un Ecu , pour avoir
aux Quotiens des Divisions des Ecus Boulonins , & parties d'Ecu ;
ce qui se verra clairement par la Pratique cy-aprés.

Pratique.

4644 Flor. 55 Kr. à tirer de Bolz. fur Boul. & à multiplier par
56 fols ½, prix du Change pour un Florin.

27864.
232200.

2322. . . . produit pour ½ fol Boul. ou ½ de 4644 Florins.
28. 5. . autre prod. pour 30 Kreuts, ou ½ de 56 f. ½ f. Boul.
18. 16. 8. autre produit pour 20 Kreuts, ou ⅓ de 56 fols.
4. 14. 2. autre prod. pour 5 Kr. ou ¼ de celuy de 20 Kr.

262438. 18. 16 fols Boulonins, à diviser par 85 fols, pour avoir
des Ecus, fols, & deniers.

7843
262478 } 3087 Ecus.
88888 }
888 }

1
860 } 10 fols, peù plus, à recevoir à Boulo-
888 } gne, & égaux à la remife cy-devant
8 } faite.

Avertiſſement.

COmme les Changes qui fe font à Boulogne pour Ferrare fe
reglent fur le pied d'un Ecu de 10 Jules, comme à Ancone.
Le Lecteur y fera renvoyé, parce que je n'ay mis icy Ferrare que
pour tenir l'ordre que je me fuis propofé de donner une connoiſ-
fance des Changes, où chaque Place correfpond.

Remife de Boulogne à Florence.

UN Negociant de Boulogne, voulant remettre à fon Correfpondant de Florence 2500 Piaftres ½, dans le temps que
le Change de Boulogne pour Florence eft à 102 ½ fol Boulonin,
pour une Piaftre de 10 Iules ½ ; Sçavoir combien ledit Negociant
débourfera de Livres, Sols & Deniers, Monnoye dudit Boulogne,
pour prendre Lettre du Tireur de la fomme cy-deffus, dont il veut
faire Remife à fon Correfpondant de Florence.

Regle.

IL faut multiplier 2500 ½ Piaftre, fomme à remettre, par 102
fols ½ Boulonin, prix du Change pour une Piaftre, afin d'avoir au
produit des Sols, que l'on divifera par 20. pour avoir des Livres,
Sols & Deniers, comme cy-aprés.

Pratique.

2500½ Piaſtre, ſomme à remettre, & à multiplier par
102 ſols½, prix du Change, pour une Piaſtre.
_____
5000 ſols.
250000.
1250. 3 den. produit pour ½ ſol Boul. ou ½ de 2500 Piaſtres ½.
51 . . produit pour ½ Piaſtre, ou ½ de 102 ſols Boulonins.
_____
25630|1 ſ. 3 den. à diviſer par 20. pour avoir des livres.
_____
⅟₂. 12815 l. 1 ſ. 3 deniers à débourſer à Boulogne, pour la remiſe cy-deſſus.

Traite de Boulogne ſur Florence, ſervant de preuve à la remiſe precedente.

UN Negociant de Florence eſtant Crediteur à Boulogne de
12815 livres, 1 ſol, 3 deniers, Monnoye de Boulogne,
dans le temps que l'on donne 102 ſ.½ Boulonin pour une Piaſtre de
10 Iules ½, & trouvant à diſpoſer de ladite ſomme au prix ſuſdit; Deſire ſçavoir combien il recevra de Piaſtres, & parties de Piaſtre pour
fournir ſes Lettres de la ſomme cy-deſſus à recevoir à Boulogne.

Regle.

IL faut reduire en Sols 12815 livres, 1 ſol, 3 deniers, Monnoye de Boulogne, ſomme à tirer : ce qui ſe fait en multipliant
leſdites Livres par 20. & multiplier enſuite les Sols provenus deſdites Livres par 2. Denominateur de la fraction, qui accompagne le
prix du Change, & diviſer le produit par 205, prix du Change
auſſi multiplié par 2. afin d'avoir aux Quotiens des Diviſions des
Piaſtres, & parties de Piaſtre s'il y en doit avoir

Pratique.

12815 livres, 1 ſols, 3 deniers, ſomme à tirer, & à multiplier par
20 ſols, valeur d'une livre.
_____
256301 ſols, 3 deniers, à multiplier par
2. Denominateur de la fraction du prix du Change.
_____
512603 demis-ſols, à diviſer par 205 auſſi demis-ſols, prix du Change.

2001
512603
2088888 } 2500 Piaſtres.
2000
22

1
2060
2088 } 10 ſols, peu plus, égaux en valeur
20   à la Remiſe cy-devant faite.

Ie

Ie pourois donner en ce lieu un Exemple d'une Traite & d'une Remife de Boulogne pour Lyon & autres Villes de France : Mais comme j'en ay donné un cy - devant dans l'Application des Changes de France, Table troifiéme, pages 28. & 29. Le Lecteur poura y avoir recours pour s'en éclaircir.

Remife de Boulogne à Livourne.

UN Negociant de Boulogne, voulant remettre à Livourne 3540 Ecus ½ Boulonin de 85 fols auffi Boulonins, lors que l'on y donne 84 fols ¾ Boulonin, pour une Piaftre de 8 Reaux ; Sçavoir de combien ledit Negociant de Boulogne fera Crediteur à Livourne, de Piaftres & de parties de Piaftre pour ladite Remife.

Regle.

IL faut reduire en Sols la fomme cy-deffus à remettre, ce qui fe fait en multipliant lefdits 3540 Ecus ½, par 85 fols, pour avoir au produit des fols, que l'on reduira enfuite en quarts, pour les divifer par 84 fols ¾ auffi reduits en quarts, afin d'avoir aux Quotiens des Divifions des Piaftres & parties de Piaftre, comme cy-aprés.

Pratique.

3540 Ecus ½ Boulonin, fomme à remettre, & à multiplier par
85 fols Boulonins, valeur de l'Ecu auffi Boulonin.

17700
283200

42 f. 6 den. produit pour ½ Ecu Boul. ou ½ de 85 fols Boulon:

300942 f. 6 deniers, à multiplier par
4. Denominateur de la fraction du prix du Change.

1203770 quarts de fol Boulonin, à divifer par 337 quarts de fol
égaux aufdits 84 fols ¾ Boul. prix du Change.

2466
292286
120377⁰ } 3572 Piaftres, peù plus, à payer ou à recevoir à Livourne.
337777
3333
33

Kk

Traite de Boulogne fur Livourne , pour fervir de preuve à la remife précedente.

UN Particulier de Boulogne Crediteur à Livourne de 3572 pie-ces de 8 Reaux, voulant en difpofer à 84 $\frac{1}{4}$ fol Boulonin pour 1 piece de 8. Sçavoir combien il recevra d'Ecus & parties d'Ecu à Boulogne pour y fournir fa Lettre de Change, tirée fur fon Cor-refpondant, au profit du Remetteur.

Regle.

IL faut multiplier lefdites 3572 pieces de 8. par 84 fols $\frac{1}{4}$ Boulo-nin, pour avoir au produit des fols Boulonins, que l'on divi-fera par 85 fols, valeur d'un Ecu Boulonin. Le Quotient donnera des Ecus, & parties d'Ecu, conformes à la Remife cy-deffus.

Pratique.

3572 Piaftres, fomme à tirer, & à multiplier par
84 fols $\frac{1}{4}$ Boulonin, valeur d'une Piaftre.
—————————
14288
285760
—————————
893. produit pour $\frac{1}{4}$ fol Boulonin, ou $\frac{1}{4}$ defdit 3572 Piaftres.
300941 f. Boulon. à divifer, par 85 fols, valeur de l'Ecu Boulonin.

$\begin{array}{l} 3 \\ 4\,8\,8 \\ 3\,0\,0\,9\,4\,1 \\ \hline 8\,8\,8\,8\,8 \\ 8\,8\,8 \end{array}$ } 3540 Ecus Boul. $\begin{array}{l} 5\,5 \\ 8\,2\,0 \\ \hline 8\,8 \end{array}$ } 9 fols, ou 10. peû moins, à re-cevoir à Boulogne pour ladite Traite.

—————————————————————————

Remife de Boulogne à Milan.

UN Negociant de Boulogne, voulant remettre à fon Cor-ref-pondant de Milan 4018 Ecus $\frac{1}{4}$ Boulonin de 85 fols piece, & ce dans le temps que le Change de Boulogne pour Milan eft à 104 fols $\frac{1}{2}$ Boulonin, pour un Ecu de 117 fols, Monnoye de Chan-ge de Milan : Sçavoir de combien d'Ecus & parties d'Ecu, Mon-noye de Change, ledit Negociant de Boulogne fera Crediteur à Mi-lan pour la fomme cy-deffus par luy débourfée audit Boulogne.

Regle.

IL faut reduire en fols les 4018 Ecus ¼ Boulonin, en les multipliant par 85 fols, valeur de l'Ecu Boulonin, pour avoir au produit des fols que l'on multipliera par 2. Denominateur de la fraction du prix du Change, afin d'avoir au produit des Demis-Sols,
que l'on divifera par 209. prix du Change auffi reduit en Demis-
Sols, pour avoir au Quotient de la Divifion des Ecus de Milan en
Monnoye de Change ; comme cy-aprés.

Pratique.

4018 Ecus ¼, fomme à remettre, & à multiplier par
85 fols Boulonins, valeur d'un Ecu de Boulogne.

20090
32144.

21. 3 deniers produit pour ¼ d'un Δ Boulon. ou ¼ de 85 fols.
341551 f. 3 deniers Boulonins, à multiplier par
2. Denominateur de la fraction du prix du Change.

683103. 6 Demis-Sols, à divifer par 209. auffi Demis-Sols,
égaux à 104 fols ½ Boulonin, valeur fuppofée
d'un Ecu de Milan.

Par les Divifions cy-deffus il eft venu 3268 Ecus, 8 fols, 9 deniers, peù moins, Monnoye de Change de Milan, à y recevoir
pour la Remife cy-deffus.

Traite de Boulogne fur Milan, pour fervir de preuve à la remife
cy-deffus.

UN Negociant de Boulogne, voulant tirer fur fon Correfpondant de Milan 3268 Ecus, 8 fols, 9 deniers, Monnoye
de Change dudit Milan, dans le temps que l'on donne à Boulogne
104 fols ½, pour recevoir un Ecu de 117 fols, Monnoye de Change à Milan : Sçavoir combien d'Ecus de 85 fols piece, & de parties

d'Ecu ledit Negociant recevra à Boulogne, pour fournir au Remetteur ses Lettres de Change de la somme cy-dessus.

Regle.

IL faut multiplier les 3268 Ecus, 8 sols, 9 deniers cy-dessus à tirer sur Milan, par 104 sols $\frac{1}{2}$ Boulonin, prix du Change convenu pour un Ecu, & diviser les sols qui en proviendront par 85 sols aussi Boulonins, valeur de l'Ecu, afin d'avoir au Quotient des Ecus & parties d'Ecu de Boulogne.

Pratique.

3268 Ecus, 8 f. 9 deniers, somme à tirer, & à multiplier par
104 sols $\frac{1}{2}$ . . prix du Change pour un Ecu.

13072
32680.
  1634. : 4. 4. produit pour $\frac{1}{2}$ sol Boul. ou $\frac{1}{2}$ de 3268 ♈, 8 f. 9 d.
    26. . - - autre pour 5 sols, ou $\frac{1}{4}$ de 104 sols.
    10. . 8. - autre pour 2 sols, ou $\frac{1}{52}$ desdits 104 sols.
     5. . 4. - autre pour 1 sol, ou $\frac{1}{2}$ du produit de 2 sols.
     2. . 12. - autre pour 6 deniers, ou $\frac{1}{2}$ de celuy d'un sol.
     1. . 6. - autre pour 3 deniers, ou $\frac{1}{2}$ de celuy de 6 deniers.

34155 2. . 14 4 f. Boul. à diviser par 85 f. pour avoir des ♈ Boul.

341882 } 4018 Ecus.   440 } 5 f. ou $\frac{1}{2}$ à recevoir à Boulogne
888 }   88 } pour la Traite cy-dessus.

Autre Traite de Boulogne sur la Ville de Milan.

UN Banquier de Boulogne estant Crediteur à Milan de 3545 Ecus $\frac{1}{4}$ de six livres piece, Monnoye courante, & trouvant à disposer de cette partie dans le temps que Boulogne change & donne 89 sols $\frac{1}{2}$ Boulonins, pour avoir un Ecu de six livres, Monnoye courante : Sçavoir combien ledit Banquier recevra à Boulogne d'Ecus &c. de 85 sols Boulonins piece, pour y fournir ses Lettres de Change de la somme cy-dessus à recevoir à Milan.

Regle.

IL faut multiplier 3545 Ecus $\frac{1}{4}$, somme à tirer sur Milan, par 89 sols $\frac{1}{2}$, pour avoir au produit des sols, que l'on divisera par 85.

afin d'avoir au Quotient de la Division des Ecus &c. à recevoir à Boulogne.

Pratique.

3545 ▽, $\frac{3}{4}$, somme à tirer sur Milan, & à multiplier par
89 sols $\frac{1}{4}$, prix du Change pour un Ecu.

31905.
283600.
886. 8 s. 9. prod. pour $\frac{1}{4}$ sol Boul. ou $\frac{1}{4}$ des 3545 ▽ $\frac{3}{4}$, cy-dessus
44. 10. - autre pour $\frac{2}{4}$ d'un ▽ Milanois, ou $\frac{1}{2}$ de 89 s. Boul,
22. 5. - autre pour $\frac{1}{4}$ dudit ou $\frac{1}{2}$ de celuy de $\frac{2}{4}$.

316458. 3. 9. à diviser par 85 s. Boul. pour avoir des Ecus.

2
81003
316458 } 3723 Ecus, 3 sols, à recevoir à Boulogne pour la Traite cy-dessus.
85555
888

Remise de Boulogne à Milan, servant de preuve à la Traite cy-dessus.

UN Banquier de Boulogne, voulant remettre à son Correspondant de Milan 3723 Ecus, 3 sols Boulonins, sur le pied de 89 sols $\frac{1}{4}$, aussi Boulonins, pour un Ecu de six livres, Monnoye courante de Milan: Desire sçavoir de combien doit estre la Lettre qu'il doit prendre du Tireur, pour la somme cy-dessus à luy délivrée, comme veut la question.

Regle.

IL faut multiplier lesdits 3723 Ecus, 3 sols Boulonins, par 85 sols, valeur d'un Ecu pour en faire des Sols, que l'on multipliera par 4. Denominateur de la fraction du prix du Change, & diviser le produit par 357 quarts, égaux aux 89 sols $\frac{1}{4}$, valeur supposée d'un Ecu de Milan.

Pratique.

3723 Ecus, 3 s. Boulonin, à remettre à Milan, & à multiplier par
85 sols Boulonins, valeur de l'Ecu de Boulogne.

18618.
29784.

316458 sols Boulonins, à multiplier par
4. Denominateur de la fraction du prix du Change.

1265832, à diviser par 357 égaux à 89 sols $\frac{1}{4}$, prix du Change.

22
1606
194387 ⌐
126832 ⌐ } 3545 Ecus.
387777
3888
33

34
1772 ⌐
8340 ⌐ } 14 f. ou 15 f. peù moins, à payer
3877 ⌐ } à Milan pour la Remife cy-def-
38 ⌐ } fus.

Remife de Boulogne à Naples.

UN Banquier de Boulogne, voulant remettre à fon Correfpondant de Naples 3800 Ecus ½ de 85 fols Boulonins, à 95
fols Boulonins, pour un Ducat de 10 Carlins; Sçavoir de combien
de Ducats il fera Crediteur à Naples pour la fomme cy-deffus par
luy débourfée à Boulogne.

Regle.

IL faut reduire en fols lefdits 3800 Ecus ½ cy-deffus à remettre,
ce qui fe fait en multipliant ceux-là par 85. & divifer le produit
par 95. prix du Change pour un Ducat, pour avoir au Quotient le
nombre des Ducats que l'on cherche.

Pratique.

3800 Ecus ½ Boul. fomme à remettre, & à multiplier par
85 fols Boulonins, valeur de l'Ecu.

19000.
30400.

42. 6 deniers, produit pour ½ Ecu Boul. ou ½ de 85 fols.
323043. 6. à divifer par 95, prix du Change pour un Ducat.

38
323043 ⌐
38888 ⌐ } 3400 Ducats.
999 ⌐

50 ⌐
430 ⌐
98 ⌐ } 4 Carlins ½, peù plus.

10 Carlins, valeur d'un Ducat.

430 Carlins, à divifer par 95.

Traite de Boulogne ſur Naples, pour preuve de la remiſe précedente.

UN Particulier de Boulogne ayant occaſion de tirer ſur Naples 3400 Ducats, 4 Carlins $\frac{5}{8}$, dans le temps que l'on donne 95 ſols Boulonins pour un Ducat ; Sçavoir combien on recevra d'Ecus, & parties d'Ecu Boulonin pour la Traite cy-deſſus.

Regle.

IL faut multiplier leſdits 3400 Ducats, 4 Carlins $\frac{5}{8}$, ſomme à tirer par 95 ſols, prix du Change, pour avoir des ſols, que l'on diviſera par 85 ſols, afin d'avoir au Quotient des Ecus & parties d'Ecu à recevoir à Boulogne, comme on verra cy-aprés.

Pratique.

3400 Ducats, 4 Carlins $\frac{5}{8}$ à tirer ſur Naples, & à multiplier par
95 ſols Boulonins, prix du Change pour un Ducat.

17000
30600.
19. . . produit pour 2 Carlins, ou $\frac{1}{5}$ de 95 ſols Boul.
19. . . autre pour 2 Carlins, comme deſſus.
4. 15. . autre pour $\frac{4}{8}$ de Carlins, ou $\frac{1}{4}$ de 2 Carlins.
1. 3. 9. autre pour $\frac{1}{8}$ de Carlin, ou $\frac{1}{4}$ de $\frac{4}{8}$ de Carlin.

323044 ſ. 18. 9. à diviſer par 85 ſols Boul. valeur d'un ▽ de Boul.

18
323044 } 3800 Ecus.
85555
888

3
880 } 10 ſ ou $\frac{1}{2}$, conformément à la Remiſe cy-deſſus.
855
8

Traite de Boulogne ſur Nove.

UN Negociant de Boulogne trouvant occaſion de tirer ſur Nove 3745 Ecus $\frac{1}{2}$ de Marc, lors que le Change de Boulogne pour Nove eſt à 185 Ecus $\frac{1}{2}$ Boulonin pour 100 Ecus de Marc; Sçavoir la ſomme à débourſer par le Remetteur de Boulogne cy-deſſus tirée ſur Nove.

Il faut dire par Regle de Trois.

Si 100 ▽ de Marc rend. à Boul. 185 ½. ▽ comb. 3745 ▽ ½. ℞ 6947 ▽, 18 ſ.
                    3745 Ecus ½ de Marc.
              ─────────────────
                    18725
                    29960.
                    3745. . ÷
                    1872. 15. pour ½ ▽ Boul. ou ½ de 3745 ∆ ½ ▽
                    92. 10. pᵣ ½ ▽ de M. ou ½ de 185 ▽ B.
           ──────────────────────────
EcusBoulonins. 6947|90. ſ. à diviſer par 100. pᵣ terme.
                      |20.
           ──────────────────
        Sols dits.   18|00.

Remiſe de Boulogne à Nove, ſervant de preuve à la Traite
                        cy - deſſus.

UN Negociant de Boulogne deſirant remettre 6947 Ecus,
   18 ſols Boulonins à ſon Correſpondant ou Commiſſionnaire
de Nove , dans le temps que le Change eſt à 185 Ecus ½ Boulonin
pour 100 Ecus de Marc ; Sçavoir de quelle ſomme il ſera Crediteur
à Nove pour la Remiſe cy-deſſus.

Il faut dire par Regle de Trois.

Si 185 ▽ ½ Boul. rend. 100 ▽ de Marc à Nove. comb. 6947 ▽, 18 ſ.
      2   6947 Ecus , 18 ſ.   ℞ 3745 Ecus ½.
  ────────   ──────────
  371 Diviſ.   694700
                    90. prod. pour 18. ou les ⁹⁄₁₀ de 100 ▽ de Marc.
              ──────────
                    694790 , à multiplier par
                    2. Denom. de la fraction du prix du Change.
              ──────────────────
          1389580. à diviſer par 371. Premier terme.

```
        I
       2208
      276845 ⌠                 361 ⌠
     1389580 ⎬ 3745 Ecus,      3700 ⎬ 9 ſ. ou 10 de Marc , peù moins,
      371111 ⎮                  371 ⎭ égaux à la Traite précedente.
       3777 ⌡
        33
```

Avertiſſement.

LEs Changes, qui ſe font à Boulogne pour la Ville de Rome, ſe réglant ſur le pied d'un Ecu de 10 Jules, comme à Ancone, on ſe comportera dans les Traites & Remiſes à faire de Boulogne pour Rome, comme pour Ancone.

Remiſe de Boulogne à Venize.

VN Negociant de Boulogne , voulant remettre à Venize 5040 Ecus $\frac{1}{2}$ Boulonin à 126 ſols $\frac{1}{4}$ Venitien, pour un Ecu de 85 ſols Boulonins ; Sçavoir de combien de Ducats, & parties de Ducat de Banque, ledit Negociant de Boulogne ſera Crediteur à Venize pour la Remiſe cy-deſſus.

IL faut multiplier 5040 Ecus $\frac{1}{2}$ Boulonin, par 126 ſols $\frac{1}{4}$ Venitien, prix du Change propoſé, pour avoir au produit des Sols de meſme nom, que l'on diviſera par 124 ſols Venitiens, valeur d'un Ducat de Banque, pour avoir au Quotient de la Diviſion le nombre des Ducats que l'on cherche.

Pratique.

5040 Ecus $\frac{1}{2}$, ſomme à remettre, & à multiplier par
126 ſols $\frac{1}{4}$ Venitien, prix du Change, pour un Ecu Boul.

    30240
    10080.
    5040 . .
    1260. 2. 6. produit pour $\frac{1}{4}$ de ſol Venit. ou $\frac{1}{4}$ de 5040 $\vee$ $\frac{1}{2}$ Boul.
      63. - - autre pour $\frac{1}{2}$ Ecu Boulonin, ou $\frac{1}{2}$ de 126 ſols.

    636363. 2. 6. à diviſer par 124 ſols, pour avoir des Ducats.

      1
     21
    11949⟨   374
    636363 ⟩ 5131 Ducats. 2856 ⟩ 23 Gros, peu plus, à recevoir à
    124444 ⟨   1244 ⟩ Venize pour la Remiſe ſuſdite.
    1222 ⟨   12

    11 24 Gros, valeur d'un Ducat.
      476
      238 .
      2856. Gros, à diviſer par 124.

LI

Traite de Boulogne fur Venize , fervant de preuve à la remife précedente.

VN Negociant de Boulogne , Crediteur à Venize de 5131 Ducats, 23 Gros, trouvant occafion de Negocier cette partie à 126 fols ½ Venitien pour un Ecu Boulonin de 85 fols ; Sçavoir la fomme qu'il luy faudroit compter à Boulogne pour fournir au Remetteur Lettres de Change, tirées fur Venize de ladite fomme de 5131 Ducats, 23 Gros.

Regle.

IL faut reduire en fols les Ducats à tirer fur Venize, en multipliant ces derniers par 124 fols Venitiens, valeur d'un Ducat, pour avoir au produit des Sols, que l'on multipliera par 4. Denominateur de la fraction qui accompagne le prix du Change, & divifer enfin ce dernier produit par 126 fols ½ prix du Change, auffi reduits en quarts ; c'eft à dire par 505 quarts de fol Venitien.

Pratique.

5131 Ducats, 23 Gros, fomme à tirer, & à multiplier par 124 fols Venitiens, valeur d'un Ducat de Banque.

20524
10262.
5131.

62. : : produit pour 12 Gros , ou ½ de 124 fols Venitiens.
31. . . autre pour 6 Gros , ou ½ de celuy de 12 Gros.
15. 10. : autre pour 3 Gros , ou ½ de celuy de 6 Gros.
10. 6. 8. autre pour 2 Gros , ou ⅓ de celuy de 6 Gros.

636363. 16. 8. fols Venitiens, à multiplier par
4. Denominateur de la fraction du prix du Change.

2545452. quarts de fol, à divifer par 505. quarts prix du Change.

292   495
2848452 }   5040 } 9 f. ou 10. peù moins, à recevoir
5058888 } 5040 Ecus.   505 } à Boulogne , le tout conforme à la
5000   Remife cy-devant faite.
88

De la Reduction de l'Argent. Monnoyé de Cologne, Ville fur le Rhein & Archevêché, en la Monnoye des Places, où celle-là correspond.

QUOYQUE Cologne, dans fes Negociations de Banque, differe fort peù de la pratique que l'on obferve à Amfterdam ; Ie ne laifferay pas de mettre en ce lieu une Table des prix courans des Changes qui s'y font, fans parler de leur parité; d'autant qu'il eft facile de la trouver par les propofitions cy-devant avancées pour les Changes des Dix-fept Provinces Unies.

COLOGNE *fufdit, Change pour les Places cy-après, & donne ; Sçavoir,*

{100 den. de Gros, pour avoir 101 den. *p.* ou *m.* à Amfterdam.
{100 deniers fufdits, pour avoir 99 dits, *p.* ou *m.* à Anvers.
85 dits, *p.* ou *m.* pour avoir 1 Fl. de 65 Kr. de Change. à Francfort.
{102 ½ dits, *p.* ou *m.* pour avoir 100 den. dits à Hambourg.
{100 - dits, pour avoir 101 ½ dits, *p.* ou *m.* à Lifle.
95 ¼ dits, *p.* ou *m.* pour avoir 1 Duc. de Ban. de 24 Gr. à Venize.

Avertiffement.

ON voit clairement par la Table cy-deffus, qui marque les prix courans des Changes, pour les Places où Cologne correfpond, pour quels lieux cette Ville donne le Certain, & ceux pour lefquels elle donne l'Incertain, conformément à la remarque qui en a efté cy-devant faite, pages 189. & 190. Et fur lefquels prix on poura propofer des queftions fur les Traites & fur les Remifes à-faire à Cologne, pour les Places cy-deffus avec leurs preuves.

De la Reduction de l'Argent Monnoyé de Dantzic, Ville de la Pruffe Ducale en Pologne, en celuy de Hollande, pour laquelle on donne en Pologne 218 Grofchs, plus ou moins, pour avoir une Livre de Gros de 20 fols auffi de Gros à Amfterdam.

Obfervation.

LE Pair de Dantzic pour Amfterdam a efté fuffifamment prouvé dans la quatriéme Table de l'Application feconde, page 150. & que l'on poura voir fur ce fujet. Comme auffi pour refoudre les queftions réciproques à faire en Banque, & pour fçavoir de quelle maniere on tient les Ecritures à Dantzic entre les Negocians.

Ll ij

❈❈❈❈❈❈❈❈❈❈❈❈❈❈❈❈❈❈❈❈❈❈❈❈❈❈❈❈❈❈❈

De la Reduction de l'Argent Monnoyé de Florence, Ville
Capitale du Duché de Toscane en Italie, en celuy des Places
où Villes, où celle-là à ses Correspondances principales.

PUISQUE la Relation suivante, qui m'a esté communiquée, contient presque toutes les demandes que l'on
pourroit faire sur le Negoce de Banque & de Marchandise, lequel se fait à Florence; Ie me contenteray de la décrire icy tout au long. En voicy la teneur.

1. La maniere de tenir les écritures à Florence, les noms
& valeurs des Monnoyes qui y ont cours, ayant esté suffisamment décrits dans la Table sixiéme, de la premiere Application des Changes de France, pour les Places étrangeres, pages
38 & 39. Les Lecteurs pouront y avoir recours pour s'en in-
struire. Mais outre les especes, qui sont contenuës dans cette Table, on peut encore ajoûter les suivantes qui sont les
Graces, dont 12 font une livre du Païs, revenant en France
à la valeur de 10 sols, elles font d'argent mêlé de cuivre. Il
y a outre ces *Graces* des *Quatrins noirs*, dont 60 font aussi une
livre. Ces deux dernieres fortes de petites Monnoyes, qui font
de bas aloy & mesmes les *Talers*, fervent a payer les Marchandises que l'on achete tous les jours dans les Boutiques &
aux Places publiques de Florence. C'est pour ce sujet que ces
fortes d'especes de Monnoye, ne reçoivent pas le nom de Monnoye de Change. Mais quand on les y veut reduire, on donne un pour cent ou environ pour l'*Agio*, ou difference de l'u-
ne à l'autre de ces Monnoyes, & c'est tantost plus & tantost
moins, felon que les Changeurs en conviennent entr'eux.

2. *Florence Change & donne pour les Places suivantes ; Sçavoir,*

100 Ecus d'Or de 7 livres, 10 s. Monnoye du païs, pour avoir 113 Ecus ½ de 10 Iules, *p.* ou *m.*	à Ancone.
1 Ecu susd. pour avoir 127 den. de Gros, *p.* ou *m.*	à Anvers.
75 ▽ dits, *p.* ou *m.* pour avoir 100 ▽ d'Or Sol de 60 s.	à Lion, &c.
115 sols, Monnoye courante, plus ou moins, pour avoir 1 Piastre de 58 sols.	à Livourne.
100 Ecus d'Or de 7 livres, 10 sols, pour avoir 126 Ducats de 10 Carlins, *p.* ou *m.*	à Naples.

136 v de 7 liv. 10 f. *p.* ou *m.* pour avoir 100 v de Marc. à Nove.
100 Ecus dits, pour avoir 74 v ½ d'Eftampe, *p.* ou *m.* à Rome.
72 v dits, *p.* ou *m.* pour avoir 100 Duc. de Banque. à Venize.

Demonftration des Rapports des prix du Change, contenus dans la Table cy-deffus.

LA raifon d'égalité qu'il y a entre la Monnoye d'*Ancone*, & entre celle de Florence, a efté cy-devant donnée, page 177. C'eft pourquoy on y aura recours.

La parité de la Monnoye de Florence à celle d'*Anvers*, ou des dix-fept Provinces Unies, fe peut tirer de 98 ⅖ denier de Gros, valeur d'un Ecu d'Or Sol, ainfi qu'il a efté cy-devant démontré, page 156. Table VI. de la 2ᵉ Application des Changes, & de 4 livres, 6 deniers, de France peu moins, valeur de l'Ecu de Florance de 7 livres, 10 fols, Monnoye dudit lieu. Ce dernier prix eftant fondé fur 74 Ecus, 10 fols, 11 den. de Florence pour 100 Ecus d'Or Sol : Car fi 3 livres, valeur de l'Ecu d'Or Sol a efté prouvé égal à 98 ⅖ denier de Gros, il s'enfuit que 4 livres, 6 deniers, valeur de l'Ecu de Florence, audit prix de 7 livres, dix fols, feront égaux à 131 ¼ den. de Gros, ce qu'il falloit prouver.

La parité de la Monnoye de Florence, à celle de *Lion*, ou autres Villes de France, à efté cy-devant prouvée, page 38, on la poura confulter pour eftre perfuadé de cette verité.

La raifon de l'égalité de la Monnoye de *Florence*, à celle de *Livourne*, fe peut tirer de celle d'une Piaftre de 58 fols, égale à l'Ecu d'Or Sol de France, & de 4 livres, 6 deniers, valeur comme cy-deffus de l'Ecu de Florence de 7 livres, 10 fols : Car fi 100 Ecus d'Or Sol font égaux à 74 Ecus, 10 fols, 11 den. de Florence, un Ecu d'Or Sol, fera égal à 111 fols, 10 den. peù moins de Florence; & par confequent vne piaftre, qui eft égale audit Ecu d'Or fol : ce qui juftifie l'egalité entre la Monnoye de Florence & celle de Livourne.

La parité de la Monnoye de Florence, à celle de *Naples*, fe peut prendre de la valeur d'un Ecu d'Or fol, qui a efté démontré égal à 9 Carlins, dont 10 font le Ducat de Naples, & de l'Ecu de Florence, qui revient comme cy-deffus en Mnonoye de France à 4 livres, 6 deniers : Car fi 3 livres, valeur de l'Ecu de France rendent au Païr a Naples 9 Carlins, il s'enfuit que 4 livres, 6 deniers, auffi Monnoye de France, & la valeur de l'Efcu de Florence, feront équivalens à 12 Carlins, lefquels

eftant multipliez par 100 Ecus de Florence, il viendra au produit
1200 Carlins , dont la dixiéme partié fera 120 Ducats, de
Naples égaux aufdits 100 Ecus d'Or de Florence ; ce qu'il
faloit démontrer.

La parité de la Monnoye de Florence , à celle de *Nove* vient
de ce que 100 Ecus d'or fol, eftant égaux à 74 Ecus 10 f. 11 den.
de Florence; 183 Ecus ⅓ d'Ecu, auffi d'Or fol, égaux à 100 Ecus
d'Or de Marc, feront auffi égaux à 136 Ecus ⅔ de Florence,
ce qui eft facile à juftifier par une fimple regle de trois à mettre
en pratique en pareilles rencontres.

l'Egalité de la Monnoye de Florence , à celle de *Rome* , fe
peut tirer de la parité de 74 Ecus 10 f. 11 den. de Florence,
à 54 Ecus ⅓ d'Eftampe égaux à 100 Ecus d'Or Sol de France:
parceque fi lefdits 74 Efcus 10 f. 11 den. de Florence , font
égaux à Rome à 54 Ecus ⅓ d'Or d'Eftampe, il s'enfuit que 100
Ecus de Florence , feront égaux à 73 Ecus 2 f. 2 den. auffi
d'Eftampe , ce qui eft facile à prouver par vne fimple Regle de
Trois.

Enfin la raifon pourquoy 100 Ducats de banque de *Venize*,
rendent à Florence 72 Ecus ⅓ peù plus, vient de ce que 102
¼ Ducat de banque de Venize égaux à 100 Ecus d'Or fol.
de France , rendent au pair à Florence 74 Ecus 10 f. 11 deniers
car fi 102 ¼ Ducat de Banque font égaux aufdits 74 Ecus 10
f. 11 den. de Flor. Il faut que 100 Ducats rendent au pair à
Florence 72 Ecus ⅓ peù plus ce qui eft facile à juftifier par les
raifons fi devant alleguées,

Obfervation.

On verra à la fin de cette relation les applications des prix
courans des changes contenus en la table fufdite.

3. Les rapports des poids de Florence à ceux des places ,
où celle là peut avoir fes correfpondances , ont efté cy-devant
suffifamment defcrits page 41 & ceux des Mefures en eften-
due de ladite Ville de Florence avec celles des places où elle
correfpond ont auffi efté pareillement examinez, page 42. C'eft
pourquoy je me contenteray d'y renvoyer les lecteurs , pour les
fatisfaire fur l'un & fur l'autre de ces deux fujets . & pour s'y
conformer dans les occafions.

4. Les achats & les ventes fe font à Florence comme dans
tous les autres lieux au *comptant* & à *terme* , felon la convention
des Vendeurs & des Acheteurs. Il y a beaucoup de Marchandifes
qui fe vendent au poids ; & d'autres à la Mefure en eftenduë :

Celles qui se vendent à la Mesure, c'est à dire à la Brasse, s'augmentent d'une Brasse pour cent pour la bonne Mesure. Les payemens des Marchandises ainsi achetées se font le plus souvent en argent comptant : parce qu'elles ne se payent pas en Monnoye de Change, mais pour l'ordinaire en Monnoye courante, à moins que l'on ne soit convenu du contraire ; c'est à dire de les payer en Monoye de Change : Lors que le terme accordé à l'Acheteur est escheu, le Vendeur a de coustume d'attendre quelques semaines plus ou moins après le temps expiré, selon la facilité qu'en donne le Crediteur & par rapport à la ponctualité du Debiteur. Si toutefois un Negociant Vendeur, vouloit user des voyes de Droit, il pourroit contraindre l'Acheteur à le payer au temps de l'echeance & sans aucune remise : mais cela se pratique rarement.

5. Les Lettres de Change, se payent en Monnoye de Change, & le Debiteur peut les payer seurement si bon luy semble lors de leur présentation. Mais ordinairement on les paye comme dans les Places où il y a Banque ouverte par *Virement de Parties*, & suivant les Occurrences *par forme de Bilan* : Comme cela se pratique dans les Foires de Lion. Où l'on observera que ce Virement de Parties, qui se fait en Banque, a esté introduit pour la commodité des Negocians. Et cela se pratique de trois en trois mois. Et par Ordonnance de son *Altesse Serenissime*, les Lettres de Change se Payent le premier Samedy d'aprés leur escheance, & celles qui sont virées en Banque, peuvent n'estre aquitées que le Mardy d'aprés le premier Samedy cy dessus specifié. Ce qui se pratique pour donner du temps aux Debiteurs de se déclarer en faveur des Porteurs de Lettres de Change, lesquels en poursuivent le Payement pendant ledit Bilan. Et lors que du Samedy au Mardy, il y a quelque Feste, excepté le Dimanche, qui n'est pas compris : le Debiteur peut retarder le payement desdites Lettres d'autant de jours qu'il s'y rencontrera de Festes. Si une Feste arrive le Samedy d'aprés l'Escheance des Lettres de Change, on differe de Payer jusqu'au Samedy immediatement suivant, qui est le jour de l'écheance pour le Debiteur, & en cas qu'en ce jour là il arrivast encore une Feste, on feroit le Vendredy precedent les mesmes diligences que l'on pourroit faire le Samedy non ferié. Il n'y a point d'obligation à Florence de faire protester les Lettres de Change. Mais si le Porteur desdites Lettres se veut faire asseurer de leur reüssite, il faut que ce soit seulement le jour mesme du Samedy qu'il en devroit faire le recouvrement. Que si l'on requiert le Debiteur

de payer par Virement de Parties & qu'il ne le faſſe pas, c'eſt enfreindre la coûtume de la Banque, & pour lors on fait faire le Proteſt dés le Mardy qui eſt le temps accordé pour la prorogation, principalement quand le Banquier s'explique & dit, qu'il ne peut, ny ne veut faire bonne la Partie qu'on luy demande.

6. L'Uſance des Lettres de Change tirées des Places étrangeres, ou de dehors ſur la Ville de Florence ſont d'ordinaire; Sçavoir,

Celles d'Ancone ſont payables à 10 jours de Veuë.

Celles de Boulogne ſont payables à 3 jours de Veuë.

7. Quand il arrive quelque different entre les Negocians, & qu'ils veulent bien s'en rapporter à des Arbitres, on preſente une Requeſte à S. A. S. Laquelle Requeſte eſtant répondue, le compromis fait entre les parties eſt autentique, & doit eſtre executé, ſelon ſa forme & teneur, en ſorte que les parties ne peuvent pas appeller de la Sentence prononcée par leſdits Arbitres.

8. Lorſque les Negocians ont beſoin d'argent, ils en trouvent par l'entremiſe des Courtiers ou autres Particuliers chez d'autres Negocians &c. Deſquels on prend des ſommes de deniers en dépoſt, dont l'Intereſt eſt accordé par la partie prenante, ſuivant le prix arreſté de Foire en Foire.

9. Il y a à Florence pluſieurs ſortes de Monts; Sçavoir

Le Mont du Sel, qui a pour revenus tous les prix du Sel, les taxes faites ſur les Hôtelleries, les Droits levez ſur le Tabac & autres Impoſts. Au commencement on donnoît 4 pour cent de profit à ceux qui portoient leurs deniers à ce Mont, & l'on en recevoit tous les trois Mois les Intereſts : Mais aujourd'huy l'on a reduit les fonds à 95. au lieu de 100 plus ou moins, ſelon la neceſſité des affaires publiques.

Le Mont de Pieté a pour revenu tous les Droits d'Entrée, qui ſe payent aux portes & autres lieux. Au commencement chaque lieu rendoit un profit conſiderable, qui eſtoit à raiſon de 4 à 5 pour cent. Mais cét Intereſt a eſté diminué par la ſuite des temps.

Il y a encore à Florence un autre Mont public appellé le *Mont des Grilles*, lequel eſt fort ancien, & dont les revenus ſont aſſignez ſur diverſes natures d'affaires. On y donne par an, depuis 3 juſqu'à 7 pour cent, pour l'Intereſt des ſommes que l'on y porte. Les Contracts s'y font ſur le pied d'une certaine Monnoye Ancienne appellée *Florins*, dont l'évaliiation ſe fait en ſorte, que celuy qui baille ſon Argent en retire ordinairement ſur le pied de quatre pour cent.

10. Les Droits de Gabelle, de Douane & autres Impoſts, ſe
payent

payent également par les naturels du Païs, & par les Eftrangers fans aucune difference.

11. Il n'y a à Florence qu'un feul & mefme poids. Il eft vray que les Marchandifes fines, comme font les Draps fins, les Soyes & autres fe pefent avec un Pefon qui donne le jufte Poids. Mais les Marchandifes groffieres, fe pefent avec un autre Pefon qui rend quelque chofe de bon Poids, lequel Pefon à caufe de fa grandeur emporte 2. pour cent, & quelquefois d'avantage.

Obfervation.

ON remarquera en ce lieu, que j'aurois icy ajouté deux Tables. L'Une pour faire connoître les juftes Raports des Poids de Florence à ceux des lieux où cette Ville correfpond, & l'autre pour donner une Idée generale de la proportion que la mefure de ladite Ville garde avec la mefure des autres Villes, avec lefquelles celle-là Negocie en Marchandife : Mais ces deux fortes de Rapports, ayant efté cy-devant fuffifamment démontrez dans les pages 41. & 42. de la premiere Application des Changes de France Table VI. les Lecteurs y auront recours dans les rencontres où ils auront befoin de cette connoiffance.

12. L'Or & l'Argent fe pefent aux Poids des Balances.

13. Les Piftoles que l'on Fabrique à Florence font de mefme Poids & Aloy que celles d'Efpagne, qui font eftimées eftre à 22 Carats de fin.

Les Piftoles d'Italie, que l'on Fabrique au coin de Pife, font de mefme Poids & Aloy que celles du Pape, de Savoye, de Mantoüe & des autres lieux d'Italie, lefquelles font à 21 1/4 de Carat de fin.

14. Le Negoce ne déroge pas à la Nobleffe : La Ville de Florence ayant des Privileges qui luy font particuliers, d'où vient que la plus grande partie de la Nobleffe fait Commerce.

Applications des Prix courans des Changes cy-devant décrits, pages 268. & 269.

Traite de Florence fur Ancone.

UN Banquier de Florence étant Crediteur à *Ancone* de 4740 Ecus 1/2 de 10 Jules Piece, & voulant tirer ladite partie fur fon Debiteur d'Ancone, lorfque Florence donne 100 Ecus d'Or de 7 livres, 10 fols, Monnoye dudit lieu, pour 115 Ecus 1/2 à recevoir audit Ancone ; Sçavoir combien d'Ecus, & parties d'Ecu, le

M m

Remetteur devroit compter à Florence audit Banquier Tireur, pour en prendre Lettre de Change, tirée sur son Correspondant ou Debiteur d'Ancone.

Il faut dire par Regle de Trois.

Si 115 ▽ ½ d'Anc. rend. 100 ▽ à Fl. comb. 4740 Ecus ½ ℞. 4104 ▽ 10 f. 11 d.

$$\begin{array}{l} \phantom{231\ \text{Divis.}}\ \ 2 \qquad\qquad 4740\ \text{Ecus}\ \tfrac{1}{2}\ \text{d'Ancone.}\\ \overline{231\ \text{Divis.}}\quad 474000\\ \phantom{231\ \text{Divis.}4740}\ 50: \text{prod. pour}\ \tfrac{1}{2},\ \text{ou}\ \tfrac{1}{?}\ \text{de 100 Ecus de Flor.}\\ \phantom{231\ \text{Divis.}4740}\ 25.\ \text{autre prod. pour}\ \tfrac{1}{?}\ \text{ou}\ \tfrac{1}{?}\ \text{de celuy de}\ \tfrac{1}{?}\\ \overline{474075.\ \text{Ecus, à multiplier par}}\\ \phantom{231\ \text{Divis.}47407}\ 2.\ \text{Denom. de la fraction du }1^{er}\text{ terme, diviseur.}\\ \overline{948150.\ \text{à diviser par 231. Premier terme.}} \end{array}$$

$$\begin{array}{ccc} 21 & & \\ 24026 & & \\ 948150 \Big\} 4104\ \text{Ecus.} & \begin{array}{c}21\\2820\\ \overline{2311}\Big\}10\ \text{f.}\\ 23\end{array} & \begin{array}{c}21\\2820\\ \overline{2311}\Big\}11\ \text{den. peù moins.}\\ 23\end{array} \\ \overline{231111} & & \\ 2333 & & \\ 22 & & \end{array}$$

Par la pratique de la Regle de Trois cy-deffus, on connoît que le Tireur doit recevoir à Florence 4104 Ecus, 10 fols, 11 den. Monnoye dudit lieu, & ce fuivant le prix du Change cy-deffus, dont la preuve fuit.

Remife de Florence à Ancone.

UN Banquier de Florence eftant redevable à un de fes Correfpondans d'Ancone de la fomme de 4104 Ecus 10 fols, 11 den. Monnoye de Florence, & ayant ordre de fon Creancier de luy en faire la Remife à 115 Ecus ½ d'Ancone pour 100 Ecus de Flor. Sçavoir de combien d'Ecus & de parties d'Ecu d'Ancone fera la Lettre de Change à prendre du Tireur.

La Pratique de cette Remife fe verra tout au long dans la page fuivante 275.

Il faut dire par Regle de Trois.

Si 100 v de Flor. 115 v ½ à Anc. comb. 4104 Ecus 10 f. 11 d. 4740 Ecus ½.
4104 Ecus 10 f. 11 d. de Florence.

<pre>
    20520
    4104.
    4104. .
    2052. 5.6. produit pour ½ Ecu d'Ancone.
     57. 10. — prod. pour 10 f. ou ½ de 115 Ecus.
       3. 6. 3. produit pour 8 den. ou ⅓ de celuy de 2 f.
       1. 8. 9. prod. pour 3 den. ou ¼ de celuy defd. 2 f.
</pre>

Ecus d'Anc. 4740|75. 2 φ. 4. prod. à divifer par 100. premier Terme.

Remife de Florence à Anvers, &c.

UN Negociant de Florence eftant redevable à un autre Negociant d'Anvers de la fomme de 4800 Ecus ½ de 7 livres, 10 fols piece, & trouvant à remettre d'ordre cette partie à 118 den. de Gros, pour un Ecu fufdit : Sçavoir de combien de liv. f. & den. de Gros, fera la Lettre de Change à fournir par le Tireur audit Negociant de Florence.

Regle.

IL faut multiplier la fomme à remettre, c'eft à dire 4800 Ecus ½ de Florence par 118 den. de Gros, prix du Change pour Ecu pour avoir au produit des deniers de Gros, que l'on divifera par 12 pour faire des fols, & ceux-cy par 20 pour avoir des livres aufli de Gros, comme cy-aprés.

Pratique.

4800 Ecus ½ de Flor. fomme à remettre, & à multiplier par 118. den. de Gros, prix du Change pour 1 Ecu de Flor.

<pre>
 94400
 472 . . .
     59 . . prod. pour ½ Ecu de Fl. ou ½ de 118 den. de Gros
 566459. den. de Gros à divifer par 12 den. pour faire des fols
 4720|4 fols 11 den. de Gros, à divifer par 20 pour avoir des l.
 2360. liv. 4 f. 11 den. de Gros, à payer & à recevoir à Anvers
        pour la remife des 4800 Ecus ½ cy-deffus,
</pre>

Traite de Florence sur Anvers ou preuve de la remise précedente.

UN Negociant de Florence estant Crediteur à Anvers de 2360 livres, 4 sols, 11 deniers de Gros, & trouvant à en disposer à 118 deniers de Gros pour Ecu de 7 livres, 10 sols de Florence : Sçavoir combien ledit Negociant devroit recevoir d'Ecus, & parties d'Ecu, pour fournir au Remetteur ses Lettres premiere & seconde de Change de ladite somme de 2360 livres, 4 sols, 11 deniers de Gros.

Regle.

IL faut reduire lesdites 2360 livres, 4 sols, 11 deniers de Gros en deniers, que l'on divisera ensuite par 118 deniers de Gros, prix du Change, pour avoir aux Quotiens des Divisions des Ecus, & parties d'Ecu de Florence.

Pratique.

2360 livres, 4 sols, 11 deniers, somme à tirer, & à multiplier par 20 sols, valeur d'une livre, pour faire des sols.

47204 sols de Gros, à multiplier par
12 deniers, valeur d'un sol, pour faire des deniers.

566459 d. de Gros, égaux ausdits 2360 l. 4 s. 11 d. à diviser par 118 den. de Gros, prix du Change pour un Ecu de Florence, afin d'avoir aux Quotiens des Divisions, des Ecus & parties d'Ecu de Florence.

$$\left.\begin{array}{l} \cancel{84} \\ \cancel{566459} \\ \cancel{118888} \\ \quad\cancel{1111} \\ \qquad 11 \end{array}\right\} 4800\ \text{Ecus.} \qquad \left.\begin{array}{l} \cancel{1180} \\ \cancel{1188} \\ \quad 11 \end{array}\right\} \begin{array}{l} \text{10 sols de Florence à y recevoir} \\ \text{pour la Traite cy-dessus, servant} \\ \text{de preuve à la Remise dudit Flo-} \\ \text{rence à Anvers.} \end{array}$$

Remise de Florence à Lion.

UN Banquier de Florence, voulant remettre à Lion 4138 Ecus, 9 sols, 3 deniers de Florence à 76 Ecus $\frac{1}{2}$ de 7 livres, 10 sols piece, pour 100 Ecus d'Or Sol de 60 sols aussi piece ; Sçavoir de combien d'Ecus, Sols & Deniers d'Or Sol, sera la Lettre de Change à prendre du Tireur sur Lion.

Il faut dire par Regle de Trois.

Si 76 ⱽ ⅟₂ de Flor. rendent 100 ⱽ d'Or Sol à Lion: comb. 4138 ⱽ, 9 ſ. 3 d.

2	4138 Ecus, 9. 3. de Flor. ℞. 5409 ⱽ, 15 ſ. 1.

153 Diviſeur.   413800.

25 . . produit pour 5 ſ. ou ⅟₄ de 100 Ecus.
20 . . aut. prod. pour 4 ſ. ou ⅟₅ deſd. 100 Ecus.
1 . 5 . autre pour 3 d. ou ⅟₈ de celuy de 2 ſ.

413846 ⱽ, 5 ſ. d'Or Sol, à multiplier par
2 . Denom. de la fraction du p⁻ terme.

827692. 10. à diviſer par 153 demis-Ecus, premier terme.

Par l'Operation de la Regle de Trois cy-deſſus, il eſt venu pour
réponſe à la Queſtion propoſée 5409 Ecus, 15 ſols, 1 denier, peû
plus d'Or Sol, à recevoir à Lion, pour la Remiſe faite aux conditions cy-deſſus.

Traite de Florence ſur Lion, ſervant de preuve à la remiſe
précédente.

UN Banquier de Florence eſtant Crediteur à Lion de 5409
Ecus, 15 ſols, 1 denier d'Or Sol, & deſirant en recevoir la
valeur ſur le pied de 76 Ecus ⅟₂ de Florence, pour 100 Ecus de
Lion; Sçavoir combien il faudroit que le Remetteur comptât d'E-
cus, & parties d'Ecu de Florence au Tireur, pour en prendre Lettre de Change, tirée ſur Lion.

Cette Queſtion ſera reſoluë dans la page ſuivante 278.

Mm iij

Il faut dire par Regle de Trois.

Si 100 ▽ de Lion, rendent 76 ▽ ½, à Flor. comb. 5409 ▽, 15. f. 1. den.

5409▲,15.1.d'Or Sol de Lion.   ℞. 4138▽,9 f.3.

```
        32454
        378630
        2704. 17. 7. pour ½ ▽ de Fl. ou ½ de 5409.15.1.
          38 . . .  pour 10 f. ou ½ de 76 ▽ de Flor.
          19 . . .  pour 5 f. ou ½ de 10 f.
               6. 4. pour 1 denier, égaux à 76 den.
```

Ecus de Flor.   4 1 3 8|4 6 ▽, 3. 11. de Lion, à div. par 100. pr terme
                        |20 f. d'Or Sol, valeur de l'▽ auffi d'Or Sol.

Sols.   9|2 3
                  |1 2 deniers, valeur d'un Sol.

Deniers.   2|87. ou 3 deniers, peù moins.

Remife de Florence à Livourne.

UN Particulier de Florence, defirant faire tenir en valeur 2773 Ecus 11 fols, 9 deniers, Monnoye dudit lieu, à fon Correfpondant de Livourne, fur le pied de 117 fols ½, Monnoye courante de Florence, pour une piece de huit Reaux; Sçavoir de combien de Piaftres, & de parties de Piaftre ledit Particulier fera Crediteur à Livourne, en vertu de la Lettre de Change à prendre du Tireur dudit Florence fur Livourne.

Regle.

IL faut reduire en Sols & en Demis-Sols la fomme cy-deffus à remettre; ce qui fe fait en multipliant en la maniere fuivante 2773 Ecus, 11 fols, 9 deniers de Florence, par 150 fols, valeur d'un Ecu dudit lieu: enfuite multiplier les Sols qui proviendront de cette multiplication par 2. Denominateur de la fraction du prix du Change auffi reduit en Demis-Sols, qui ferviront de divifeur. La divifion eftant faite, il viendra aux quotiens des divifions des Piaftres & des parties de Piaftre, comme cy-aprés.

Pratique.

2773 Ecus, 11 f. 9 deniers, fomme à remettre, & à multiplier par 150 fols, valeur d'un Ecu de Florence.

138650
2773 . .
75 . : produit pour 10 fols, ou ½ de 150 fols.
7. 10. autre prod. pour 1 f. ou $\frac{1}{10}$ de celuy des 10 f. cy-deffus.
3. 15. autre pour 6 deniers, ou ½ de celuy d'un fol.
1. 17. 6. autre pour 3 deniers, ou ½ de celuy de 6 deniers.

416038 f. 2. 6. à multiplier par
2. Denominateur de la fraction du prix du Change.

832076 Demis-Sols, à divifer par 117 fols ½, ou par 235 Demis-Sols, prix d'une Piaftre.

91
2278
832076 } 3540 Piaftres.
23555
2333
22

23
2270
3520 } 14 f. ou 15 f. peù moins, ou ¾ de Piaftre à recevoir à Livourne, pour la Remife cy-deffus.
2355
23

Traite de Florence fur Livourne, fervant de preuve à la remife cy-deffus.

UN Particulier de Florence eftant Crediteur à Livourne de 3540 Piaftres ¾, & trouvant à en difpofer à 117 fols ½, Monnoye courante de Florence pour une Piaftre ; Sçavoir combien on luy devroit compter d'Ecus, & parties d'Ecu de Florence, pour fournir fes Lettres de Change au Remetteur de ladite fomme de 3540 Piaftres, & ¾ de Piaftre.

Regle.

IL faut multiplier 3540 Piaftres ¾, par 117 fols ½ de Florence, pour avoir au produit des fols, que l'on divifera par 150 fols, valeur d'un Ecu, afin d'avoir aux Quotiens des Ecus, & parties d'Ecu s'il y en a, comme cy-aprés.

Pratique.

3540 Piaftres $\frac{3}{4}$, fomme à tirer, & à multiplier par
117 f $\frac{1}{2}$ de Flor. prix du Change, pour une Piaftre de Livourne.

24780 fols.
3540.
3540..
1770.   7. 6. produit pour $\frac{1}{2}$ fol de Flor. ou $\frac{1}{2}$ de 3540 Piaftres $\frac{3}{4}$.
58. 10. -. autre produit pour $\frac{1}{4}$ d'une Piaftre, ou $\frac{1}{2}$ de 117 fols.
29. /5. -. autre produit pour $\frac{1}{4}$, ou $\frac{1}{2}$ de $\frac{2}{4}$ de Piaftre.

416038 f. 2. 6. à divifer par 150 f. valeur d'un Ecu de Florence.

1 178	1	1
416038 } 2773 Ecus.	2760 } 11 fols.	2520 } 8 ou 9 deniers,
288880	2880	280 } peu moins.
222	2	

Remife de Florence à Naples.

UN Negociant de Florence, voulant remettre à fon Correfpondant de Naples 3049 Ecus $\frac{3}{4}$, dans le temps que l'on donne 100 Ecus Florentins de 7 livres, 10 fols piece, pour avoir à Naples 128 Ducats $\frac{1}{2}$ de 10 Carlins piece : Sçavoir de combien de Ducats, & de parties de Ducat doit eftre la Lettre de Change que ledit Negociant de Florence prendra du Tireur, en luy comptant la fomme cy-deffus.

La queftion cy-deffus fera refoluë dans la page fuivante 281. où la Pratique fera tout au long.

Il faut dire par Regle de Trois:

Si 100 v de Fl. rendent 128⅓ Duc. à Naples: comb. 3049 v⅓ 3½ 3918
       3049 ⅓ Ecu de Florence.   Duc. 9 Carl. 3 Gr.
     24392
      6098 .
      3049 . .
        1524. 17. 6. produit pour ½ Duc. ou ½ de 3049
                          Ecus ⅓ de Florence.
        64. - - autre produit pour ⅓ d'Ecu de Flo-
                     rence, ou ½ de 128 Ducats.
        32. - - autre produit pour ¼, ou ½ de ce-
                     luy de ½ cy-deſſus.

Ducats de Naples. 3918|92. 17. 6.
              |10 Carlins, valeur d'un Ducat.
        920
           5. . pour 10 ſols,, ou ½ de 10 Carlins.
           2. 10. pour 5 ſols, ou ½ de ce qui eſt ve-
                   nu pour 10 ſols.
          1. 5. pour 2 ſ. 6 d. ou ½ du produit de 5 ſ.
Carlins.   9|28. 15.
             |10 Grains, valeur d'un Carlin.
        280
           5. . pour 10 ſols, ou ½ de 10 Grains.
           2 ½ pour 5 ſols, ou ½ de 10 ſols.
Grains.   2|87. ½, ou 3 Grains, peù moins.

Traite de Florence ſur Naples, ſervant de preuve à la Remiſe
cy-deſſus.

UN Negociant de Florence eſtant Crediteur à Naples de
    3918 Ducats, 9 Carlins, & 3 Grains, & voulant negocier
cette partie dans le temps que le Change eſt à 128 ½ Ducat de
Naples de 10 Carlins le Ducat, & le Carlin de 10 Grains, pour
100 Ecus de Florence de 7 livres, 10 ſols piece ; Sçavoir la ſomme à recevoir audit Florence, pour y fournir Lettre de Change
de ladite ſomme de 3918 Ducats, 9 Carlins, 3 Grains.

Il faut dire par Regle de Trois.

Si 128 ½ Duc. de Naples, rend. 100 ▽ Fl. comb. 3918 Duc. 9 Carl. 3 Gr.

| | 3918 Duc. 9 Carl. 3 Gr. | ℞ 3049 ▽ Fl. |

2

257 Diviseur.   391800

5 0. pour 5 Carl. ou ⅟₂₀ de 100 Ecus de Fl.
2 0. pour 2 Carl. ou ⅟₅₀ desdits 100 Ecus.
2 0. autre pour 2 Carl. comme dessus.
2. pour 2 Grains, ou ⅟₁₀ de 2 Carlins.
1. pour 1 Grain, ou ½ de 2 Grains.

391893 Ecus de Florence, à multiplier par
2. Denom. de la fraction du p.ʳ Terme.

783786. à div. par 257. p.ʳ Terme, en demis.

19
128903
783786 } 3049 Ecus.
257777
2888
22

12855
3860 } 15 sols, ou ¾ d'un Ecu de Flo-
2877) rence, à y recevoir pour la
28 (Traite cy-dessus.

Remise de Florence à Nove.

UN Negociant de Florence estant redevable à **Nove de** 3000 Ecus de Marc, & desirant d'y en faire la Remise; Sçavoir la somme à débourser à Florence. Le Change estant à 135 Ecus ¾ de Florence pour 100 Ecus de Marc à recevoir à Nove.

Il faut dire par Regle de Trois.

Si 100 ▽ de Marc, rendent 135 ¾ Ecu à Florence : comb. 3000 Ecus.

3000 Ecus de Marc.   ℞ 4072 ▽ 10 s.

405000
1500. prod. pour ¼ d'▽ de Fl. ou ⅟₂ de 3000 ▽.
750. produit pour ⅟₈ dit, ou ½ de celuy de ¼.

Ecus de Florence.   4072|50. à diviser par 100. premier Terme.
20 sols, valeur supposée d'un Ecu de Marc.

Sols d'Or.   1000 sols d'Or, à diviser aussi par 100.

Preuve de la Remise cy-dessus par une Question contraire.

UN Particulier de Florence y voulant disposer de 4072 Ecus, 10 sols, sur le pied de 135 Ecus ¾ de Florence , pour 100 Ecus de Marc ; Sçavoir de combien d'Ecus, & de parties d'Ecu de Marc devroit estre la Lettre de Change à recevoir du Tireur sur Nove.

Il faut dire par Regle de Trois.

Si 135 Ecus ¾ de Fl. rendent 100 ᵥ de Marc à Nove : comb. 4072 ᵥ 10 ſ.

    4   4072 Ecus, 10 ſ. de Flor.   ᴮᴱ 3000 Ecus.

543 Diviseur.   407200.

                    50. produit pour 10 sols , ou ⅕ de 100 Ecus de Nove.

               407250. Ecus à multiplier par
                 4 Den. de la fraction du prem. Terme.

       1629000.

1629000
843333 ⟩ 3000 Ecus de Marc, à recevoir à Nove , pour la Re-
5444   mise cy-dessus.
88

Remise de Florence à Rome.

UN Particulier de Florence , voulant remettre à Rome 1550 Ecus, 10 sols d'Or de Florence. Le Change estant à 75¼ Ecu d'Estampe, pour 100 Ecus de Florence : Sçavoir de combien d'Ecus , & de parties d'Ecu d'Estampe ledit Particulier de Florence fera Crediteur à Rome.

La pratique de cette proposition se verra tout au long au commencement de la page suivante 284.

Il faut dire par Regle de Trois.

Si 100 ▽ de Fl. rend. 75 ¼ Ecu à Rome : comb. 1550 ▽ ½. R. 1166 ¾ ▽ d'Estampe.
1550 Ecus ½ de Florence.

7750
10850.
387. 12. 6. produit pour ¾ d'Ecu d'Estampe.
37. 10. . prod. pour ½ ▽ de Fl. ou ½ de 75 ▽ d'Est.

Ecus d'Est. 1166|75. 2. 6. à diviser par 100. Premier Terme.
|20. s. d'Or d'Est. valeur d'un Ecu de mesme nom.

Sols d'Est. 15|02
|12 deniers d'Est. valeur d'un sol aussi d'Estampe.

30 deniers de nulle consequence, ne faisant que $\frac{3}{10}$ d'un denier.

Traite de Florence sur Rome, servant de preuve à la remise cy-dessus.

UN Negociant de Florence, Crediteur à Rome de 1166 Ecus ¾ d'Or d'Estampe, voulant en disposer en faveur d'un autre particulier à 75 ¼ Ecu d'Estampe pour 100 Ecus de Florence: Sçavoir combien ledit Negociant devroit recevoir d'Ecus, & parties d'Ecu à Florence, en y fournissant sa Lettre de Change, tirée sur son Correspondant de Rome.

Il faut dire par Regle de Trois.

Si 75 ▽ ¼ d'Est. rend. 100 ▽ à Fl. comb. 1166 ¾ d'Est. R. 1550 Ecus, 10 s. de Fl.
4 1166 Ecus d'Estampe.

301 Divis. 116600
50. prod. pour ½ Ecu d'Est. ou ½ de 100 Ecus de Fl.
25. produit pour ¼ dit, ou ½ de celuy de ½.

116675 Ecus de Florence, à multiplier par
4. Den. de la fraction du premier terme, Diviseur.

466700. à diviser par 301. prem. terme reduit en quarts.

1
11525
466700 } 1550 Ecus.
301111
3000
33

291
3000 } 9. ou 10 sols, peù moins, à recevoir à Florence.
301

Remise de Florence à Venize.

UN Negociant de Florence desirant faire tenir en valeur 6000 Ecus de 7 livres, 10 sols, à Venize à 73 ½ desdits Ecus pour 100 Ducats de Banque de 24 Gros le Ducat: Sçavoir de combien de Ducats, & de parties de Ducat, ledit Negociant de Florence sera Crediteur à Venize.

Il faut dire par Regle de Trois.

Si 73 ½ ♈ de Fl. rend. 100 Duc. à Venize: comb. 6000 △. ℞. 8163 Ducats
      2   6000 Ecus de Florence.   6 Gros ½

147 Divis.   600000 Ducats de Venize, à multiplier par
             2. Denom. de la fraction du pʳ terme, Diviseur.

             1200000. à diviser par 147. pʳ terme reduit en demis.

   843
  24389 ⎫
2200000 ⎬ 8163 Ducats.   54 ⎫
147777 ⎪   936 ⎬ 6 Gros ½, peù moins.
1444 ⎭   147 ⎭

     1124 Gros, valeur d'un Ducat.
    156.
    78.

    936 Gros, à diviser comme dessus.

Traite de Florence sur Venize, pour servir de preuve à la remise cy-dessus.

UN Negociant de Florence, voulant tirer sur son Correspondant de Venize 8163 Ducats, 6 Gros ½ à 73 Ecus ½ de Florence pour 100 Ducats de Banque; Sçavoir combien il faudroit qu'il reçût d'Ecus, & parties d'Ecu de Florence, pour y fournir ses Lettres de Change sur Venize.

La pratique de cette question sera démontrée au commencement de la page suivante 286.

Il faut dire par Regle de Trois.

Si 100 Duc. de Venize, rend. 73 v $\frac{1}{2}$ à Fl. comb. 8163 Duc. 6 Gros $\frac{1}{2}$?

$$8163 \text{ Duc. 6 Gr. } \tfrac{1}{2} \text{ de Venize. } \text{ₚ. 6000 v.}$$

24489.

571410.

4081. 10. . produit pour $\frac{1}{2}$ Ecu, ou $\frac{1}{2}$ de 8163 Ducats,

18. 7. 6. produit pour 6 Gros, ou $\frac{1}{4}$ de 73 Ecus $\frac{1}{2}$ de Florence.

1. 10. 7. autre pour $\frac{1}{2}$ Gros, ou $\frac{1}{12}$ de celuy de 6 Gros.

Ecus de Florence.　　6000|00 v 8 1. de Flor. à diviser par 100. Premier Terme.

On voit par la réponse de la Regle de Trois cy-dessus, que le Negociant de Florence y doit recevoir 6000 Ecus de 7 livres, 10 sols, Monnoye dudit lieu en baillant au Remetteur sa Lettre de Change tirée sur Venize, ce qui est une Preuve infaillible de la justesse de la Remise de Florence à Venize faite, comme cy-dessus.

***

De la Reduction de l'Argent monnoyé de Francfort, Ville Imperiale de l'Empire sur le Méin en Allemagne, en celuy des Places, ou Villes où celle là a ses Correspondances principales.

Avertissement I.

AYANT parlé en la Table VII. dés Changes de France, page 46. de la maniere en laquelle les Negocians de Francfort tiennent leurs Ecritures, il n'en sera icy fait autre mention : me contentant de décrire en ce lieu une Table des Prix courans des Changes de Francfort pour les Places où cette Ville a ses Correspondances ; avec la raison des Rapports réciproques qu'il y a entr'elles, sans parler de leurs Applications aux Traites & aux Remises que l'on y a à faire ; en tant qu'elles sont semblables, ou fort approchantes de celles qui ont été cy-devant faites pour *Aufbourg*, & pour *Bolzam*.

FRANCFORT *fufdit, Change & donne pour les Places fuivantes, Sçavoir,*

1 Florin de 65 Kreuts de Change, pour avoir 85 ¼ den. de Gros, *plus*, ou *moins*,   à Amfterdam.

1 Flor. fufd. pour avoir 83 ½ den. de Gros *p.* ou *m.* à Anvers.

98 ½ Taler de 90 Kr. courans *p.* ou *m.* pour avoir
  100 Tal. femblables.   à Ausbourg.

100 Tal. dits, pour avoir 99 ¼ Tal. femb. *p.* ou *m.* à Bolzam.

1 Florin de 65 Kr. de Change, pour avoir 85 ¼
  den. de gros *p.* ou *m.*   à Cologne.

100 ¼ Talers de 90 Kr. *p.* ou *m.* pour avoir 100
  Tal. femblables,   à Hambourg.

72 ¾ Kr. de Change *p.* ou *m.* pour avoir 1 ▽ d'Or
  fol de 60 f.   à Lion, &c.

98 ¼ Tal. de 90 Kr. courans *p.* ou *m.* pour avoir
  100 Tal. femblables,   à Nuremberg.

148 ½ Flor. de 60 Kr. cour. *p.* ou *m.* pour avoir
  100 Ducats de Banque,   **à Venize.**

98 ¼ Taler de 90 Kr. cour. *p.* ou *m.* pour avoir
  100 Tal. femblables,   à Vienne.

Avertiffement II.

ON remarquera icy en paffant, que puifque les Negocians de Francfort fe gouvernent dans leurs Ecritures, & dans la maniere de faire leurs Traites, & leurs Remifes, comme font ceux *d'Aufbourg* & de *Bolzam*, dont on a cy-devant parlé; On aura recours aux Obfervations que j'ay faites pour ces deux Places. On connoîtra par le moyen des Remarques qui y font, l'Egalité au moins affez approchante de la Valeur des Monnoyes qui ont cours à Francfort, avec celles des Lieux où fon Commerce fe peut étendre; & l'on poura facilement juger, par l'Infpeftion feule de cette Table, de l'Uniformité des Monnoyes qui ont cours dans toutes les Places cy-deffus, n'y ayant que le plus ou le moins, qui ne font pas de difference dans l'efpece des Negociations.

On obfervera cependant que l'Egalité de la Monnoye de Francfort, à celle d'**Amfterdam**, d'**Anvers**, & de **Cologne**, où les Changes fe reglent fur le pied d'un Florin imaginaire, calculé à raison de 65 Kreuts de Change, dont 74 font la Richedale ; cette parité, dis-je, se peut tirer de la valeur de l'Ecu d'Or Sol de 60 s. égaux en valeur ausdits 74 Kreuts de Change : Car on a cy-devant démontré, que 98 ⅓ denier de gros, faisoit une égalité assez précise avec 3 livres de France, & par consequent avec 74 Kreuts de Change, qui sont égaux à un Ecu d'Or Sol. Ce Fondement étant posé, il sera facile d'asseurer que le Florin susd. de 65 Kreuts de Change, sera égal à 86 ½ den. de gros ausd. trois Places, qui sont *Amsterdam*, *Anvers*, & *Cologne*. Et pour en être entierement persuadé, on n'aura qu'à pratiquer une Regle de trois, dont les termes pourront être disposez en cette sorte.

Si 74 Kreuts de Change de Francfort sont égaux en valeur à 98 ⅓ den. de gros ; à combien seront égaux 65 Kreuts aussi de Change, valeur dud. Florin sur le pied duquel on change pour lesd. trois Villes. La Regle étant faite, il viendra pour réponse 86 den. ½ assez précisément.

La parité de la Monnoye de Francfort à celle de *Venize*, se peut tirer de l'égalité qu'il y a entre 102 Ducats ⅛ de Banque, & entre 100 Ecus d'Or Sol : parce que Venize donnant toûjours le Certain pour Francfort ; c'est à dire 100 Ducats de Banque pour une quantité Incertaine de Florins de 60 Kreuts de 40 Sols piece, Monnoye de France ; Il s'ensuit, suivant cette supposition que 100 Ducats, aussi de Banque ne peuvent rendre en France que 292 livres, 6 sols, 8 deniers ; lesquels estant divisez par quarante Sols, valeur d'un Florin, il viendra pour réponse 146 Florins ⅙ pour l'égalité desdits 100 Ducats de Banque.

Avertissement. III.

JE n'ay pas cru devoir obmettre en ce lieu, une Traduction curieuse tirée d'un Imprimé en Langue Allemande, contenant les Réglemens à garder à Francfort dans les Negociations à faire, tant en Banque, qu'en Marchandise, & dont la teneur suit.

Coppie des Ordonnances renouvellées dans la Ville Imperiale de Francfort en l'année 1666, touchant les Changes, & autres Negoces qui se font par les Marchands.

NOus Senateurs de la Ville Imperiale de Francfort sur le Mein, faisons par ces presentes Ordonnances, sçavoir à tous Marchands & Negocians de cette Ville, & mêmes aux étrangers, qui ont accoûtumé de venir negocier en nos Foires, tant pour

le

le fait des Changes, que pour le trafic de toutes sortes de Marchandises. Comme depuis quelque temps en çà, on nous a rendu plusieurs plaintes, & ayant mêmes été avertis de plusieurs désordres, qui sont survenus au sujet des Lettres de Changes, tirées ou remises pour nos Foires, d'où il seroit arrivé, & arrive fort souvent de grandes contestations & inconveniens préjudiciables au Commerce, dont la ruïne s'en ensuivroit, s'il n'y étoit promptement pourveu, sur-tout aux Lettres de Change, qui causeroient un dommage irreparable à nos Foires, lesquelles ont de tout temps été si autentiquement privilegiées. Ces raisons jointes à la Requisition de plusieurs Marchands bien intentionnez pour la Manutention du Commerce, Nous ont porté à rendre, & à faire publier les Ordonnances suivantes faites en forme de Reglemens, que nous entendons à l'avenir être gardez & executez de point en point selon leur forme & teneur, à commencer à la prochaine Foire de Pasques de l'année 1667.

Article Premier.

IL est plusieurs fois arrivé que divers Negocians étrangers, qui trafiquent en cette Ville de Francfort, n'y viennent pas en personnes, mais qu'ils y envoyent leurs enfans, leurs gendres, facteurs, Commis, ou Serviteurs, pour y negocier en leurs noms. Mais voyant dans la suite des temps, que leurs affaires de Negoce ne tournent pas à leur avantage, ils ont formé plusieurs difficultez pour désapprouver les Negociations, faites par leurs Agens, soit durant les Foires ou hors d'Icelles, pour à quoy remedier. Nous Ordonnons qu'en cas que les Marchands frequentans nos Foires, y envoyent en leur Place leurs Commis ou Facteurs, ils ayent à les fonder de Procurations generales & speciales avec ou sans restriction, portant pouvoir, puissance & autorité de vendre & d'acheter, de recevoir & de payer; de bailler ou de prendre de l'Argent à Change; d'arrester les parties des Marchands ou Vendeurs; de regler les Changes & de convenir de leur prix & termes des payemens, d'accepter & de faire accepter les Lettres de Changes, & generalement faire & passer toutes sortes d'Actes & Contracts d'achats & de ventes, & autres concernant le Negoce au nom de leurs Commettans, tout ainsi que ceux cy feroient s'ils y estoient en personnes. Et telles & semblables Procurations pour estre valides, doivent estre autorisées par Justice, & passées par devant deux Notaires ou autres personnes publiques, faisans leur Residence actuelle dans les Villes ou Places desdits Marchands ou Commettans.

O o

I I.

Et afin que toutes les claufes contenuës aufdites Procurations, foient connuës de tous les Negocians de cette Ville de Francfort, les Porteurs de Procurations feront obligez de les prefenter au Notaire à ce deputé, avec une copie collationnée de chaque Procuration. Laquelle copie doit eftre conforme, & mot pour mot à l'Original. Lefdites Procurations feront écrites dans le Protocole, ou Regiftre deftiné à cet effet. Lequel Notaire avant que de faire l'enregiftrement de chaque Procuration, collationnée comme deffus, fera obligé de la comparer à l'Original, en forte qu'elle foit exempte d'erreur & d'obmiffion, mais entierement femblable à celle qui aura efté fignée par le Commettant & par les Notaires pardevant lefquels elle aura efté paffée. Et aprés que ladite Procuration aura efté ainfi enregiftrée, le Notaire fera mention au bas de l'Original, que ladite Procuration a efté enregiftrée dans fon Regiftre ou Protocole, & ce avant que de la rendre au Procureur ou Porteur d'Icelle, lequel de fon côté doit de fa main & fur la copie de la Procuration, demeurée en la poffeffion dudit Notaire, declarer avoir retiré l'Original.

I I I.

Les Procurations faites fans fixation de temps; c'eft à dire qui n'ont pas un temps limité, n'y qui ne déterminent pas combien elles doivent durer, elles demeureront dans leur force & vigueur, jufqu'à ce qu'elles ayent efté revoquées par ceux qui les auront paffées, & que cette revocation foit apparuë audit Notaire; afin qu'il puiffe au nom & de l'ordre defdits Commettans, remarquer & faire note de ladite revocation dans fon Regiftre ou Protocole, fans laquelle condition cette forte de revocation eft cenfée nulle & non valable. Et par confequent, le Commettant demeurera toûjours obligé pour tout ce qui aura efté fait & geré en vertu de fa Procuration.

I V.

Un Negociant principal ou Commettant voulant revoquer fa Procuration avant que le terme, qui y eft marqué foit expiré, il luy fera permis de le faire; Mais il fera obligé de le faire fçavoir audit Notaire qui l'aura enregiftrée, en luy ordonnant d'enregiftrer ladite revocation dans fon Protocole, & d'y declarer intelligiblement qu'il demeure obligé de tout ce qui aura efté negocié par fon Facteur jufqu'à ladite revocation, ainfi enregiftrée.

V.

Il eft encore arrivé que dans les compagnies des Negocians, on n'y a point mis ou parlé des Affociez, ou que l'on y a nommé ou fait mention du nom d'un Negociant, qui eſtoit mort pluſieurs années auparavant, de ſorte que l'on n'a peu ſçavoir qui eſtoient les Intereſſez ou aſſociez de ſemblables compagnies, & contre leſquels on pût avoir recours, ſi les uns ou les autres venoient à mourir, ou que la Societé allât en deſordre, pour demander comme à des Intereſſez ou à des Debiteurs, le payement des ſommes deuës à leurs Creanciers.

C'eſt pour cette raiſon que tous les Aſſociez qui ſont en une même Compagnie ou Societé, tant ceux qui demeurent en cette Ville de Francfort, que les Eſtrangers doivent faire declarer, marquer & ſpecifier dans les Procurations, qu'ils ſe donneront les uns aux autres, ou l'un à l'autre de la compagnie, ou bien à d'autres perſonnes, les noms de tous les Aſſociez ou Intereſſez; afin que le Notaire, enregiſtrant la Procuration dans ſon Regiſtre ou Protocole, y puiſſe declarer les noms de ceux qui compoſent la Compagnie, pour enſuite le faire ſçavoir à tous ceux qui en voudront eſtre informez, & en avoir une parfaite connoiſſance. Le Notaire étant obligé par le deu de ſa Charge à faire cette Declaration.

V I.

Si le temps d'une Societé expire & que les Aſſociez ſe ſeparent, ils ſont tous obligez de le faire ſçavoir à leurs Correſpondans & principalement à leurs Creanciers; comme auſſi au Notaire établi pour en faire la remarque ou pour en faire mention dans ſon Protocole. Autrement ſi la ſeparation eſtoit tacite ou cachée, où qu'elle ne fût pas connuë, tous les Aſſociez ne ſeroient pas moins ſolidairement obligez pour tous les Negoces, faits pendant ou après cette diſſolution de Compagnie. Si toutefois le Notaire avoit eu communication de la ſeparation de la part de la Societé, il la doit marquer clairement & intelligiblement à la marge de ſon Protocole, pour le repos de tous les Intereſſez, & meſme pour celuy de chacun deſdits Aſſociez.

V I I.

Puis qu'il arrive encore pluſieurs deſordres pour raiſon des acceptations des Lettres de Changes, d'orénavant celles qui ſeront payables tant dans l'une des Foires que hors d'Icelle, ſeront acceptées par écrit, & ce par le Commettant ou par ſon Procureur deüement fondé de Procuration en bonne forme, en ſpecifiant le nom de l'acceptant, & le jour de l'acceptation.

V I I I.

Dans les Foires l'acceptation des Lettres de Changes, doit commencer le Lundy de la premiere ſemaine de la Foire, & continuer jusqu'au Mardy de la seconde semaine, à neuf heures du matin. Ce terme estant passé, le Crediteur ou Creancier ne sera pas obligé d'attendre d'avantage. Mais il poura faire protester les Lettres non acceptées dans le temps susdit, où du moins en faire une note. Que si le Crediteur vouloit faire protester une Lettre avant le temps susdit expiré, il luy seroit permis, si celuy sur qui elle seroit tirée; faisoit refus de l'accepter, & ensuite renvoyer la Lettre avec le protest, à celuy de qui ou pour compte de qui il l'auroit receuë. Si toutefois il se presentoit une tierce personne, qui pour l'honneur du Tireur acceptât la Lettre, il luy sera permis de le faire, & le protest luy poura être mis entre les mains avec les Lettres de Change, lors qu'il les aura aquitées.

I X.

Le Notaire sera tenu d'aller luy même en personne chez le Debiteur, c'est à dire chez celuy qui doit payer la Lettre de Change, pour luy demander la raison pourquoy il refuse d'accepter la Lettre de Change tirée sur luy. Et en cas que ledit Notaire ne pût pas luy même faire cette démarche, il seroit obligé d'y substituër un autre Notaire, qui écrira sur son protest la réponse qui luy sera faite par le Debiteur sur ce sujet. Ledit Notaire doit avoir un Registre, fait exprés pour les protests. Mais s'il arrivoit que le Debiteur vint s'offrir d'accepter & de payer la Lettre tirée sur luy, avant que l'on eût renvoyé ladite Lettre avec le protest, il luy seroit permis de le faire, en payant les frais du protest, & les dépens, s'il y en a eû de faits. Pareillement celuy qui paye une Lettre de Change sur protest, est tenu de payer les frais comme dessus; & ce pour l'honneur de la Lettre.

X.

Les Lettres de Change, qui auront esté acceptées au temps porté par l'Article cy-dessus: mais qui n'ont pas esté aquitées, doivent estre notifiées chez le Notaire à ce député, le Samedy de la seconde semaine de la Foire à deux heures aprés midy, quand les Marchands sortiront de la Bourse, & qu'ils se seront retirez chez eux. Et cette notification de protests doit durer tout ce jour, à cause que c'est le dernier pour les payemens à faire. Ensuite on expedie lesdits protests pour le premier ordinaire, ou au pluftard pour le second.

X I.

Les Lettres de Change qui auront plusieurs endossemens, & qui arrivent pour l'ordinaire tard à la Foire, ne seront plus à l'avenir

defendues ; mais pour certaines confiderations, on les poura accepter & payer. X I I.

Le terme ordinaire des proteftations hors des Foires fera reglé
ainfi: A l'égard des Lettres de Changes dont l'Ufance eft de 14 jours
aprés l'acceptation (c'eft à dire à 14. jours de veuë, le payement s'en
peut encore retarder de 4 autres jours non feriez, les Dimanches &
les Feftes n'eftant pas comprisdans lefdits 4 jours, qui n'empêchent
toutefois pas que le Creancier ou Porteur des Lettres ne les faffe
protefter, parce que ce delay n'eft accordé principalement, qu'en
faveur des Porteurs de Lettres de Change , & non pas pour les Debiteurs. On remarquera icy que le jour de l'acceptation des Lettres
de Change n'eft pas compté; mais feulement celuy qui le fuit, & que
les Dimanches & les Feftes, qui fe trouvent dans le nombre des
14 jours pour l'Ufance des Lettres en font partie, & font comptez,
comme s'ils eftoient non feriez ou ouvrables.
X I I I.
Les Lettres de Changes qui font à 2 ou à 3 jours de veuë, n'ont
que 24 heures au plus aprés lefdits 2 ou 3 jours.
X I V.
Les payemens des Lettres de Change, tirées des Villes étrangeres pour l'une des Foires de Francfort, fe reglent fur le pied de
74 Kreuts de Change , pour une Richedalle de l'Empire ou de
Change. Mais s'il étoit exprimé dans lefdites Lettres de Change,
qu'elles feront aquitées en Talers de 90 Kreuts courans , on en
fuit la teneur : & quoy que ces Lettres foient payables en Talers de
90 Kreuts,Monnoye courante; & ce dans la Foire ou hors de Foire,
on les paye toûjours en groffes Efpeces, & non en petites Monnoyes. X V.
Quelques-uns, ayant voulu introduire dans les payemens *l'ex-*
ception d'Argent non nombré ou compté, à caufé un grand préjudice
dans les affaires du Commerce. Ainfi cette introduction eft abro-
gée dans ce Negoce des Lettres de Change. Celuy qui accepte
librement, doit auffi payer promptement, fauf à luy d'alleguer fes
raifons de rétardement; s'il en a quelqu'une.
X V I.
L'Exception femble encore avoir lieu dans quelques rencontres
de parties, qui ne feront pas en apparence admiffibles. Mais les
parties Intereffées, qui ont agy de bonne Foy avec ceux de qui
ils ont pris des Lettres de Change , defapprouvent ces fortes de
défaites. X V I I.
Toutes les Affignations doivent être aux rifques perils , & for-

O o iij

tune de ceux qui payent par cette voye, mais quand l'Affignation n'eſt pas acceptée librement, elle eſt aux riſques de celuy qui a aſſigné.   X V I I I.

On a encore reconnu dans les faillites qui ſont cy-devant arrivées, que les Negocians étrangers, auſſi bien que ceux de Francfort ont indifferemment concouru ſur les effets du failly, & qu'ils en ont reçeu à proportion de leur créance; bien qu'en pluſieurs lieux de dehors on pratique le contraire. Car on a pluſieurs fois veu, que les Intereſſez des lieux mêmes dans les banqueroutes, qui y ſont arrivées, ſe ſont fait payer entierement de leur deu au préjudice des Negocians de cette Ville; ce qui eſtant oppoſé à la bonne Foy, qui doit être inviolablement gardée dans le Commerce, Nous Ordonnons par le Droit du Taillon, que d'orénavant les Etrangers ne ſeront pas receus à la diſtribution des effets d'un failly de cette Ville de Francfort, qu'ils n'ayent donné des preuves autentiques & inconteſtables de leur creance, & à moins qu'à l'avenir ils n'en uſent de mêmes chez eux; à l'égard de nos Marchands, lors qu'il y arrivera quelque faillite, où ils ſeront intereſſez.

    X I X.

S'il arrive dans les affaires de Negoce, qu'un Creancier ait à compter avec ſon Debiteur; tant pour ſon compte propre que pour celuy d'autruy, & que ledit Debiteur ſoit dans l'impuiſſance de payer entierement toutes ſes dettes, ledit Crediteur ſoit étranger ou domicilié de Francfort poura en toute ſeureté ſolder le compte qui regarde ſon Particulier, & recevoir tout ce qui luy peut appartenir, ſans en pouvoir être recherché n'y inquieté après la banqueroute ouverte.   X X.

Enfin ſi quelqu'un envoyoit à Francfort des Marchandiſes à un Commiſſionnaire, avec ordre de les vendre pour ſon compte, & qu'il tirât ſur luy des Lettres de Change, Nous voulons, qu'il ſoit permis audit Commiſſionnaire de ſe faire payer des effets par luy vendus pour le compte de ſon Commettant, & ſi leſdits effets vénoient à être ſequeſtrez par quelqu'Acheteur, pour raiſon de quelque faillite, tel ſequeſtre ne ſera icy en aucune conſideration, amoins que ce divertiſſement d'effets n'excedât le deû ou la creance dudit Commiſſionnaire ou Commettant, & pour lors ledit Debiteur ſeroit obligé de donner le ſurplus, comme ne luy appartenant pas.

Et afin que nôtre preſente Ordonnance vienne à la connoiſſance d'un chacun. Nous avons voulu qu'elle ſoit imprimée & publiée: la Foire prochaine devant commencer à Paſque de l'année

1667. Ce que nous voulons eſtre obſervé, tant par Nos Marchands, que par les Etrangers qui negocient & trafiquent en cette
Place, afin qu'un chacun ſçache ce qu'il aura à faire pour ſa conduite, & pour obvier aux inconvéniens qui leur pouroient arriver.

Ces preſentes Ordonnances ont eſté par Nous Senateurs ſuſdits,
faites & ſignées le Mardy 18 Septembre 1666.

De la Reduction de l'Argent Monnoyé de Gennes en Italie, en celuy des Places ou Villes, avec leſquelles celle-là correſpond, tant en Banque qu'en Marchandiſe.

GENNES, *Republique ſuſdite, Change pour les Places cy-aprés, & donne; Sçavoir,*

1 Piece de 8 Reaux de 96 ſols, Monnoye dudit
lieu, pour avoir 97 $\frac{1}{2}$ denier de Gros, *p.* ou *m.* à Anvers.

94 ſols $\frac{3}{4}$, Monnoye ſuſdite, *p.* ou *m.* pour avoir
un Ecu d'Or Sol de 60 ſols. . . à Lion.

1 Ecu de 4 livres, Monnoye dite, pour avoir 81 ſ.
Imperiaux, *p.* ou *m.* . . . à Milan.

103 ſols, Monnoye dite, *p.* ou *m.* pour avoir un
Ducat de 10 Carlins, . . . à Naples.

126 Ecus de 7 livres, *p.* ou *m.* pour avoir 100 Ecus
de Marc, ... à Nove.

67 ſols $\frac{1}{3}$ d'Or (dont 68 font l'Ecu) *p.* ou *m.* pour
avoir un Ecu de Marc, . . audit Nove.

169 ſols $\frac{1}{2}$, Monnoye de Reaux, *p.* ou *m.* pour avoir
un Ecu de Marc, . . . audit Nove.

109 ſols $\frac{1}{4}$ dits, *p.* ou *m.* pour avoir un Ecu du Pape,
de 10 Jules, . . . à Rome.

1 Ecu de 4 livres, Monnoye courante, pour avoir
114 ſols, *p.* ou *m.* . . . à Venize.

Demonſtration de la raiſon d'égalité aſſez préciſe de la Monnoye de Gennes à celle des Villes cy-deſſus.

LA Parité de la Monnoye de Gennes à celle d'Anvers ſe
peut tirer de 98 $\frac{1}{2}$ denier de Gros, Monnoye de Hollande
& de 95 ſols, 5 deniers, Monnoye dudit Gennes; Leſquels prix ont eſté démontrez égaux à un Ecu d'Or Sol: Car ſuivant

cette Hypothefe on peut par une Regle de Trois trouver le jufte rapport de la piece de 8 Reaux , laquelle a cours à Gennes pour 4 livres, 16 fols en difant :

Si 95 fols, 5 deniers de Gennes font égaux à 98 $\frac{1}{7}$ denier de Gros d'*Anvers* : à combien de deniers de Gros feront égaux à 96 fols de Gennes , valeur d'une piece de 8. fur le pied de laquelle on fait les Changes de Gennes pour Anvers , & réciproquement d'Anvers pour Gennes. La Regle eftant faite on doit trouver pour quatriéme Terme 98 $\frac{1}{7}$ denier de Gros , égaux en valeur à une piece de 8.

L'égalité de l'Ecu de Gennes (qui y eft compté pour 4 livres) avec 78 fols, 10 deniers Imperiaux *de Milan*, vient de la proportion ou raport qu'il y a entre 95 fols, 5 deniers de Gennes, & 94 fols, 1 den. de Milan , comme il a efté démontré cy-deffus, pages 52. & 111. Car fuivant cette fuppofition on peut dire par Regle de Trois.

Si 95 fols , 5 deniers de Gennes font égaux à 94 fols, 1 denier de Milan : Il s'enfuit que 80 fols dudit Gennes , valeur de l'Ecu , fur le pied duquel on negocie à Gennes pour Milan , doivent rendre au Pair 78 fols, 10. deniers Imperiaux.

On peut prouver que 106 fols de Gennes font égaux à un Ducat de 10 Carlins *à Naples*, en ce que l'on a cy-devant démontré, que 9 Carlins étoient égaux à un Ecu d'Or Sol de 60 fols, qu'un Ecu d'Or Sol eftoit égal à 95 fols, 5 deniers de Gennes ; & qu'ainfi on peut inferer par une Regle de Trois, que fi 9 Carlins font égaux à 95 fols, 5 deniers de Gennes ; Il s'enfuit que 10 Carlins, valeur d'un Ducat , & fur le pied duquel les Changes fe font de Gennes à Naples, & de Naples à Gennes, rendront au Pair 106 fols, Monnoye dudit Gennes, ce qu'il faloit démontrer.

Pour découvrir nettement l'égalité de la Monnoye de Gennes à celle de *Nove* , où l'on fuppofe des Ecus d'Or de Marc. Il faut 1°. Suppofer que 100 Ecus de Marc , Monnoye de Nove, font égaux à 183 Ecus $\frac{1}{2}$ d'Or Sol de France , dans le temps qu'un defdits Ecus d'Or Sol , vaut à Gennes 95 fols, 5 deniers , Monnoye dudit lieu. 2°. Que fi l'on multiplie 183 Ecus $\frac{1}{2}$ d'Or Sol par 95 fols, 5 deniers , Monnoye de Gennes , il viendra au produit 17477 fols , 10 deniers auffi Monnoye de Gennes. Lefquels eftant divifez par 7 livres , ou plûtôt par 140 fols, valeur de l'Ecu de Gennes , fur le pied duquel les Changes s'y font pour Nove ; il doit venir au Quotient de la Divifion 124 Ecus $\frac{5}{6}$, ou environ, Monnoye de Gennes, égaux en valeur à 100 Ecus d'Or de Marc à Nove, ce qui eftoit à prouver.

La

La raison du raport de 67 fols ½ d'Or, prix courant du Change de Gennes pour un Ecu d'Or de Marc à *Nove*, vient de ce que les Changes fe faifoient cy-devant fur le pied de l'Ecu d'Or, Monnoye Imaginaire, & que les Genois faifoient valoir 68 fols, auffi d'Or; & lors que ledit Ecu eftoit évalué, à raifon dudit prix de 68 fols, les Changes fe faifoient réciproquement au Pair. Mais puifque par l'Obfervation précédente, 100 Ecus d'Or de Marc, fe font trouvez monter au Pair à 17477 fols, 10 deniers de Gennes; on peut affeurer que la centiéme partie, qui eft 174 fols, 9 deniers, Monnoye courante dudit Gennes, eft égale aufdits 68 fols d'Or: par lefquels divifant lefdits 174 fols, 9 deniers, il viendra aux Quotiens des Divifions 2 fols, 7 deniers, Monnoye courante pour la valeur d'un Sol d'Or.

La raifon de la Parité de 175 fols, Monnoye de Reaux à un Ecu d'Or de Marc à *Nove*, fe peut tirer de 95 fols, 5 deniers, valeur de l'Ecu d'Or Sol de 3 livres, & de 5 livres 10 fols, valeur de l'Ecu d'Or de Marc. Car fi, fuivant cette fuppofition 3 livres font égales à 95 fols, 5 deniers de Gennes; il s'enfuit que 5 livres 10 fols, valeur de l'Ecu de Marc, doivent rendre au Pair 175 fols, ou 7 livres, 15 fols, Monnoye de Reaux dudit Gennes.

La raifon de l'égalité de l'Ecu du Pape de 10 Jules à *Rome*, & de 112 fols, 8 deniers, Monnoye de Gennes, fe peut tirer de 3 livres, valeur de l'Ecu d'Or Sol, qui rend au Pair à Gennes 95 fols, 5 deniers, & de 3 livres, 10 fols, 10 deniers, auffi Monnoye de France, valeur de l'Ecu du Pape, qui eft de 10 Jules, & fur le pied duquel on regle le Change de Rome pour Gennes. Car fuivant cette Hypothefe, on peut dire par Regle de Trois.

Si 3 livres de France rendent au Pair 95 fols, 5 deniers à Gennes; il faut inférer que 3 livres, 10 fols, 10 deniers auffi de France, doivent rendre au Pair 112 fols, 8 deniers, Monnoye dudit Gennes.

La Parité de l'Ecu de Gennes de 4 livres, & fur le pied duquel on regle les Changes de Gennes pour *Venize*, avec 106 fols ⅔, peu plus Vénitiens, vient du rapport qu'il y a entre 3 livres, valeur de l'Ecu d'Or Sol, & 127 fols ¼; auffi Vénitiens, comme il a efté démontré en fon lieu. Car fuivant cette fuppofition on peut dire par Regle de Trois.

Si 95 fols, 5 deniers de Gennes, égaux en valeur à 3 livres de France, donnent au Pair 127 fols ¼ de Venize: combien à proportion un Ecu de 4 livres à Gennes, en doivent-ils rendre. La Regle eftant faite, il doit venir pour le quatriéme Terme inconnu 106 fols ⅔ Vénitiens, ou environ pour l'égalité.

P p

Applications des Changes courans de Gennes pour les Places qui sont contenuës dans la Table précedente, page 295.

Remise de Gennes à Anvers.

UN Negociant de Gennes, changeant pour Anvers sur le pied d'une Piastre de huit Reaux de 96 sols, pour 97 $\frac{1}{2}$ denier de Gros : Sçavoir de combien ledit Negociant de Gennes sera Crediteur audit Anvers, en Livres, Sols & Deniers de Gros, en y remettant aux conditions susdites 7500 Piastres $\frac{7}{8}$.

Regle.

IL faut multiplier 7500 Piastres $\frac{7}{8}$, par 97 $\frac{1}{2}$ denier de Gros, prix du Change courant, pour avoir au produit des Deniers de Gros, que l'on divisera par 12. pour avoir des Sols, & ceux-cy par 20. pour faire des Livres aussi de Gros.

Pratique.

7500 Piastres $\frac{7}{8}$, somme à remettre, & à multiplier par
97 $\frac{1}{2}$ denier de Gros pour Piastre, & prix du Change.

52500
67500.
3750. 8. 9. produit pour $\frac{1}{2}$ den. ou $\frac{1}{2}$ de 7500 Piastres $\frac{7}{8}$.
48. 10. autre pour $\frac{4}{8}$ de Piastre, ou $\frac{1}{2}$ de 97 deniers de Gros.
24. 5. - autre pour $\frac{2}{8}$ dite, ou $\frac{1}{2}$ des $\frac{4}{8}$ cy-dessus.
12. 2. 6. autre pour $\frac{1}{8}$ dite, ou $\frac{1}{2}$ de $\frac{2}{8}$, comme dit.

731335. 6. 3. den. de Gros, à diviser par 12. pour faire des sols.
$\frac{1}{12}$ 6094|4 s. 7 deniers de Gros, à diviser par 20. pour faire des Livres.
$\frac{1}{20}$ 3047. l. 4 s. 7 den. de Gros, égaux ausdits 7500 Piastres $\frac{7}{8}$.

Traite de Gennes sur Anvers, pour preuve de la remise susdite.

UN Negociant de Gennes, tirant 3047 livres, 4 sols, 7 deniers de Gros sur Anvers, à 97 $\frac{1}{2}$ denier de Gros pour une Piastre; Sçavoir combien ledit Negociant de Gennes y devroit recevoir de Piastres, & parties de Piastre pour fournir ses Lettres premiere & seconde de Change, tirées sur son Correspondant d'Anvers,

Regle.

I L faut reduire lefdites 3047 livres, 4 fols, 7 deniers de Gros, fomme à tirer en Deniers, & ceux-cy en Demis-Deniers, pour les divifer enfuite par 97 ½ denier, prix du Change courant, auffi reduit en Demis, pour avoir aux Quotiens des Divifions des Piaftres, & parties de Piaftre.

Pratique.

3047 liv. 4 f. 7 den. de Gros, fomme à tirer, & à multiplier par 20 fols, valeur d'une livre de Gros.

60944 f. de Gros à reduire en deniers, en multipliant ceux-là par 12 deniers de Gros, valeur d'un Sol.

731335 deniers de Gros à reduire en Demis, en les multipliant par 2. Denominateur de la fraction du prix du Change, Divifeur.

1462670 Demis deniers, à divifer par 195 Demis deniers, égaux aufdits 97 ½.

Traite de Gennes fur Lion.

U N Negociant de Gennes ayant à tirer fur Lion 5460 Ecus, 10 fols d'Or Sol, dans le temps que le Change de Gennes pour ladite Ville de Lion eft à 94 ½ fol, Monnoye de Gennes, pour pour un Ecu d'Or Sol ; Sçavoir combien ledit Negociant Tireur recevra de Piaftres &c. de 4 livres, 16 fols piece, en délivrant au Remetteur fes Lettres premiere & feconde de Change, tirées fur fon Correfpondant de Lion.

Regle.

I L faut multiplier lefdits 5460 Ecus ½ d'Or Sol, fomme à tirer fur Lion par 94 ½ fol, prix du Change, pour avoir au produit des Sols, que l'on divifera par 96 fols, valeur d'une Piaftre, afin

d'avoir aux Quotiens des Diviſions , des Piaſtres, & parties de Piaſtre à bailler au Tireur par le Remetteur.

Pratique.

5460 Ecus, 10 ſols d'Or Sol, ſomme à tirer, & à multiplier par
94 ſols ¾ de Gennes, prix du Change, pour un Ecu d'Or Sol.

　21840
　49140.
　　2730. 5 . . produit pour ¼ ſol de Gennes, ou ½ de 5460 Ecus, 10 ſ.
　　1365. 2. 6. autre pour ¼ dit, ou ½ de celuy de ¼.
　　　　47. . .　autre pour 10 ſols d'Or Sol, ou ½ de 94 ſols de Gen.
517382 ſ. 7. 6. de Gennes, à diviſer par 96 ſols , pour avoir des
　　　　　　　　　　　　　　　　　　　　　　　　Piaſtres.

$$\begin{matrix} 93 \\ 3838 \\ 517382 \\ 36666 \\ 999 \end{matrix} \Big\} 5389 \text{ Piaſtres, plus 38 ſols , Monnoye de Gennes, à y}$$

　　　　　　　　　　　　　　　　　recevoir pour ladite Traite.

Remiſe de Gennes à Lion, pour ſervir de preuve à la Traite cy-deſſus.

UN Negociant de Gennes eſtant redevable à un Particulier
de Lion de 5389 Piaſtres , & de 38 ſols , Monnoye de
Gennes, & voulant en faire Remiſe à 94 ſols ¾ , pour un Ecu d'Or
Sol ; Sçavoir combien il faudroit que la Lettre de Change à prendre du Tireur continſt d'Ecus , & parties d'Ecu pour ladite Remiſe.

Regle.

IL faut reduire en Sols les Piaſtres cy - deſſus , ſomme à remettre ; ce qui ſe fait en les multipliant par 96 ſols, valeur d'u-
ne Piaſtre, en ajoûtant à leur produit les 38 ſols qui accompagnent
leſdites Piaſtres. Enſuite multiplier les Sols provenant de ladite
ſomme à remettre par 4. Denominateur de la fraction du prix du
Change , pour diviſer le produit de cette derniere Multiplication
par 379 Quarts, égaux auſdits 94 ſols ¾ , prix du Change, afin d'a-
voir aux Quotiens des Diviſions des Ecus, des Sols & des Deniers
que l'on cherche.

Pratique.

5389 Piaſtres, & 38 ſols, ſomme à remettre, & à multiplier par
    96 ſols, valeur d'une Piaſtre de Gennes.

32334
48501.
        38. qui accompagnent leſdites Piaſtres.

517382 ſols, à multiplier par
        4. Denominateur de la fraction du prix du Change.

2069528 Quarts de ſols, à diviſer par 379. Quarts, prix du Change.

221
17498
2069528 } 5460 Ecus.
379999
3777
33

349
3769 } 9 ou 10 ſols, peù moins, à dé-
379 { bourſer à Lion pour ladite Re-
        miſe.

Obſervation.

LE Change de Gennes pour Lion, ſe fait encore autrement ;
en ce que l'on y donne ſouvent une Piaſtre ou Ecu de 96 ſ.
Monnoye dudit lieu, pour faire recevoir à Lion depuis 53. juſqu'à
58 ſols, plus ou moins, dont 60. font l'Ecu d'Or Sol. Mais comme cette maniere de changer de Gennes à Lion, & de Lion à
Gennes eſt facile, il n'en a eſté icy parlé que pour Avis ſeulement.

Remiſe de Gennes à Milan.

UN Negociant de Gennes, voulant remettre 1000 Piaſtres
de 96 ſols piece à Milan, à 81 ſols Imperiaux, pour un Ecu
de 4 livres, Monnoye de Gennes ; Sçavoir la ſomme à débourſer
audit Milan pour la Remiſe cy-deſſus.

Regle.

IL faut reduire en Sols leſdites 1000 Piaſtres de Gennes, ſomme à remettre, en les multipliant par 96 ſols, valeur d'une
Piaſtre, pour enſuite multiplier les Sols qui en proviendront par
81 ſols Milanois, prix du Change propoſé, & diviſer le produit par

80 fols, valeur de l'Ecu de Gennes, pour avoir au Quotient de la Divifion des Sols Imperiaux, que l'on reduira en Livres, comme cy-après.

Pratique.

1000 Piaftres, fomme à remettre, & à multiplier par
96 fols de Gennes, valeur d'une Piaftre.

96000 f. de Gennes égaux aufd. 1000 Piaftres, à multiplier par
81 fols de Milan, prix du Change.

96000
768000.

777600|0 fols à divifer par 80 f. de Gen. valeur d'un Ecu.

972c|0 fols Imperiaux de Milan, à divifer par 20. pour en
faire des livres dudit Milan.

4860 livres de Milan à y débourfer pour ladite Remife.

Traite de Gennes fur Milan, *fervant de preuve à la remife cy-deffus.*

UN Negociant de Gennes eftant Crediteur à Milan de 4860 liv. dudit lieu, & voulant en difpofer audit Gen. à 81 f. Imperiaux pour 1 Ecu de 4 liv. de Gen. Sçavoir la quantité de Piaftres à y recevoir pour la Traite fufdite.

Regle.

IL faut multiplier lefdites 4860 liv. de Milan, fomme à tirer, par 20 pour les reduire en fols, que l'on multipliera auffi par 80 f. valeur de l'Ecu de Gen. pour avoir des fols, que l'on divifera par 81 f. Milanois, prix du Change, afin de trouver au Quotient de la Divifion des fols de Gen. qui feront encore divifez par 96 fols, valeur de la Piaftre pour avoir au Quotient de cette derniere Divifion des Piaftres, à recevoir à Gennes pour ladite Traite.

Pratique.

4860 Livres de Milan, fomme à tirer, & à multiplier par
20 Sols, valeur d'une livre.

97200 Sols Milanois, à multiplier par
80 Sols de Gen. valeur de l'Ecu de 4 livres

7776000 Sols de Gennes à divifer par 81 f. Milan. prix du Change.

48
7776000
811111
8888 } 96000 f. de Gennes à reduire en Piaftres, ce qui fe
fait en divifant lefdits fols, par 96 valeur de
la Piaftre.

360000
366666
999 } 1000 Piaftres de Gennes à y recevoir par le Tireur.

Remife de Gennes à Naples.

UN Banquier de Gennes ayant à remettre 3500 Piaftres à Naples, dans le temps que le Change eft à 103 fols de Gen. pour 1 Ducat de 10 Carlins; Sçavoir la fomme à recevoir à Naples pour ladite Remife.

Regle.

IL faut multiplier lefdites 3500 Piaftres par 96. pour les reduire en Sols, que l'on divifera par 103 fols, prix du Change, afin d'avoir aux Quotiens des Divifions des Ducats, & parties de Ducat.

Pratique.

3500 Piaftres de Gennes, fomme à remettre, & à multiplier par 96 fols de Gennes, valeur d'une Piaftre.

21000.
315000.
336000 fols de Gennes, (égaux aufd. 3500 Piaft.) à divifer par 103.

621
27424
336000
103333
1000 } 3262 Ducats.

37
240
103 } 1 Carlin.

61
370
103 } 3 ou 4 Grains, peù moins.

10 Grains, valeur d'un Carlin.

1110 Carlins, valeur d'un Ducat.

140 Carlins, à divifer par 103.

Traite de Gennes sur Naples, ou la preuve de la remise précedente.

UN Banquier de Gennes, estant Crediteur à Naples de 3262 Ducats, 1 Carlin, & de 4 Grains, & trouvant à en disposer sur le pied du Change courant, qui est à 103 sols de Gennes pour un Ducat ; Sçavoir la somme à recevoir à Gennes, pour y fournir Lettres de Change de ladite somme de 3262 Ducats, 1 Carlin, 4 Grains, tirez sur un Particulier de Naples.

Regle.

IL faut multiplier lesdits 3262 Ducats, 1 Carlin, 4 Grains, par 103 sols, prix du Change, pour avoir au produit des Sols, que l'on divisera par 96 sols, valeur d'une Piastre, afin d'avoir au Quotient de la Division le nombre des Piastres, à recevoir à Gennes pour ladite Traite.

Pratique.

3262 Ducats, 1 Carlin, 4 Grains, somme à tirer, & à multiplier par 103 sols de Gennes, prix du Change, pour un Ducat.

9786.
32620.
  10.6. . produit pour 1 Carlin, ou $\frac{1}{10}$ de 103 sols.
    2. 1. 2. autre pour 2 Grains, ou $\frac{1}{5}$ d'un Carlin.
    2. 1. 3. autre pour 2 Grains, comme dessus.

336000 f. 8. g. de Gennes, à diviser par 96 sols, valeur d'une Piastre.

48
336000
36666 } 3500 Piastres, à recevoir à Gennes, pour ladite Traite.
999

Remise de Gennes à Nove.

UN Particulier de Gennes, voulant faire tenir en valeur 3600 Piastres à son Correspondant de Nove, dans le temps que le Change de Gennes pour Nove est à 126 Ecus de 7 livres, Monnoye de Gennes, pour 100 Ecus d'Or de Marc à Nove ; Sçavoir de quelle somme ledit Particulier sera Crediteur audit Nove.

Il faut dire par Regle de Trois.

Si 126 ▽ de Gen. rend. 100 ▽ à Nove: comb. 3600 Piast ▽. 1959 ▽, 3 ſ. 8 d.
140 ſols, valeur d'un Ecu.   96 ſ. valeur de la Piaſt.

5040	21600
126 ..	32400.
17640.	345600 ſ. de Gen. à mult. par
	100 Ecus. Second terme.
	34560000, à diviſer par le pre-
	mier Terme.

On voit ſenſiblement par l'Operation de la Regle de Trois cy-
deſſus, qu'il eſt venu pour le quatriéme Terme que l'on cherchoir
1959 Ecus, 3 ſols, 8 deniers de Marc, à débourſer à Nove pour la
Remiſe cy-deſſus, pour raiſon dequoy ledit Particulier de Gennes
en ſera Crediteur audit Nove.

Traite de Gennes ſur Nove, pour preuve de la remiſe précedente.

UN Particulier de Gennes, eſtant Crediteur à Nove de 1959
Ecus, 3 ſols, 8 deniers d'Or de Marc, & voulant tirer cette
partie ſur ſon Debiteur à 126 Ecus de Gennes de 7 livres piece,
pour 100 Ecus de Marc : Sçavoir la ſomme à recevoir à Gennes,
pour y fournir Lettre de Change, tirée ſur Nove.

La reſolution de la Queſtion cy-deſſus ſe verra dans toute ſon
étenduë dans la page ſuivante 306. où au lieu de 126 Ecus de 7 livres piece, qui font le ſecond Terme d'une Regle de Trois, j'y
ay mis 17640 ſols de Gennes, qui ſont égaux à ceux-là.

Il faut dire par Regle de Trois.

Si 1 00 ▽ de Marc, rend. 17640 ſ.à Gen.comb. 1959 ▽, 3.8. ℞. 3600 Piaſt.
1659 ▽, 3 ſ. 8 den. de Nove.

$$158760.$$
$$88200.$$
$$158760..$$
$$17640...$$

1764. produit pour 2 ſols, ou $\frac{1}{10}$ de 17640.
882. autre pour 1 ſol, ou $\frac{1}{2}$ de celuy de 2 ſ.
588. autre pour 8 den. ou $\frac{1}{3}$ de celuy de 2 ſ.
6. pour valeur du reſte de la Remiſe.

Sols de Gennes. 345600|00 ſols de Gennes, à diviſer par 100.
Premier Terme.

Obſervation.

PAr la Pratique de la Regle de Trois cy-deſſus, il eſt venu pour quatriéme Terme 345600 ſols de Gennes, leſquels il convient diviſer par 96 ſols, valeur de la Piaſtre dudit Gennes, pour avoir au Quotient de la Diviſion la quantité de Piaſtres à y recevoir pour leſdits 1959 Ecus, 3 ſols, 8 deniers d'Or de Marc, tirez de Gennes ſur Nove : comme la Pratique ſuivante le démontre.

57
345600
96666   } 3600 Piaſtres, à recevoir à Gennes, pour la Traite
999   cy-deſſus.

Remiſe de Gennes à Rome.

UN Negociant de Gennes, voulant remettre à Rome 3500 Piaſtres de 4 livres, 16 ſols piece, le Change eſtant reglé à 109 ſols $\frac{1}{4}$ de Gennes, pour un Ecu du Pape de 10 Jules : Sçavoir de combien d'Ecus, & de Jules ledit Negociant ſera Crediteur à Rome pour ladite Remiſe à y faire.

Regle.

IL faut reduire leſdites 3500 Piaſtres en Sols, & ceux-cy en Quarts de Sol, pour enſuite les diviſer par 109 ſols $\frac{1}{4}$, prix du Change auſſi reduits en Quarts, afin d'avoir aux Quotiens des Diviſions des Ecus du Pape, & des Jules à recevoir à Rome pour ladite Remiſe.

Pratique.

3500 Piaftres de Gennes, fomme à remettre, & à multiplier par
96 fols, valeur de la Piaftre.

21000

31500.

336000 fols de Gennes, à multiplier par
4. Denominateur de la fraction du prix du Change.

1344000 quarts de Sol, à divifer par 439. Quarts de Sol, égaux à
109 fols ¼.

22
27661
1344000 } 3061 Ecus du Pape. 2210 } 5 Jules. 1505 } 0 Baïoq.
439999   439   439
4333
10 Baïoques, valeur d'un Jule.
4410 Jules, valeur de l'Ecu du Pape.
2210 Jules, à divifer par 439.

Traite de Gennes fur Rome, fervant de preuve à la remife cy-deffus.

UN Negociant de Gennes, ayant à tirer fur Rome 3061
Ecus, 5 Jules, à 109 fols ¼ de Gennes, pour un Ecu du
Pape de 100 Baïoques : Sçavoir combien il faudroit compter en
Monnoye de Gennes au Tireur de la partie cy-deffus.

Regle.

IL faut multiplier lefdits 3061 Ecus, 5 Jules, par 109 fols ¼ de
Gennes, pour avoir au produit des Sols, que l'on divifera par
96 fols, valeur de la Piaftre, pour avoir au Quotient le nombre
des Piaftres équivalentes aufdits 3061 Ecus, 5 Jules.

Pratique.

3061 ▽, 5 Jules, fomme à tirer, & à multiplier par
109 fols ¼ de Gennes, prix du Change, pour un Ecu du Pape.

27549 fols.
30610.
1530. 6. produit pour ¼ de fol, ou ¼ de 3061 Ecus du Pape.
765. 3. autre pour ⅛, ou ½ de celuy de ¼ de fol de Gennes.
54. 11. denier autre pour 5 Jules, ou ½ de 109 fols ¼.

336000 f. & d. Gennes, à divifer par 96 fols, valeur de la Piaftre.

Qq ij

```
   48
336000  ⎫ 3500 Piaſtres, à recevoir à Gennes, pour la Traite
966666  ⎬      précedente.
  999   ⎭
```

Remiſe de Gennes à Venize.

UN Banquier de Gennes, voulant remettre 7400 Piaſtres à fon Correfpondant de Venize, dans le temps que le Change eſt à 114 fols Venitiens, pour un Ecu de Gennes de 4 livres ; Sçavoir de combien de Ducats, & de parties de Ducat, ledit Banquier de Gennes fera Crediteur à Venize pour leſdites 7400 Piaſtres.

Regle.

IL faut multiplier leſdits 7400 Piaſtres, ſomme à remettre, par 96 fols, valeur d'une Piaſtre, pour en faire des Sols, que l'on multipliera par 114 fols Venitiens, dont le produit eſtant diviſé par 80 fols de Gennes, valeur d'un Ecu, il viendra des Sols Venitiens, leſquels eſtant encore diviſez par 124 fols, valeur d'un Ducat de Banque, il viendra au Quotient de la Diviſion la quantité de Ducats que l'on cherche.

Pratique.

7400 Piaſtres, ſomme à remettre, & à multiplier par 96 fols, valeur d'une Piaſtre.

```
      44400
      66600.
   ─────────
     710400 ſols de Gennes, à multiplier par
            114 fols Venitiens, prix du Change.
    2841600
     710400.
     710400. .
   ─────────
    80985600 ſols Venitiens, à diviſer par 80 ſ. de Gennes.
   ─────────
     1012320 ſols fuſdits, à diviſer par 124 fols Venitiens, valeur
             d'un Ducat de Banque, pour en avoir le nombre
             requis.
```

I
740
20988⎫
80121220⎬ 8163 Ducats.
124444
1222⎭

112⎫
2592⎬ 20 Gros, ou ⅕ de Ducat,
1244⎬ peù plus.
12⎭

1124 Gros, valeur d'un Ducat.
432
216.

2592 Gros Venitiens, à diviser par 124.

Traite de Gennes fur Venize, fervant de preuve à la remife
précedente.

UN Banquier de Gennes, tirant pour fon compte fur fon Correfpondant de Venize 8163 Ducats, 20 Gros & ⅕ de Gros;
lors du Change courant, qui eft à 114 fols Venitiens pour 1 Ecu
de 4 livres, Monnoye de Gennes: Sçavoir combien ledit Banquier
doit recevoir de Piaftres &c. pour délivrer fa Lettre de Change,
tirée comme cy-deffus.

Regle.

IL faut multiplier lefdits 8163 Ducats, 20 Gros ⅕ de Gros par
124 f. Venit. valeur d'un Ducat, pour avoir des fols auffi de
Venize, que l'on multipliera par 80 f. de Gen. valeur d'un Ecu
dudit lieu, fur le pied du quel les Changes s'y font pour Venize,
& divifer le produit par 114 fols Venitiens, auffi prix du Change
dudit Venize pour Gen. afin d'avoir au Quotient, des fols de Gennes, lefquels étant divifez par 96 f. valeur de la Piaftre, il viendra au Quotient des Piaftres à recevoir à Gen. pour la Traite cy-
deffus.

Obfervation.

ON verra dans la page fuivante 310. la maniere de refoudre
des Queftions femblables à faire à Gennes pour Venize, &
réciproquement celles à propofer à Venize pour la Ville de Gennes.

Pratique.

8163 Ducats 20 Gros ¼, ſomme à tirer & à multiplier par
124 ſols Venitiens, valeur d'un Ducat de Banque.

32652
16326 .
8163 . .

62. . . produit pour 12 Gros, ou ½ de 124 ſols Venitiens.
31. . . autre produit pour 6 Gros, ou ½ de celuy de 12 Gr.
10. 6. 8. autre pour 2 Gros, ou ⅓ de celuy de 6 Gros.
2. 11. 8. autre pour ⅔ de Gros, ou ⅓ de celuy de 2 Gros.
1. 14. 5. autre pour ½ de Gros, ou ½ de celuy de 2 Gros.

1012320. 12 9. ſols Venitiens, à multiplier par
80 ſols, valeur de l'Ecu de Gennes.

80985600 ſols de Gennes, à diviſer par 114 ſols Venitiens, pour
avoir des Sols de Gennes.

114
80985600 ⎫
114444444 ⎬ 710400 ſols de Gennes, à diviſer par 96. pour pro-
111111   ⎪   duire des Piaſtres.
1111   ⎭

38
710400 ⎫
96666 ⎬ 7400 Piaſtres, à recevoir à Gennes, pour la Traite cy-
999   ⎭   deſſus.

De la Reduction de l'*Argent* monnoyé de *Hambourg*, en celuy des *Villes* ou *Places*, où ſes *Correſpondances* ſe peuvent ordinairement étendre.

L'ORDRE que je me ſuis préſcris de donner l'Idée de tout ce qui s'obſerve dans chaque Place, fait que je devrois icy marquer la maniere de tenir les Ecritures à Hambourg chez les Negocians; les noms & valeurs des Monnoyes qui y ont cours, & les autres Particularitez qui ne ſont pas à negliger par ceux qui y negocient:

Mais toutes ces Circonſtances ayant eſté amplement décrites dans la Table IX. de la premiere Application des Changes de France, pages depuis 59 juſqu'à 70. Les Lecteurs y ſeront renvoyez pour s'en inſtruire. Je me contenteray en ce lieu de dreſſer une Table des Changes, pour y en ſpecifier les prix courans avec la raiſon de leurs Rapports & proportions, ſans en faire d'autres Applications que celles qui ont eſté propoſées ailleurs.

HAMBOURG, *Change & donne, pour les Places ſuivantes ; Sçavoir*

1 Dalle de 32 ſ. Lubs, où de 64 den. de Gros, pour avoir 67 deniers de Gros, *plus,* ou *moins,* . à Amſterdam.

1 Dalle ſuſd. pour avoir 66 den. auſſi de Gr. *p.* ou *m.* à Anvers.

103¼ Rich. de 48 ſ. Lubs, *p.* ou *m.* pour avoir 100 Rich. de 90 Kreuts. . . à Breſlau.

102½ Rich. dite : *p.* ou *m.* pour avoir 100 Rich. de de 90 Groſchs. . . à Dantzic.

1 Dalle de 32 ſ. Lubs, pour avoir 61½ Kreuts courans, *p.* ou *m.* . . à Francfort.

102¼ Rich. de 48 ſ. Lubs, *p.* ou *m.* pour avoir 100 Rich. de 90 Kreuts. . . à Lipſic.

34 ſ. 6 den. de Gros, *p.* ou *m.* pour avoir une liv. Sterlin. de 20 ſols. . . à Londres.

1 Dalle de 32 ſ. Lubs, pour avoir 63¼ Kr. *p.* ou *m.* à Nuremberg.

47 ſ. ¼ Lubs, *p.* ou *m.* dont 48 font la Rich. pour avoir 1 Ecu d'Or Sol. . . à Paris &c.

95¼ den. de Gros, *p.* ou *m.* pour avoir 1 Ducat de Banque de 24 Gros. . . à Venize.

Demonſtration des Rapports des prix du Change cy-deſſus.

POur mieux comprendre le Rapport & la proportion, que les prix des Changes contenus dans la Table cy-deſſus. Il faut ſuppoſer.

1°. Que le *Sol Subs*, le *Stuyver* ou Sol de Hollande, & le *Patàr* de Flandres, de deux deniers de Gros chacun, ſont égaux entr'eux, & qu'ainſi on peut aſſeurer que la Dalle de Hambourg, qui eſt de 32 ſ. Lubs y vaut au Païr 64 deniers de Gros, auſſi bien qu'à Amſterdam & à Anvers.

2°. Que 100 Richedalles de Hambourg de 48 ſols Lubs chacune, ſont égales à 100 Richedalles de 90 Kreuts courans de Breſlau: de Dantzic où la Richedalle eſt comptée pour 90 Groſchs; de Francfort où la Richedalle vaut 90 Kreuts courans, ou 74

Kreuts de Change, & enfin à 100 Richedalles de Lipſic de 90.
Kreuts courans la Richedalle.

3°. Que par la Table XI. de la ſeconde Application des Changes, page 168. 35 ſols, 5 den. ¼ de Gros, ont eſté démontrez
égaux à 20 ſols Sterlins.

4°. Que la Dalle, qui ne fait que les ⅔ d'une Richedalle de
48 ſols Lubs, ne doit pareillement rendre au Païr que 60 Kreuts
courans, dont 90 font la Richedalle.

5°. Que l'Ecu de France ayant eſté cy-devant démontré, égal
à 48 ſols marquez de 15 deniers piece, il s'enſuit que 60 ſols
d'aujourd'huy ſont égaux à 48 ſols Lubs.

6°. Que ſuivant le Rapport de 100 Ecus d'Or Sol à 102 ½
Ducat de Banque à Venize, cy-devant démontrez égaux entr'eux,
dans l'Explication de la Table XXIV. de la premiere Application
des Changes, page 134. Il s'enſuit que 95 ½ den. de Gros, doivent
être égaux à un Ducat de 24 Gros à Venize.

Avertiſſement.

PUiſque les Traites & les Remiſes à faire en Banque à Hambourg, pour la plus grande partie des Places cy-deſſus, ſont
ſemblables à celles qui ont été cy-devant, faites dans la ſeconde
Application des Changes, pages 139 à 175. On en poura voir les
Applications pour s'y conformer.

*De la Reduction de l'Argent monnoyé de Livourne en Italie,
en celuy des Places, où ſon Commerce s'étend d'ordinaire,
tant en Banque qu'en Marchandiſe.*

Avertiſſement.

CEUX qui auront la curioſité de ſçavoir de quelle façon
les Ecritures ſe tiennent à Livourne, les noms & valeurs
des eſpeces de Monnoyes qui y ont cours, & la maniere
de tirer & remettre pour la France, pouront voir l'Explication de
la XII. Table de la premiere Application des Changes de France cy-devant décrite, page 76 à 80 pour répondre aux queſtions
que l'on pouroit faire ſur les Circonſtances qui les peuvent ac-
compagner. Je me contenteray de dreſſer en ce lieu une Table,
par le moyen de laquelle on poura voir tout d'une veuë, les prix
courans

courans des Changes qui ont cours à Livourne , avec la raison de
leurs Rapports , comme cy-après.

LIVOURNE , *Change & donne pour les Places suivantes ; Sçavoir*

1 Piece de 8. ou Piastre pour avoir 100 den. de
    Gros, *p.* ou *m.*   à Amsterdam.

1 Piece susdite pour avoir 112 sols $\frac{1}{4}$ *p.* ou *m.*   à Florence.

100 Pieces dites pour avoir 98 $\frac{3}{4}$ Piastre , *p.* ou *m.*
    de 4 liv. 16 sols.   .   .   à Gennes.

1 Piece dite pour avoir 58 s. $\frac{3}{4}$ *p.* ou *m.* (dont 60
    font l'Ecu.)   .   .   à Lion &c.

1 Piece dite pour avoir 55 den. Sterlins, *p.* ou *m.* à Londres.

1 Piece dite pour avoir 58 sols $\frac{1}{2}$, *p.* ou *m.* (dont
    60 font un Ecu.   .   .   à Marseille.

100 Pieces dites pour avoir 93. $\frac{1}{2}$ Ducat de 10 Car-
    lins le Duc. *p.* ou *m.*   .   à Naples.

179 Pieces dites , *p.* ou *m.* pour avoir 100 ∇ de Marc. à Nove.

1 Piece dite pour avoir 112 s. $\frac{1}{3}$ *p.* ou *m.* dont 133.
    $\frac{1}{3}$ font un Ecu de 10 Jules.   .   à Rome.

100 Pieces susdites pour avoir 103. $\frac{1}{3}$ Duc. de Banque
    de 24 Gros le Ducat.   .   à Venize.

Demonstration des prix du Change cy-dessus, & de la raison de leur
égalité ou inégalité.

LA piece de 8 Reaux ou Piastre de Livourne, que l'on peut
dire être égale à un Ecus d'Or Sol de 60 sols, doit rendre au
Païr à *Amsterdam* 100 deniers de Gros, ou 96 den. aussi de Gros
à *Anvers* ; suivant l'Explication de la Table premiere des Changes
de France, page 6.

L'Egalité de la piece de 8 avec la Monnoye de *Florence*, vient
de ce que 74 Ecus., 10 s. 11 den. de 7 liv. 10 s. pour un Ecu de
Florence, sont égaux à 100 Ecus d'Or Sol de France, ainsi qu'il
paroît par la Demonstration, qui en a été cy-devant faite Table
VI. page 38. Car ayant multiplié 74 Ecus, 10 s. 11 den. par 7
liv. 10 s. valeur de l'Ecu de Florence, il vient au produit 559 liv.
1 s. 11 den. lesquels étant reduits en sols, produisent 11181 sols,
11 den. & ensuite divisez par 100 Ecus, qui réprésentent pareil
nombre de pieces de 8. puis qu'elles sont égales à ceux-là. La Division étant faite , il vient au Quotient 111 s. 10 deniers, peu
moins pour la juste valeur de ladite piece de 8 de Livourne, ce
qui étoit à démontrer.

R r

La parité de la Monnoye de Livourne à celle de *Gennes*, peut provenir de celle qu'il y a entre un Ecu d'Or Sol : & une piece de 8 qui a cours à Livourne. Suivant les remarques que j'en ay cy-devant faites pages 53 & 76. Car si un Ecu d'Or Sol de France, ou une piece de 8 de Livourne, rend au Pair à Gennes 95 sols, 6 deniers, on peut inferer que 100 Ecus ou 100 Piastres dudit Livourne, doivent rendre audit Gennes 99 Ecus ½ de 4 liv. 16 sols, valeur de l'Ecu de Gennes.

L'Egalité de la Monnoye de Livourne à celle de *Lion*, de *Londres* & de *Marseille* se peut tirer de la valeur de la Piastre, qui a été comparée à un Ecu d'Or Sol, & ainsi le Rapport de ce dernier Ecu à la Monnoye des Villes de Livourne & de Londres, peut servir de fondement à la proportion réquise & réciproque des Places cy-dessus.

Par l'Explication de la Table XVIIIe. page 115. Il est évidement que 100 pieces de 8 de Livourne, sont égales à 90 Ducats de 10 Carlins à *Naples*, ce qui n'a pas besoin de plus ample Explication.

On peut pareillement asseurer, suivant l'Explication de la Table XIXe. page 119 que 183 ½ piece de 8. autrement dites Piastres de Livourne, (où 183 Ecus ½ d'Or Sol :) sont égales à 100 Ecus d'Or de Marc à *Nove*.

La parité de la Monnoye de Livourne à celle de *Rome*, se peut tirer de 133 s. ⅓ Romains, valeur d'un Ecu du Pape, de 10 Jules. Parce que si un Ecu susdit, qui vaut au Pair en Monnoye de France 3 liv. 10 sols, 10 deniers; ainsi qu'il a été cy-dessus prouvé, page 176. Il s'ensuit que 3 livres, valeur d'une Piastre; rendront au Pair 113 sols Romains ou environ.

Enfin on peut tirer l'égalité de la Monnoye de *Livourne* à celle de *Venize* de 100 Ecus d'Or Sol de France, egaux en valeur à 102 Duc. ¼ de Banque à Venize; puisque 100 pieces de 8 étant égales à 100 Ecus d'Or Sol, elles doivent suivre la même Analogie ou proportion.

Avertissement.

CE seroit icy le lieu de faire diverses Applications sur les prix courans des Changes cy-dessus. Mais parce que les Traites & les Remises, qui pouroient être proposées à Livourne sont semblables à celles, qui ont été cy-devant faites pour Florence, je me suis contenté d'y renvoyer les Lecteurs.

Les Achats & les Ventes des Marchandises, se font ordinaire-

ment pour comptant à Livourne. Mais on accorde ordinairement
à l'Acheteur trois ou quatre ſemaines de delay; quoy qu'il n'en
ſoit point parlé dans la convention faite entre les contractans :
Il eſt cependant veritable , que quand on achete quelques Marchandiſes des Armeniens ou d'autres Etrangers , qui ne font point
de Reſidence actuelle dans la Ville de Livourne, les payemens s'en
font toûjours comptant. Où l'on remarquera que les Achats & les
Ventes , ſe font d'ordinaire à Livourne par l'entremiſe des Courtiers , qui en arreſtent meſmes les parties qu'ils ſouſcrivent ſouvent pour la ſeureté du Vendeur. Et quand les Ventes ou les
Achats n'excedent pas la valeur de 1000 Piaſtres, le Courtier en
ayant fait une note ſur ſon Regiſtre , ils ont la même force &
vigueur , que s'ils avoient été faits ou ſouſcrits par les parties
mêmes.

A l'égard des Lettres de Change , le payement en dóit être
fait le jour de leur échéance. Et il n'y a point à Livourne de Loix,
d'Ordonnances n'y de Statuts , qui obligent de faire le proteſt deſdites Lettres dans un temps préſcrit. On a cependant coûtume
d'attendre quelques jours pour en faire faire le proteſt , & cela à
la diſcretion des Porteurs deſdites Lettres de Change.

L'Uſance des Lettres de Change , tirées de Livourne pour les
Places de dehors ſe connoîtra comme cy-aprés ; Sçavoir

Les Lettres pour *Amſterdam* ſe font à 40 jours de Datte.

Celles pour *Florence* , quoy que payables à la volonté, du Porteur,
elles n'y ſont cependant aquitées , que le premier Samedy d'a-
prés leur échéance , & l'on accorde mêmes au Debiteur des Lettres tirées ſur luy juſqu'au Lundy immediatement ſuivant.

Celles pour *Gennes* ſont tirées à 8 jours de veuë , quoy que ſouvent elles aillent juſqu'à un mois , à compter du jour de l'acceptation.

Celles pour *Lion* , ſe font pour l'une de ſes Foires , qui ſont des
Rois ou de *Paſques d'Aouſt* ou des *Saints*.

Celles pour *Londres* , ſe font à trois mois de Datte.

Celles pour *Marſeille* ſe font à 8 ou 15 jours de veuë , plus ou
moins, ſelon les conventions faites avec ceux qui en donnent la
valeur.

Celles pour *Naples* , ſe font à 20 jours de Datte.

Celles pour *Nove* , ſe font pour l'une de ſes Foires ou payemens.

Et celles pour *Rome*, ſe font à 10 jours de veuë.

Mais les Lettres de Change tirées de dehors ſur Livourne, ſont
ordinairement payables comme cy - aprés ; Sçavoir

Celles d'*Amſterdam*, ſont à 40 jours de Datte.

Celles de *Florence*, ſont tirées payables à veuë.

Celles de *Gennes*, ſont à 8 jours de veuë.

Celles de *Lion*, ſont payables ſelon le temps préſcrit par leſdites Lettres.

Celles de *Londres*, ſont à trois mois de Datte.

Celles de *Marſeille* ſuivent le temps marqué par leſdites Lettres.

Celles de *Naples*, ſont à trois ſemaines de veuë.

Celles de *Noue*, écheant le jour d'un Samedy, elles ſont prolongées juſqu'au Samedy immediatement ſuivant.

Celles de *Rome*, ſont à 10 jours de veuë.

Et celles de *Venize*, ſont à 20 jours de Datte.

Si dans les differens qui ſurviennent entre les Negocians, ceux cy font un compromis entr'eux, & que d'un commun conſentement, ils preſentent leur Requeſte au Prince pour être renvoyez pardevant des Arbitres; la Sentence qui intervient en conſequence eſt executoire, & les parties n'en peuvent pas diſconvenir, à moins qu'il n'y paroiſſe des cauſes évidentes de nullité.

Il n'y a point à Livourne aucun lieu de Dépoſt pour y porter de l'Argent. Ils ſe trouve neantmoins quelques Marchands, qui en donnent à 5 pour cent par an; & mêmes d'autres Particuliers qui preſtent ſur gages.

Les Gabelles, les Doüannes & autres Droits, ſe payent également & indifferemment par les naturels du Païs, & par les Etrangers.

Les Marchandiſes ſujettes aux Poids ſont differemment vendues, les unes ſe vendant à tant la livre; d'autres au Quintal ou à tant le cent peſant, d'autres encore au Poids de 150 & de 160 ℔. & enfin d'autres au Milier où l'on obſervera, que chaque livre contient 12 onces indiſtinctement. On ſe ſert du Poids de 150 ℔. & de celuy de 160. auquel les Italiens donnent le nom de *Cantaro*. Celuy de 150 ℔. ſert à peſer les Sucres, & celuy de 160 pour peſer les Laines de quelque qualité qu'elles ſoient; comme ſont les Laines appreſtées & les Brutes. Les Moruës ſeches ſe vendent auſſi à Livourne au Poids de 160 ℔.

Les Negocians de Livourne, qui ſont Chrêtiens, n'ont point de Privileges Particuliers: Il n'y en a que pour les Juifs, pour ce qui regarde le Negoce que l'on fait avec eux.

On plaide à Livourne, & l'on peut appeller des Sentences, qui y ſont rendues tant à Piſe que pardevant les Conſuls de la Marine, & meſmes à Florence pardevant Meſſieurs de la Rotte. Mais à à l'égard des Sentences rendues entre des Chrêtiens & des Juifs, il n'y a point d'appel. Ces dernieres ſont rendues difinitivement, & quand l'une des parties témoigne eſtre lezée, elle a recours à l'autorité du Prince, qui accorde ſeulement la reviſion de l'affaire dont il s'agit.

❁❁❁❁❁❁❁❁❁❁❁❁❁❁❁❁❁❁❁❁❁❁❁❁❁❁❁❁❁❁

De la Reduction de l'Argent Monnoyé de Londres, Ville Capitale de l'Angleterre, en celuy des Villes cy-aprés.

Avertiſſement.

O N a cy-devant veu par l'Explication de la Table XIII. page 81. La maniere de tenir les Ecritures à Londres; comme auſſi les eſpeces d'Or & d'Argent Monnoyé, qui y ont cours avec leurs noms & leurs valeurs dans les pages 86. 88 & 89. à quoy l'on aura recours. On connoîtra pareillement les Rapports des Poids & des Meſures, qui y ſont amplement décrits, pages 91. 92. & 93, que l'on poura parcourir, quand l'occaſion s'en preſentera.

On verra ſeulement par la Table ſuivante, les prix courans des Changes de Londres, pour les Villes où celle-là correſpond, avec la raiſon de leurs Rapports & les Applications qu'il en conviendra faire.

LONDRES, *Change & donne pour les Places ſuivantes; Sçavoir,*

1 Liv. Sterlin de 20 ſ. pour avoir 35 ſ. 3 den. de gros,
    plus ou *moins.*   à Amſterdam.

1 Liv. ſuſdite, pour avoir 34 ſ. 10 den. de gros, *p.* ou *m.* à Anvers.

2 ¼ pour ÷ *p.* ou *m.* de perte pour le Remetteur.   à Dublin.

55 ¼ den. Serl. *p.* ou *m.* pour avoir 1 Piaſt. de 4. liv. 16. ſ. à Gennes.

1 Liv. Sterl. pour avoir 33 ſ. 8 den. de gros, *p.* ou *m.* à Hambourg.

55 ⅞ den. Sterl. *p.* ou *m.* pour avoir 1 ▽ d'Or Sol de 60 ſ. à Lion.

91 ¼ den. Sterl. *p.* ou *m.* pour avoir 1000 Raix.   à Lisbonne.

55 - den. Sterl. *p.* ou *m.* pour avoir 1 Piaſt. de 8 Reaux. à Livourne.

55 ⅞ den. Sterl. *p.* ou *m.* pour avoir 1 ▽ d'Or Sol de 60 ſ. à Paris.

15 ⅞ Schelin *p.* ou *m.* pour avoir 1 Piſtole effective de
     Poids & de 31 Jules.   à Rome.

54 ½ den. Sterl. *p.* ou *m.* pour avoir 1 Ducat de Ban-
     que de 24 gros.   à Venize.

Demonſtration des prix du Change cy-deſſus.

J'AY ſuffiſamment démontré, page 168. Table XI. de l'Application ſeconde des Changes, l'égalité de la Monnoye de Londres
à celle *d'Amſterdam* & *d'Anvers*, qui eſt de 35. ſ. 5 den. ¼ de gros,
pour une livre Sterlin, où l'on aura recours.

L'Egalité de la Monnoye de Londres à celle de *Gennes*, ſe peut
tirer de celle de 55 den. ¾ Sterlin. & de 95 ſ. 5 den. ½ Monnoye de
Gennes, leſquels prix ſont égaux entr'eux, puis qu'ils ſont également la valeur de l'Ecu d'Or Sol. Car ſur cette ſuppoſition on
peut aſſeurer de la parité qu'il y a entre 56 den. Sterlins peù
moins, & entre une Piaſtre ou piece de 8 Reaux de 4 livres, 16.
ſols, Monnoye de Gennes.

L'Egalité de la Monnoye de Londres, à celle de *Hambourg*, ſe
peut tirer de 55 ½ denier Sterlin, & de 96 deniers de Gros, valeur
de la Richedalle, qui eſt de 48 ſols Lubs, égaux à un Ecu d'Or
Sol. Car ſuivant cette Hypotheſe, on peut dire par Regle de
Trois. Si 55 ½ denier Sterlin, ſont égaux à 96 deniers de Gros. On
peut inferer que 240 deniers Sterlins, valeur de la Livre Sterlin,
(ſur le pied de laquelle on fait les Changes à Londres pour Hambourg)
ſont égaux à 416 deniers de Gros, peù plus, ou à 34 ſols, 8 deniers
de Gros. Ce qu'il falloit prouver.

La Parité de la Monnoye de Londres à celle de *Lion*, ayant eſté
ſuffiſamment démontrée, page 81. Table XIII. on y poura avoir
recours pour ce ſujet.

L'égalité de la Monnoye de Londres à celle de *Lisbonne*, ſe peut
facilement connoître par le Rapport que 55. ¼ denier, valeur de
l'Ecu d'Or Sol, comme il a eſté dit cy-deſſus, page 81. ont avec
600 Raix auſſi égaux à un Ecu d'Or Sol, comme on peut voir
cy-deſſus, page 73. Car ſur ce fondement on peut dire par Regle de
Trois. Si 600 Raix rendent au Pair 55 ¼ denier Sterlin : combien 1000
Raix, Monnoye de Lisbonne, & ſur le pied deſquels on fait les
Changes pour Londres. La Regle eſtant faite, il doit venir pour
quatriéme Terme 92. ⁷⁄₁₁ denier Sterlin, pour leſdits 1000 Raix.

La Parité de la Monnoye de Londres, à celle de *Livourne*, ſuit
l'égalité de la Monnoye de France à celle de Londres.

L'égalité de la Monnoye de Londres, à celle de *Rome*, ſe peut
tirer de 55./¼ denier Sterlin, & de 8 Jules ½, valeur de la Piaſtre
d'Eſpagne, égale à un Ecu d'Or Sol de 3 livres de France, comme il a eſté dit cy-devant, page 122. Car ſuivant cette Hypotheſe on peut dire par Regle de Trois. Si 8 Jules ½, rendent au

Pair 55. ¼ denier Sterlin. Combien 31 Jules, valeur de la Piſtole effective à Rome. La Regle eſtant faite il viênt pour le quatriéme Terme 202 deniers Sterlins, ou 16 Schelins, 10 deniers, auſſi Sterlins, pour l'égalité de la Piſtole de 31 Jules.

La Parité de la Monnoye de Londres à celle de Venize ſe peut encore tirer de 55. ¼ denier Sterlin, valeur de l'Ecu d'Or Sol, parce que leſdits 55. ¼ Denier eſtant multipliez par 100 Ecus d'Or Sol, il vient au produit 5537. ½ denier Sterlin, égaux à 102 ½ ducat de Banque de Venize, par leſquels diviſant leſdits 5537 deniers ½ Sterlin, il vient au Quotient de la Diviſion 54 deniers Sterlins, peù moins, pour la valeur au Pair d'un Ducat de Banque de 24 Gros, ce qu'il faloit prouver.

Applications des Changes cy-deſſus ſur les Traites, & ſur les Remiſes.

POur éviter les redites touchant les queſtions à faire ſur les Changes cy-deſſus; je renvoyeray les Lecteurs aux endroits où il en a eſté traité, pour raiſon dequoy l'on ſçaura, Que pour répondre aux queſtions à propoſer ſur les Remiſes & ſur les Traites à faire à Londres pour *Amſterdam, Anvers, & Hambourg.* Il n'y a qu'à ſuivre le meſme ordre que j'ay gardé dans les queſtions décrites & reſoluës aux pages 168. 169. & 170.

Remiſe de Londres à Gennes en Italie.

AYant à remettre 500 livres Sterlins de Londres à Gennes à 55 ¾ denier Sterlin, pour une Piaſtre de 4 livres, 16 ſols; Sçavoir de combien le Remetteur de Londres ſera Crediteur à Gennes.

Regle.

IL faut reduire leſdits 500 livres, ſomme à remettre en Deniers, & ceux-cy en Quarts, que l'on diviſera par 55 ¾, prix du Change, auſſi reduits en Quarts, afin d'avoir aux Quotiens des Diviſions des Piaſtres, & parties de Piaſtre à recevoir à Gennes pour la Remiſe cy-deſſus.

Pratique.

500 livres Sterlins, somme à remettre, & à multiplier par
20 sols Sterlins, valeur d'une livre de mesme nom,
_____
10000 sols Sterlins, à multiplier par
12 deniers, valeur d'un sol.
_____
120000 deniers Sterlins, à multiplier par
4. Denominateur de la fraction du prix du Change.
_____
480000 Quarts de Deniers Sterlins, à diviser par 223. Quarts de
Deniers aussi Sterlins, égaux ausdits 55 $\frac{3}{4}$ denier Sterlin,
prix d'une Piastre.

```
      1
   2180
   34784
  48000  ⎫ 2152 Piastres ⅐, peu plus, à recevoir à Gennes, pour la
  223333 ⎬      Remise précedente.
   2222  ⎭
    22
```

Traite de Londres sur Gennes, pour preuve de la Remise cy-dessus.

Ayant à tirer 2152 Piastres ⅐ de 4 livres, 16 sols piece sur Gennes, à 55 $\frac{3}{4}$ denier Sterlin pour une Piastre; Sçavoir la somme à bailler au Tireur de Londres, pour y prendre ses Lettres de Change, tirées sur son Correspondant de Gennes.

Regle.

IL faut multiplier les 2152 Piastres ⅐ cy-dessus, somme à tirer, par 55. $\frac{3}{4}$ denier Sterlin, prix du Change, pour avoir au produit de cette Multiplication des deniers Sterlins, que l'on divisera par 12. pour faire des Sols, & ceux-cy par 20. pour faire des Livres à recevoir à Londres par le Tireur.

La pratique de cette Regle se verra dans la page suivante 321.

Pratique.

2152 Piaſtres $\frac{1}{2}$, ſomme à tirer, & à multiplier par
55 $\frac{1}{4}$ denier Sterlin, prix du Change, pour une Piaſtre.

10760.
107600.

1076. 5. produit pour $\frac{1}{4}$ de den. Sterl. ou $\frac{1}{2}$ de 2152 Piaſtres $\frac{1}{2}$.
538. 2. 6. autre pour $\frac{1}{8}$ den. dit, ou $\frac{1}{2}$ de celuy de $\frac{1}{4}$.
27. 10... autre pour $\frac{1}{2}$ Piaſtre, ou $\frac{1}{2}$ de 55 deniers Sterlins.

120001. 17. 6. d. Sterlins, à diviſer par 12. pour les reduire en ſols.
10000 ſols Sterlins, à diviſer par 20. pour les reduire en livres.
500 Livres Sterlins, à compter au Tireur de Londres , &
conformes à la Remiſe précedente , dont cette
Traite ſert de preuve.

LEs queſtions de Remiſes, ou de Traites à faire à Londres pour *Lion*, *Paris*, *Roüen*, &c. eſtant ſemblables à celles qui ont eſté propoſées & reſoluës, pages 81. 82. & 83. Il n'y a qu'à en prendre les Converſes pour ſe regler là-deſſus.

Remiſe de Londres à Lisbonne en Portugal.

UN Particulier de Londres , ayant à remettre 1000 Livres Sterlins à Lisbonne, à 91 $\frac{1}{2}$ denier Sterlin , pour 1000 Raix : Sçavoir de combien de Creuſades , & parties de Creuſade de 400 Raix la Creuſade, ledit Particulier de Londres ſera Crediteur à Lisbonne.

Il faut dire par Regle de Trois.

Si 91 $\frac{1}{2}$ d. Sterl. rend. 1000 Raix. Comb. 1000 l. Ster. Rx. 6557 Creuſ. $\frac{1\,1\,9}{1\,8\,3}$
2
183, Diviſeur.

20 ſols , valeur de la livre.

20000 ſ. à reduire en deniers.
12 deniers , valeur d'un ſ.

240000 deniers , à multiplier par
2. Denom. de la fraction.

480000 demis d. à multiplier par
1000 Raix.

480000000 Raix, à diviſer par 183.
Premier Terme.

Sſ

I

8781
11424485
48000000
_____
18333333
1888888
11111

} 2622950 Raix , à diviser par 400. valeur d'une Creusade.

2 I
2622950
_____
444400

} 6557 Creusades, plus 150 Raix , à recevoir à Lisbonne , pour la Remise cy-dessus.

Traite de Londres sur Lisbonne , servant de preuve à la remise précedente.

UN Particulier de Londres , ayant droit de tirer 6557 Creusades de 400 Raix piece , avec 150 Raix qui luy sont deus à Lisbonne , & ce dans le temps que le Change est à 91. ½ denier Sterlin , pour 1000 Raix ; Sçavoir la somme que ledit Particulier de Londres y devroit recevoir , pour y délivrer ses Lettres de Changes , tirées sur son Correspondant de Lisbonne.

Il faut dire par Regle de Trois.

Si 1000 Raix, rend. 91 ½ d. à Lond. comb. 6557 Creus. . ℞. 1000 l. St.
400 Raix , valeur d'une Cr.
_____
2622800
150 pour la fract. de Creus.
_____
2622951
91 ½ denier Sterlin.
_____
2622951
23606559.
1311475
_____

Deniers Sterlins. 240000|016 den. Sterlins , à diviser par 1000. Premier Terme.
_____
200d|0. .. sols Sterl. à reduire en l.
_____
1000. .. livres Sterlins , à payer au Tireur de Londres.

Remise de Londres à Livourne.

AYant à remettre 400 livres Sterlins à Livourne, à 55 deniers Sterlins pour une Piastre, ou piece de 8. Sçavoir combien le Remetteur y en recevra, ou quelqu'autre pour luy, pour ladite somme remise, comme cy-dessus.

Regle.

IL faut reduire lesdites 400 livres, somme à remettre en deniers, que l'on divisera par 55 deniers Sterlins, prix du Change, pour avoir au Quotient de la Division des Piastres, ou pieces de 8. & parties de Piastre.

Pratique.

400 livres Sterlins, somme à remettre, & à multiplier par 20 sols, valeur d'une livre Sterlin.

8000 sols Sterlins, à reduire en deniers, en multipliant ceux-là par 12 deniers, valeur d'un sol.

96000 deniers Sterl. à diviser par 55 den. aussi Sterl. prix du Change.

1745 Piastres — de Piastre, à recevoir à Livourne, pour la Remise cy-dessus.

Traite de Londres sur Livourne, servant de preuve à la remise susdite.

UN Particulier de Londres, estant Crediteur à Livourne de 1745 Piastres, & voulant en disposer à 55 deniers Sterlins, pour une Piastre : Sçavoir combien il luy faut compter de Livres, &c. Sterlins, pour fournir au Remetteur Lettre de Change de la somme susdite, tirée sur Livourne.

Regle.

IL faut multiplier 1745 Piastres — de Livourne, somme à tirer, par 55 deniers Sterlins, prix du Change, pour avoir au produit des deniers, que l'on reduira en sols, & ceux-cy en livres, à recevoir à Londres pour ladite Traite.

Pratique.

1745 Piaſtres $\frac{1}{2}$, ſomme à tirer, & à multiplier par
    55 deniers Sterlins, prix du Change, pour une Piaſtre.
_____
    8725.
    8725 .
       25 produit pour $\frac{1}{2}$ de Piaſtres, ou les $\frac{1}{2}$ de 55 deniers Sterlins.
_____
96000 deniers Sterlins, à reduire en ſols, en les diviſant par
    8000 ſols Sterlins, égaux auſd. 96000 deniers, à reduire en liv.
    400 livres Sterl. à recevoir à Londres, pour la Traite cy-deſſus.

Remiſe de Londres à Rome , Capitale de l'Italie.

AYant à remettre 7500 livres Sterlins à Rome , à 15 Schelins $\frac{1}{2}$ pour une Piſtole effective, de Poids , & de 31 Jules ; Sçavoir combien le Remetteur recevra ou fera recevoir pour ſon compte, de Piſtoles de la qualité ſuſdite dans la Ville de Rome, moyennant une Lettre de Change du Tireur de Londres.

Regle.

IL faut reduire leſdites 7500 livres Sterlins en deniers , que l'on diviſera par 186 deniers Sterlins, égaux aux 15 Schelins $\frac{1}{2}$, prix du Change cy-deſſus ſpecifié. Le Quotient de cette Diviſion rendra la quantité des Piſtoles effectives à recevoir à Rome, pour la Remiſe cy-deſſus.

Pratique.

7500 Livres Sterlins, ſomme à remettre, & à multiplier par
  20 Sols, valeur d'une livre.
_____
150000 Sols à reduire en deniers, en multipliant ceux-là par
  12 Deniers, valeur d'un ſol.
_____
1.800000 Deniers, à diviſer par 186 deniers, prix du Change.

Le reſte de cette Pratique ſe verra au commencement de la page ſuivante 325.

```
  2
 2437
226488 ⎫               88
280000 ⎬ 9677 Piftoles.   2428 ⎫ 13 Iules , à recevoir à Rome
286666 ⎭               1866 ⎬      pour la Remife cy-deffus.
 2888                    28 ⎭
```

2231 Iules , valeur d'une Piftole.
_____
    78
   234.
_____
   2418 Iules, à divifer par 186.

Traite de Londres fur Rome, fervant de preuve à la remife cy-deffus.

UN Banquier de Londres eftant Créditeur de 9677 Piftoles, & de 13 Iules à Rome, & trouvant occafion d'en difpofer à 15 Schelins ½, pour une Piftole effective de 31 Iules ; Sçavoir la fomme à recevoir à Londres pour ladite Traite.

Regle.

IL faut multiplier lefdites 9677 Piftoles, 13 Iules, fomme à tirer, par 15 Schelins & demy, pour avoir au produit des Schelins ou fols Sterlins, que l'on divifera par 20. pour en faire des livres, à recevoir à Londres, pour la Traite cy-deffus.

Pratique.

9677 Piftoles, 13 Iules, fomme à tirer, & à multiplier par 15 Schelins ½, prix du Change, pour une Piftole.
_____
48385
9677.
  4838. 10. produit pour ½ Schelin , ou ½ de 9677 Piftoles.
     6. 10. autre pour 13 Iules , ou les ⁺³⁄₁ de 15 Schelins ½.
_____
150000. . Schelins, ou f. Sterlins, à reduire en liv. auffi Sterlins.
_____
  7500 livres Sterl. à recevoir à Londres, pour la Traite cy-deffus.

_____

Remife de Londres pour Venize en Italie.

UN Banquier de Londres ayant à remettre 525 liv. 10 f. Sterlins à Venize à 54 ½ den. Sterl. pour un Ducat de Banque

Sf iij

de 24 Gros : Sçavoir de combien de Ducats & parties de Ducat
sera la Lettre de Change à prendre du Tireur de Londres sur Venize.

Regle.

IL faut reduire les 525 liv. 10 s. cy-dessus, somme à remettre
en deniers, & ceux cy en Demis, pour diviser ces derniers par
109 aussi Demis den. égaux à 54½ prix du Change. Le Quotient
de cette Division rendra des Ducats & parties de Ducat de Venize.

Pratique.

525 Liv. 10 s. Sterl. somme à remettre & à multiplier par
20 Sols, valeur d'une livre Sterlin.

10510 Sols à reduire en deniers en multip. ceux-là par
12 deniers, valeur d'un Sol,

126120 deniers à reduire en Demis, en multip. ceux-la par
2, Denominat: de la fraction du prix du Change.

252240 demis deniers à diviser par 109 aussi demis deniers.

141
34884 } 9
252240 } 2314 : Ducats 336 { 3 Gros ou ⅛ de Ducat peu plus
109999 } 109 { à recevoir à Venize pour la
1000 { Remise cy-dessus.

1124. Gros valeur d'un Ducat.

56.
28.

336 Gros à diviser par 109.

Traite de Londres sur Venize, servant de preuve à la Remise cy-dessus.

UN Banquier de Londres étant Crediteur de 2314 Ducats
⅛ à Venize, & desirant tirer cette partie sur son Correspondant à 54 ½ den. Sterl. pour 1 Ducat de 24 Gros: Sçavoir la somme à recevoir à Londres, pour y fournir Lettre de Change tirée
sur Venize.

Regle.

IL faut multiplier les 2314 Ducats ⅛ cy-dessus, somme à tirer
par 54½ den. Sterl. pour avoir au produit des deniers, que l'on

diviſera par 12 pour en faire des ſols, & ceux cy par 20 pour en faire des livres &c. à recevoir à Londres pour ladite Traite.

Pratique.

2314 Ducats ¼, ſomme à tirer, & à multiplier par
54½ den. Sterl. prix du Change pour 1 Ducat de 24 Gros.

9256
11570.

1157..prod. pour ½ den. ou ½ de 2314 Ducats.
6. 16. 3. autre prod. ¼ de Duc. ou ⅛ de 54½ den. Sterl.

126120. 16. 3 den. Sterl. à reduire en ſ. en prenant de ceux-là.

⅓. 105. 10. Sols Sterlins à reduire en livres, en prenant deſd. ſols.
⅓. 525 livres, 10 ſols, Sterlins à recevoir à Londres, pour la Traite cy-deſſus.

De la Reduction de l'Argent Monnoyé de la Republique de Luques en Italie, & dans les Eſtats de Toſcane; en celuy des Places ou Villes, où ſon Commerce s'étend.

Avertiſſement.

AYANT parlé dans la page 97 de l'ordre des Ecritures à tenir dans la Republique de Luques, je me contenteray de marquer en ce lieu les prix des Changes, qui y ont cours avec la raiſon de leurs Rapports, & des Applications à y faire ſur les Remiſes & ſur les Traites, ſans faire autre mention de leurs Monnoyes; ſinon de dire en paſſant: que les unes ſont de Cuivre ſeulement; qu'il y en a d'autres d'Argent & de Cuivre, dont les Alois ſont differens; & d'autres enfin qui ſont d'Or comme ſont les Piſtoles d'Eſpagne & celles d'Italie, les premieres s'y employent pour 22 livres, 10.ſols, & les dernieres pour 22 livres, Monnoye du Païs.

LUQUES, *Change & donne pour les Places ſuivantes; Sçavoir*

1 ▽ de 7 liv. 10 ſ. pour avoir 99 ſ. Boulonins, p. ou m. à Boulogne.
110 ▽ ſuſdits p. ou m. pour avoir 100 Ecus de 7 liv. 10 ſ. à Florence.
1 Ecu ſuſdit, pour avoir 112 ſols ½, p. ou m. à Gennes.
81 ▽ ſuſdits, p. ou m. pour avoir 100 Ecus d'Or Sol. à Lion.

150 ▽ ½ de 7l. 10 s. *p.* ou *m.* pour avoir 100 ▽ d'Or de Marc. à Nove.
99 ▽ susdits, *p.* ou *m.* pour avoir 100 Ecus du Pape de 10 Jules. . . . . . à Rome.
82 Ecus susdits, *p.* ou *m.* pour avoir 100 Ducats de 24 Gros le Duc. ou de 6 Livres & ⅕. . . . à Venize.

Demonstration du Rapport des prix des Changes cy-dessus.

L'Egalité de la Monnoye de Luques à celle de *Boulogne*, se peut tirer de 83 sols, Boulonins égaux à un Ecu d'Or Sol, & de 81 Ecus, 16 s. 4 den. ⅓ de Luques, aussi égaux à 100 Ecus d'Or Sol. Car si l'on multiplie 100 Ecus, par 83 sols Boul. il vient au produit 8300 sols Boul. égaux ausdits 81 Ecus, 16 sols, 4 den. ⅓ de Luques, par lesquels lesdits sols étant divisez, il vient au Quotient de cette Division 101. ½ s. Boulonin, peù moins pour le juste Rapport, ou la valeur au Païr de l'Ecu de Luques, ce qui estoit à prouver.

La parité de la Monnoye de Luques à celle de *Florence*, vient de l'égalité qu'il y a entre 81 Ecus, 16 sols. 4. deniers ⅓ de Luques, & entre 74 Ecus, 10 sols, 11 deniers de Florence, qui ont été cy-devant démontrez, égaux à 100 Ecus d'Or Sol, ainsi que l'on peut voir aux fol. 38. Table VI. & 96. Table XIV. de la premiere Application des Changes de France. Car si 74 Ecus, 10 s. 11 den. de Florence sont égaux à 81 Ecus, 16 sols, 4 den. ⅓ de Luques : Il s'ensuit que 100 Ecus de Florence, sur le pied desquels on y Change pour Luques, y doivent rendre au Païr 109 Ecus ⅚ ce qu'il falloit démontrer.

L'Egalité de la Monnoye de Luques à celle de *Gennes*, se peut tirer de 95 s. 5 den. ½ dudit Gen. valeur de l'Ecu d'Or Sol, & de 81 Ecus, 16 s. 4. den. ⅓ de Luques, aussi valeur de 100 Ecus d'Or Sol. Car si l'on multiplie lesdits 95 s. 5 den. ½ de Gennes par 100 Ecus, il viendra au produit 9546 sols de Gen. égaux ausdits 81 Ecus, 16 s. 4 den. ⅓ de Luques, par lesquels les sols susdits étant divisez, il doit venir au Quotient de la Division 116 sols, 8 deniers, peù plus de Gennes pour la valeur au Païr de l'Ecu de Luques.

La parité de la Monnoye de Luques à celle de *Lion* &c. à été cy-devant démontrée, page 96. Table XIV. & ainsi il n'en sera pas icy parlé.

L'Egalité de la Monnoye de Luques à celle de *Nove*, se peut tirer de la parité qu'il y a entre 183 Ecus ⅓ d'Or Sol : & 100 Ecus d'Or de Marc de Nove, & encore entre 81 Ecus, 16 sols,

d'Or

4 den. ⅓ de Luques , qui ont été démontrez égaux à 100 Ecus
d'Or Sol. Car ſi 100 Ecus d'Or Sol rendent à Luques 81 Ecus,
16 ſ. 4 den. ⅓, il s'enſuit que 183 Ecus ⅓ auſſi d'Or Sol , égaux à
100 Ecus d'Or de Marc , rendront au Pair 150 Ecus à Luques , ce
qu'il falloit démontrer.

L'Egalité de la Monnoye de *Luques* à celle de *Rome* , ſe peut
prendre de 3 livres , 10 ſols, 10 den. de France , valeur de l'Ecu
du Pape , qui ſont égaux entr'eux ; comme on le peut voir page
176. & de 81 Ecus , 16 ſ. 4 den. ⅓ de Luques égaux à 100 Ecus
d'Or Sol auſſi de France. Car ſi l'on multiplie 100 Ecus du Pape ,
par 3 liv. 10 ſ. 10 den. valeur de l'Ecu de Rome , lequel eſt de 10
Jules , il viendra au produit 354 liv. 3 ſ. 4 den. de France , égaux
auſdits 100 Ecus du Pape. Cela ſuppoſé on dira par Regle de Trois.
Si 300 livres de France , valeur de 100 Ecus d'Or Sol , ſont égalés
à 81 Ecus, 16 ſ. 4 den. ⅓ de Luques ; il s'enſuit que 354 liv. 3 ſ.
4 den. valeur de 100 Ecus du Pape, ſeront égaux à 96 Ecus ⅓ peù
plus de Luques. Ce qu'il falloit prouver.

La parité de la Monnoye de Luques à celle de *Venize* , ſe peut
tirer de 102 ½ Ducat de Venize , & de 81 Ecus, 16 ſ. 4 den. ⅓ de
Luques : puiſque l'un & l'autre de ces prix ſont égaux à 100 Ecus
d'Or Sol , comme il a été cy-devant dit. Sur cette Hypotheſe
on peut inferer que 100 Ducats de Venize, rendront au Pair 79
Ecus ¼ peù moins de Luques. Ce qui eſtoit à démontrer.

Avertiſſement.

PUiſque toutes les queſtions à propoſer à Luques ſur les Remiſes & ſur les Traites, ſuivent le Stile de celles qui ſont contenues dans ce livre, on les poura conſulter tant pour établir que
pour réſoudre ces dernieres propoſitions , où l'on fera mention
des ſommes à remettre ou à tirer, & du prix du Change courant
ou de celuy dont on ſera convenu , qui ſe trouvera égal ou fort
approchant des prix contenus dans la Table cy-deſſus.

De la Reduction de l'Argent Monnoyé de Milan, en celuy des Villes ou Places , où son Commerce ordinaire tant en Banque qu'en Marchandise se peut étendre,

Avertissement I.

YANT suffisamment declaré dans la Table XVII, des Changes de France , page 111. de quelle maniere on tient les Ecritures à Milan ; & décrit assez amplement les noms & valeurs des especes d'Or & d'Argent, qui ont cours à Milan. Les Lecteurs pourront prendre Lecture de cette Table pour l'éclaircissement de ces deux sujets.

On verra dans la suite les autres Circonstances de Negoce, qui ne sont pas à negliger , dont les principales sont de sçavoir, que

MILAN *Change & donne pour les Places suivantes, Sçavoir*

1 Ecu de 117 s. Milan. Mon. de Change, pour avoir
    116 den. de gros , *plus* ou *moins*.   .   à Anvers.

126 sols Mon. cour. *p.* ou *m.* pour avoir 1 Ecu de
    100 s. Boulon.   .   à Boulogne.

79 s. ¼ dits, *plus* ou *moins*, pour avoir 1 ▽ de 80 s. aussi
    Monnoye courante.   à Gennes.

96 s. dits. *p.* ou *m.* pour avoir 1 ▽ d'Or Sol de 60 sols. à Lion.

99 s. dits, *p.* ou *m.* pour avoir 1 piece de 8. ou 1 Piastre. à Livourne.

101 s. dits, *p.* ou *m.* pour 1 piece de 8 Reaux.   .   à Madrid.

121 s. dits, *p.* ou *m.* pour avoir 1 Ducat de 10 Carlins. à Naples.

176 s. *plus* ou *moins* Mon. de Change , pour avoir
    1 Ecu de Marc.   .   .   à Nove.

175 Sols ⎫ *p.* ou *m.* Mon. ⎫ pour avoir ⎰ 1 ▽ ⎱ d'Est. à Rome.
151 Ecus ⎭ de Change ⎭   ⎱ 100 ▽ ⎰

20 sols Milan. Monnoye courante, pour avoir 17 Kr.
    plus ou *moins*.   .   .   à S. Gal.

1 Ecu Milan. de 117 s. Monnoye de Change, pour
    avoir 156 s. de Banque, *plus* ou *moins*.   à Venize.

*Demonſtration de la raiſon des prix des Changes cy-deſſus, & de
leur égalité ou inégalité.*

LA raiſon de l'égalité de la Monnoye de Milan à celle d'*Anvers*, & des autres Villes des 17 Provinces-Unies, ſe peut tirer de la parité qu'il y a entre 94 ſ. ⁷⁄₁₂ Milanois & 96 den. de Gros
d'Anvers; ainſi qu'il a été cy-devant démontré en leur lieu, pages 111. & 6. Car ſi ſuivant cette Hypotheſe 94 ſ. ⁷⁄₁₂ Milanois ſont
égaux à 96 den. de Gros d'Anvers; Il s'enſuit que 117 ſols, Monnoye de Change de Milan & la valeur de l'Ecu dudit lieu, ſont
égaux à 119 den. ¼ peù plus, ce qu'il falloit démontrer.

Pour découvrir ſenſiblement l'égalité aſſez préciſe de la Monnoye de Milan à celle de *Boulogne* en Italie, il faut ſçavoir qu'il
y a à Milan, *Monnoye de Change & Monnoye courante*; dont l'Analogie, ou le Rapport eſt comme 17 ¼ à 19 ¼; parce que quand la
Piſtole d'Eſpagne vaut à Milan 17 liv. 5 ſ. en Monnoye de Change, la même Piſtole y vaut 19 liv. 5 ſols, en Monnoye courante.
Sur cette Hypotheſe on peut trouver l'égalité réquiſe en cette maniere: Car ſi 83 ſols Boulonins ſont égaux à 94 ſ. ⁷⁄₁₂ Mon. de Change
de Milan; il s'enſuit que 100 Sols Boulonins, valeur de l'Ecu ſur
le pied duquel Boulogne Change pour Milan, ſont égaux à 113
ſols ⁷⁄₈ ou environ de Milan. Mais parce que ces 113 ſols ⁷⁄₈ ſont
Monnoye de Change, & qu'il eſt queſtion d'en faire l'évaluation
en Monnoye courante: Il faut pour la trouver pratiquer une Regle de Trois diſpoſée en cette maniere. Si 17 ¼ rendent 19 ¼:
combien 113 ſ. ⅞. La Regle eſtant achevée, il vient pour réponſe
128 ſols peù plus, ou 6 livres, 8 ſols, Monnoye courante de Milan, égaux à un Ecu de Boulogne de 100 ſols Boulonins ce qui
eſtoit à prouver.

L'Egalité de la Monnoye de Milan à celle de *Gennes*, ſe peut
prendre de la parité qu'il y a entre 94 ſols ⁷⁄₁₂ de Milan, & 95 ſols
⁷⁄₈ de Gennes, qui conviennent chacun à un Ecu d'Or Sol de France; comme il a été dit cy-deſſus: Car ſuivant cette proportion,
on peut conclure que l'Ecu de Gennes de 80 ſols Monnoye courante, rendra à Milan 78 ſols, 9 deniers, Monnoye de Change
dudit Milan, ce qu'il faloit démontrer.

L'Egalité de la Monnoye de Milan à celle de *Lion* & de *Livourne*, eſtant ſemblable ou approchante, on aura recours à ce
qui a été dit de celle de Lion pour Milan, page 111. Table XVII.

La parité de la Monnoye de Milan à celle de *Madrid*, ſe peut
prendre de la valeur de l'Ecu d'Or Sol, qui a été prouvé égal à

296 $\frac{1}{4}$ Maravedis, comme en la Table XV. page 100. cy-deſſus, &
à 94 ſols $\frac{1}{12}$ Milanois, comme il paroît par l'Explication de la Table
XVII. page 111. Car ſuivant cette ſuppoſition, 296 $\frac{1}{4}$ Maravedis
eſtant égaux à 94 ſols $\frac{1}{12}$ de Milan, il s'enſuit que 272 Maravedis, valeur de la piece de 8 Reaux, ſeront égaux à 86 ſols $\frac{1}{4}$ peù
moins, Monnoye de Change à Milan, ou à 97 ſols $\frac{1}{4}$ peù plus
Monnoye courante, ce qu'il falloit découvrir.

La parité de la Monnoye de Milan à celle de *Naples*, ſe peut
tirer de la valeur de l'Ecu de France, qui vaut comme cy-deſſus
à Milan 94 ſols $\frac{1}{12}$ & à Naples 9 Carlins. Et ſur ce pied on peut
dire par Regle de Trois. Si 9 Carlins ſont égaux à 94 ſols $\frac{1}{12}$ Monnoye de Change de Milan : à combien ſeront égaux 10 Carlins,
valeur d'un Ducat de Naples, ſur le pied duquel on y Change pour
Milan. La Regle eſtant faite, il doit venir pour réponſe 104 ſols
$\frac{1}{2}$ peù plus de Milan en Monnoye de Change, & 118 ſols, peù
plus en Monnoye courante pour valeur d'un Ducat de Naples. Où
l'on obſervera que la difference de ces deux ſortes de Monnoye
de *Change* & *courante*, vient comme j'ay dit cy-deſſus du Rapport
de 17 $\frac{1}{4}$ à 19 $\frac{1}{2}$.

La raiſon de l'égalité de la Monnoye de Milan à celle de *Nove*, vient de la parité qu'il y a entre 94 ſols $\frac{1}{12}$ Milanois, Monnoye de Change & entre un Ecu d'Or Sol de 60 ſols, comme il a été
dit cy-devant, en ſon lieu page 111. Car puiſque ſuivant ce Rapport 3 livres, ſont égales à 94 ſols $\frac{1}{12}$ Milanois. Il s'enſuit que 5
livres, 10 ſols, valeur d'un Ecu de Marc, comme cela ſe voit en
la Table XIX. page 119. ſeront égaux à 172 ſols, 8 deniers peù
moins Milanois auſſi Monnoye de Change.

L'Egalité de la Monnoye de Change de Milan à celle de *Rome*, ſuit la même Analogie que celle Nove : parce que l'Ecu d'E-
ſtampe & l'Ecu de Marc ſont égaux entr'eux, ainſi qu'il a été démontré ailleurs.

La parité de la Monnoye de Milan à celle de *Saint Gal*, ſe peut
tirer du Rapport qu'il y a entre 94 ſols $\frac{1}{12}$ de Milan, & entre 98
Kreuts $\frac{2}{3}$, ainſi qu'il a été démontré dans la Table XXI. page 125.
Car comme 106 ſols $\frac{1}{3}$ Milanois, Monnoye courante, & égaux
à 94 ſols $\frac{1}{12}$ Monnoye de Change auſſi de Milan, ſont égaux à 98 Kreuts
$\frac{2}{3}$ de Saint Gal : Il s'enſuit que 20 ſols, Monnoye courante de Milan, ſeront égaux en valeur à 18 Kreuts $\frac{1}{2}$ de Saint Gal aſſez préciſément.

La raiſon de l'égalité de la Monnoye de Change de Milan à
celle de *Venize*, ſe peut tirer de la valeur de l'Ecu d'Or Sol de

France , qui répond à 9 4 fols $\frac{1}{12}$ Milanois & à 1 2 7 fols $\frac{1}{2}$ Veni-
ien ; ainfi qu'il a été également démontré chacun en leur lieu :
Car fuivant cette Hypothefe , on peut affeurer que 1 1 7 Sols, Monnoye de Change de Milan , & la valeur de l'Ecu dudit lieu , fur
le pied duquel les Changes fe font pour Venize , y rendront au
Pair 1 5 8 fols$\frac{1}{4}$ Venitien peù moins , ce qui eftoit à prouver.

Avertiffement II.

PUifque les Applications des prix courans des Changes, contenus dans la Table précedente , regardent principalement les
Traites & les Remifes à faire à Milan , pour les Villes ou Places
avec lefquelles celle-là Correfpond ; & que les Regles à pratiquer
pour la refolution des Queftions à propofer , font femblables à
celles qui ont été jufqu'icy mifes en ufage. Je n'ay pas creu
devoir en ce lieu rien ajoûter de ces fortes de Queftions, qui
font d'ailleurs tres aifées à concevoir, à établir , & à refoudre ;
entant qu'il n'y a qu'à fe conformer au Stile des précedentes,
qui peuvent y avoir du Rapport tant pour les Monnoyes , que
pour les autres Circonftances qui les accompagnent.

Avertiffement I I I.

J'Aurois ajoûté en ce lieu deux Tables pour y découvrir d'autres Rapports non moins neceffaires aux Negocians que les précedens; Sçavoir une pour y marquer le Rapport , que les Poids
de Milan ont avec ceux des Villes où celle-là correfpond, & une
autre Table pour y décrire la Mefure de Milan , comparée à celles des Villes où elle peut avoir des Correfpondances. Mais je me
fuis difpenfé d'en dreffer icy : parce qu'ayant amplement parlé des
Poids dans une Table generale cy-aprés expliquée : On y verra la
Correfpondance des Poids de toutes les Villes principales à ceux
de Milan. A l'égards des Mefures, on aura pareillement recours
à l'une des Tables particulieres, mifes enfuite de celle des Poids.
Laquelle Table eftant placée en fon rang, fera intitulée *Rapport de
la braffe de Milan , aux Mefures des lieux où cette Ville correfpond,
en fait de Negoce.*

Avertiffement I V.

IL y a à Milan deux fortes de Poids : L'un pour pefer l'Or &
l'Argent Monnoyé , & non Monnoyé , comme font les Barres
d'Argent & les Lingots d'Or de quelque qualité, & à quelque Ti-

T t iij

tre ou Aloy qu'ils puiffent eftre. Le fecond Poids fert à pefer l'Or Filé , & toutes fortes de Marchandifes. Le premier Poids, que l'on appelle de *Marc* , eft plus fort de deux Deniers pour Once , que le fecond appellé *poids de Soye* , d'où vient que 26 deniers au *poids de Soye* n'en rendent que 24 au poids de Marc , ce que l'on appelle *une Once de Marc*.

De la Reduction de l'Argent Monnoyé de Naples , en celuy des Villes, où Places, où celle-là correfpond.

Avertiffement I.

AUPARAVANT que de donner en ce lieu une Notte des prix courans des Changes qui fe font à Naples, il eft à propos d'obferver la maniere avec laquelle on y tient les Ecritures entre les Negocians; avec les Noms & Valeurs des Monnoyes qui ont cours audit Naples. Mais ces circonftances ayant efté expliquées dans la Table XVIII. page 115. & fuivantes on y poura avoir recours pour s'en éclaircir.

NAPLES , *Ville Capitale du Royaume de ce nom , Change & donne, pour les Places fuivantes ; Sçavoir,*

98 Ducats $\frac{1}{2}$, *plus* ou *moins*, de 10 Carlins le Ducat, pour en avoir 100 pareilles.   à Aquila.

101.Duc. dits , *p.* ou *m.* pour en avoir 100 femblables,   à Bary.

98 Duc. $\frac{1}{2}$, dits , *p.* ou *m.* pour en avoir 100 de méme qualité ,   à Coffenfe.

124 Duc. $\frac{1}{2}$, dits : *p.* ou *m.* pour avoir 100 Ecus d'Or de 7 livres, 10 fols,   à Florence.

91 Duc. dits , *p.* ou *m.* pour avoir 100 Ecus d'Or Sol de 60 fols,   à Lion, &c.

1 Duc. dit , *p.* ou *m.* pour avoir 328 Maravedis, à Madrid, &c.

110 Duc. *p.* ou *m.* pour en avoir 100. femblables. à Meffine.

168 Duc. *p.* ou *m.* pour avoir 100 Ecus de Marc , à Nove.

1 Duc. pour avoir 5 Taris $\frac{1}{2}$, *p.* ou *m.*   à Palerme.

167 Duc. *p.* ou *m.* pour avoir 100 Ecus d'Or d'Eftampe,   à Rome.

96 Duc. de 10 Carlins le Duc. *p.* ou *m.* pour avoir
  100 Ducats ſemblables ,   à Salerne.
90 Duc. dits , *p.* ou *m.* pour avoir 100 Ducats de
  Banque de 24 Gros le Ducat ,   à Venize.

Avertiſſement II.

JE ne me ſuis pas contenté d'avoir rapporté dans la Table precedente les prix courans les plus ordinaires qui ſe trouvent à Naples pour les Places qui y ſont deſignées ; l'ay bien voulu ajoûter
en ce lieu la raiſon des Rapports d'égalité que les Monnoyes Etrangeres ont avec celles de ladite Ville de Naples , & de celles qui en
dépendent.

Demonſtration des prix courans des Changes cy-deſſus , avec la raiſon de leur égalité.

PUiſque les Monnoyes qui ont cours à *Aquila , Bary , Coſſenſe ,*
& autres Villes dépendantes du Royaume de Naples , ſont ſemblables & de méme valeur ; les Changes qui ſe font à Naples pour
quelques-unes des Villes de ſa dépendance , ne ſuppoſent point de
changement d'eſpeces ; Mais ſeulement une difference de la ſomme negociée dans un lieu d'avec celle à recevoir dans un autre.
Cette ſorte de Change ſe regle d'ordinaire à tant pour cent: com-
me à $\frac{1}{8}$. $\frac{1}{4}$. $\frac{1}{3}$. $\frac{1}{2}$. $\frac{5}{8}$. $\frac{3}{4}$. $\frac{7}{8}$. ou à 1. 2. 3. 4. &c. pour $\frac{1}{2}$ de profit ou de
perte : ce qui ne ſe peut fixer , en ce que le plus ou le moins ſe
tire de l'abondance ou de la rareté des Lettres de Change à délivrer aux Remetteurs en matiere de Banque.
  L'égalité de la Monnoye de Naples à celle *de Florence* ſe peut
tirer de 90 Ducats dudit Naples , égaux à 100 Ecus d'Or Sol de
France , & de 74 Ecus, 10 ſols, 11 deniers de Florence , auſſi égaux
auſdits 100 Ecus d'Or Sol: car puiſque ſuivant cette ſuppoſition
74 Ecus, 10 ſols , 11 deniers de Florence , ſont égaux à 90 Ducats
de Naples; il s'enſuit que 100 Ecus de Florence , ſur le pied deſquels
les Changes s'y font pour Naples , doivent rendre au Pair en cette
derniere Place 120 Ducats , & $\frac{1}{3}$ de Ducat , ce qu'il falloit prouver.
  La parité de la Monnoye de Naples à celle *de Madrid* , & autres
Villes d'Eſpagne ſe peut tirer de 297 Maravedis , valeur de l'Ecu
d'Or Sol de 60 Sols ; comme il a eſté démontré , page 100. Table XV. & de 9 Carlins , auſſi égaux audit Ecu d'Or Sol , comme
on peut voir cy-deſſus , page 115. Table XVIII. Car on peut dire,
ſuivant cette Hypotheſe , que ſi 9 Carlins ſont égaux à 297 Mara-

vedis : 10 Carlins , valeur d'un Ducat de Naples doivent rendre au Pair à Madrid , &c. 330 Maravedis. Ce qui estoit à démontrer.

La Monnoye de Naples estant semblable à celle *de Messine* , & *de Palerme* en Sicile , les Changes s'y font réciproquement dans ces Villes , comme ceux qui se font pour *Aquila* , *Bary* , *Cossense* , &c. n'y ayant que le plus ou le moins pour cent de profit ou de perte.

L'égalité de la Monnoye de Naples à celle *de Nove* , se peut tirer de 550 livres de France , valeur de 100 Ecus d'Or de Marc , supputez sur le pied de 5 livres, 10 sols , pour chaque Ecu d'Or de Marc , & de 300 livres , valeur de 90 Ducats de Naples : car suivant cette Hypothese , on peut trouver l'égalité requise par une Regle de Trois , disposée en cette sorte. Si 300 livres de France donnent au Pair 90 Ducats de 10 Carlins piece : combien 550 livres , valeur de 100 Ecus d'Or de Marc , sur le pied desquels les Changes se font réciproquement de Naples à Nove , & de Nove à Naples. La Regle estant faite , il doit venir pour quatriéme Terme 165 Ducats à recevoir ou à débourser au Pair audit Naples , pour 100 Ecus d'Or de Marc à Nove.

La raison de la parité de la Monnoye de Naples , à celle *de Rome* suit la mesme proportion que celle dudit Naples à Nove : parce que l'Ecu d'Estampe à Rome , & l'Ecu d'Or de Marc à Nove , ne different seulement que de nom.

La parité de la Monnoye de Naples à celle de *Venize* se peut tirer de 102 Ducats ⅛ de Ducat dudit Venize , égaux à 100 Ecus d'Or Sol , & de 90 Ducats dudit Naples , aussi égaux aux mémes 100 Ecus d'Or Sol. Car sur ce pied on peut inferer que 100 Ducats de Venize , ne doivent rendre au Pair à Naples que 87 Ducats , & $\frac{7}{17}$ de Ducat.

Avertissement III.

J'Ay obmis en ce lieu les Applications des Changes à faire à Naples sur les Traites & sur les Remises pour les Places cy-devant declarées : parce qu'il y en a déja eu plusieurs de faites , qui leur peuvent estre semblables ou fort approchantes , & qui par consequent doivent servir de Formulaire aux Questions qui auroient pû estre proposées en ce lieu.

Avertissement IV.

LEs Rapports des Poids de Naples pour 36 Villes, avec lesquelles celle-là peut avoir ses Correspondances, se verront cyaprés dans une Table generale Intitulée, *Rapport réciproque des Poids des principales Villes de l'Europe*. Et les Rapports des Mesures de ladite Ville de Naples, seront pareillement connus dans une Table particulierement dressée dans la suite desdits Poids, laquelle sera Intitulée, *Rapport des Mesures de Naples à celles des Villes qui y correspondent*; par le moyen de laquelle Table on sçaura les noms propres que l'on donne ausdites Mesures, par raport aux lieux où elles sont en Usage, & les proportions qu'elles ont entr'elles.

* * *

De la Reduction de l'Argent Monnoyé de Nove, Place de Foire en Italie, en celuy des Villes ou Places, où son Negoce de Banque se peut ordinairement étendre.

NOVE susdit Change & donne pour les Places suivantes; Sçavoir,

1 Ecu de Marc, pour avoir 183 den. ½ de gros, *plus* ou *moins*. . . . . à Amsterdam.

100 Ecus susdits, pour avoir 155 Ecus du Pape de 10 Jules, *p.* ou *m*. . . . à Ancone.

1 Ecu dit, pour avoir 179 den. ½ de gros, *p.* ou *m*. à Anvers.

1 Ecu dit, pour avoir 38 sols, dont 24 font 1 Ducat, *plus* ou *moins*. . . . à Barcelonne.

100 Ecus dits, pour avoir 166 Ducats ½ de 10 Carlins, *plus* ou *moins*. . . . à Bary.

100 Ecus dits, pour avoir 227 Ecus de 7 livres piece, *plus* ou *moins*. . . . à Bergame.

100 Ecus dits, pour avoir 180 Ecus de 85 Sols Boulonins, *plus* ou *moins*. . . . à Boulogne.

100 Ecus dits, pour avoir 139 ▽ de 7 liv. 10 s. *p.* ou *m*. à Florence.

1 Ecu dit, pour avoir 158 Kreuts courans, *p.* ou *m*. à Francfort.

100 Ecus dits, pour avoir 126 Ecus ½ de 6 liv. 16 sols, *plus* ou *moins*. . . . à Gennes.

100 Ecus dits, pour avoir 181 Ecus ½ d'Or Sol de 60 sols, *p.* ou *m*. . . . à Lion &c.

100 ▽ dits, pour avoir 153 ▽ ½ de 7 liv. 10 s. *p.* ou *m*. à Luques.

V v

1 Ecu de Marc, pour avoir 550 Maraved. *p.* ou *m.* à Madrid.

1 Ecu dit, pour avoir 18 Carlins $\frac{1}{4}$, *p.* ou *m.* à Messine.

1 Ecu dit, pour avoir 176 Sols Imperiaux, *p.* ou *m.* à Milan.

100 Ecus dits, pour avoir 168 Ducats de 10 Carlins,
    plus ou *moins.* à Naples.

1 Ecu dit, pour avoir 163 Kreuts $\frac{1}{2}$, *p.* ou *m.* à Nuremberg.

1 Ecu dit, pour avoir 18 Carlins $\frac{1}{2}$ *p.* ou *m.* à Palerme.

1 Ecu dit, pour avoir 37 Sols ou 18 Reaux $\frac{1}{2}$ *p.* ou *m.* à Sarragoce.

100 Ecus dits, pour avoir 103 Ecus d'Or d'Estampe,
    plus ou *moins.* à Rome.

1 Ecu dit pour avoir 33 Sols ou 16 Reaux $\frac{1}{2}$ *p.* ou *m.* à Valance.

100 Ecus dits, pour avoir 188 Ducats $\frac{1}{2}$ de Banque,
    plus ou *moins.* à Venize.

100 Ecus dits, pour avoir 181 Talers $\frac{1}{2}$ de 90 Kreuts
    courans, *plus* ou *moins.* à Vienne.

*Demonstration de la raison d'égalité des prix des Changes
cy-dessus.*

L'Egalité de la Monnoye d'Or de Nove à celle d'*Amsterdam,*
d'*Anvers* &c. Se peut tirer de 98 den. $\frac{1}{5}$ de Gros, valeur de
l'Ecu d'Or Sol de 60 Sols de France, & de 5 liv. 10 sols aussi valeur de l'Ecu d'Or de Marc à Nove. Car suivant cette Hypothese
on peut dire *par Regle de Trois.* Si 3 liv. donnent 98 $\frac{1}{5}$ den. de Gros.
Combien 5 livres, 10 sols; la Regle estant faite, on trouve pour
4e Terme 180 den. de Gros, peu plus pour l'égalité réquise.

La parité de la Monnoye de Nove à celle d'*Ancone* peut resul-
ter de 5 livres, 10 sols, valeur de l'Ecu de Marc, & de 3 livres,
10 sols, 10 den. de France, aussi valeur de l'Ecu d'Ancone. Car
suivant cette supposition, on peut asseurer que 100 Ecus d'Or de
Marc, sur le pied desquels Nove Change pour Ancone, y doivent
rendre au Pair 155 Ecus du Pape & 3 Jules peu moins, ce qu'il
falloit prouver.

La parité de la Monnoye de Nove à celle de *Barcelonne,* se tire
du Rapport de 5 livres, 10 sols, valeur d'un Ecu d'Or de Marc, &
de 3 livres aussi valeur de l'Ecu d'Or Sol, égal à 24 sols, Monnoye
dudit Barcelonne ou à 12 Reaux de Billon : Car si 3 livres rendent 24 sols à Barcelonne : 5 liv. 10 sols y doivent rendre au Pair
44 sols, ou 22 Reaux aussi de Billon.

La raison de l'égalité de la Monnoye de Nove avec celle de
Bary, peut provenir desdites 5 livres, 10 sols, valeur d'un Ecu de

Marc, & de 3 liv. aussi valeur de 9 Carlins, dont 10 font le Ducat de Naples. Car suivant cette supposition on peut inferer, que 550 livres, valeur de 100 Ecus d'Or de Marc à Nove, sur le pied desquels les Changes s'y font pour Bary susdit, y doivent rendre au Pair 165 Ducats, de 10 Carlins le Ducat.

L'Egalité de la Monnoye de Nove à celle de *Bergame*, se peut tirer desdits 5 livres, 10 sols de France, valeur de l'Ecu d'Or de Marc, & de 3 livres aussi de France, valeur de 8 livres, 14 sols, 6 den. ½ Monnoye dudit Bergame, suivant la Demonstration qui en a été cy-devant faite Table II. page 23. Car selon cette supposition on peut dire, que 100 Ecus d'Or de Marc à Nove, sur le pied desquels les Changes s'y font pour Bergame susdit, y doivent rendre au Pair 228 Ecus, 11 sols, 5 den. peù plus de 7 livres, pour Ecu dudit Bergame.

La parité de la Monnoye de Nove à celle de *Boulogne*, vient de 5 liv. 10 sols de France, valeur de l'Ecu d'Or de Marc, & de 3 livres aussi valeur de 83 sols Boulonins, dont 85 font l'Ecu dudit lieu; Car suivant cette Hypothese on peut dire *par Regle de Trois*. Si 3 liv. sont égales à 83 sols Boulonins: à combien 550 liv. La Regle estant faite, il doit venir pour le 4e Terme 178 Ecus ⅔, Boulonins peù plus, ce qu'il falloit démontrer.

L'Egalité de la Monnoye de Nove à celle *de Florence*, se peut tirer de 550 livres, valeur en Monnoye de France de 100 Ecus d'Or de Marc à Nove, & de 300 livres aussi de France égales à 74 Ecus, 10 sols, 11 den. ou environ dudit Florence : Car si 300 livres de France rendent 74 Ecus, 10 sols, 11 den. de Florence; il faut que 550 liv. aussi de France, égales à 100 Ecus d'Or de Marc à Nove, rendent au Pair 136 Ecus, 13 sols, 4 deniers, Monnoye dudit Florence, ce qu'il falloit démontrer.

La parité de la Monnoye de Nove à celle de *Francfort*, se peut tirer de 5 livres, 10 sols valeur de l'Ecu d'Or de Marc, & de 3 liv. valeur de 90 Kreuts courans. Car suivant cette Analogie on peut inferer, qu'un Ecu d'Or de Marc doit rendre au Pair audit Francfort 165 Kreuts courans, ce qui estoit à prouver.

La raison de la parité de la Monnoye de Nove à celle de *Gennes*, se peut tirer de 183 Ecus ½ d'Or Sol de France, égaux à 100 Ecus d'Or de Marc à Nove, comme il a été cy-devant démontré, page 119. Table XIX. & de 3 livres aussi valeur de 95 sols, 5 den. ¼ de denier, Monnoye de Gennes, comme on peut voir en la Table VIII. page 52. Car suivant cette supposition on peut dire *par Regle de Trois*. Si 3 livres donnent à Gennes 95 sols, 5 deniers $\frac{4}{5}$: Combien 550 livres égales auſdits 183 Ecus $\frac{1}{3}$ d'Or Sol. La Regle eſtant faite, il doit venir pour 4e Terme 17500 ſols de Gennes ou 128 $\triangledown \frac{2}{3}$ peû plus dudit lieu, ſur le pied de 6 liv. 16 ſols, pour un Ecu. Ce qu'il falloit prouver.

L'Egalité de la Monnoye de Nove à celle de *Lion*, c'eſt à dire de toutes les Villes de France, a eſté ſuffiſamment prouvée en la Table XIX. page 119. à quoy l'on aura recours.

La parité de la Monnoye de Nove à celle de *Luques*, ſe peut tirer de 183 Ecus $\frac{1}{3}$ d'Or Sol égaux auſdits 100 Ecus d'Or de Marc, & de 100 Ecus auſſi d'Or Sol égaux à 81 Ecus, 16 ſols, 4 den. $\frac{2}{3}$, de 7 livres, 10 ſols, pour un Ecu Monnoye dudit Luques. Car ſi 100 Ecus d'Or Sol rendent 81 Ecus 16 ſols, 4 den. $\frac{2}{3}$ à Luques, il s'enſuit que 183 Ecus $\frac{1}{3}$ auſſi d'Or Sol, y rendront au Pair 150 Ecus peû plus. Ce qu'il falloit démontrer.

L'Egalité de la Monnoye de Nove à celle de *Medine* en Eſpagne, ſe tire de 3 livres égales à 297 Maravedis, & de 5 livres, 10 ſols, valeur de l'Ecu d'Or de Marc : en ce que ſur ce pied ledit Ecu d'Or de Marc doit rendre au Pair 544 $\frac{1}{2}$ Maravedis en ladite Ville de Medine.

La parité de la Monnoye de Nove à celle *de Meſſine & de Palerme* en Sicile, ſe peut tirer de 3 livres de France, valeur de 9 Carlins, dont 10 font le Ducat, & de 5 livres, 10 ſols auſſi valeur de l'Ecu d'Or de Marc. Car ſuivant cette Analogie ou proportion, on peut dire *par Regle de Trois*. Si 3 liv. ſont égales à 9 Carlins; Il s'enſuit que 5 liv. 10 ſols, ſont égaux à 16 Carlins $\frac{1}{2}$ dudit lieu, ce qu'il falloit démontrer.

L'Egalité de la Monnoye de Nove à celle de *Milan*, ſe peut prendre de 3 livres de France, valeur de 4 livres, 14 ſols, 1 den. $\frac{1}{11}$ de den. dudit Milan, & de 5 liv. 10 ſols, auſſi valeur de l'Ecu d'Or de Marc : parce que ſi 3 livres donnent au Pair 94 ſols, 1 den. $\frac{1}{11}$ à Milan : Il faut que 5 liv. 10 ſols rendent auſſi au Pair 172 ſols, 6 den. audit Milan, ce qui eſtoit à prouver.

La parité de la Monnoye de Nove à celle de *Naples*, ſe peut tirer de 550 livres, valeur de 100 Ecus d'Or de Marc, & de 300 liv. auſſi valeur de 90 Ducats de 10 Carlins le Ducat audit Naples. Car ſi leſdites 300 livres ſont égales à 90 Ducats; il s'enſuit que 550 livres ſeront pareillement égales en valeur à 165 Ducats, ce qu'il falloit prouver.

L'Egalité de la Monnoye de Nove à celle de *Nuremberg*, ſe peut tirer de 5 livres, 10 ſols, valeur de l'Ecu d'Or de Marc, & de 3 liv. auſſi valeur de la Richedalle de 90 Kreuts courans dudit Nuremberg: Car fi 3 livres font équivalentes à 90 Kreuts: 5 livres, 10 fols, feront égaux auffi en valeur à 165 Kreuts courans, ou à 2 Florins ¼, de 60 Kreuts courans le Florin.

La parité de la Monnoye de Nove à celle de *Sarragoce*, fe tire de 5 livres, 10 fols, valeur de l'Ecu d'Or de Marc, & de 3 liv. égales à 22 fols dudit Sarragoce, ou à 11 Reaux de Billon : Car fi 3 liv. y donnent au Pair 22 fols, il s'enfuit que 5 livres, 10 fols, y doivent rendre au Pair 40 fols ½ ce qui eftoit à prouver.

L'Egalité de la Monnoye de Nove à celle de *Rome* eft femblable, parce que l'Ecu de Marc & celuy d'Eftampe font égaux entr'eux.

La parité de la Monnoye de Nove à celle de *Valence*, fe peut prendre de 5 livres, 10 fols, & de 3 livres comme cy-deffus. Car fi 3 livres font égales à 21 fols, ou à 10 Reaux ½ de Billon dudit Valence : On peut dire que 5 livres, 10 fols, y doivent rendre au Pair 38 fols, 6 deniers, ou 19 Reaux & ¼ de Billon, ce qui eftoit à prouver.

L'égalité de la Monnoye de Nove à celle de *Venize*, fe peut tirer de 550 livres de France, valeur de 100 Ecus d'Or de Marc à Nove, & de 300 livres auffi de France, valeur de 102 Ducats ¼ de Banque audit Venize : Car fi lefdits 300 livres font égales à 102 Ducats ¼. Il s'enfuit que 550 livres feront égales à 188 Ducats, & ¼ de Ducat, peu plus de Venize, ce qu'il falloit prouver.

La parité de la Monnoye de Nove à celle *de Vienne en Auftriche*, fe peut tirer du Rapport qu'il y a entre 550 livres, valeur de 100 Ecus d'Or de Marc audit Nove, & entre 300 livres, auffi valeur de 100 Richedalles audit Vienne : car fi lefdites 300 livres font égales à 100 Richedalles, il s'enfuit que 550 livres rendront au Pair 183 Richedalles ½ audit Vienne, ce qui eftoit à prouver.

Avertiffement.

Puifque les Applications des prix courans des Changes contenus dans la Table précédente, à faire fur les Traites ou fur les Remifes, font femblables à celles qui ont efté cy-devant faites dans prefque toutes les Places qui correfpondent à Nove. Le Lecteur y fera renvoyé, pour éviter une repetition qui feroit plus ennuyeufe que profitable.

De la Reduction de l'*Argent* Monnoyé de Nuremberg en Allemagne, en celuy des Villes ou Places, où son Negoce se peut étendre.

Avertissement I.

AVANT que de parler des prix courans des Changes de Nuremberg, il est à propos de spécifier en ce lieu les Noms & les Valeurs des Monnoyes qui y ont cours, lesquelles sont, Sçavoir,

Monnoyes d'Or.

Le *Hongre d'Or* y vaut 3 Florins courans de 60 Kreuts le Florin, & peut revenir en France sur le pied de 40 sols le Florin, à . . . 6 liv.

On observera icy en passant, que ceux qui en ont, les peuvent employer avec profit; parce que quand on les recherche, on donne pour l'*Agio* 15. & mesmes jusqu'à 20 Kreuts, pour chaque Florin.

Le *Florin d'Or*, quoy que rare, vaut à Nuremberg 2 Florins & $\frac{1}{6}$, & peut revenir en Monnoye de France, à . . . . 4 liv. 13. 4.

Les Monnoyes d'Or Etrangeres; comme sont les *Pistoles d'Espagne*, les *Loüis*, & les *Ecus d'Or*, n'ont pas de cours à Nuremberg. Il est vray qu'on y voit quelques-unes de ces especes, mais elles sont rares, & l'on ne tient compte de les prendre à cause de la perte qu'il y a en les employant.

Monnoyes d'Argent.

Les Monnoyes d'Argent, qui ont presentement cours à Nuremberg, sont les *Talers* ou Richedalles, qui y valent un Florin $\frac{2}{3}$, ou 100 Kreuts, de 40 sols le Florin, & chacun d'eux peut revenir en Monnoye de France, à . . . . 3 liv. 6 s. 8.

Les *Philippes* s'y mettent aussi chacun pour un Florin $\frac{2}{3}$, & sont par consequent de même valeur en France; c'est à dire de . . . . 3 liv. 6. 8.

On remarquera en ce lieu , qu'il y a des Demis - Talers & des Demis Philippes , qui valent à proportion de leurs entiers ; mais on ne voit point à Nuremberg de Quarts ny de moindres parties de ces deux sortes de pieces.

Les *Talers* de l'Empire , & les Loüis d'Argent , valent à Nuremberg 1 Florin $\frac{1}{2}$ chacun desquels Talers & Loüis d'Argent revient en France, à . 3 liv.

L'*Ecu d'Argent de Venize* , y vaut un Florin $\frac{1}{2}$, & peut s'évalüer pour la France , sur le pied de . 3 liv. 13. 4.

Le *Florin d'Argent* , s'y prend pour un Florin $\frac{1}{3}$, & peut valoir en Monnoye de France, . 2 liv. 13. 4.

Monnoyes de moindre valeur.

Les Monnoyes de moindre valeur que les précedentes sont les Copstuchs entiers de 20 Kreuts avec leurs moitiés de 10 Kreuts, que l'on peut compter en France , sur le pied de 8 deniers, pour chaque Kreuts.

Il y a encore des pieces de 6. 4. 3. 2. & d'un Kreuts.

NUREMBERG *susdit , Change & donne pour les lieux cy-aprés ;*
Sçavoir ,

1 Florin de 65 Kreuts courans , pour avoir 70 den. de Gros , *p.* ou *m.* . . . à Amsterdam.

1 Florin dit pour avoir 69 deniers $\frac{1}{2}$ de Gros , *plus ou moins.* . . à Anvers.

100 Talers de 90 Kreuts courans , pour avoir 101 Talers semblables , *p.* ou *m.* . à Ausbourg.

99 Talers dits , *p.* ou *m.* pour avoir 100 Tal. dits. à Bolzam.

99 Florins de 60 Kreuts courans , *p.* ou *m.* pour avoir 100 Florins dits , . . audit Bolzam.

103 Florins dits , *p.* ou *m.* pour en avoir 100 dits. à Francfort.

Où l'on remarquera que le Tireur de Nuremberg sur Francfort , perd 2. à 4. pour $\frac{1}{2}$, sur ses Lettres payables à la Foire de *Septembre* , ou de *la My-Carême* , & ce au profit du Porteur desdites Lettres.

63 Kreuts $\frac{1}{2}$ courant , *p.* ou *m.* pour avoir une Dalle de 32 sols Lubs , . . . à Hambourg.

89 Kreuts , dits , *p.* ou *m.* pour avoir un Ecu d'Or Sol de 60 sols , . . . à Lion , *&c.*

100 $\frac{1}{2}$ à 101 Talers de 90 Kreuts , *p.* ou *m.* pour en avoir 100 dits. . . . à Lipsic.

Nuremberg, Change & donne ; sçavoir,

100 Florins de 60 Kreuts courans, pour en avoir 110.
     p. ou *m.*   .   .   .   à Saint Gal.
148 dits, *p.* ou *m.* pour avoir 100. Duc. de Banque. à Venize.
101 Florins de 60 Kreuts courans le Florin, pour en
    avoir 100. dits,   .   .   .   à Vienne.

Demonstration de l'égalité des prix des Changes cy-dessus.

LA raison de l'égalité de la Monnoye de Nuremberg à celle d'*Amsterdam* & d'*Anvers*, se peut tirer de 90 Kreuts courans, valeur de l'Ecu d'Or Sol de 3 liv. & de 98 $\frac{1}{7}$ den. de Gros, aussi égaux en valeur ausdites 3 livres : comme il a esté prouvé cy-dessus : Car si 90 Kreuts courans, rendent au Pair 98 deniers $\frac{1}{7}$ de Gros, on peut dire que 65 Kreuts, valeur supposée d'un Florin Imaginaire de Nuremberg, sur le pied duquel on y fait les Changes pour lesdites Villes d'Amsterdam, & d'Anvers, seront égaux à 70 deniers $\frac{71}{117}$ de Gros. Ce qu'il faloit démontrer.

L'égalité de la Monnoye de Nuremberg à celle de *Saint Gal*, vient de 90 Kreuts, valeur d'une Richedalle, égale à 3 livres de France, & de 98 Kreuts $\frac{1}{2}$ de Kreuts de Nuremberg, égaux à un Ecu d'Or Sol, suivant la démonstration qui en a esté cy-devant donnée dans la Table XXI. page 125. Car si 90 Kreuts de Nuremberg supposent 100 Florins de 60 Kreuts dudit lieu, 98 Kreuts & $\frac{1}{2}$ de Saint Gal doivent supposer 109 Florins $\frac{1}{2}$, audit S. Gal.

La Parité de la Monnoye de Nuremberg à celle de *Venize*, se peut tirer de 102 Ducats $\frac{2}{3}$ de Banque dudit Venize, & de 150 Florins, égaux à 300 livres de France, comme il a esté démontré cy-devant. Car si 102 Ducats $\frac{2}{3}$, sont égaux à 150 Florins de Nuremberg, 100 Ducats de Venize, sur le pied desquels on y fait les Changes pour Nuremberg, doivent estre égaux en valeur à 146 Florins $\frac{1}{2}$, peù moins, ce qu'il faloit prouver.

Avertissement II.

LEs Applications des prix courans contenus dans la Table cy-dessus à faire sur les Traites, & sur les Remises estant semblables à celles qui ont esté cy-devant faites pour *Ausbourg*, *Bolzam*, & autres Places d'Allemagne, il n'en sera icy parlé. Je me contenteray seulement de faire remarquer que la plus grande partie desdits prix courans sont fort approchans de l'égalité ou parité que les Kreuts, Florins, ou Talers de Nuremberg ont avec les especes

peces des Monnoyes Etrangeres, avec lesquelles les prix cy-deſſus
ſont comparez. Il en faut cependant excepter celles d'*Amſterdam*,
& d'*Anvers*; de *Saint Gal*, & de *Venize*, qui ont quelque diſparité,
ſoit par rapport aux eſpeces, ou à l'égard de leur valeur. Comme
il vient d'être dit cy-deſſus.

Il y a de deux ſortes de Poids à Nuremberg, l'un avec lequel on
peſe toutes ſortes de marchandiſes, & l'autre ſert à peſer l'Or &
l'Argent, tant monnoyé qu'en Barres & en Lingots. Ils different
entr'eux de trois Lots, 32 deſquels font une livre peſante. Et l'on
remarquera en ce lieu que 100 ℔. du premier Poids, rendent le plus
ſouvent 120 ℔. à Lion, Poids de Ville de 16 onces à la ℔.

La meſure de Nuremberg, laquelle reçoit le nom de *Braſſe* eſt
ſemblable à celle de Hollande, puiſque 21 Braſſes de Nuremberg
font égales à 12 aunes de Bordeaux, Paris, Lion, & Roüen qui
ſont auſſi égales entr'elles.

On ne ſçait à Nuremberg ce que c'eſt que de *bon Poids*, n'y de
bonne Meſure. On donne ſeulement à l'Acheteur la quantité de la
marchandiſe, qu'il prend du Vendeur & rien de plus.

On ne peut que tres difficilement rendre raiſon du Rapport des
meſures de Nuremberg avec celles des lieux où cette Ville Correſpond, à cauſe de leur grande diverſité; Et ſur tout à l'égard
de celles qui ſervent à contenir les Liqueurs, & celles dont on ſe
ſert pour meſurer les Grains.

Les Ventes ſe font à Nuremberg, tantoſt au comptant & tantoſt à terme, & quoy que la raiſon veüille, que les payemens ſe
faſſent au temps de l'écheance, toutefois il ſe paſſe ſouvent deux
ou trois mois aprés le terme écheu, avant qu'un Debiteur ſatis-
faſſe entierement ſon Creancier.

Les Lettres de Changes qui ſont tirées ſur Nuremberg, 'y doivent être aquitées dans un temps déterminé; comme à Uſance
ſimplement, ou à Uſance & demie, à deux Uſances &c. Mais par
ces Uſances, il faut entendre ſelon les lieux d'où elles ſont tirées,
15, 23, ou 30 jours à compter du jour de l'acceptation. Leſquels
jours eſtant paſſez, le Debiteur à encore ſix jours de Grace ou de
delay, & s'il arrive qu'il paye dans cét intervale de ſix jours, il
faut que le Crediteur ſe contente de cette diligence. Que ſi toutefois le Debiteur ne payoit pas ſon Creancier dans leſpace de ces ſix
jours, celuy cy pour ne point courir riſque de perdre ſa Dette,
ſeroit tenu & obligé de faire proteſter la Lettre, dont il eſt porteur
au plûtard le ſixiéme ou dernier jour de delay à luy accordé par
la coûtume.

X x

Les Bourgeois ou Citoyens de Nuremberg font exempts de Gabelles & des autres Droits qui se levent sur les marchandises ou
Denrées qui sont destinées pour leur Usage propre. Mais lorsque
les marchands & Negocians de cette Ville de Nuremberg achet-
tent, vendent, reçoivent quelques effets pour le compte de quelques Negocians des Places étrangeres, ils payent les Droits ordonnez, tout ainsi que feroient lesdits étrangers, s'ils y estoient
en personne. Il est vray que ces Droits sont differens parce qu'ils
suivent la qualité des marchandises ; parce que celles qui sont de
moindre valeur payent moins, & celles de grand prix payent & sup-
portent de plus grands Droits ; le plus haut cependant se regle sur le
prix coustant, dont il faut donner un certificat, & l'on donne d'ordinaire, suivant cette condition un pour cent, payable $\frac{1}{2}$ en Florins
d'Or, evaliez sur le pied de 2 Florins $\frac{1}{2}$ piece, & $\frac{1}{2}$ en Florins
d'Argent de 1 Florin $\frac{1}{2}$. évaliant ces deux sortes de Florins, à
raison de 2 Florins chacun l'un portant l'autre.

La difference de la monnoye de Change ou de Banque à la
monnoye courante, c'est à dire hors de Banque n'est aujourd'huy
que d'un $\frac{1}{2}$ pour $\frac{2}{3}$ à l'égard de l'Or, que perd celuy qui achete ou
paye en Or, mais quand on achette à payer en pieces de 3. &
2 Kreuts, il y a une difference de 2 $\frac{1}{2}$, & mêmes jusqu'à 3
pour $\frac{2}{3}$. Laquelle difference n'est toutefois pas fixée, mais variable
suivant que l'Argent est rare ou abondant.

Il y a à Nuremberg une Banque où les Negocians sont obligez
de porter leur Argent pour y payer tout ce qu'ils negocient
entr'eux au dessus de 200 Florins. Ils sont dans l'obligation de
payer tous les six mois, un pour mil de tout ce qu'ils prennent
ou font recevoir comptant pour leur compte à la Banque, & encore un pour mil de toutes les sommes qu'ils y ont portées pendant six mois, & desquels ils ont esté rendus Crediteurs. Ces deux
pour mil ayant esté ainsi receus, sont employez tant pour payer
les gages & appointemens des Officiers, de la Banque que pour
survenir aux depenses, à quoy elle est engagée.

Dans les differens qui naissent entre les Negocians, & qui ne
peuvent pas être terminez à l'amiable entr'eux, ils s'addressent à
un des Officiers de la Banque, qui decide le different en question
avec liberté, cependant à la partie qui perd son procez d'en pouvoir appeller pardevant un autre Officier Superieur, que l'on appelle *Officier des Appellations*.

Dans les faillites, les Citoyens ou Bourgeois de Nuremberg,
n'ont aucune preference au préjudice de ceux de dehors, mais

quand il n'y a point d'Hypoteques ou de Dettes privilegées, &
que l'on eft feulement Creanciers perfonnels, lors que l'on vient
en concurrence pour la diftribution des effets fequeftrez, il n'y a
aucune préference, le dernier faififfant ayant autant à efperer dans
la repartition des effets faifis, que les premiers faififfans & chacun
à proportion de fon deu. Il en faut toutefois excepter ceux, qui
ont, avant la faillite, obtenu Sentence contre l'abfent.

La Juftice fe rend à Nuremberg felon les Statuts de la Ville, &
fuivant les Loix Romaines; & l'on y plaide en langue Allemande.

De la Reduction de l'Argent Monnoyé de S. Gal en Suiffe, en celuy des Villes cy-aprés.

SAINT GAL fufdit *Change & donne pour les lieux fuivans;*
Sçavoir

113 Florins de 60 Kr. le Flor. *plus* ou *moins* pour en
    avoir 100 dits.   à Ausbourg.
112 dits ½ p. ou *m.* pour en avoir 100 pareils.   à Bolzam.
96 Kreuts ½ *plus* ou *moins*, pour avoir 1 Ecu d'Or
    Sol de 60 fols.   à Lion &c.
119 Kreuts ¼ *plus* ou *moins*, pour avoir 1 Ecu de 117
    Sols Monnoye de Change.   à Milan.
113 Florins de 60 Kr. le Flor. pour en avoir 100 dits. à Nuremb.
162 dits ⅛ *plus* ou *moins*, pour avoir 100 Ducat de
    Banque de 24 Gros.   à Venize.
111 dits, p. ou *m.* pour en avoir 100 femblables.   à Vienne.

Demonftration de l'égalité des prix des Changes cy-deffus.

L'Egalité de la Monnoye de Saint Gal à celle d'*Ausbourg* & de
Bolzam; de *Nuremberg* & de *Vienne*, fe peut tirer de 98
Kreuts ½ dudit S. Gal, valeur de l'Ecu d'Or Sol de 60 fols, &
de 90 Kreuts d'Ausbourg &c, auffi valeur dudit Ecu d'Or Sol ou
de la Richedalle d'Allemagne. Car fi les 90 Kreuts derniers en
fuppofent 98 ½ à Saint Gal; il faut que 100 Florins d'Ausbourg
&c. fur le pied defquels les Changes s'y font pour Saint Gal, rendent au Païr en cette derniere Place 109 Florins ½. ce qu'il falloit prouver.

Xx ij

L'Egalité de la Monnoye de Saint Gal à celle de *Lion*, a été cy-deſſus ſuffiſamment prouve page 125.

La parité de la Monnoye de Saint Gal à celle de *Milan*, ſe tire deſd. 98 Kreuts $\frac{7}{11}$ & de 94 ſols, 1 den. $\frac{7}{11}$ Monnoye de Change dudit Milan, égaux à un Ecu d'Or Sol de France. Car ſuivant cette Hypotheſe on peut dire *par Regle de Trois.* Si 94 ſols, 1 den. $\frac{7}{11}$ de Milan, ſont égaux à 98 Kreuts $\frac{7}{11}$ de Saint Gal : Combien 117 ſols Milanois, valeur de l'Ecu de Change, & ſur le pied duquel les Changes ſe font à Milan pour Saint Gal, rendront ils au Pair de Kreuts audit Saint Gal. La Regle eſtant faite, il doit venir pour 4e Terme 122 Kreuts $\frac{7}{11}$, ce qui eſtoit à prouver.

La parité de la Monnoye de Saint Gal à celle de *Venize*, ſe peut tirer du Rapport qu'il y a entre 98 Kreuts $\frac{7}{11}$ dudit Saint Gal, & entre 90 Kreuts d'Allemagne, égaux à un Ecu d'Or Sol. Car ſi 90 Kreuts d'Allemage ſuppoſent 150 Florins auſſi d'Allemagne, pour la valeur au Pair de 102 Ducats $\frac{1}{2}$ de Venize ; ou de 100 Ecus d'Or Sol de France. Il s'enſuit que 98 Kreuts $\frac{7}{11}$ de Kreuts de Saint Gal y doivent ſuppoſer 163 $\frac{1}{4}$ pour répondre auſdits 102 Ducats $\frac{1}{2}$; ou 159 Flor. $\frac{7}{8}$ pour égaler 100 Ducats de Banque dudit Venize. Ce qu'il falloit démontrer.

Avertiſſement.

LEs prix courans des Changes contenus dans la Table précedente, eſtant bien entendus avec la raiſon des Rapports qu'ils ont entr'eux, il ſera aiſé de former ſur leſdits prix des Queſtions de Traites & de Remiſes, qu'il ſera auſſi facile de reſoudre en gardant l'ordre qui a été cy-devant ſuivy, dans la ſolution des Queſtions précedentes.

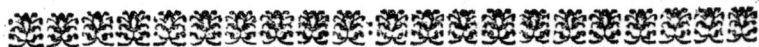

De la Reduction de l'Argent Monnoyé de Rome, Ville Capitale de toute l'Italie, en celuy des Villes ou Places cy-aprés, où ſes Correſpondances ſe peuvent étendre.

Avertiſſement I.

CE ſeroit icy le lieu de marquer & de ſpecifier toutes les Monnoyes d'Or, d'Argent & autres qui ont cours à Rome, mais ayant été cy-devant décrites, page 122. Dans l'Explication de la Table XX. où j'ay fait mention de la maniere

avec laquelle ils tiennent leurs Ecritures, comme en la page 121.
en laquelle on verra les precautions à prendre dans les Changes,
à faire à Rome pour les Places qui luy correspondent.

ROME *Ville susdite, Change & donne pour les lieux cy-*
aprés; Sçavoir

100 Ecus de 10 Jules, pour avoir 99 Ecus semblables,
    plus ou *moins.* .   .   .   .   à Ancone.

74 Ecus d'Estampe, *plus* ou *moins,* pour avoir 100 v
    de 7 livres, 10 sols. .   .   à Florence.

1 Ecu de 10 Jules, pour avoir 113 s. 8 den. *p.* ou *m.* à Gennes.

54 Ecus d'Estampe, *plus* ou *moins,* pour avoir 100
    Ecus d'Or Sol de 60 sols. .   .   à Lion.

68 Ecus dits, *plus* ou *moins* pour avoir 100 Ecus de
    117 sols Monnoye de Change. .   .   à Milan.

100 Ecus susdits pour avoir 163 Ducats de 10 Carlins
    le Ducat. .   .   .   à Naples.

101 Ecus ½ d'Est. *p.* ou *m.* pour avoir 100 v de Marc. à Nove.

54 Ecus dits, *plus* ou *moins,* pour avoir 100 Ducats de
    Banque de 24 Gros. .   .   .   à Venize.

Demonstration de la raison d'égalité des Monnoyes cy-dessus.

PUisque la Monnoye de Rome & celle *d'Ancone,* sont semblables, il est aisé d'en concevoir l'uniformité.

L'Egalité de la Monnoye de Rome à celle de *Florence;* se peut
tirer de 54 ½ Ecu d'Estampe égaux à 100 Ecus d'Or Sol; & de
74 Ecus, 10 sols, 10 den. ⅓ de Florence aussi égaux aux mêmes
100 Ecus d'Or Sol. Car suivant cette supposition, on peut dire
par Regle de Trois. Si 74 Ecus, 10 sols, 10 den. ⅓ de Florence
sont égaux à 54 Ecus ½ d'Estampe. Il faut que 100 Ecus de Florence rendent au Pair 73 Ecus ¼ peu moins d'Estampe à Rome,
ce qu'il falloit démontrer.

L'Egalité de la Monnoye de Rome à celle de *Gennes,* se peut
encore tirer de 54 Ecus ½ d'Estampe, égaux à 300 livres de France, & de 95 sols, 5 den. 5/9 de den. Monnoye de Gennes aussi
égaux à un Ecu d'Or Sol. Car si l'on multiplie les 95 sols, 5 den.
5/9 cy-dessus par 100 Ecus d'Or Sol, il viendra au produit 9545
sols, 5 deniers de Gennes, lesquels estant divisez par 54 Ecus ½
d'Estampe, égaux ausdits 100 Ecus d'Or Sol. Il viendra au Quotient
de la Division 175 sols, peu plus de Gennes pour la valeur au
Pair d'un Ecu d'Estampe. Ce qu'il falloit prouver.

Mais ſi les Changes qui ſe font à Rome pour *Gennes*, ſe reglent ſur l'Ecu du Pape, qui eſt de 10 Jules, & dont la valeur eſt équivalante à 3 livres, 10 ſols, 10 deniers de France ; Sur ce pied ledit Ecu de Rome doit rendre au Pair 112 ſols, 8 deniers, ou environ de Gennes.

L'égalité de la Monnoye de Rome à celle de *Lion*, &c. a eſté prouvée en la Table XXᵉ. page 121.

La parité de la Monnoye de Rome à celle de *Milan*, ſe peut tirer de 5 livres, 10 ſols, Monnoye de France, égaux à un Ecu d'Or d'Eſtampe, & de 3 livres, valeur de 94 ſols, 1 denier $\frac{1}{11}$, Monnoye dudit Milan, où l'Ecu de Change vaut 117 ſols, & ſur le pied, duquel les Negociations de Banque ſe font de Milan à Rome ; Car ſi l'on multiplie 117 ſols de Milan par 100 Ecus dudit lieu, il viendra au produit 11700 ſols, qui ſerviront de troiſiéme Terme d'une Regle de Trois, au premier Terme de laquelle on placera 94 ſols, 1 denier $\frac{1}{11}$ dudit Milan, égaux à un Ecu d'Or Sol, ou à 3 livres de France ; & au deuxiéme Terme leſdites 3 livres. La Regle eſtant achevée, il doit venir pour quatriéme Terme 373 livres de France : leſquelles ſeront diviſées par 5 livres, 10 ſols, valeur de l'Ecu d'Eſtampe, pour avoir au Quotient de la Diviſion 67 Ecus $\frac{1}{2}$, peù moins, pour le nombre d'Ecus, & parties d'Ecu d'Eſtampe, égaux auſdits 100 Ecus de Milan, de 117 ſols, pour un Ecu de Change. Ce qu'il falloit prouver.

L'égalité de la Monnoye de Rome à celle de *Naples*, vient de 54 Ecus $\frac{1}{2}$ d'Eſtampe à Rome, & de 90 Ducats de 10 Carlins audit *Naples*, égaux à 100 Ecus d'Or Sol de France : car ſi 54 Ecus $\frac{1}{2}$ d'Eſtampe, donnent 90 Ducats ; il faut que 100 Ecus d'Eſtampe, rendent au Pair audit Naples 165 Ducats $\frac{1}{12}$, peù plus, ce qu'il falloit prouver.

La parité de la Monnoye de Rome à celle *de Venize*, ſe peut tirer de 54 Ecus $\frac{1}{2}$ d'Eſtampe, & de 102 Ducats $\frac{2}{3}$ de *Venize*, égaux à 100 Ecus d'Or Sol de France : Car ſi 102 Ducats $\frac{2}{3}$ de *Venize* ſont égaux à 54 Ecus $\frac{1}{2}$ d'Eſtampe ; Il s'enſuit que 100 Ducats dudit *Venize*, doivent rendre au Pair 53 Ecus $\frac{1}{10}$ d'Eſtampe à Rome ; ce qui eſtoit à prouver.

Avertiſſement.

LEs queſtions à propoſer ſur les prix des Changes courans cy-deſſus eſtant faciles à concevoir, & à reſoudre ; j'ay paſſé ſous ſilence les Applications à faire ſur les Traites, & ſur les Remiſes, dont on doit eſtre pleinement inſtruit par toutes les Regles qui ont eſté cy-devant miſes en uſage, pour les Places cy-deſſus.

✠✠✠✠✠✠✠✠✠✠✠✠✠✠✠✠✠✠✠

De la Reduction de l'Argent Monnoyé de Venize, en celuy des Villes ou Places, où son Negoce de Banque, & de Marchandise se peut étendre.

Avertissement.

O N a veu cy-devant Table vingt-quatriéme, page 134. en quelle Monnoye on tient les Ecritures à *Venize*; les noms & valeurs des especes de Monnoye qui y ont cours, & la maniere de tirer & de remettre, à quoy l'on poura avoir recours. On verra par la Table suivante les prix courans de *Venize* pour plusieurs Places, où il sera facile de remettre, ou sur lesquelles on poura tirer telles sommes que l'on voudra, en observant les circonstances essentielles qui entrent necessairement dans les Negociations de Banque, & dont on a cy-devant plusieurs fois parlé.

Pour l'Intelligence de la Table cy-aprés, on sçaura que

VENISE, *Change & donne pour les Places cy-aprés ; Sçavoir,*

1 Ducat de Banque de 24 Gros, ou de 6 livres $\frac{1}{5}$, pour avoir 95 $\frac{1}{5}$ den. de Gros, *plus* ou *moins*, à Amsterdam.

100 Ducats dits, pour avoir 82 ▽ $\frac{1}{2}$ de 10 Jules, *p.* ou *m.* à Ancone.

1 Duc. dit, pour avoir 94 deniers de Gros, *plus ou moins.* à Anvers.

100 Ducats dits, pour avoir 97 Talers de 90 Kreuts courans, *p.* ou *m.* à Ausbourg.

100 Ducats dits, pour avoir 190 Ducats $\frac{1}{4}$ de 10 Carlins, *p.* ou *m.* à Bary.

140 sols, prix stable, pour avoir 172 sols $\frac{1}{2}$, *p.* ou *m.* à Bergame.

131 sols, *plus* ou *moins*, pour avoir un ▽ de 93 Kreuts courans. à Bolzam.

128 sols, *p.* ou *m.* pour avoir un ▽ Boulonin de 85 sols, à Boulogne.

1 Ducat, pour avoir 94 den. de Gros, *p.* ou *m.* à Cologne.

100 Ducats dits, pour avoir 72 ▽ $\frac{1}{2}$, de 7 livres, 10 sols, *p.* ou *m.* à Florence.

Venize, Change & donne; sçavoir

100 Ducats dits, pour avoir 120 Flor. *p.* ou *m.*   à Francfort.

117 sols Venitiens, *p.* ou *m.* pour avoir un ▽ de
    4 livres,   à Gennes.

1 Duc. de 24 Gros, pour avoir 93 deniers de
    Gros, *p.* ou *m.*   à Hambourg.

100 Ducats dits, pour avoir 91 ½ Duc. de 10 Car-
    lins, *p.* ou *m.*   à Lecce.

102 Ducats dits, *plus* ou *moins*, pour avoir 100.
    Ecus d'Or Sol.   à Lion, &c.

101 Ducats ¼, dits, *p.* ou *m.* pour avoir 100 pie-
    ces de 8 Reaux.   à Livourne.

1 Ducat dit, pour avoir 54½ denier Sterlin, *plus*
    ou *moins*.   à Londres.

100 Ducats dits, pour avoir 81 ▽ de 7 livres, 10
    sols, *plus* ou *moins*.   à Luques.

155 sols, *plus* ou *moins*, pour avoir un ▽ de 117
    sols Monnoye de Change.   à Milan.

100 Ducats de Banque, pour avoir 91 Ducats de
    10 Carlins, *plus* ou *moins*.   à Naples.

187 Ducats dits, *p.* ou *m.* pour avoir 100 ▽ d'Or
    de Marc.   à Nove.

100 Ducats de Banque de 24 Gros, pour avoir 145
    Florins, *plus* ou *moins*.   à Nuremberg.

100 Ducats dits, pour avoir 54 ½ ▽ d'Estampe,
    plus ou *moins*.   à Rome.

100 Ducats dits, pour avoir 165 Florins, *p.* ou *m.*   à Saint Gal.

100 Ducats dits, pour avoir 97 Talers de 90 Kreuts
    courans, *plus* ou *moins*.   à Vienne.

Demonstration de la parité des prix des Changes courans ey-dessus.

DAns la Table XVII. de la seconde Application des Changes, page 173. Le Ducat de Banque de Venize à esté démontré égal à 95 deniers ½ de den. de Gros, Monnoye de Hollande, de Flandres & de Brabant, où sont *Amsterdam,* & *Anvers*: *Cologne,* & mêmes *Hambourg* y peuvent être compris, à cause de la qualité de leur Monnoye.

L'Egalité de la Monnoye de Venize à celle *d'Ancone*, se peut voir dans la page 178. où il a été démontré, que 100 Ducats de Venize sont égaux à 82 Ecus ½ d'Ancone.

La parité de la Monnoye de Venize à celle d'*Ausbourg*, se peut tirer de 102 Ducats $\frac{1}{2}$ de Banque, & de 100 Ecus d'Or Sol, égaux à 100 Talers de 90 Kreuts courans le Taler. Car si suivant cette supposition 102 Ducats $\frac{1}{2}$ de Banque sont égaux à 100 Talers susdits; il s'ensuit que 100 Ducats aussi de Banque de Venize, rendront au Païr 97. $\frac{7}{16}$ de Richedalle (ou de Taler) à Ausbourg, ce qu'il falloit démontrer.

L'Egalité de la Monnoye de Venize à celle de *Bary*, de *Lecce*, & de *Naples*, se peut tirer de 102 Ducats $\frac{1}{2}$ de Banque, dudit Venize, & de 90 Ducats de 10 Carlins piece, égaux à 100 Ecus d'Or Sol de France. Car si 102 Ducats $\frac{1}{2}$ de Banque, sont égaux à 90 Ducats de *Bary*, *Lecce*, & de *Naples*; Il s'ensuit que 100 Ducats de Banque dudit Venize, ne rendront au Pair ausdites Villes du Royaume de Naples, que 87 Ducats & $\frac{7}{10}$ de Ducat de 10 Carlins piece.

La parité de la Monnoye de Venize à celle de *Bergame* a esté suffisamment démontrée, page 203 : c'est pourquoy le Lecteur y sera renvoyé pour en estre persuadé, & sçavoir qu'un Ecu de 7. liv. à Bergame est égal à 116 sols $\frac{1}{2}$ de Banque à Venize.

L'Egalité de la Monnoye dudit Venize à celle de *Bolzam*, a pareillement esté clairement démontrée, page 220. à laquelle on poura avoir recours, & où l'on verra que 93. Kreuts de Bolzam sont égaux à 131 sols, 6 den. Venitiens.

L'Egalité de la Monnoye de Venize à celle de *Boulogne*, a encore esté nettement démontrée, pages 247. & 248. que l'on poura voir là dessus pour découvrir que 85 sols Boulonins, valeur de l'Ecu de Change dudit lieu, sont égaux à 130 sols, 4 deniers Venitiens.

L'Egalité de la Monnoye de Venize à celle de *Florence* a esté cy-devant justifiée, page 270. où l'on voit clairement, que 100 Ducats de Banque à Venize, rendent au Pair 72 Ecus $\frac{3}{4}$ à Florence.

Le Rapport de la Monnoye de Venize a celle de *Francfort*, a encore esté démontré cy-devant, page 288. où l'on connoîtra que 100 Ducats de Banque de Venize, rendent au Pair 146 Florins $\frac{1}{2}$ audit Francfort.

La parité de la Monnoye de Venize à celle de *Gennes*, se verra dans la page 297 cy-devant, où l'on fait voir que l'Ecu de 4 liv. à Gennes, rend au Pair 106 sols $\frac{1}{2}$ Venitiens.

La parité de la Monnoye de Venize à celle de *Hambourg*, a été prouvée dans la page 312 où l'on a fait voir que 95 den. $\frac{1}{2}$ de Gros, sont égaux à 1 Ducat de Banque.

Y y

La raison de la parité de la Monnoye de Venize à celle de *Lion* & de *Livourne*, se verra dans la page 314. cy-devant, où l'on verra que 100 Ecus d'Or Sol ou 100 pieces de 8 sont égaux à 102 Ducats $\frac{5}{8}$ de Venize.

L'Egalité de la Monnoye de Venize à celle de *Londres*, a été prouvée, page 319. où l'on a montré que 54 den. Sterlins, sont égaux à un Ducat de Banque de 24 Gros, ou à 6 livres, 4 sols.

La parité de Monnoye de Venize à celle de *Luques*, a été demontrée, page 329. où l'on a fait voir que 100 Ducats de Banque à Venize, rendent au Pair 79 Ecus $\frac{3}{4}$ à Luques.

On verra dans les pages 332 & 333 cy-devant la raison de l'égalité de l'Ecu de Milan de 117 sols, avec 158. $\frac{1}{4}$ sol Venitien.

La raison de la parité de la Monnoye de Venize à celle de *Nove*, a été démontrée cy-devant, page 341 où l'on voit que 100 Ecus d'Or de Marc, sont égaux à 188 $\frac{1}{16}$ Ducats de Banque à Venize.

L'égalité de la Monnoye de Venize à celle de *Nuremberg*, a été cy-devant prouvée, page 344, où l'on voit que 100 Ducats de Banque de Venize, rendent au Pair 146 Florins $\frac{1}{6}$. de 60 Kreuts courans le Flor. audit Nuremberg.

L'Egalité de la Monnoye de Venize à celle de *Rome*, a été aussi prouvée, page 350 où l'on voit, que 100 Ducats de Banque dudit Venize, rendent au Pair 53 Ecus. $\frac{1}{16}$ d'Estampe audit Rome.

La parité de la Monnoye de Venize à celle de *Saint Gal*, a été démontrée cy-devant, page 348, où l'on decouvre que 100 Ducats de Banque de Venize, sont égaux à 159 Florins $\frac{2}{16}$ dudit St. Gal.

L'Egalité de la Monnoye de Venize à celle de *Vienne*, se peut tirer de 102 $\frac{5}{8}$ Ducats de Banque de Venize, & de 100 Talers de 90 Kreuts courans le Taler, égaux à 100 Ecus d'Or Sol de France. Car si 102 Duc. $\frac{5}{8}$ sont égaux à 100 Talers de Vienne; Il s'ensuit que 100 Ducats dudit Venize doivent rendre au Pair 97 Talers $\frac{7}{16}$ ce qu'il falloit prouver.

De la Reduction de l'Argent Monnoyé de Vienne en Autriche, en celuy des Villes ou Places cy-aprés.

VIENNE, Change & donne ; Sçavoir

[100 Talers de 90 Kreuts courans, pour en avoir 99 ½
semblables, *plus* ou *moins.*   à Ausbourg.
98 ½ Talers dits, *p.* ou *m.* pour en avoir 100 dits. à Bolzam.
99 ½ dits, *p.* ou *m.* pour en avoir 100 dits.   à Francfort.
97 ¼ dits, *p.* ou *m.* pour avoir 100 d'Or Sol.   à Lion.
[100. dits, pour en avoir 99 ½ dits, *plus* ou *moins.* à Nuremberg.
96 dits, *plus* ou *moins*, pour avoir 100 Ducats de
Banque de 24 Gros ou de 6 liv. 4 f. piece.   à Venize.

Avertissement.

J'Aurois icy ajoûté les raisons d'égalité des prix courans cy-dessus, fondée sur le juste Rapport des Monnoyes : mais parce qu'elles ont été cy-devant comparées entr'elles, & qu'elles ont esté suffisamment examinées, il n'en sera pas icy fait mention.

Pour ce qui est des Applications en forme, à proposer & à resoudre, touchant les Traites & les Remises, on n'aura qu'à suivre les formulaires qui ont été donnés dans les Places d'*Ausbourg*, *Bolzam*, & autres Places d'Allemagne pour s'y conformer.

Dans la Table VIIe. de la premiere Application des Changes de France pour les Païs étrangers, page 46. J'ay fait connoître que les Ecritures se tiennent à Vienne & dans presque toutes les Villes d'Allemagne, où la Monnoye est uniforme, en Florins, en Kreuts & en Penins, que l'on y évaluë par 60 & par 8. en ce que 60 Kreuts courans font le Florin, & que 8 Penins font égaux à un Kreuts. Et à l'égard des Monnoyes qui ont cours à Vienne, on poura voir celles qui sont décrites dans la page 51.

DES REMISES CONTINUEES

Avertissement.

COMME les Reductions des Monnoyes de France, en celles des Païs Etrangers, & réciproquement les Monnoyes étrangeres en celles de France & d'autres Païs, ont été jusques à present faites sur la simple comparaison d'une Monnoye à une autre : J'ay crû qu'il estoit à propos de donner en ce lieu au moins un Exemple d'un virement de Partie, *Remise* ou *tirée* de Place en Place : C'est à dire d'une somme petite ou grande Remise ou tirée par un Negociant de France, afin de sçavoir quand il y aura apparence de gagner ou de perdre dans les Negociations de Banque.

Par les Remises continuées, il faut entendre une partie Remise faite dans une Ville, & receüe dans une autre, & supposer que celuy qui a fait cette Negociation, ordonne à son Correspondant de remettre encore ailleurs son avance, aprés en avoir osté sa provision, que l'on suppose estre reglée à ⅟₂ pour cent de benefice pour celuy, à qui la Remise est faite : ce que l'Exemple suivant fera plus clairement connoître.

Exemple d'une Remise continuée.

UN Particulier de Paris &c. ayant baillé à Change 8000 Ecus pour en faire recevoir à Amsterdam, la valeur sur le pied de 98 deniers de Gros, pour 1 Ecu, avec ordre à son Correspondant, de remettre le net de son avance à Londres, à 34 sols, 6 den. de Gros pour 1 liv. Sterlin à compter à Londres ; le Correspondant de Londres a pareillement ordre dudit Particulier de Paris, de remettre encore le net de son avance à Hambourg, à 34 sols, 10 den. de Gros pour une livre Sterlin comptée à Londres. Le Correspondant de Hambourg a aussi ordre de remettre l'avance dudit Par-

ticulier de Paris à Francfort à 65 ¼ Kreuts courans, pour une Dalle de l'Empire de 32 fols Lubs ou de 64 den. de Gros. Le Correspondant de Francfort a encore ordré dudit Particulier de Paris,
de remettre le net de ses deniers à Venize, à 143 ¼ Florin de 60
Kreuts courans, pour 100 Ducats de 24 Gros le Ducat. Le Correspondant de Venize a aussi ordre de remettre le net de l'avance
dudit Particulier de Paris à Rome à 55 Ecus ½ d'Estampe de 15
Jules ½ piece, pour 100 Ducats de Banque de 24 Gros le Ducat.
Le Correspondant de Rome a pareillement ordre du Particulier
susdit de remettre le net de son avance à Lion, à 53 Ecus ½ d'E-
stampe pour 100 Ecus d'Or Sol de 60 sols ; Enfin ce dernier Correspondant de Lion a encore ordre de remettre audit Particulier
de Paris, le net de l'avance de son Argent à ⅓ pour cent de sa
perte : Sçavoir le contenu de la Lettre de Change Remise de Lion
à Paris, & le gain ou la perte à faire sur ladite Remise de 8000 Ecus,
en payant à chacun des Correspondans susdits, ⅓ pour cent, pour
leur provision.

Pratique Premiere.

8000 ⵁ remis de Paris à Amsterdam, à multiplier par
    98. den. de Gros, prix du Change pour 1 Ecu d'Or Sol.
———
784000. den. de Gros, égaux en valeur ausd. 8000 Ecus, &
    desquels il faut prendre la provision en dedans, à ⅓ pour
    ⅓ deüe au Correspondant d'Amsterd. Ce qui se fait en di-
    visant lesdits 784000 den. par 201.

2ϕ1 1
784ϕ00 } 3900 den. provision, à ⅓ pour cent comme dessus.
-2ϕ1 1 1 (
  2ϕϕϕ
   22

784000. den. de Gros, somme receüe à Amsterdam.
  3900. den. dits, pour la provision susdite à soustraire.
———
780100. den. de Gros net à disposer à Amsterdam pour Londres,
    à 34 sols, 6 den. prix du Change pour 1 liv. Sterl. &
    à diviser par 414 den. égaux ausdits 34 sols, 6 deniers.

Pratique ſeconde.

```
  1 1
  3 4 7 2
  3 6 6 9 8 4  ⎫
  7 8 0 1 0 0  ⎬ 1884 livres.
  4 1 4 4 4 4  ⎭
    4 1 1 1
      4 4
```

```
    4 1 0  ⎫ 5 ou 6 Sols Sterl. peù moins, à re-
    2 4 8 0 ⎬ cevoir à Londres, dont il faut
      4 1 4 ⎭ oſter la proviſion à ½ pour cent,
                comme cy-devant.
```

```
      75               99              1 8 3
  2 8 8 4  ⎫ 9 liv.   2 5 0 6 ⎫ 7 ſols.   2 1 8 8 ⎫ 5 ou 6 den. Sterlins, peù
  2 0 1    ⎭          2 0 1   ⎭          2 0 1   ⎬ moins, pour la proviſion
                                               ⎪ du Correſpondant de Lon-
                                               ⎭ dres.
```

1884 livres, 6 ſols Sterlins, ſomme receuë à Londres.

9 livres, 7 ſols, 6 deniers Sterlins, proviſion à ſouſtraire.

1874 livres, 18 ſols, 6 deniers Sterlins, net à diſpoſer à Londres, pour Hambourg, à 34 ſols, 10 den. de Gros, prix du Change, pour une livre Sterl.

Pratique Troiſiéme.

1874 liv. 18 ſols, 6 den. Sterlins, à multiplier par
   1 liv. 14 ſols, 10 den. de Gros, prix du Change, pour 1 liv. Sterlin.
_____
1874 liv. 18 ſols, 6 deniers.
  937 liv. 9 ſols   3 den. produit pour 10 ſols, ou ½ de 1874. 18. 6.
  187 liv. 9 ſols, 10 den. produit pour 2 ſols, ou ⅕ de celuy de 10. ſ.
  187 liv. 9 ſols, 11 den. produit pour 2 ſols, Idem.
   62 liv. 9 ſols, 11 den. produit pour 8 den. ou ⅓ de celuy de 2. ſ.
   15 liv. 12 ſols, 6 den. produit pour 2 den. ou ¼ du précedent.
_____
3265 liv. 9 ſols, 11 den. de Gros, à recevoir à Hambourg, dont il
                    faut oſter la proviſion à ½ pour cent, com-
                    me cy-devant.

```
      4
  2 2 8 9  ⎫              1 8 5  ⎫               20
  3 2 6 5  ⎬ 16 livres.   9 8 9  ⎬ 4 ſols.   2 2 5 1  ⎫ 11 den. de Gros, peù plus,
  2 0 1 1  ⎭              2 0 1  ⎭           2 0 1 1  ⎬ pour la proviſion du Cor-
    2 0                                         2 0   ⎭ reſpondant de Hambourg.
```

3265 liv. 9 fols, 11 deniers de Gros, fomme receuë à Hambourg.
16 liv. 4 fols, 11 deniers de Gros, provifion à fouftraire.

3249 liv. 5 fols de Gros net, à difpofer à Hambourg pour Francfort
à 65 ¼ Kreuts courans, pour une Dalle de 32 fols
Lubs, ou de 64 deniers de Gros.

Pratique quatriéme.

3249 livres, 5 fols de Gros, à multiplier par
20 fols, valeur d'une livre de Gros.

64985 fols de Gros. à multiplier par
6 fols Lubs, valeur d'un fol de Gros.

389910 fols Lubs, à multiplier par
65 ¼ Kreuts, prix du Change, pour une Dalle de 32 f. Lubs.

1949550
23394600
97478. produit pour ¼ de Kreuts, ou ¼ de 389910 fols Lubs.

25441628 Kreuts, à divifer par 32 fols Lubs.

795051 Kreuts, peù moins, dont il faut ôter la provifion à ¼ pour cent, comme cy-devant.

3955 Kreuts, provifion deuë au Correfpondant de Francfort.

795051 Kreuts, receus à Francfort.
3955 Kreuts, provifion à fouftraire.

79109|6 Kreuts de net, à divifer par 60. pour avoir des Florins.

13184 Florins, 56 Kreuts, à difpofer à Francfort pour Venize,
à 143 ½ Florins, pour 100 Ducats de 24 Gros le Ducat.

Pratique cinquiéme.

Si 143 ¾ Fl. donnent 100 Duc. comb. 13184 Fl. 56 K. ₧ 9172 Duc. 3 Gr.

     4   13184 Florins, 56 Kreuts.

575 Divis.   1318400.

         50. . produit pour 30 Kr. ou ½ de 100 Ducats.

         33. 8. Gr. prod. pour 20 Kr. ou ⅓ desd. 100 Duc.

         10. . produit pour 6 Kreuts, ou ⅕ de 30 Kreuts.

1318493 Duc. 8 Gros, à multiplier par

         4. Denom. de la fraction du premier Terme.

5273973. 8. Gros à diviser par 575 quarts, égaux à

         143 ¾. Premier Terme.

4127
8842
5273973 } 9172 Ducats.
578888
5777

355
2760 } 3 Gros, peù plus, à recevoir à
878 { Venize, dont il faut ôter la pro-
      vision à ½ pour cent.

8824 Gros, valeur d'un Ducat.

   300
   146.

1760 Gros, à diviser par 575.

12
2287
8872 } 45 Ducats.
2011
20

3
146
3051 } 15 Gros, peù plus, provision du Cor-
2011 { respondant de Venize.
20

24 Gros, valeur d'un Ducat.

  511
  254

3051 Gros, à diviser par 2011.

9172 Ducats, 3 Gros, somme receuë à Venize.

  45 Ducats, 15 Gros, provision à soustraire.

9126 Ducats, 12 Gros net, à disposer à Venize pour Rome, à 55 ▽ ½
     d'Estampe, pour 100 Ducats de Banque.

                             Pratique

Pratique ſixiéme.

Si 100 Duc. don. 55 ▽ ½ d'Eſt. comb. 9126 Duc. 12 Gr. ℞. 5065 ▽ d'Eſt. 4. 2.
9126. 12.

```
          45630.
          456300.
          4563.    5 ſ. prod. pour ½ ▽ d'Eſt. ou ½ de 9126 Duc. 12 Gr.
          27. 10.  produit pour 12 Gros, ou ⅕ de 55 Ecus d'Eſt.
▽ d'Eſt.  5065|20. 15.
               |20.
Sols.         4|15
               |12
Denier.       1|80
```

5065 ▽, 4 ſols, 2 deniers d'Or d'Eſtampe, peù moins, ſomme receuë à Rome, dont il faut ôter la proviſion à ½ pour
cent, comme cy-devant.

```
1040⌉                    804⌉
5065 ⎬ 25 Ecus.          201⎬ 4 ſols, proviſion deuë au Correſ-
2011 ⎬                       ⌋ pondant de Rome.
20  ⌋
```

5065 Ecus, 4 ſols, 2 den. d'Or d'Eſtampe, ſomme receuë à Rome.
25 Ecus, 4 ſols, proviſion à ſouſtraire.

5040 Ecus, 0. 2 deniers d'Or d'Eſtampe net, à diſpoſer à Rome
pour Lion, à 53 Ecus ½ d'Eſtampe, pour 100 Ecus
d'Or Sol.

Pratique ſeptiéme.

Si 53 ▽ ½ d'Eſt. donnent 100 ▽ d'Or Sol : comb. 5040 ▽, 0 ſ. 2 d. d'Eſt.
```
          2              5040. 0. 2 den.        ℞. 9420 ▽, 11 ſ. 6 d.
107 Diviſeur.    504000.
                 2. 10 ſols, faux produit pour 6 deniers.
                  . 16 ſ. 8 deniers, produit pour 2 deniers.
                 504000. 16 ſ. 8 deniers, à multiplier par
                 2.... Denom. de la fraction du pr Terme.
                 1008001. 13 ſols, 4 deniers, à diviſer par 107.
                                    Premier Terme.
```

Z z

$$\left.\begin{array}{l}2\\4826\\100801\\\hline10777\\100\\11\end{array}\right\}9420\text{ Ecus.}\qquad\left.\begin{array}{l}5\\266\\1233\\\hline1077\\10\end{array}\right\}11\text{ sols.}\qquad\left.\begin{array}{l}34\\678\\\hline107\end{array}\right\}\begin{array}{l}\text{6 den. peù plus, à}\\\text{recevoir à Lion,}\\\text{dont il faut ôter la}\\\text{provision à }\tfrac{1}{4}\text{ pour }\tfrac{1}{3}\end{array}$$

$$\left.\begin{array}{l}17\\1384\\9420\\\hline2011\\20\end{array}\right\}46\text{ Ecus.}\qquad\left.\begin{array}{l}7\\1484\\3491\\\hline2011\\20\end{array}\right\}17\text{ sols.}\qquad\left.\begin{array}{l}90\\894\\\hline201\end{array}\right\}\begin{array}{l}\text{4 deniers, provision du}\\\text{Correspondant de Lion.}\end{array}$$

9420 Ecus, 11 sols, 6 deniers, somme receuë à Lion.
46 Ecus, 17 sols, 4 deniers, provision à souſtraire.

9373 Ecus, 14 ſols, 2 deniers net, à diſpoſer à Lion pour Paris, à $\frac{1}{4}$
    pour cent de perte : ce qui ſe fait en diviſant
    leſdits 9373 Ecus, 14 ſols, 2 deniers de net
    à Lion, par 401. comme ſuit.

Pratique huitiéme.

$$\left.\begin{array}{l}2150\\9373\\4011\\40\end{array}\right\}23\text{ Ecus.}\qquad\left.\begin{array}{l}207\\3014\\401\end{array}\right\}7\text{ sols.}\qquad\left.\begin{array}{l}80\\2486\\401\end{array}\right\}\begin{array}{l}\text{6 deniers, perte ſur le}\\\text{Change.}\end{array}$$

9373 ▽ 14 ſols, 2 den. à remettre de Lion à Paris, à $\frac{1}{4}$ pour $\frac{1}{4}$ de perte.
 23. 7. 6. perte ſur le Change, à ſouſtraire.

9350 ▽ 6. ſols 8. den. net à recevoir à Paris au lieu de 8000 Ecus.
8000 ▽ - - - cy-devant remis, à ſouſtraire pour reconnoître
   le gain du Commettant.

1350 ▽ 6. ſols, 8. den. d'Or Sol, benefice pour le Particulier de Paris
   Remetteur.

ON voit ſenſiblement par l'Exemple de la Remiſe continuée
cy-deſſus, que le Particulier de Paris gagne ſur cette Negociation 1350 Ecus, 6 ſols, 8 deniers d'Or Sol, ou bien 4051
livres : Mais parce que la juſteſſe d'une Remiſe ne ſe connoît que
par une Traite qui luy eſt oppoſée, on poura pratiquer la Traite
continuée cy-aprés, qui ſert de preuve à ladite Remiſe continuée.

DES TRAITES CONTINUÉES.

PAR les Traites continuées, on n'entend autre
chose, qu'une partie tirée par un Particulier sur
un de ses Correspondans, auquel celuy-là ordonne à celuy-cy de tirer sur un autre aussi de ses Correspondans, la somme par luy débourssée avec sa
provision, que l'on suppose estre reglée à ⅓ pour
cent, pour celuy sur qui la Traite est faite ; ce
que l'Exemple suivant démontrera facilement.

*Exemple d'une Traite continuée, servant de Preuve à la Remise
cy-devant faite.*

UN Particulier de Paris &c. pour la necessité de ses affaires,
tire sur son Correspondant de Lion 9350 Ecus, 6 sols, 8
den. d'Or Sol de 60 sols piece, à ⅓ pour cent de sa perte, avec
ordre audit Correspondant, de tirer la somme par luy débourssée,
avec sa provision à ⅓ pour ⅓ sur Rome, à 53 Ecus ½ d'Estampe de
15 Jules ½ piece pour 100 Ecus d'Or Sol. Le Correspondant de
Rome a aussi ordre dudit Particulier de Paris, de tirer son avance
avec sa provision sur Venize, à 55 Ecus ½ d'Estampe pour 100 Ducats de Banque de 24 Gros le Ducat : Le Correspondant de Venize a pareillement ordre de tirer la somme sur luy tirée avec sa
provision sur Francfort à 143. ¼ Florin de 60 Kreuts courans chacun pour 100 Ducats de Banque : Le Commissionnaire de Francfort a encore ordre dudit Particulier de Paris, de tirer son avance
avec sa provision sur Hambourg, à 65. ¼ Kreuts courant, pour une
Dalle de l'Empire de 32 sols Lubs. Le Correspondant de Hambourg a pareillement ordre de tirer la somme par luy débourssée,
avec sa provision sur Londres, à 34 sols, 10 den. de Gros pour
une livre Sterlin. Le Correspondant de Londres a aussi ordre dudit Particulier de Paris de tirer les deniers qu'il aura débourssés,
avec sa provision sur Amsterdam, à 34 sols, 6 deniers de Gros
pour une livre Sterlin : Enfin le Correspondant d'Amsterdam a encore
ordre de tirer son avance avec sa provision sur ledit Particulier de
Paris à 98 den. de Gros, pour un Ecu d'Or Sol de soixante sols :
Sçavoir le gain ou la perte à faire sur ladite Traite supposant, que

ledit Particulier Tireur donnât ½ pour cent à chacun des Correſpondans ſuſdits pour leur proviſion.

Pratique Premiere.

9350 Ecus 6 ſ. 8. den. à tirer ſur Lion à ¼ pour cent de perte.

Ecus. 23|37. 1 1. 8.
     |20.

Sols. 7|51.
     |12.

Den. 6|20.

9350 Ecus, 6 ſols, 8 deniers, à tirer ſur Lion.
  23 Ecus, 7 ſols, 6 deniers de perte ſur le Change, à ajoûter.

9373 Ecus, 14 ſols, 2 deniers, à débourſer à Lion, auſquels il
     faut ajoûter la proviſion à ½, pour
     cent, du Correſpondant de Lion.

9373 Ecus, 14 ſols, 1 denier, ſomme débourſée à Lion, dont il
     faut tirer la Proviſion, à ½ pour cent,
Ecus. 46|86. 17. 1.   & l'ajoûter à ladite ſomme.
     |20.

Sols. 17|37.
     |12.

Den. 4|45.

9373 Ecus, 14 ſols, 2 deniers, ſomme débourſée à Lion.
  46 Ecus, 17 ſols, 4 deniers, proviſion à ½ pour cent à ajoûter.

9420 Ecus, 11 ſols, 6 deniers, à tirer ſur Rome, à 53 Ecus ⅓ d'E-
     ſtampe pour 100 Ecus d'Or Sol.

Pratique seconde.

Si 100 ▽ d'Or Sol. don. 53 ½ ▽ d'Est. comb. 9420 ▽, 11 s. 6 d. ℞. 5040 ▽ 2 d.

9420. 11. 6.

28260.
471000.
4710. 5. 9. produit pour ½ ▽, ou ½ de 9420 ▽, 11 s. 6 d.
26. 10. . produit pour 10 sols, ou ½ de 53 Ecus.
2. 13. . prod. pour 1 sol, ou 1/10 de celuy de 10 s.
1. 6. 6. prod. pour 6 d. ou ½ de celuy d'un sol.

Ecus d'Est. 5040|00. 15. 3. à diviser par 100. pour avoir le nombre d'Ecus d'Or d'Estampe, que l'on cherche, & à débourser à Rome.
|20.
Sols. 0|15.
|12.
Deniers. 1|83.

5040 Ecus, 0 s. 2 d. d'Est. déboursés à Rome, ausquels il faut ajoûter la provision à ½ pour cent du Corresp. de Rome.

Ecus d'Est. 25|20.
|20.
Sols. 4|00

5040 Ecus, 0 s. 2 den. d'Estampe déboursés à Rome.
25 Ecus, 4 s. . provision à ½ pour cent, à ajoûter.

5065 Ecus, 4 s. 2 deniers d'Estampe, à tirer sur Venize à 55 Ecus ½ d'Estampe, pour 100 Ducats de Banque.

Pratique Troisiéme.

Si 55 ▽ ½ d'Est. donnent 100 Duc. comb. 5065 ▽, 4 s. 2 d. ℞ 9126 Duc. 12 Gr.
2 — 5065 Ecus, 4 sols, 2 deniers d'Estampe.

111 Diviseur. 506500.
20. . . produit pour 4 s. ou ⅕ de 100 Ducats.
2. 12. Gros faux produit pour 6 deniers, ou ⅛ de celuy de 4 sols.
20. Gros produit pour 2 deniers, ou ⅓ de celuy de 6 deniers.

Ducats. 506520. 20. Gros, à multiplier par
2. . Denom. de la fraction du pr Terme.

Ducats. 1013041. 16 Gros, à diviser par 111 Diviseur.

275
4925
10170941 } 9126 Ducats.
111111 }
1111

1124 Gros, valeur d'un Ducat.

236.

1100.

1336 Gros, à diviſer par 111 Diviſeur.

9126 Ducats, 12 Gros de Banque, dont il faut tirer la pro‑
viſion à $\frac{1}{2}$ pour $\frac{1}{2}$.

Ducats. 45|63. 6 Gros, à diviſer par cent.
         |24 Gros, valeur d'un Ducat.

258

126..

Gros.   15|18. à diviſer par cent.

9126 Ducats, 12 Gros débourſez à Venize.
  45 Ducats, 15 Gros, proviſion à $\frac{1}{2}$ pour cent, à ajoûter.
9172 Ducats, 3 Gros à tirer ſur Francfort, à 143 $\frac{3}{4}$ Florin, pour
         100 Ducats.

Pratique Quatriéme.

Si 100 Duc. donnent 143 $\frac{3}{4}$ Fl. comb. 9172 Duc. 3 Gr. 13184 Fl. 56 K.
         9172.   3 Gros.

27516
366880.
917200

4586....produit pour $\frac{1}{2}$, ou $\frac{1}{2}$ de 9172.
2293....produit pour $\frac{1}{4}$, ou $\frac{1}{2}$ de celuy de $\frac{1}{2}$
17.58 K. produit pour 3 Gros, ou $\frac{1}{8}$ de 143 $\frac{3}{4}$

Florins.   13184 92. 58 Kr. à diviſer par 100. Premier Terme.
           |60 Kreuts, valeur d'un Florin.

Kreuts.   5.5|78 à diviſer par cent, comme cy-deſſus.

Premier ſecond membre:
12 Gros débourſez à Venize,
auſquels il faut ajoûter la pro‑
viſion à $\frac{1}{2}$ pour cent.
224
1336
1111
11

13184. Florins 56 Kr. débourſés à Francfort, auſquels il faut
——————— ajoûter la proviſion à ½ pour cent.

Flor. 65|92 : : : 28 Kr.
       60 Kreuts , valeur d'un Florin.

Kreu. 55|48   13184 Flor. 56 Kr. receus à Francfort
                    65. Flor. 55. Kr. proviſion à ½ pour ½ à ajouter
                    ————————————————————————————
                    13250. Flor. 51 Kr. à tirer ſur Hambourg à 65 ¼
                    Kr. pour une Dalle de 32 ſ. Lubs.

Pratique Cinquiéme.

Si 65 ¼ Kr. donnent 32 ſ. Lubs comb. 13250 Fl. 51 Kr. ₨. 389910 ſ. Lubs.
    4   60 Kr. valeur d'un Florin.
————————   ————————————————————————
261 Diviſeur   795000
                                     51. pour ceux qui accompag.
                                          les Florins.
                                     ————————————————————
                                     795051. Kreuts à multiplier par
                                     32. Sols Lubs prix du Change.
                                     ————————————————————
                                     1590102.
                                     2385|530.
                                     ————————————————————
                                     2544|632. Sols Lubs à multiplier par
                                     4. denominat. de la fraction
                                          du Premier Terme.
                                     ————————————————————
                                     10176652 8. quarts de ſol, à diviſer par
                                     261. quarts égaux à 65 ¼ Kr.

                       389910 Sols Lubs, auſquels il faut ajouter la
                       ——————— proviſion à ½ pour cent
                       Sols 1949|55
                                 12
                       ————————————
                       Deniers 6|60

389910. Sols Lubs débourſés à Francfort.
 1949. Sols 6 den. proviſion à ajouter
————————————————————————————
391859. Sols 6. den. Lubs, à tirer ſur Londres à 34 ſ. 10 den.
de Gros, pour 1 liv. Sterlin.

Pratique Sixiéme.

391859. Sols 6 den. Lubs, à tirer fur Londres & à multiplier par
    2. Deniers de Gros, valeur d'un fol Lubs.

783719. Den. de Gros à divifer par 418 den. auffi de Gros, égaux à
    34 f. 10 den. prix du Change pour une livre Sterlin.

$$
\begin{array}{l}
23 \\
3108 \\
368387 \\
783719 \\
418888 \\
4111 \\
44
\end{array}
\Big\}\; 1874 \;\text{liv.}
\qquad
\begin{array}{l}
21 \\
3566 \\
7740 \\
4188 \\
41
\end{array}
\Big\}\; 18\; \text{f.}
\qquad
\begin{array}{l}
84 \\
2892 \\
418
\end{array}
\Big\}
\begin{array}{l}
6 \text{ den. aufquels il} \\
\text{faut ajouter la pro-} \\
\text{vifion à } \tfrac{1}{2} \text{ pour cent.}
\end{array}
$$

    1874 liv. 18 f. 6 deniers Sterlins, débourfez à Londres.

Liv. 937. 9. 3. à divifer par 100.
     |20

Sols 749 . . à divifer par 100. comme deffus.
     |12

Den. 591 . . . à divifer par 100. comme dit.

1874. liv. 18 fols, 6 den. Sterl. débourfés à Londres.
    9. - 7.   6. den. provifion à ajoufter.

1884. liv. 6 fols Sterl. à tirer fur Amfterdam, à 34 fols, 6 den. de
    Gros pour 1 ℔. Sterlin.

Pratique Septiéme.

1884 liv. 6 fols Sterl. à tirer fur Amfterdam & à multiplier par
    1. liv. 14 fols, 6 den. de Gros prix du Change pour une livre Sterl.

1884. liv. 6.
  942.   3.   produit pour 10 f. ou $\frac{1}{2}$ de 1884 : liv. 6. fols Sterl.
  235.   10. 9. produit pour 2 f. 6 den. ou $\frac{1}{4}$ de celuy de 10 fols.
  188.   8. 7. produit pour 2 fols ou $\frac{1}{5}$ de celuy de 10 fols.

3250. liv. 8 f. 4. den. de Gros, aufquels il faut ajouter la provifion à
                                         $\frac{1}{2}$ pour cent.

1625. liv. 4 fols, 2 deniers, à divifer par cent.
   |20

---

504 fols , à divifer par cent , comme deffus.
  |12

---

050 deniers de nulle confequence.

3250. livres, 8 fols, 4 den. déboursés à Londres
   16. -   5. -   provifion à ajouter.
3266. livres, 13 fols, 4 den. de Gros, à tirer fur Paris à 98
        den. de Gros, pour 1 Ecu d'Or Sol.

Pratique Huitiéme.

3266. liv. 13 f. 4 den. de Gros à tirer fur Paris, & à multiplier par
20 fols, valeur d'une livre de Gros

65333. fols de Gros à multiplier par
12. den. de Gros, valeur d'un fol.

784000. den. de Gros à divifer par 98 den. auffi de Gros, prix
    du Change pour 1 Ecu d'Or Sol de 60 fols.

784000 } 8000 Ecus à payer à Paris , & égaux à la Remife cy-
988888 }   devant faite de Paris à Amfterdam.
888

Avertiffement important fur les égalitez des Places.

LES Negocians fubtils dans le Negoce de la Banque, & fur tout dans les viremens de parties femblables à celles, dont j'ay ce me femble donné un affez grand éclairciffement par les Pratiques précédentes, ont de coûtume de fe fervir de la Regle conjointe, pour découvrir promptement la Place où il y aura plus de profit à remettre ou à tirer que dans une autre. Cette Regle conjointe eft ainfi nommée à caufe qu'elle fuppofe autant de Regles de Trois à faire comme cy-deffus, qu'il y a de Places ou la partie virée fe peut entendre ; comme dans l'Exemple cy-deffus, il y a huit Places, en comprenant la Ville de Paris, où la Negociation en queftion prend fon origine. Et ainfi il faut fuppofer huit Regles de Trois à faire pour arriver à la fin que l'on fe propofe ; Mais comme la Pratique de ces Regles eft longue, penible & ennuyeufe, on l'abrege par le moyen de ladite Regle conjointe, dont l'explication a efté donnée dans l'Arithmetique Univerfelle démontrée pages 245. & 246. & dont la Pratique fuit, conformément aux prix donnez dans la Queftion précédente.

Aaa

Nombres Antecedens.	*Nombres Consequens.*
1 Ecu de France , est supposé égal , à	98 den. de Gros d'Amst.
414 d. de Gros, sont aussi supposés égaux, à	240 d. Sterl. de Londres.
240 den. Sterl. sont aussi supposés égaux, à	418 d. de Gros d'Hamb.
64 d. de Gros, sont encore supp. égaux, à	65 Kreuts ½ de Francfort.
8625 K. ou 143 Fl. ¾, sont supposés égaux, à	100 Duc. de Banq. de Ven.
100 Ducats de 24 Gros, sont sup. égaux, à	550 v. ½ d'Estamp. à Rome
53 Ecus ½ d'Est. sont aussi supp. égaux, à	100 v d'Or Sol de Lion.
121 Ecus ⅓ d'Or Sol, sont provenus de	100 Ecus de Paris, suivant les prix susdits sans comprendre les provisions & frais à soustraire.

Pratique.

TOus les prix estant disposez, comme cy-dessus, on multipliera alternativement tous les Antecedens, qui sont tous les nombres placez à gauche, pour avoir au produit un nombre qui servira de Diviseur : On multipliera pareillement tous les nombres consequens qui sont à la droite des nombres Antecedens, & le produit sera le nombre total à diviser. La Division estant faite, il viendra au Quotient 121 Ecus ⅓, ou environ, qui denotent que 100 Ecus supposez débourcez à Paris ; & virez sur les Villes mentionnées, comme cy-dessus auront profité de 21 Ecus ⅓, sur lesquels déduisant sept provisions, chacune desquelles est supposée avoir esté réglée à ½ pour cent, deuë à chacun desdits sept Correspondans, & ½ pour cent de perte sur le Change de la Remise de Lion à Paris ; il reste pour le Particulier Banquier de Paris 16 Ecus ⅞, ou environ pour cent de Benefice net, c'est à dire tous les frais payez. En quoy l'on pourra connôître la conformité de cette derniere Pratique Abrégée avec la précédente, qui est dans toute son étenduë.

Multiplications alternatives des nombres antécedens ; dont le produit sera le Diviseur.

1 Ecu d'Or Sol, premier nombre

414 den. de Gros ou 34 f. 6 den. auſſi de Gros, deuxiéme nombre, & le premier produit dudit premier nombre & du deuxiéme.

240 den. Sterlins, ou valeur d'une liv. Sterling troiſiéme nombre.

$$\begin{array}{r} 16560 \\ 828 \\ \hline 99360 \end{array}$$

99360 deuxiéme produit, à multiplier par

64 deniers de Gros, valeur de 32 ſols Lubs, égaux à une Dalle de Hambourg, 4ᵉ nombre

$$\begin{array}{r} 397440 \\ 596160 \\ \hline 6359040 \end{array}$$

6359040. troiſiéme produit, à multiplier par

8.625. Kreuts courans , valeur de 143 Flor. ⅜ cinquiéme nombre.

$$\begin{array}{r} 31795200 \\ 12718080 \\ 38154240 \\ 50872320 \\ \hline 54846720000 \end{array}$$

54846720000 quatriéme produit, à multiplier par

100 Ducats de Banque de Venize, 6ᵉ. nombre

5484672000000 cinquiéme produit, à multiplier par

53 ¼ Ecus d'Eſtampe à Rome, 7ᵉ. nombre

$$\begin{array}{r} 16454016000000 \\ 27423360000000 \\ 2742336000000 \\ \hline 29342995 2000000 \end{array}$$

29342995 2000000, ſixiéme produit ou Diviſeur.

Autres Multiplications alternatives des nombres conſequens.

98 den. de Gros d'Amſt. premier nombre
240 den. Sterl. de Londres, 2e. nombre.

3920
196 ...

23520 premier produit, à multiplier par
418 den. de Gros de Hambourg, 3e. nombre.

188160
23520 .
94080 ..

9831360 deuxiéme produit, à multiplier par
65 Kreut ¼ de Francfort, 4e. nombre.

49156800
58988160 .
2457840

641496240 troiſiéme produit, à multiplier par
100 Ducats de Banque de Venize, 5e. nombre.

64149624000 quatriéme produit, à multiplier par
55 ▽ ½ d'Eſtampe de Rome, 6e. nombre.

320748120000
320748120000 .
320748120p0

3560304132000 cinquiéme produit, à multiplier par
100 ▽ d'Or Sol de Lion, ſeptiéme nombre.

3560304132000000 ſixiéme produit, à multiplier par
100 ▽ d'Or Sol de Paris, huitiéme nombre.

3560304132000000000 ſeptiéme produit, ou nombre à diviſer.

98   1
39201792
6260426288
3860304232φ   121 ▽   199762848   6ſ.   49714560   8 d
2934299822   2960342860   2397284276
2934299388   2934299382   2934299982
2934299

Observation I.

Par les Divifions cy-deffus , on voit qu'il eft venu aux Quotiens 121 Ecus, 6 fols, 8 den. ou $\frac{2}{3}$ d'Ecu, tant pour cent Ecus de principal fuppofé avoir efté débourfé à Paris au commencement du virement fufdit, que pour le profit fait fur cette Negociation de Banque. Sur lequel profit deduifant toutes les provifions à payer à chacun des fept Correfpondans dudit Particulier de Paris , qui eft convenu avec eux d'un demy pour cent pour leur peine & frais ; comme auffi $\frac{1}{4}$ pour $\frac{2}{4}$ de perte fur le Change à fouffrir par ledit Particulier de Paris , à caufe de la Remife de fes deniers qui luy a efté faite de Lion , il ne refte plus que $16\frac{7}{8}$ ou environ pour cent de profit fur les 8000 Ecus Virez comme deffus, ainfi qu'il paroît par la Pratique fuivante.

8000 ▽, fomme débourfée à Paris, & à multiplier par
16. $\frac{7}{8}$ profit fuppofé pour 100.
_____
128000
    4000 .. produit pour $\frac{4}{8}$ ou $\frac{1}{2}$ des 8000 ▽ fufdits.
    2000 . autre produit pour $\frac{2}{8}$ ou $\frac{1}{2}$ de celuy de $\frac{4}{8}$
    1000 .. autre produit pour $\frac{1}{8}$ ou $\frac{1}{2}$ de celuy de $\frac{2}{8}$
_____
▽ pour profit 1350|00. produit total à divifer par 100.

Obfervation II.

Il eft facile de voir par le refultat de la Regle conjointe précedente, que le net du profit à faire par ledit Banquier de Paris, fuivant les prix & les autres conditions énoncées dans la propofition cy-deffus, fe monte à 1350 Ecus femblables aux mêmes 1350 Ecus, 6 fols, 8 den. d'Or Sol, refultans des Remifes cy-devant faites & refoluës dans toute leur étenduë aux pages 336 à 369. ce qui en fait une double Preuve affez précife.

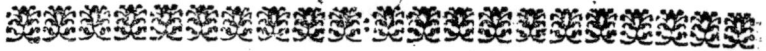

Des Lettres de Changes, de leur Stile, & des Circonstances essentielles qui les accompagnent.

LA Lettre de Change est proprement un Billet en forme de Lettre missive exprimée en peù de mots, par laquele l'Auteur prie ou ordonne de payer au Porteur la somme qui y est contenuë.

Avertissement.

DE cette definition de la Lettre de Change, il est facile de conjecturer qu'elle doit supposer quatre conditions, qui en sont inseparables.

La premiere est qu'elle doit marquer le lieu où elle est faite, la Datte, les Mois & l'Année, le tout placé à la tête de ladite Lettre & sur une même ligne, en y comprenant mêmes la somme qui est tirée.

La seconde condition est, qu'elle doit spécifier le temps du payement, qui est à veuë, à tant de jours de veuë, à tant de Datte, à un temps déterminé, à une ou à tant d'Usances, dont le Terme est different par Rapport aux Places, sur lesquelles elles sont tirées & eu égard à celles d'où elles partent originairement, ainsi qu'il sera déclaré cy-aprés, ou dont on a déja cy-devant parlé.

La troisiéme est de déclarer le nom de celuy ou de celle à qui ladite Lettre est payable.

Et la quatriéme & derniere condition est de déterminer la somme qui en fait le sujet ; laquelle doit être écrite tout au long, & non en Chifre ny de Finance ny Arabique, & faire aussi mention en quoy consiste la valeur receuë par le Tireur, si en derniers comptans, en Lettres ou Billets de Change, ou en Marchandises. Les Exemples suivans donneront une plus claire connoissance des notions cy-dessus.

Exemple premier d'une Lettre de Change payable à veuë.
A Paris le premier Octobre 1686. pour 3500 liv. 15 f.

Monsieur, à veuë il vous plaira payer par cette seule Lettre de Change à Monsieur de choisi de cette Ville, ou à son ordre la somme de trois mil cinq cens livres quinze sols , pour valeur receuë de luy, (ou de Monsieur Claude Bachelier pour luy , en deniers comptans, ou en Lettre ou Billet de Change sur tel de Roüen , ou enfin en Marchandises achetées de luy dés le tel jour, ou ce jourd'huy, Laquelle partie vous passerez au compte, & suivant l'avis

A MONSIEVR   De vôtre tres-humble Serviteur
MONSIEVR André Amsincq,   CLAUDE IRSON.
Marchand Banquier.

A ROVEN.

Observation I.

Les Lettres de cette nature; c'est à dire payables à veuë, ne supposent aucun delay pour celuy ou ceux sur qui elles sont tirées, puisque l'on est dans l'obligation d'aquiter ces sortes de Lettres, lors de leur presentation à moins que ceux, sur qui elles sont tirées, n'en ayent pas receu avis de leurs Correspondans, ou qu'ils n'ayent en leur possession des effets suffisans , pour satisfaire aux Traites qui sont faites sur eux, ou que ceux qui en sont les Porteurs , ne negligent d'en recevoir la valeur, ou bien qu'ils ayent de l'indulgence pour les Debiteurs de cette qualité. Ce formulaire de Lettres de Change, comme je l'ay déja remarqué, page 9. 10. & 12 renferme quatre personnes distinctes; Sçavoir deux dans le lieu où elles se font, & deux dans celuy où elles sont aquitées. Où l'on observera que les lieux de l'execution de toutes Lettres de Change doivent estre éloignez de ceux où elles prennent leur naissance, parce que c'est une des conditions essentielles & attachées à la Lettre de Change, qu'elle doit estre tirée de place en place , & non pas pour être aquitée dans le même lieu où elle se fait.

Observation II.

Les autres Circonstances , qui accompagnent les Lettres de Change , regardent les précautions des *Tireurs* & des *Remetteurs,* qui doivent également donner avis par Lettres missives à leurs Correſpondans de la Negociation par eux faite, afin que les uns ayent lieu d'exiger le payement deſdites Lettres, & que les autres ayent ſoin de les payer avec honneur, c'eſt à dire dans le temps qui y eſt marqué, & d'empêcher par ce moyen les proteſts que les Porteurs de Lettres de Change ſeroient obligez de faire faire faute d'acceptation ou de payemens : parce que s'ils n'eſtoient point faits dans les temps portez par les Ordonnances ou Reglemens des lieux, où elles doivent eſtre payées, elles ſeroient aux riſques, perils & fortunes des Porteurs. Ces précautions ſont, ce me ſemble, aſſez nettement décrites cy-deſſus, page 9. 10. 11. & 12.

Exemple 2. d'une premiere Lettre de Change tirée à tant de jours de veuë.

A Paris le premier Octobre 1686. pour 6000 livres.

Monſieur, à quinze jours de veuë, il vous plaira payer par cette premiere de Change, ne payant, en n'ayant payé par ma ſeconde, troiſiéme ou quatriéme, à Monſieur de Vaux de cettre Ville, ou à ſon Ordre la ſomme de ſix mil livres, pour valeur receuë de luy en Marchandiſes qu'il m'a cy-devant venduës, laquelle ſomme vous paſſerez au compte & ſuivant l'avis.

A MONSIEVR,   De vôtre tres-humble Serviteur
MONSIEVR François de   CLAUDE IRSON.
Bargues, Banquier   accepté le 8. Octobre
           A LION.   1686. De Bargues.

Modelle d'une ſeconde 3ᵉ. ou 4ᵉ. Lettre de Change.

A Paris le premier Octobre 1686. pour 6000 livres.

Monſieur, à quinze jours de veuë, il vous plaira payer par cette ſeconde, troiſiéme, ou quatriéme de Change, n'ayant aquité ma premiere à Monſieur de Vaux de cette Ville, ou à ſon ordre, la ſomme de ſix mil livres, pour valeur receuë de luy en Marchandiſes qu'il m'a cy-devant venduës, laquelle ſomme vous paſſerez au compte & ſuivant l'avis.

A MONSIEVR   De vôtre tres-humble Serviteur
MONSIEVR François de   CLAUDE IRSON.
Bargues, Banquier
           A LION.

Avertiſſement

Avertiſſement.

QUand les Lettres de Change ſont payables à ordre, les Porteurs les tranſportent le plus ſouvent à d'autres Particuliers, en mettant au dos deſdites Lettres, leurs ordres ou endoſſemens exprimez en ces Termes ou en d'autres équivalens. *Pour moy payez le contenu en l'autre part, & vous payerez bien ; à l'ordre de Monſieur des Hayes Treſorier des Guerres, pour valeur receuë de luy en deniers comptans. Fait à Paris ce quatriéme Octobre 1686. De Vaux.* Et ainſi des autres endoſſemens. Il arrive quelquefois, mais rarement, que le nombre d'endoſſeurs eſt ſi grand, que le dernier voulant paſſer ſon ordre encore à un autre, eſt contraint de l'écrire au bas de la Lettre de Change, & pour lors, au lieu de ſe ſervir de ces mots (*en l'autre part*) il uſe de ceux cy, *payez le contenu cy-deſſus* &c.

Exemple troiſiéme d'une Lettre de Change, tirée à tant de jours de Datte.

A Paris ce premier Octobre 1686. pour 1000 livres.

MOnſieur, *à vingt jours de Datte, Il vous plaira payer par cette premiere de Change, ne payant par ma ſeconde, à Monſieur Lambert Commiſſaire des Guerres, la ſomme de mil livres ; pour valeur receuë de luy même en deniers comptans, laquelle ſomme vous paſſerez au compte, & ſuivant l'avis*

A MONSIEVR,   De vôtre tres-humble Serviteur
MONSIEVR *Turc Marchand*   CLAUDE IRSON.
Banquier.
A MARSEILLE.

Avertiſſement.

IL ne paroît dans cette Lettre que trois perſonnes : mais ledit ſieur Lambert, allant luy même à Marſeille, où elle eſt payable, il y fera la fonction de receveur de ladite ſomme portée par la Lettre, qui luy a eſté fournie par ledit Claude Irſon Tireur, & les quatre perſonnes paroîtroient évidemment dans cette ſorte de Lettre, ſi ledit ſieur Lambert l'avoit endoſſée, ou paſſé ſon ordre à quelqu'autre, ce qui ſe fait peu fréquemment, à moins que les Lettres de Change ne portent expreſſément ces mots, *ou à ordre.*

Bbb

Exemple quatriéme d'une Lettre de Change, payable dans un temps de Foire ou payement déterminé.

A Paris le premier Octobre 1686. pour 4500 livres.

Monsieur, aux prochains payemens des Saints, il vous plaira payer par cette premiere de Change ; ne payant par ma seconde, à Monsieur Favre ou à son ordre, la somme de quatre mil cinq cens livres, pour valeur receuë de Monsieur Nicolas Gayot de cette Ville, en un Billet de Change, laquelle somme vous passerez au compte, & suivant l'avis

A MONSIEVR,   De vôtre tres-humble Serviteur
MONSIEVR François de   CLAUDE IRSON.
Bargues, Banquier.
                  A LION.

Autre Exemple d'une Lettre de Change, tirée sur Francfort.

A Paris le premier Octobre 1686. pour 6000 Rich. à 73 $\frac{3}{4}$ Kr.

Monsieur, à la prochaine Foire de la my-Caréme, il vous plaira payer par cette premiere de Change, ne payant par ma seconde &c. à Monsieur Pauly ou à son ordre, la somme de six mil Richedalles, de septante quatre Kreuts de Change piece, pour valeur receuë de Monsieur Pierre Heuche de Paris, en six mil vingt Ecus, six sols, neuf deniers d'Or Sol de soixante Sols pour Ecu, à septante trois Kreuts & trois quarts de Kreuts pour Ecu, laquelle partie vous passerez au compte, & suivant l'avis

A MONSIEVR,   De vôtre tres-humble Serviteur
MONSIEVR David Neuville,   CLAUDE IRSON.
Marchand Banquier.
                  A FRANCFORT.

Exemple cinquiéme d'une Lettre de Change payable à un jour prefix & déterminé.

A Paris le premier Octobre 1686. pour 1500 livres.

MOnsieur, *au vingt-cinquiéme du present Mois , il vous plaira payer par cette seule de Change , à Monsieur le Grand de cette Ville ou à son ordre , la somme de quinze cens livres , pour valeur receuë de Monsieur le Brun en deniers comptans , laquelle partie vous passerez au compte , & suivant l'avis*

A MONSIEVR,   *De vôtre tres-humble Serviteur*
MONSIEVR *Antoine d'Hariette.*   CLAUDE IRSON.
   A BORDEAVX.

Exemple sixiéme d'une Lettre de Change payable à une ou à plusieurs Vsances , & où il ne paroît que deux personnes.

A Paris le pr Octob. 1686. pr 1865 liv. 18 s. 9. den. de Gr. à 99 ½ pr v

MOnsieur, *à Vsance & demie , il vous plaira payer par cette premiere de Change , à vous même la somme de dix-huit cens soixante-cinq livres dix-huit sols, neuf deniers de Gros, à nonante-neuf & demy denier de Gros pour un Ecu d'Or Sol de soixante sols , pour valeur en moy même, ou de moy même, ou rencontrée en quatre mil cinq cens Ecus, quinze sols d'Or Sol , laquelle somme vous passerez au compte, comme par avis*

A MONSIEVR,   *De vôtre tres-humble Serviteur*
MONSIEVR *Daniel Heuglas,*   CLAUDE IRSON.
Marchand Banquier.
   A AMSTERDAM.

Observation I.

QUoy que quatre personnes soient sous-entendues pour l'éxecution de toutes Lettres de Change ; cependant suivant le Stile de la précedente, il n'y en paroît que deux. Mais il faut supposer que celuy qui a fait ladite Lettre , l'a fait pour le compte & au profit d'une tierce personne, dont il a déja receu la provision, & duquel il tait le nom qu'il explique seulement dans sa Lettre d'avis. Et ainſi le Tireur faiſant la fonction de deux perſonnes, celuy ſur qui ſa Lettre eſt tirée, peut auſſi faire l'Office de deux autres, en ce qu'il paye pour le compte d'une tierce perſonne, dont le nom eſt auſſi teu.

Obſervation II.

ON remarquera en ce lieu que les Lettres de Change, qui ſe font dans un lieu, dont la Monnoye eſt differente de celle des Villes ou Places, ſur leſquelles elles ſont tirées, doivent contenir la Monnoye du lieu où elles doivent être aquitées. Comme par Exemple, ſi elles ſont tirées de France ſur Amſterdam, on y fera mention des *Livres*, *Sols* & *Deniers de Gros* ou des *Florins*, *Patars & Penins* à y recevoir pour une quantité d'Ecus, ſols & deniers d'Or Sol, que les Remetteurs auront comptez aux Tireurs, en marquant auſſi le prix du Change, comme à 99 ½ den. de Gros pour un Ecu d'Or Sol, & en ſpécifiant la qualité des effets receus pour leſdites Lettres ainſi tirées. Mais les Lettres tirées des Païs étrangers ſur la France, ſe font toûjours en Ecus & parties d'Ecu à y recevoir, comme on peut facilement voir par l'Exemple ſuivant.

Modelle d'une Lettre de Change, tirée d'un Pais étranger ſur la France.

A Amſterdam le 15 Octob. 1686. pour 4500 ▽ 15 ſols à 99 ½

MOnſieur, à deux Vſances il vous plaira payer à Monſieur Soulette ou ordre, la ſomme de quatre mil cinq cens Ecus, quinze ſols d'Or Sol, à nonante-neuf & demy denier de Gros pour Ecu de ſoixante ſols, pour valeur receuë de Madame la Veuve Coëmans en dix-huit cens ſoixante-cinq livres, dix-huit ſols, neuf deniers de Gros, laquelle partie vous paſſerez au compte, & ſuivant l'avis

A MONSIEVR,   De vôtre tres-humble Serviteur
MONSIEVR *Antoine Gayot*,   PIERRE CAVELIER,
Marchand Banquier
            A PARIS.

Modelle d'une Promesse en blanc.

Our la somme de trois mil soixante quinze livres que j'ay receuë
P *comptant de   de laquelle somme*
je luy promets fournir Lettres de Changes sur Francfort en Allema-
gne payables à son ordre, à la prochaine Foire de la my-Carême, fait
à Paris le premier Octobre mil six cens quatre-vingts-six

─────────────────────────────
pour la somme de 3075 *Livres.*   CLAUDE IRSON.

Modelle d'un Billet de Change, pour valeur receuë en une
Lettre de Change.

E payeray dans deux Mois prochains, à Monsieur Nicolas Gayot ou
J *à ordre, la somme de six mil livres, pour valeur receuë de luy*
en une Lettre de Change qu'il m'a presentement fournie, laquelle est
par luy tirée sur Monsieur François de Bargues, Banquier à Lion &
payable à moy ou à ordre, dans les prochains payemens des Saints. Fait
à Paris le premier Octobre mil six cens quatre-vingts-six.

─────────────────────────────
pour la somme de 6000 *livres.*   CLAUDE IRSON.

Modelle d'un Billet payable au Porteur.

E payeray au Porteur dans un Mois prochain, la somme de quinze
J *cens livres, pour valeur receuë en deniers comptans de Monsieur*
Roulant Tresorier des Guerres. Fait à Paris le premier Octobre mil six
cens quatre-vingts-six.

─────────────────────────────
pour la somme de 1500 *livres.*   CLAUDE IRSON.

Modelle d'une Rescription ou Mandement.

Onsieur, je vous prie de payer (ou payez) à Monsieur Camet,
M *Commis de Monsieur Dupille, la somme de trois mil livres,*
de laquelle je vous tiendray compte sur les deniers de la Recette que
vous faites pour moy, en rapportant la presente Rescription avec la
Quittance dudit sieur Camet. Fait à Paris le premier Octobre mil six
cens quatre-vingts-six.

─────────────────────────────
pour la somme de 3000 *livres.*   }   N. LE MONNIER.

Modelle d'un Aval.

L'Aval dans sa propre signification, n'est autre chose que de faire valider une Lettre ou Billet de Change; c'est à dire de promettre de payer le contenu de l'une ou de l'autre, en cas de refus d'y satisfaire par le Debiteur. Cét Aval que l'on peut ajoûter au dos, au bas, ou separément de la Lettre ou Billet de Change, peut-être conceu en ces Termes, ou en d'autres équivalens.

JE soussigné, declare avoir cejourd'huy baillé à Monsieur N. Favre, Marchand à Paris, une Lettre de Change de quatre mil cinq cens Ecus, quinze sols d'Or Sol: tirée par Monsieur Pierre Cavelier d'Amsterdam, à nonante neuf deniers & demy de Gros, pour un Ecu d'Or Sol de soixante sols, sur Monsieur Antoine Gayot en Datte du quinziéme Octobre mil six cens quatre-vingts-six, payable à deux Vsances à Monsieur Soulette ou ordre, acceptée par ledit sieur Gayot & endossée par le sieur Charles Bachelier, pour valeur receuë dudit sieur Favre, en sa Lettre de Change de treize mil cinq cens deux livres, cinq sols, qu'il m'a fournie sur Monsieur François de Barques payable à Lion dans ces presens payemens des Saints. Laquelle Lettre de Change dudit sieur Cavelier par moy baillée comme dessus, en cas de protest; je promets payer avec tous dépens, dommages & Interests. En Foy dequoy j'ay signé le present Aval. Fait à Paris ce premier jour de Decembre mil six cens quatre-vingts-six.

CLAUDE IRSON.

On poura lire sur le sujet des Avals, le parfait Negociant de Monsieur Savary, page 225. liv. 3. chap. VIII. part. premiere, où il raporte les Articles du Cod. de 1673. pour les autoriser.

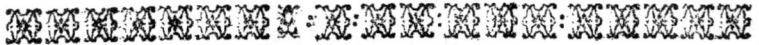

Des Vsances des Lettres de Change.

PAr Usance, en terme de Lettres de Change, il faut entendre le temps, qui se passe depuis la Datte de la Lettre jusqu'à son entier accomplissement, qui en suppose le payement. L'Usance desdites Lettres de Change estant differente soit par Rapport aux lieux, où elles se font, ou à l'égard de ceux sur lesquels elles font tirées, je rapporteray en ce lieu quelques Villes où lesdites Lettres de Change ont de coûtume d'estre aquitées en la maniere suivante.

Amsterdam.

LEs Lettres qui font tirées *d'Angleterre* & de *France* fur Amſterdam font ordinairement payables à un Mois de datte. Mais celles de *Cadis* & de *Madrid* ; de *Seüille* & de *Venize* ne font payables qu'à deux Mois auſſi de datte.

Ancone en Italie.

TOutes les Lettres de Change tirée de dehors fur *Ancone*, font payables à quinze jours de veuë : c'eſt à dire quinze jours aprés l'acceptation ; cependant on y accorde encore huit jours de grace au Debiteur, avant que de les faire proteſter.

Bergame.

LEs Lettres de Changes tirées de Venize fur *Bergame* ; font payables à 8 jours de veuë.

Florence.

L'Uſance des Lettres de Change tirées des Places étrangeres, ou de dehors fur la Ville de Florence font d'ordinaire ; Sçavoir,

Celles *d'Ancone* & de *Rome* , font payables à 10 jours de veuë.
Celles de *Boulogne*, font à trois jours de veuë.
Celles de *Lion*, font ordinairement à tant de jours de veuë.
Celles de *Livourne*, font payables à la volonté du Porteur.
Celles de *Naples* & de *Venize*, font payables à 20 jours de datte.
Celles de *Nove*, font payables dans un jour déterminé de la Foire, pour laquelle elles ont été tirées. Mais comme il a été cy-devant dit au cinquiéme Article de la Relation de Florence, page 271. On a de coûtume d'en pourſuivre le payement, le premier Samedy d'aprés l'écheance des Lettres de Change.

On remarquera en ce lieu, que les Uſances des Lettres de Change, tirées de Florence fur les Places étrangeres, eſtant différentes ; on s'en poura exactement informer de Place en Place.

Gennes.

LEs Lettres de Change tirées de *Florence* & de *Livourne* ; de *Luques* & de *Milan* fur *Gennes* font payables à huit jours de veuë. Celles de *Boulogne*, de *Rome* & de *Venize* à 15 jours de veuë.

Celles de *Naples* font payables à vingt-deux jours de veuë.

Celles de *Sicile* font à un Mois de veuë , ou à deux Mois de datte.

Celles de *Sardaigne* font à un Mois de veuë.

Celles d'*Amſterdam*, d'*Anvers* & autres Villes de Païs-Bas, font payables à trois Mois de datte.

Hambourg en Allemagne.

LEs Lettres de Changes tirées d'*Anvers* & de *Nuremberg* ſur *Hambourg*, font payables à 1 5 jours de veuë. Mais celles de *France*, de *Londres* & de *Venize* ne le font qu'à deux Mois de datte.

Livourne.

LEs Lettres de Change tirées d'*Amſterdam* ſur Livourne , font payables à 40 jours de datte.

Celles de *Gennes*, font à huit jours de veuë.

Celles de *Naples*, font à trois ſemaines de veuë.

Celles de *Rome* , font à dix jours de veuë.

Et celles de *Venize*, font payables à vingt jours de datte.

Londres.

LEs Lettres de Change tirées de *France* ſur *Londres* , font payables à un Mois de datte.

Celles d'*Eſpagne*, font à deux Mois auſſi de datte.

Et celles de *Gennes*, de *Livourne* & de *Venize* à trois Mois de datte.

Milan.

LEs Lettres de Change tirées de Gennes ſur *Milan*, font payables à 8 jours de veuë.

Celles de *Rome* , font à dix jours de veuë.

Celles de *Saint Gal* en Suiſſe, font à vingt jours de veuë.

Et celles de *Venize*, font à vingt jours de datte.

Nuremberg.

TOutes les Lettres de Change tirées ſur *Nuremberg*, font payables à quinze jours de veuë.

Rome Ville Capitale de l'Italie.

TOutes les Lettres de Change tirées ſur *Rome* , eſtoient cy-devant payables à dix jours de veuë. Mais cette Uſance s'eſt convertie en celle de quinze jours de veuë.

Venize.

Venize.

LEs Lettres de Change tirées de *Boulogne*, *Ferrare*, *Florence*, *Livourne*, & de *Luques* sur *Venize*, sont payables à cinq jours de veuë.

Celles d'*Ancone* & de *Rome*, sont à dix jours de veuë.

Celles d'*Ausbourg*, *Barry*, *Gennes*, *Lecce*, *Naples*, *Nuremberg*, *Saint Gal*, & de *Vienne*, sont à quinze jours de veuë.

Celles de *Bergame*, & de *Mantouë*, de *Milan*, & de *Modene*, sont à vingt jours de Datte.

Celles d'*Amsterdam*, d'*Anvers* & de *Hambourg*, sont à deux mois de Datte.

Et enfin celles de *Londres*, sont payables à trois mois de Datte.

Vienne en Austriche.

L'Usance des Lettres de Change, tirées de dehors sur *Vienne* susdit, suit celle de *Nuremberg* aussi susdit.

DE LA NEGOCIATION DES LETTRES
de Change sur la Place ou ailleurs.

NEGOCIER une Lettre de Change, n'est autre chose que de la transporter ou ceder à un autre, moyennant la valeur que le Preneur ou l'Achepteur en donne au cedant.

Cette Negociation se fait ou { au Pair.
avec Profit.
avec Perte.

On Negocie une Lettre *au Pair* lors que l'on reçoit précisément la somme qu'elle contient.

On transporte une Lettre *avec profit*, lors que le cedant reçoit une somme plus grande que celle qui y est contenuë.

Mais on perd sur une Lettre, quand on reçoit une somme moindre que celle qu'elle porte.

Ccc

Exemple d'une Lettre Negociée au Pair.

UN Particulier de Roüen eftant redevable à un autre de Paris, de la fomme de 3000 livres, il luy envoye pour le fatisfaire, une Lettre de Change, en datte du 15. Novembre 1686. de 410 livres, 8 fols, 4 deniers de Gros, tirée fur fon Correfpondant d'Amfterdam à 98 ½ denier aufli de Gros pour un Ecu, payable à double Ufance, à l'ordre dudit Particulier de Paris, lequel n'ayant pas affaire d'Argent en ladite Ville d'Amfterdam, trouve qui luy donne la valeur de ladite Lettre, fur le mefme pied du Change, qui y eft mentionné. On defire fçavoir fi ledit Particulier de Paris, negociant ladite Lettre au prix fufdit, recevra la fomme de 3000 livres à luy deuë par ledit Particulier de Roüen.

Pour refoudre cette queftion, & toute autre de même nature on fera, comme s'enfuit.

Regle.

IL faut reduire lefdites 410 livres, 8 fols, 4 deniers de Gros en deniers, & ceux-cy en demis, à caufe de la fraction qui ac-compagne le prix du Change, & divifer le produit par 197 demis deniers aufli de Gros, égaux à 98 deniers ½ de Gros, prix du Change fufdit, pour avoir aux Quotiens des Divifions, des Ecus, fols & Deniers d'Or Sol, s'il y en doit avoir, pour valeur de ladite fomme de 410 livres, 8 fols, 4 deniers de Gros, tirée fur Amfterdam, & negociée à Paris.

Pratique.

410 l. 8 f. 4 den. de Gros, tirez fur Amfterdam, & à multiplier par 20 fols, valeur d'une livre de Gros.

8208 f. de Gros, égaux en valeur aufdits 410. l. 8 f. à multiplier par 12 deniers, aufli de Gros, valeur d'un fol de même nom.

98500 deniers de Gros, à multiplier par 2. Denominateur de la fraction du prix du Change.

197000. Demis-Deniers, à divifer par 197. aufli Demis-Deniers, égaux aufdits 98 ½ denier de Gros, prix du Change, pour un Ecu.

1000 Ecus, ou 3000 livres à recevoir à Paris, au lieu defdites 410 livres, 8 fols, 4 deniers de Gros, tirez fur Amfterdam, à 98 ½ denier auffi de Gros, pour un Ecu d'Or Sol. Et ainfi l'on voit que cette Negociation de la Lettre cy-deffus a efté faite au Pair, puifque le cedant a receu la même fomme que ledit Particulier de Roüen avoit eu intention de faire tenir à Paris.

Exemple d'une Lettre de Change, negociée avec profit.

SI le Particulier de Paris, porteur de la Lettre cy-deffus trouvoit à s'en défaire à 98 deniers pour Ecu, ou à un prix encore moindre, comme à 95. 96. 97. ou 97 ½, &c. il eft évident qu'il y gagneroit ; parce que le Divifeur, qui eft le prix du Change, eftant plus petit que celuy qui eft fpécifié dans la Lettre, il fera compris plus de fois dans le nombre à divifer ; (c'eft à dire dans la fomme tirée, reduite comme j'ay dit cy-deffus) que celuy qui eft marqué dans cette Lettre. Et par la Souftraction que l'on fait de la fomme tirée fur Amfterdam, de celle trouvée au Quotient de la Divifion, on voit fenfiblement le profit qu'en retire le cedant. Où l'on remarquera que le profit ou la perte que l'on fait dans les Négociations de Banque pour la *Hollande*, la *Flandre*, ou pour le *Brabant*, s'exprime pour la plufpart à tant pour cent, & que ce gain & cette perte font proportionnez à la difference du prix d'une Lettre, à celuy de fa Negociation : Ainfi une Lettre eftant tirée à 98 deniers de Gros, & negociée à 97. on conclud que le cedant gagne un pour cent : fi elle eftoit tirée à 98. & qu'elle fût cedée à 97 ½, il n'y auroit qu'un demy pour cent; & ainfi des autres prix à proportion. Il eft vray que cette augmentation n'eft pas tout-à-fait jufte, mais feulement fort approchante; puifque cette difference ne doit pas empécher que l'on ne fe ferve de ces façons de parler, *la difference du Change de 98. à 97. avance d'un pour cent*, & celle de 98. à 97 ½, d'un demy ou environ, au profit du Porteur de la Lettre. Mais à l'égard des Negociations des Lettres de Change pour *Londres*, le profit ou la perte eft ordinairement double de la difference du Change énoncé dans la Lettre, d'avec celuy de la Negociation que l'on en fait, c'eft à dire, que fi elle eftoit tirée à 55 deniers Sterlins, pour un Ecu d'Or Sol fur Londres , & qu'elle fût negociée à 54. il y auroit deux pour cent de benefice pour le cedant, & celle de 55. à 54 ½ un pour cent à peù prés. Cette Analogie ou proportion s'étendra fur tous les Changes qui fe font de France pour la pluf-part des Places d'Italie & d'Allemagne.

Avertissement.

IL arrive fort fouvent que les Lettres de Change tirées de France fur les prix Etrangers , & réciproquement de ceux-cy fur la France font exprimez en Ecus , Sols , & Deniers d'Or Sol, avec détermination du prix du Change ; lefquelles Lettres eftant propo-fées à Negocier ; il faut multiplier les Ecus & parties d'Ecu, conte-nus dans une Lettre de Change à Negocier, par le prix du Chan-ge qui y eft marqué, & divifer le produit par le prix de la Negocia-tion, ce que la queftion fuivante démontrera facilement.

Exemple.

UNe Lettre de Change de 1000 ↋ a efté tirée de Bourdeaux fur Amfterdam à 98 ½ denier de Gros, pour un Ecu d'Or Sol, de laquelle Lettre eft porteur un Particulier de Paris, qui n'ayant point affaire d'argent audit Amfterdam trouve à en difpo-fer à 97 deniers ¼ de Gros pour un Ecu : Sçavoir combien le ce-dant de ladite Lettre recevra d'Ecus, & parties d'Ecu, au lieu defdits 1000 Ecus qu'elle contient. En faifant ce qui a efté dit cy-déffus on trouvera 1012 Ecus, 17 fols, 1 den. peù moins pour le nombre que l'on cherche.

Pratique.

1000 Ecus , fomme énoncée dans la Lettre de Change.

98 den. ½ de Gros, prix du Change exprimé dans ladite Lettre.
_____
98000.

500. produit pour ½ denier de Gros, ou ½ de 1000 Ecus.
_____
98500. deniers de Gros, à multiplier par

4. Denom. de la fraction qui accompagne le prix de la Negoc.
_____
394000. quarts de deniers , à divifer par 389 quarts , égaux à 97 denier ¼ , prix du Change , fur le pied duquel on negocie la Lettre.

```
133                    2
512                  2787
39400 ⎫           6640 ⎫          324 ⎫ 1 d. peù moins, à rece-
  }1012 v.          }17 s.          }voir pour ladite Lettre,
38999 ⎭           3899 ⎭          389 ⎭ dont il faut fouftraire la
3888                 38                   ⎩ fomme énoncée dans la-
33                                           dite Lettre, pour voir le
                                             benefice du cedant.
```

1012 Ecus, 17 fols, 1 denier d'Or Sol receus, au lieu de 1000 v.

1000 Ecus, fomme exprimée dans la Lettre à fouftraire.

12 Ecus, 17 fols, 1 denier d'Or Sol, benefice pour le cedant.

La Pratique cy-deffus démontre fenfiblement que le Particulier de Paris, negociant la Lettre fur le pied cy-devant fpecifié, gagne 12 Ecus, 17 fols, 1 denier d'Or Sol. Ce qui fervira d'exemple pour toutes les queftions de cette Nature que l'on pourroit propofer. La Preuve de ces fortes de Negociations eftant facile à faire, n'y ayant qu'à fe propofer une queftion contraire, je n'en ay fait icy aucune mention.

Exemple d'une Lettre de Change, Negociée avec perte.

QUoy que, parce qui vient d'être dit, il foit facile de concevoir que la perte que l'on fait fur une Lettre de Change que l'on negocie, fuppofe le prix dudit Change plus haut que celuy qui eft exprimé dans la Lettre, je ne laifferay pas de donner icy un exemple d'une Lettre negocié avec perte, pour relever les doutes que l'on pourroit avoir fur cette forte de Negociation.

Exemple.

SUppofant que la même Lettre de 1000 Ecus cy-devant tirée fur Amfterdam à 98 ½ denier de Gros pour un Ecu fut negociée à 99 ½, il eft évident que 99 ½ eft un nombre plus grand que 98 ½, & partant qu'il eft contenu moins de fois dans le nombre de deniers provenant de la multiplication defdits 1000 Ecus multipliez par le prix du Change contenu dans la Lettre, ce que l'Operation fuivante fera clairement connoître

Pratique.

1000 ▽ d'Or Sol tirée fur Amſterdam, à multiplier par

98. ½ den. de Gros, prix du Change pour un Ecu.

——————————

98000

500. produit pour ½ ou ½ de 1000 Ecus.

——————————

98500. den. de Gros égaux en valeur auſdits 1000 ▽ à multiplier par

2. Denominateur de la fraction du prix de la Negociation.

——————————

197000. demis den. à diviſer par 199 auſſi demis den. égaux à 99½

den. ½ prix de la Negociation.

```
  11
  27981 ⌐           2638 ⌐          58 ⌐
  297000 ⌐ 989 Ecus, 7620 ⌐ 18 ſ.  456 ⌐ 2 den. peu plus à rece-
  19999 ⌐            1999 ⌐         199 ⌐ voir au lieu deſd. 1000
  199  ⌐            19   ⌐                Ecus , & à ſouſtraire
  1                                       de la ſomme énoncée
                                          dans la Lettre pour re-
                                          connoître la perte du
                                          cedant.
```

1000 Ecus, ſomme premierement tirée fur Amſterdam.

989 ▽, 18 ſ. 2 den. receûs au lieu deſdits 1000 ▽, & à ſouſtraire.

——————————

10 Ecus, 1 ſols, 10 den. d'Or Sol, perte pour le cedant.

La Pratique cy-deſſus démontre, que la perte faite par le cedant ſur la Lettre de 1000 Ecus , à luy remiſe ſur Amſterdam.
n'excede pas un pour cent , ce qui prouve ce que j'ay dit cy-
devant.

Autre Negociation d'une Lettre de Change.

UN Particulier de Paris &c. ayant receu pour ſon compte ou
pour celuy d'un autre de *Hambourg*, une Lettre de Change
de 2750. Richedalles en datte du premier de Decembre 1686.
tirée ſur Monſieur Groot *d'Anvers*, payable à double Uſance à
l'ordre dudit Particulier de Paris, & ce à raiſon de 33 ½ ſol de
Florin ou Patar pour une Dalle de l'Empire de 32 ſols Lubs; &
ledit Particulier de Paris trouvant à negocier ladite Lettre ſur le
pied de 96 deniers de Gros pour un Ecu d'Or Sol de 60 ſols;
Sçavoir combien il doit recevoir d'Ecus & parties d'Ecu pour leſ-

dites 2750 Richedalles, contenues dans ladite Lettre negociée au prix sufdit.

Regle.

POur refoudre cette queftion & autre de même nature , il faut Sçavoir. 1°. Combien les Richedalles cy-deffus font Monnoye de *Hollande* felon le prix propofé. Ce qui fe connoît en prenant la moitié defdites Richedalles pour l'ajoûter avec elles , & avoir par ce moyen des Dalles de l'Empire de 32 fols Lubs piece. Cette fubordination eftant fondée fur ce qu'une Richedalle vaut une Dalle & demie; 2°. multiplier par la fomme defdites Dalles, lefdits 33 fols ½ de Florin , pour avoir des Patars que l'on doublera pour les convertir en deniers de Gros, (d'autant qu'un Patar ou fol de Florin vaut 2 deniers de Gros,) lefquels on divifera par 96 valeur équivalente & déterminée d'un Ecu de France. Le Quotient de cette Divifion rendra des Ecus, & les foufdivifions, s'il en eft befoin des parties d'Ecu, lefquelles feront exprimées par *fols* & *deniers d'Or Sol.*

Pratique.

2750. Richedalles., dont il faut prendre la moitié
½ 1375. moitié defdites Richedalles à ajoûter avec elles

4125. Dalles à multiplier par
33. Sols ½ de Flor. prix du Change pour une Dalle de 32 f. Lubs.

12375.
123750.
1375. produit pour ½ de fol ou ½ de 4125 Dalles

137500. Sols de Florin ou Patars à multiplier par
2. deniers de Gros , valeur d'un Patar

275000. deniers de Gros, à divifer par 96 auffi den. de Gros, prix du Change ou valeur fuppofée d'un Ecu d'Or Sol, pour avoir au Quotiens des divifions des Ecus & parties d'Ecu s'il y en doit avoir.

645
84246
275000 } 2864 Ecus   64
96666   1120 } 11 fols,   768 } 8 deniers d'Or Sol.
999   966   96
                   6

ON voit par l'Opération cy-deſſus, que ledit Particulier de Paris y doit recevoir 2864 Ecus, 11 ſols, 8 deniers d'Or Sol, pour ladite Lettre de 2750 Richedalles negociée comme cy-deſſus, & dont la preuve ſuit.

Preuve de la Négociation précédente.

UN Négociant de Paris voulant remettre à *Hambourg* par la voye d'*Anvers* 2864 Ecus, 11 ſols, 8 deniers d'Or Sol, lors que le Change d'Anvers pour *Paris*, eſt à 96 deniers de Gros pour un Ecu d'Or Sol, & qu'Anvers ſuſdit Change ſur le pied de 33 ſol $\frac{1}{3}$ de Florin ou Patar pour une Dalle de l'Empire de 32 ſols Lubs. Sçavoir le nombre de Richedalles, & parties de Richedalle, que ledit Particulier de Paris fera recevoir audit Hambourg, pour ladite Remiſe.

Regle.

POur reſoudre cette queſtion, il faut. 1° multiplier le nombre d'Ecus & leurs parties à remettre, par 96 deniers de Gros, prix du Change pour un Ecu d'Or Sol de 60 ſols, pour avoir au produit des deniers de Gros, deſquels on prendra la moitié pour avoir des ſols de Florin ou Patars. 2° Diviſer leſdits Patars par 33 ſols, $\frac{1}{3}$ prix du Change pour une Dalle de l'Empire de 32 ſols Lubs, pour avoir au Quotient de la Diviſion des Dalles, deſquelles on prendra le tiers, pour enſuite le ſouſtraire du nombre deſdites Dalles, afin d'avoir au reſtant de cette ſouſtraction le nombre des Richedalles que l'on cherche.

Pratique.

2864. ♈ 11 ſ. 8 den. à remettre à Anvers, & à multiplier par
96 den. de Gros, prix du Change.

17184.
257760.
48. produit pour 1 ſ. ou $\frac{1}{2}$ de 96 deniers auſſi de Gros.
8. autre pour 1 ſ. 8 den. ou $\frac{1}{3}$ de celuy de 10 ſols.

275000. den. de Gros, dont il faut prendre $\frac{1}{2}$ pour avoir des ſols de Flor.

137500. ſols de Florin ou Patars à multiplier par
3. Denom. de la fract. de 33 ſ. $\frac{1}{3}$ prix du Change pour
1 Dalle de 32 ſols Lubs.

Dalles 412500. Tiers de Patars à diviſer par 100 Tiers égaux à 33 ſols $\frac{1}{3}$ Diviſeur pour avoir des Dalles.

4125.

4125. Dalles dont il faut ôter le Tiers.

1375. Tiers defdites Dalles à fouftraire pour avoir des Richd.

2750. Rich. à recevoir à Hambourg pour ladite Remife.

Autre Negociation d'une Promeffe en blanc, Billet de Change, Obligation, &c.

Queftion premiere.

UN Particulier eftant porteur d'un Billet, &c. portant Promeffe de payer dans fept mois & demy la fomme de 6500 livres, & voulant le negocier à 3 ½ pour cent de fa perte ; Sçavoir la fomme qu'il faut payer comptant au cedant dudit Billet.

Il faut dire par Regle de Trois.

Si 103 ½ ne rendent que 100. combien 6500 liv. $R:$ 6280 liv. 3 f. 10 d.
    2   6500 livres

207 Divifeur.   650000 livres, à multiplier par

       2. Denominat. de la fraction du p.r Terme.

    1300000. à divifer par 207. Divifeur.

Par la Pratique cy-deffus on voit clairement que le porteur dudit Billet perdroit fur ladite Negociation 219 livres, 16 fols, 2 deniers, d'autant qu'il ne recevroit que 6280 livres, 3 fols, 10 deniers, au lieu de 6500 livres qui y font contenuës, & dont la preuve fuit.

Preuve de la Question précedente par une autre contraire.

Si 100 liv. rendent 103 l. ½ comb. 6280 l. 3 f. 10 d. ℞. 6500 livres.
6280 liv. 3 f. 10 den.

———————
18840.
628000.
3140.   1 f. 11 d. prod. pour ½, ou ⅟₂ de 6280 l. 3 f. 10 d.
10. 6. . . . autre pour 2 fols, ou ⅟₅₁ de 103.
5. 3. . . . autre pour 1 fol, ou ½ du prod. de 2 f.
2. 11. 6 d. autre pour 6 d. ou ½ de celuy d'un f.
1. 14. 4 d. autre pour 4 d. ou ⅔ de celuy d'un f.
3. 3. p.ʳ le reftant de la Divifi. précedente.

———————
Liyres.   650000. . . . . . à divifer par 100. Premier Terme.

Question seconde.

UN Particulier eftant porteur d'une Obligation de 9000 livres, payable dans trois ans, & trouvant à la tranfporter à un autre fur le pied de l'ordinaire, qui eft au denier 20. Sçavoir la fomme que doit recevoir le cedant de ladite Obligation.

Il faut dire par Regle de Trois.

Si 23 viennent de 20. d'où 9000 liv. ℞. de 7826 l. 1 f. 9 d. peù moins.
9000 livres.

———————
180900 livres, à divifer par 23. Premier Terme.

$$\left.\begin{array}{l} 29842 \\ 180000 \\ \overline{23333} \\ 222 \end{array}\right\} 7826\ \text{livres.} \qquad \left.\begin{array}{l} 17 \\ 40 \\ \overline{23} \end{array}\right\} 1\ \text{fol.} \qquad \left.\begin{array}{l} 20 \\ 204 \\ \overline{23} \end{array}\right\} \begin{array}{l} 8\ \text{ou}\ 9\ \text{den. peù moins,} \\ \text{à recevoir pour ladite} \\ \text{Obligation.} \end{array}$$

Autrement fur le pied de tant pour cent.

Si 115 l. ne donnent que 100 l. comb. 9000 l. ℞. 7826 l. 1 f. 9 d. peù moins.
9000 livres.

———————
900000 livres, à divifer par 115. Premier Terme.

$$\begin{array}{l}
\cancel{3}\\
\cancel{9}\cancel{8}\cancel{7}1\\
\cancel{9}\cancel{0}\cancel{0}\cancel{0}\cancel{0}\cancel{0}\\
\cancel{2}\cancel{1}\cancel{8}\cancel{8}\cancel{8}\\
\cancel{2}\cancel{1}\cancel{1}\cancel{1}\\
\cancel{2}\cancel{1}
\end{array}\Big\}\,7826\;liv. \qquad
\begin{array}{l}
85\\
\cancel{2}\cancel{0}\cancel{0}\\
\cancel{1}\cancel{1}\cancel{8}
\end{array}\Big\}\,1\;ſol. \qquad
\begin{array}{l}
10\\
\cancel{1}\cancel{0}\cancel{2}0\\
\cancel{1}\cancel{1}\cancel{8}
\end{array}\Big\}\begin{array}{l}8\;ou\;9\;d.\;peu\;moins,\\ \text{égaux au nombre}\\ \text{trouvé cy-devant.}\end{array}$$

Preuve par une Queſtion contraire.

Si 20 donnent 23. combien 7826 liv. 1 ſol , 9 den. R. 9000 livres.
7826 livres, 5 ſols, 9 deniers.

23478.
156526.

I. 3, produit pour 1 ſol, ou $\frac{1}{20}$ de 23.
.. 11.6. produit pour 6 deniers, ou $\frac{1}{2}$ de celuy d'un ſol.
.. 5.9. produit pour 3 deniers , ou $\frac{1}{2}$ de celuy de 6 d.

18000|0. 0. 3. deniers, à diviſer par 20. Premier Terme.
9000 l. pareille ſomme que celle cy-devant tranſportée.

De la maniere d'égaler les prix des Changes.

IL y a deux ſortes d'Egalitez des Places de Change. L'une eſt *au Pair*, qui ſuppoſe le juſte Rapport de la valeur d'une Monnoye d'un Pais avec celle d'un autre : comme quand une Piſtole d'Eſpagne, qui vaut en France 11 livres, ſe prend pour 9 Florins en Hollande , & ainſi des autres. Mais la ſeconde eſpece d'Egalité entre les Places , tirée des prix courans des Changes, s'entend ſeulement de cette proportion réquiſe d'une Place avec une autre , par la connoiſſance de celle d'une ou de pluſieurs comparées entr'elles.

Exemple premier ſur les Egalitez.

EStant deû à un Particulier de Paris 6000 Ecus payables par un autre Particulier de Londres, dans le temps que le Change de Paris pour cette derniere Place , eſt à 55 $\frac{1}{4}$ denier Sterlin pour un Ecu, & que celuy de ladite Ville de Londres, pour Amſterdam eſt à 34 ſols, 10 deniers, pour une livre Sterlin. Sçavoir

Ddd ij

à combien il faudroit que fût le Change de Paris pour Amſterdam,
afin d'y pouvoir faire negocier ladite partie de 6000 Ecus au Pair,
c'eſt à dire ſans perte, n'y gain pour ledit Particulier de Paris.

Regle.

IL faut multiplier 55 $\frac{1}{4}$ denier Sterlin, valeur d'un Ecu de France, par les 34 ſols, 10 deniers de Gros, prix du Change
d'Amſterdam pour Londres, & valeur de la livre Sterlin & diviſer leur produit par 240 den. Sterlins, que contient ladite liv. Sterl.
comme on peut voir par la Regle de Trois ſuivante.

Si 240 deniers Sterlins ſont ſuppoſez égaux à 34 ſols, 10 den.
de Gros, ou par Reduction à 418 deniers de Gros: à quelle quantité de deniers de Gros ſont égaux 55 $\frac{1}{4}$ denier Sterlin, valeur
ſuppoſée de l'Ecu d'Or Sol de France? Ayant multiplié & diviſé
comme veut la queſtion, il vient pour réponſe 96 deniers $\frac{1}{4}$ de
Gros, peù moins pour la valeur dudit Ecu d'Or Sol.

Pratique par Regle de Trois en forme.

Si 240 d.St.don. 418 d.de Gr. comb. 55 $\frac{1}{4}$ d.St. ℞ 96 $\frac{1}{4}$ d. de Gr.peù
   55 $\frac{1}{4}$ denier Sterlin.   moins.
   _____

  2090
  2090.
  104 $\frac{1}{2}$ produit pour $\frac{1}{4}$ de denier, ou $\frac{1}{4}$ de 418.
 23094. $\frac{1}{2}$, à diviſer par 240 d. St. Prem. terme, Diviſeur.

  245   13
 23094 ⎫ 96 $\frac{1}{4}$. 2090 ⎫ 4. où 5 ſ. peù moins, ou $\frac{1}{4}$ de den. de Gr.
 2440 ⎬   240 ⎬
  2 ⎭   ⎭

Par l'Operation de la Regle de Trois cy-deſſus, il eſt venu aux
Quotiens des Diviſions 96 $\frac{1}{4}$, peù moins, pour l'égalité du Change d'Amſterdam à Paris, ſur le pied des prix cy-deſſus marquez.
Car ſi l'on remettoit de France 6000 Ecus à Amſterdam, à 96
deniers $\frac{1}{4}$ de Gros, pour un Ecu d'Or Sol : Que la valeur deſdits
6000 Ecus, receuë à Amſterdam fût remiſe à Londres, au prix de
34 ſols, 10 deniers de Gros, pour une livre Sterlin. Et qu'enfin
la valeur de cette derniere Remiſe d'Amſterdam à Londres y fût
negociée pour Paris à 55 den. $\frac{1}{4}$ Sterlin, pour un Ecu d'Or Sol, on
auroit à recevoir un peù plus que les meſmes 6000 Ecus diſpo-

fez, comme deſſus : Ainſi que l'on peut voir par l'Operation ſuivante.

6000 Ecus, à remettre à Amſterdam, & à multiplier par
96 deniers ¼ de Gros, prix du Change pour Ecu.

576000
1500. produit pour ¼ denier de Gros, ou ⅓ deſdits 6000 Ecus.
577500. den. de Gros, à diviſer par 418 deniers auſſi de Gros,
égaux à 34 ſols, 10 deniers, pour une Livre Sterlin
de Londres.

```
   2                                    
 3484              24              
 59162 ⎫          662 ⎫         396 ⎫
 577500 ⎬ 1381 liv. 4840 ⎬ 11 ſols. 2904 ⎬ 6 deniers Sterlins.
 418888 ⎭          4188 ⎭         418 ⎭
  4222             42
  44
```

Par les Diviſions cy-deſſus, il eſt venu pour Réponſe 1381 livres, 11 ſols, 6 deniers Sterlins, remis à Londres, leſquels eſtant
remis à Paris &c. à 55 ¼ denier Sterlin, pour un Ecu d'Or Sol, il doit
venir 6000 Ecus, peù plus, ou peù moins, comme la Pratique
ſuivante le démontre.

Pratique.

1381 livres, 11 ſols, 6 d. Sterl. à reduire en den. & à multiplier par
20 ſols, valeur d'une livre Sterlin.

27631 ſols Sterlins, égaux à 1381 livres, 11 ſols, à multiplier par
12 deniers Sterlins, valeur d'un ſol de meſme nom.

331578 deniers Sterlins, égaux à 1381 liv. 11 ſols, 6 d. à multiplier par
4. Denominat. de la fraction du prix du Change de Londres.

1326312. quarts de deniers, à diviſer par 221. quarts de denier,
égaux auſdits 55 ¼. den. Sterl. prix du Change.

```
    91 ⎫              52 ⎫              182 ⎫
 1326312 ⎬ 6001 Ecus. 1820 ⎬ 8 ſols.  624 ⎬ 2 deniers.
  221111 ⎭            221 ⎭             221 ⎭
   2222
    22
```

On voit par la Pratique cy-devant faite, qu'il eſt venu 6001 Ecus, 8 ſols , 2 deniers , peu plus d'Or Sol , au lieu de 6000 Ecus que l'on cherchoit: mais cét excedant d'un Ecu, 8 ſols, 2 deniers , ne provient que de la fraction de 96 $\frac{1}{4}$, qui eſt trop forte , ce qui n'eſt pas conſiderable dans l'uſage ordinaire de la Banque, où l'on ne va pas juſqu'à la derniere préciſion qui ſeroit trop penible & en-nuyeuſe.

Exemple II. ſur les Egalitez des Places.

LE Change de Lion &c. pour Rome eſtant à 56 Ecus $\frac{1}{4}$ d'E-ſtampe , pour 100 Ecus d'Or Sol , & celüy de Rome pour Venize à 55 $\frac{1}{2}$ Ecu auſſi d'Eſtampe, pour 100 Ducats de Banque de 24 Gros le Ducat : Sçavoir à combien devroit revenir le Change de Venize à Lion , ſuppoſé que celuy-cy eût beſoin de faire quelque Remiſe à celuy-là par la voye de Rome.

Regle.

IL faut multiplier 56 Ecus $\frac{1}{4}$ d'Eſtampe , valeur ſuppoſée de 100 Ecus d'Or Sol, ſuivant le Change propoſé , par les 100 Ducats ſuſdits , & diviſer le produit de cette Multiplication par 55 $\frac{1}{2}$ Ecu d'Eſtampe, auſſi valeur deſdits 100 Ducats de Banque, pour avoir aux Quotiens des Diviſions 101 $\frac{1}{2}$ Ducat de Banque à recevoir à Venize pour 100 Ecus d'Or Sol débourſez à Lion : Le tout com-me par la Regle de Trois cy-aprés, dont les Termes peuvent eſtre diſpoſez en cette ſorte.

Si 55 $\frac{1}{2}$ Ecu d'Eſtampe à Rome , ſont égaux à 100 Ducats de Banque de Venize : à combien ſeront égaux 56 Ecus $\frac{1}{4}$ d'Eſtampe auſſi de Rome, égaux à 100 Ecus d'Or Sol. La Regle eſtant faite, il doit venir pour quatriéme Terme 101 Ducats $\frac{1}{2}$, pour le nom-bre deſiré.

Pratique en Abrégé.

Sj 55 $\frac{1}{2}$ ♁, rend. 100 Ducats, comb. 56 $\frac{1}{4}$. ℞. 101 Ducats $\frac{1}{2}$, peu plus.
```
          2          56 ¼ Ecu d'Eſtampe.
    ────────────    ──────────────────
 111 Div.  5600.
                    25. produit pour ¼ Ecu d'Eſtampe, ou ¼ de 100 Ducats
                 ────────────────────────
                 5625 Ducats, à multiplier par
                    2. Denominateur de la fraction du premier Terme.
                 ────────────────────────
              11250. Demis-Ducats , à diviſer par 111 Demis-Ecus
                     d'Eſtampe. Premier Terme.
```

101 Ducats, 8 Gros, ou ⅓ de Ducat, peu plus, à recevoir à Venize pour 100 Ecus d'Or Sol, déboursez à Lion, où la Remise se fait pour Venize,
par la voye de Rome, suivant les prix cy-devant donnez.

Preuve de l'égalité des prix précedens.

Lion change pour Venize à 101 Ducats ⅓ pour 100 Ecus d'Or
Sol, dans le temps que Rome change aussi pour Venize à
55 Ecus ½ d'Estampe, pour 100 Ducats de Banque; Sçavoir, suivant
ces prix, celuy de Lion pour Rome.

Il faut dire par Regle de Trois.

Si 100 Duc. rend. 55 Ecus ½ d'Estampe. comb. 101 Duc. ⅓ ℞. 56 ♈ ⅓
101 Ducats ⅓ de Banque.

   505
  505.
    18. 10. produit pour ⅓ Ducat, ou ⅓ de 55 Ecus ½.
    50. 10. autre pour ½ Ecu d'Est. ou ½ de 101 Ducat.

Ecus d'Est. 56|24. Ecus d'Est. à diviser par 100 Duc. Premier Terme.

Quoy que pour le quatriéme Terme réquis de la Regle de Trois,
il ne soit venu que 56 Ecus, & 24. restant de la division faite par
100, lesdites 24 sont reputez valoir 25. c'est à dire le ¼ du Diviseur, & par consequent le ¼ d'un Ecu d'Estampe, ce qui justifie la
premiere égalité & ainsi des autres.

Avertissement.

ON peut voir par la Pratique des Regles de Trois cy-dessus
qu'il faut toûjours multiplier la Monnoye du lieu, dont on
cherche le Rapport avec celuy d'un autre, par le prix du Change
de la Place, qui sert de moyen pour trouver le prix inconnu
que l'on desire sçavoir. Mais parce que dans l'Exemple précedent
on n'a pas pû mettre 100 Ecus d'Or Sol, qui sont le pied sur lequel
le Change de Lion se regle pour celuy de Venize, on doit substituer
(au troisiéme Terme de la premiere Regle de Trois du deuxiéme
Exemple cy-dessus, page 398,) 56 Ecus ¼ d'Estampe qui sont supposez
égaux à 100 Ecus d'Or Sol; à cause que le premier Terme de

cette Regle renferme 55 Ecus ½ d'Estampe, qui sont pareillement le prix supposé du Change de Rome pour 100 Ducats de Banque à Venize; & que suivant l'Analogie ou proportion resultante de la Regle de Trois, il faut que le Terme qui fait le sujet de la question, soit de mesme Dénomination que le premier. Cette Pratique se poura étendre sur toutes les propositions à faire sur l'égalité des prix des Changes pour quelques Villes ou Places que ce soit, ce qui suffira en ce lieu.

Les Arbitrages, en matiere de Change, ne sont autre chose qu'un pressentiment d'un avantage considerable qu'un Commettant doit recevoir d'une Remise ou d'une Traite faite pour un lieu préferablement à un autre. Mais parce que la solution des questions, que l'on y peut faire, suppose la connoissance des prix des Changes courans & de leur varieté: de l'abondance ou de la rareté de l'Argent dans les lieux pour lesquels on desire disposer quelques sommes de deniers, & que la Pratique se rapporte à celle des égalitez précedentes, on y poura avoir recours quand l'occasion s'en presentera.

Des ordres de Commissions à faire en Banque.

PAR les Commissions, en termes de Negociations de Banque, il faut entendre certains ordres que des Banquiers fameux, subtils & intelligens dans leur Profession, donnent à leurs Correspondans ou Commissionnaires, de remettre en quelque lieu telles sommes qu'ils jugent à propos, & en même temps de tirer sur quelqu'autre Place, moyennant une Provision que l'on suppose être reglée à ⅛ pour cent, en leur marquant presque toûjours le prix de ces Changes, que les Commissionnaires n'outrepassent pas, à moins qu'ils ne voyent sensiblement une égalité à garder, lors du changement des prix, qui leur sont prescrits & limitez.

Toutes les operations, qui regardent ces sortes de Negociations, sont considerées ou à l'égard de celuy qui les donne, ou par Rapport à celuy qui les execute.

Le Commettant fait ses Calculs avant que de donner aucun ordre, & se sert seulement de la Regle de Trois conjointe pour voir l'avantage qu'une Place a au dessus d'une autre, ainsi que l'on peut voir par la Pratique de ladite Regle cy-devant donnée, pages 369 à 373. Le Commissionnaire au contraire a pour but d'executer ponctuellement les ordres de son Commettant. Mais parce que souvent il arrive du changement dans les prix des Changes courans, lors du temps de

l'execution

l'execution des Commiſſions par luy receuës, & où il n'eſt ſouvent pas beſoin d'uſer de retardement. Mais où au contraire il faut faire paroître ſon addreſſe & ſon induſtrie, pour ſçavoir bien ménager le bien & l'avantage du Commettant. Ainſi ledit Commiſſionnaire ſe ſervira des précautions réquiſes & neceſſaires en pareilles occaſions. Et pour luy donner le moyen de faire ce qui luy eſt ordonné par ſon Commettant, il eſt à propos de remarquer la nature des Commiſſions qu'il reçoit, la qualité du lieu où elle ſe fait, & de celuy où elle ſe doit effectuer : parce qu'il y a des Villes ou Places, où l'on donne toûjours un prix *Certain*, ſtable & fixé, à l'égard des autres où l'on remet ou ſur leſquelles on tire à un prix *Incertain*, c'eſt à dire variable ou tantôt haut & tantôt bas ; Qu'il y a des Places au contraire où l'on donne toûjours un prix *Incertain*, pour d'autres *Certains*, dans les Villes ou Places avec leſquelles celles-là ont leurs Relations ou Correſpondances. Et qu'enfin il y en a d'autres, où l'on donne toûjours un *prix certain* pour quelques Villes ou Places, & un *Incertain* pour d'autres.

Cette remarque & cette deſcription ſera plus clairement connuë par les propoſitions ſuivantes, qui ſeront reſoluës par des Regles generales & infaillibles ; leſquelles ſerviront à developer les nuages les plus obſcurs qui pourroient s'élever dans les Negociations de Banque, & dont la Pratique ſe poura univerſellement étendre ſur les queſtions de cette qualité.

Queſtion premiere, touchant un ordre de Commiſſion envoyé dans un lieu, où l'on donne toûjours un prix certain.

UN Particulier Commiſſionnaire ou Correſpondant de Lion reçoit l'ordre de l'un de ſes Commettans de Naples, ou de quelqu'autre lieu que ce ſoit, de remettre pour ſon compte une certaine partie ; Sçavoir 3000 Ecus à ſon Correſpondant de Londres à 56 den. ½ Sterlin pour un Ecu d'Or Sol : & de ſe prévaloir de ſon avance & de ſa proviſion, que l'on ſuppoſe eſtre reglée à ½ pour cent, ſur un autre Correſpondant d'Amſterdam, à 98 ½ den. de Gros auſſi pour un Ecu d'Or Sol, ou à tel autre prix different des précedens, pourveu que l'ordre dudit Commettant puiſſe être executé avec pareil avantage. Mais lors de la reception de cét ordre, le Change de Lion pour Londres ne ſe trouve qu'à 55 den. ½ Sterlin pour un Ecu d'Or Sol : Sçavoir à combien il faudroit que l'on changeât pour Amſterdam, afin que le debit fait par la

E e e

dite Traite n'excede pas le credit, qui provient de la Remife. Mais puifque Lion, où la Commiffion eft donnée, Change & donne toûjours un Ecu d'Or Sol tant pour Londres que pour Amfter-dam, on met en Ufage la Regle de Trois directe ; en mettant au troifiéme Terme, le prix du Change qui fe trouve pour la Place où l'on doit remettre ou tirer, & au premier Terme celuy des prix donnez, qui a la même Dénomination que le troifiéme, & enfin le deuxiéme Terme renfermera l'autre des prix donnez, le-quel eft de même nom que celuy que l'on cherche.

Exemple.

$$\left.\begin{array}{l}\text{56 den. } \tfrac{1}{2} \text{ Sterl.} \\ \text{98 den. } \tfrac{1}{2} \text{ de Gros.}\end{array}\right\} \text{prix ordonnez} \left\{\begin{array}{l}\text{55 den. } \tfrac{3}{4} \text{ Sterl. prix qui fe trouve} \\ \text{lors de la Commiffion receuë}\end{array}\right.$$

Regle de Trois en forme.

Si 56 $\tfrac{1}{2}$ den. St. donnent 98 $\tfrac{1}{2}$ den. de Gr. Comb. 55. $\tfrac{3}{4}$ den. St. 97 $\tfrac{1}{2}$ den.
  2   55. $\tfrac{3}{4}$ den. Sterlin.   de Gr. peù moins.

a 13. Divifeur.   490
                          490
                          49. 5. prod. p.r $\tfrac{3}{4}$ den. St. ou $\tfrac{1}{2}$ de 98. $\tfrac{1}{2}$ den. de Gr.
                          24. 12. 6. autre pour $\tfrac{1}{4}$ dit, ou $\tfrac{1}{2}$ de celuy de $\tfrac{1}{2}$
                          27. 10. - autre pour $\tfrac{1}{2}$ den. de Gr. ou $\tfrac{1}{2}$ de 55 d. St.
                          5491. 7. 6. den. de Gr. à multiplier par
                          2. . . . . Denominat. de la fract. du p.r Terme.
                          10982. 15. Demis den. de Gr. à divifer par 113
                          auffi demis den. égaux aufdits 56. $\tfrac{1}{2}$
                          den. Sterl. premier Terme, Divifeur.

$$\frac{821}{\cancel{10982}} \Big\} 97 \text{ den. } \tfrac{1}{5} \text{ peù moins} \quad \frac{96}{433} \Big\} 3 \text{ f.} \quad \frac{2}{1152} \Big\} 10 \text{ deniers de Gros.}$$

Obfervation.

LEs Quotiens des divifions cy-deffus montrent évidemment, que 97 den. $\tfrac{1}{5}$ de Gros remis à Amfterdam, font à l'égard de 55 den. $\tfrac{3}{4}$ Sterl. ce que 98 $\tfrac{1}{2}$ den. de Gros devoient eftre à 56. $\tfrac{1}{2}$ den. Sterl. Cette Analogie fe peut trouver fur quelque fomme que ce foit, fans qu'il foit befoin d'autre Application.

*Queſtion deuxiéme d'un ordre de Commißion envoyé dans un lieu
où l'on donne un prix Incertain.*

UN Particulier Commettant de de Lion donne ordre à ſon
Correſpondant d'Amſterdam, de luy remettre 3000 Ecus
à 99 ½ den. de Gros pour un Ecu d'Or Sol, & de tirer ſon avance
avec ſa proviſion à ½ pour ½ ſur Londres, à 35 ſols, 4 deniers de
Gros pour une livre Sterlin. Mais lors de la reception de cét ordre, le Change de ladite Ville d'Amſterdam pour Lion eſt à 100 ½
den. de Gros pour un Ecu d'Or Sol ; Sçavoir à combien il faudroit que le Change fût d'Amſterdam pour Londres, afin que l'ordre
cy-deſſus pût eſtre executé avec le même avantage pour le Commettant de Lion.

Cette propoſition ſe reſoud comme la précedente par une Regle de Trois directe ; en mettant au troiſiéme Terme le prix qui
ſe trouve, lors de la reception de cette Commißion pour la Place
où l'on doit remettre ou tirer : Au premier Terme de la même
Regle celuy des prix ordonnez, lequel eſt de même Dénomination que le prix qui ſe trouve. Et le deuxiéme Terme occupera
l'autre des prix donnez, lequel eſt ſemblable à celuy que l'on
cherche.

Exemple.

99 den. ½ de Gros ⎫ prix ordonnez ⎧ 100 den. ½ de Gros, prix du
35 ſ. 4 den. de Gros ⎭ ⎨ Change pour un Ecu d'Or
⎪ Sol, qui ſe trouve lors de la
⎩ Commißion receuë.

Regle de Trois en forme.

Si 99 ½ d. de Gr. donn. 35 ſ. 4 d. comb. 100 ½ d. de Gr. ⅀ 35 ſ. 8 den. ½
    2   100 ½ d. de Gros prix trouvé.   de Gr. peû plus.

199 Diviſeur.   3500
                    17. 8. produit pour ½ den. on ½ de 35 ſols, 4 den.
                    33. 4. autre pour 4 den. ou ½ de 100 d. de Gros.
              3551 ſ. à multiplier par
                 2. Denom. de la fraction du premier Terme.
       7102 Demis-Sols, à diviſer par 199 Demis-De-
         niers. Premier Terme, Diviſeur.

                          Eee ij.

$$
\left.\begin{array}{l}
\mathit{x}\,137 \\
\cancel{7}\,\cancel{162} \\
\cancel{2999} \\
\cancel{19}
\end{array}\right\} 35\ \text{ſols.}
\qquad
\left.\begin{array}{l}
52 \\
\cancel{1644} \\
\cancel{199}
\end{array}\right\} 8\ \text{deniers de Gros}\,\tfrac{1}{4},\ \text{peù plus.}
$$

Queſtion troiſiéme d'un ordre de Commiſſion, envoyé dans un lieu, où
l'on donne le Certain *pour l'une des Places, dans laquelle*
la Commiſſion ſe doit executer, & l'Incertain *à*
l'autre deſdites Places.

UN Particulier commettant de *Lion*, &c. donne ordre à ſon
Correſpondant de Londres, de luy remettre à droiture 100
livres Sterlins, à 55 deniers $\tfrac{3}{4}$ Sterlin, pour un Ecu d'Or Sol, & de
tirer ſon avance avec ſa Proviſion à $\tfrac{1}{2}$ pour cent, ſur un autre Correſpondant d'Amſterdam à 34 ſols, 10 deniers de Gros pour une
livre Sterlin. Mais lors de la reception de cét Ordre, le Change de
Londres pour Lion s'étant trouvé à 56 $\tfrac{1}{2}$ denier Sterlin, pour un Ecu
d'Or Sol : Sçavoir à combien il faudroit que le Change de Londres
fût pour Amſterdam, afin que le debit fait par la Traite ſur cette
derniere Place n'excedât pas celuy de la premiere, fait au ſujet de
la Remiſe que l'on ſuppoſe y avoir eſté negociée d'ordre, comme deſſus.

Regle.

LEs propoſitions de cette nature ſe propoſent, & ſe reſolvent
preſque toûjours inverſement. En mettant comme dans les
précédentes Queſtions au troiſiéme Terme de la Regle de Trois, le
prix du Change qui ſe trouve lors de la reception de la Commiſſion pour la Place où l'on deſire faire remettre ou tirer. Au premier Terme de ladite Regle, celuy des prix donnez, lequel eſt de
meſme nom que le Troiſiéme. Et enfin le deuxiéme Terme com-
prendra l'autre des prix ordonnez, lequel doit eſtre ſemblable à celuy que l'on cherche.

Pratique.

$$
\left.\begin{array}{l}
55\ \text{deniers}\ \tfrac{3}{4}\ \text{Sterlin.} \\
34\ \text{ſ. 10 d. de Gros.}
\end{array}\right\}\text{prix ordonnez.}
\qquad
\left.\begin{array}{l}
56\ \text{d.}\ \tfrac{1}{2}\ \text{Sterlin, prix du Change,} \\
\text{qui ſe trouve lors de la Com-} \\
\text{miſſion receuë.}
\end{array}\right.
$$

Diſpoſition des trois nombres précedens.

Si 55 ¾ d. St. ſupp. 34 ſ. 10 d. de Gr. comb. 56 ½ d. St. R. 34 ſ. 4 d. ½ de Gr.
  34 ſ. 10 d. ſecond Terme.   2   pour l'égalité requiſe.

  220.   113 Diviſeur.

1650.

  27. 10 deniers produit pour 6 deniers, ou ⅕ de 55 ¾.
  18. 7 deniers, autre pour 4 deniers, ou ⅓ deſdits.
  17. - - autre pour ¼ denier Sterlin, ou ½ de 34 ſols.
   8. 6. autre pour ½ dit, ou ½ de ⅘.

1942 ſ. 11. à multiplier par
    2 . Denominateur de la fraction du troiſiéme Terme, Diviſ.

3884. Demis-Sols de Gros, à diviſer par 113 auſſi Demis-Deniers,
          égaux aux 56 ½ denier Sterlin, Troiſiéme Terme, Diviſeur.

$$\left. \begin{matrix} 4 \\ 452 \\ 3884 \\ 1133 \\ 28 \end{matrix} \right\} 34 \text{ ſols.} \qquad \left. \begin{matrix} 52 \\ 504 \\ 113 \end{matrix} \right\} 4 \text{ deniers } \tfrac{1}{?}, \text{ peù moins, pour l'égalité re-}$$
                                    quiſe.

ON remarquera que la Queſtion cy-deſſus peut encore être reſoluë par la Pratique de la Regle de Trois Directe ; pourveu que le prix du Change, qui ſe trouve ſur la Place où la Commiſſion eſt receuë, ſoit placé au premier lieu de la Regle de Trois ; que le deuxiéme Terme renferme le prix ordonné, lequel eſt de meſme nom que le prix trouvé, & que l'autre prix donné ſemblable à celuy que l'on cherche, ſoit mis au troiſiéme Terme : parce que ſuivant cette diſpoſition de nombres, il n'y a qu'à multiplier le ſecond Terme par le troiſiéme, & diviſer leur produit par le premier Terme de ladite Regle de Trois, pour avoir aux Quotiens des Diviſions, 34 ſols, 4 deniers, & ½ de Gros, peù moins, dont le Commettant ſuſdit ſera Debiteur à Amſterdam, au lieu de 34 ſols, 10 deniers qu'il avoit marquez par ſon ordre. Et ainſi l'on peut facilement connoître qu'autant que le Debit à Londres augmente, celuy d'Amſterdam diminuë ; ce qui fait une juſte compenſation, & par conſequent une égalité.

Avertiſſement ſur les differentes manieres de remettre & de tirer de Place en Place.

QUoy que j'aye cy-devant page 401 ſuffiſamment expliqué les qualitez, les differences & les uſages des prix des Changes

Certains & *Incertains* , & donné le moyen de ſçavoir où les uns & les autres ont lieu ; Je ne laiſſeray pas d'ajoûter à la fin des Ordres de Commiſſion en Banque , que les premiers prix ſuppoſent toûjours une certaine quantité déterminée & invariable de Monnoye , comme d'un ou de pluſieurs *Ecus* , d'une ou de pluſieurs *Livres* , de *Florins* , de *Ducats* , de *Dalles* , de *Deniers Sterlins* , ou de *Gros* , de *Kreuts de Change* ou *Courans* , de *Maravedis* , de *Raix* , & autres eſpeces que l'on baille en un lieu pour en recevoir la valeur en un autre : & que les prix *Incertains* & variables regardent une quantité indéterminée & ſujette à l'augmentation ou à la diminution. Ainſi on peut dire qu'en France il y a le *Certain* ; puiſque preſque toutes les Negociations de Banque qui s'y font pour les Païs Etrangers , ſe réglent ſur le pied d'un Ecu ou de 100 Ecus d'Or Sol , pour une quantité équivalente de Monnoye Etrangere à recevoir , ſoit à Londres , & en Hollande, Flandres & Brabant, à Venize, Rome, &c. excepté pour la Foire de Nove en Italie , où le Change ſe fait ſur le pied de 100 Ecus d'Or de Marc, pour 178. à 186 Ecus d'Or Sol , à débourſer ordinairement en France. Par cette meſme raiſon il eſt aiſé de concevoir que le prix des Changes de ces dernieres Places ſont *Incertains* pour la France , & pour pluſieurs autres endroits. Ce que l'on connoîtra facilement par le moyen , & par l'Inſpection ſeule des Tables des prix courans qui ont eſté cy devant dreſſées pour les principales Villes ou Places de Foire de l'Europe , & deſquels prix la Pratique ſur les Remiſes & ſur les Traites, doit ſuffire pour leur entiere intelligence , & pour en ſçavoir faire non ſeulement d'autres Applications ſemblables ; mais meſmes pour en dreſſer d'autres ſur les Memoires qui peuvent eſtre receus de divers lieux , dont on n'a pas icy parlé. Il eſt vray qu'en la pluſpart des Villes de Negoce , les Changes s'y font tantôt ſur un prix ferme & ſtable , & tantôt ſur un prix *Incertain* & variable. Mais cette diverſité , & variation ſuit l'uſage des lieux, à la façon de faire deſquels il faut s'accommoder. Comme par exemple à Londres on y change & donne toûjours une livre Sterlin pour 34 à 36 ſols de Gros , plus ou moins pour la Hollande, & 53. à 56 deniers Sterlins , plus ou moins , pour un Ecu d'Or Sol de France, &c.

Queſtion de Banque ſur les Commiſſions.

UN Negociant de Francfort reçoit ordre de ſon Correſpondant de Paris &c. de tirer 310 livres , 15 ſols Sterlins , ſur Londres à 34 ſols, 8 deniers de Gros pour une liv. Sterl. & ce par l'entremiſe d'un autre Negociant d'Anvers ; avec ordre à celuy-cy d'en remettre en ſuite la valeur audit Negociant de Francfort à 83 ¼ den. de Gros pour un Florin de 65 Kreuts de Change. Et la valeur en eſtant receuë par ce dernier, il a encore ordre de la remettre à Paris à 73 ¾ Kreuts auſſi de Change pour un Ecu d'Or Sol. Mais ledit Negociant Commiſſionnaire d'Anvers, lors de la reception de l'ordre cy-deſſus, ne trouvant à tirer ſur Londres qu'à 34 ſols, 6 deniers de Gros auſſi pour une livre Sterlin : Sçavoir à combien il faudroit que ſe fît la Remiſe de Francfort à Paris ; afin que la Commiſſion fût executée ſuivant l'intention dudit Particulier Commettant de Paris.

Regle.

POur reſoudre cette queſtion, il faut multiplier 34 ſols, 6 den. prix qui ſe trouve à Anvers lors de la reception de l'ordre de Francfort, par 73 ¾ Kreuts de Change qui eſt l'un des prix ordonnez, & diviſer le produit de cette Multiplication par 34 ſols, 8 deniers de Gros auſſi prix ordonné ; afin d'avoir aux Quotiens des Diviſions le prix du Change dudit Francfort à Paris, pour y rendre la meſme ſomme que ledit Commettant de Paris s'eſtoit propoſé d'y recevoir. Cette Regle en ſuppoſe une de Trois directe, dont les Termes peuvent eſtre diſpoſez en cette maniere ; Sçavoir

Si 34 ſ. 8 den. de Gros ſupp. 73 ¾ Kr. Comb. 34 ſ. 6 den. Re. 73 Kr. ¾

12	414 den. de Gros égaux à 34 ſ. 6 den.
416 Diviſeur	1242
	2898.
	207 prod. pour ½ de Kr. ou ½ de 414 den. de Gros.
	103 ½ autre pour ¼ de Kr. ou ½ de celuy de ¾ dits.
	30532 ½ Kr. à diviſer par 416 den. de Gros premier Terme, Diviſeur.

16
2424
30832)73 Kr. ¾
4166
42

378
3290
416

7 ou 8 ſ. peù moins ou ¾ de Kr.

Resolution premiere selon les prix ordonnez.

Pratique premiere , ou Traite d'Anvers sur Londres.

3 1 0 liv. 1 5 sols Sterlin, à tirer sur Londres, & à multiplier par
1 liv. 1 4 sols, 8 den. de Gros, prix du du Change, prescrit.

3 1 0.	1 5.	
1 5 5.	7.	6 prod. pour 1 0 s. de Gr. ou ½ de 3 1 0 liv. 1 5 s.Sterl.
6 2.	3.	autre pour 4 s. dits ou ⅕ desdites 3 1 0 liv. 1 5 s.
1 0.	7.	2 autre pour 8 den. ou ⅙ de celuy de 4 sols
5 3 8.	1 2.	8 den. de Gros, somme à recevoir à Anvers, égale ausdites 3 1 0 liv. 1 5 sols Sterlins.

Pratique deuxiéme ou Remise d'Anvers à Francfort.

5 3 8 livres, 1 2 sols, 8 den. de Gros, à remettre d'Anvers à Francfort à 8 3 ½ den. de Gros, pour un Florin de 6 5 Kreuts de Change.

Il faut dire par Regle de Trois.

Si 8 3 ½ den. de Gr. rend. 6 5 K. comb. 5 3 8 liv. 1 2 s. 8 de Gr. Be. 1 0 0 6 3 1 Kr.

2.

167. Diviseur

    1 2 0 sols, valeur d'une livre.

    1 0 7 7 2 sols, à multiplier par
    1 2 den. valeur d'un sol.

    1 2 9 2 7 2 den. égaux à 5 3 8 liv. 1 2 s. 8 den.
    2 Denom. de la fraction du 1 er
                Terme.

    2 5 8 5 4 4 demis den. à multiplier par
    6 5 Kreuts, deuxiéme Terme.

    1 2 9 2 7 2 0
    1 5 5 1 2 6 4

    1 6 8 0 5 3 6 0 Kr. à diviser par 1 6 7. Premier
                Terme.

1 1 1. 8 1 5
1 6 8 0 5 3 6 0
1 6 7 7 7 7 7 7   } 1 0 0 6 3 1. Kreuts de Change peu moins.
1 6 6 6 6 6
1 1 1 1

Pratique

Pratique troiſiéme ou Remiſe de Francfort à Paris.

100631 K. de change à remettre à Paris à 73 ¾ K. pour un ▽ d'Or Sol
4 Den. de la fract. du prix du Change 4
_____

295 Diviſeur.

402524. quarts de Kr. à diviſer par 295 quarts auſſi de Kreuts égaux
auſdits 73 ¾ Kreuts.

11
195
10794
402524 } 1364 Ecus   225
298888 }   2880 } 9 ſols,   45
2999   298 {   2700 } 9 den. d'Or Sol à
22   298 { recevoir à Paris,
                                          ſuivant les prix or-
                                          données.

Reſolution deuxiéme, ſuivant les prix trouvez.

Pratique premiere ou Traite d'Anvers ſur Londres.

310 liv. 15 ſols Sterlins, à tirer ſur Londres, & à multiplier par
1 liv. 14. 6 den. de Gros, prix du Change trouvé.
_____
310 liv. 15.
155 liv. 7. 6. produit pour 10 ſ de Gros, ou ½ de 310 liv. 15 ſ. Sterl.
 62 liv. 3. - - autre pour 4 ſols dits, ou ⅕ deſdits 310 liv. 15 ſols.
  7 liv. 15. 4. autre pour 6 deniers dits, ou ⅛ de celuy de 4 ſols dits.
_____
536 liv. 1 ſ. 10 φ. de Gros, peù moins, à recevoir à Anvers pour la
dite Traite.

Pratique deuxiéme, ou Remiſe d'Anvers à Francfort.

536 livres, 1 ſol de Gros, à remettre d'Anvers à Francfort à 83 ⅔
denier de Gros, pour un Florin de 65 Kreuts de Change.

Pour reſoudre cette queſtion il faut diſpoſer les trois nombres
connus, comme cy-deſſus en cette maniere.

Si 83 ⅔ deniers de Gros ſont ſuppoſez égaux à un Florin, ou à 65
Kreuts de Change : à combien de Kreuts pareils ſeront égaux leſdites 536 livres, 1 ſol de Gros. La Regle eſtant faite il doit venir
pour réponſe ou quatriéme Terme 100148 Kreuts auſſi de Change, peù plus : comme on poura voir dans la page ſuivante 410.
F ff

Il faut dire par Regle de Trois.

Si 83 ⅟₂ d.deGr.rend.65K.de ch.comb. 5 3 6 l. 1 f.de Gr. ꝶ. 100148 Kr,
2   20 fols, valeur d'une livre.

167 Divifeur.

                 10721 fols, à multiplier par
                 12 deniers, valeur d'un fol.

                 128652 deniers, à multiplier par
                 2. Denominateur de la fra-
                 &ction du premier Terme.

                 257304 Demis-Deniers, à mult. par
                 65 Kreuts de Change , fe-
                 cond Terme.

                 1286520
                 1543824.

                 16724760 Kreuts, à divifer par 167.
                 Premier Terme.

134
8084
16724760 ⎫
16777777 ⎬ 100148 Kreuts.
16666666 ⎭
1111

Pratique troifiéme , ou Remife de Francfort à Paris.

100148 K.deChange,à remettre à Paris,à 73 ⅔ K.pour un ▽ d'Or Sol,
5.Den.de la fract.du prix du Ch.   5
                            367 Divifeur.

500740 cinquiémes de Kreuts , à divifer par 367 cinquiémes de
        Kreuts , égaux à 73 ⅖.

2215
133622 ⎫   104 ⎫   147 ⎫
500740 ⎬ 1364 Ecus.   3040 ⎬ 8 fols.   1248 ⎬ 3 deniers d'Or Sol.
367777 ⎭   367 ⎭   367 ⎭
3666
33

Avertiſſement.

QUoy que par les derniers viremens faits cy - deſſus , ſuivant
les prix trouvez differens des donnez , il ne ſe trouve que
1364 Ecus, 8 ſols, 3 deniers peù plus , & que par les viremens
au contraire faits ſuivant les prix donnez , il ſoit venu pour réponſe 1364 Ecus, 9 ſols, 9 deniers peù plus : cette difference de
18 deniers eſt de nulle conſideration , puiſqu'elle ne provient que
de la bréveté , à préferer à la longueur penible & ennuyeuſe dans
le ménagement des grandes fractions , dont j'ay negligé la Pratique en cette rencontre , en m'accommodant en cela à l'uſage des
Banquiers qui rejettent ces ſortes de ſcrupules qui n'appartiennent
qu'à des Arithmeticiens curieux ou fatigans dans leurs Operations
inutiles.

*Application des ordres de Commiſſion en Banque , ſur une
Queſtion de viremens , & dont les prix ont changé
lors de la Commiſſion receuë.*

VN Banquier de Paris a donné ordre à un de ſes
Correſpondans de Francfort, de commettre un autre Negociant d'Anvers pour tirer ſur Londres 111
livres, 11 ſols, 11 den. Sterlins à 34 ſols, 5 den. & demy de Gros pour une livre Sterlin , & d'en remettre la valeur par luy receuë audit Correſpondant de
Francfort, à 82 ¼ den. de Gros pour un Florin de 65 Kreuts de
Change ; avec ordre à ce dernier de la part dudit Banquier de
Paris, de luy remettre la ſomme par luy touchée , à 74 ¾ Kreuts
de Change pour un Ecu d'Or Sol. Mais ledit Correſpondant
d'Anvers au lieu de 34 ſols , 5 den. ½ de Gros , qui eſt l'ordre à
executer , ne trouve à tirer qu'à 34 ſols , 1 den. ¾ auſſi de Gros
pour une liv. Sterlin ; quoy qu'il ſe preſente dans le même temps
occaſion de remettre la valeur de cette Traite à Francfort , à
82 ¼ den. de Gros, prix qui luy a été marqué. Sçavoir à quel prix
il faudroit que la Remiſe des deniers receus à Francfort pour le
compte dudit Banquier, s'y fiſt pour Paris ; afin de donner lieu

d'y recevoir la mefme fomme que le Commettant principal s'é-
toit propofée, fuivant les prix par luy donnez.

Avertiffement.

P Rimò, il n'eft point fait mention dans cette propofition, d'aucune provifion ny frais à payer à Anvers, n'y à Francfort. Et
ainfi l'on n'en fuppofera pas dans les refolutions fuivantes, on con-
siderera feulement dans leur entier toutes les deux fommes re-
ceües comme deffus, & l'on fe reprefentera que lefdites 1 1 1 liv.
1 1 fols, 1 1 den. Sterlins à tirer fur Londres, y font deüs de net
audit Banquier de Paris.

Secundò, les refolutions qui fuivent ne font point accompagnées
de leurs Calculs, qui feroient d'une trop grande difcuffion : m'é-
tant contenté de tirer hors lignes, tant les fommes Correfpondan-
tes à celles d'où elles font provenües, fuivant les prix ordonnez,
que celles produites par Rapport aux prix qui fe font trouvez lors
de la reception dudit ordre ; ayant bien voulu donner quelque
chofe à la curiofité des Arithmeticiens veritablement habiles, pour
les refoudre eux mefmes, devant d'ailleurs eftre perfuadez, que
lefdites refolutions font tres juftes & dans une derniere exactitude,
fuivant les Regles de l'Arithmetique ordinaire.

Refolution premiere fuivant les prix donnez.

1 1 1 liv. 1 1 fols, 1 1 den. Sterl. tirez fur Lon-
dres, à 34 fols, 5 den. $\frac{1}{4}$ de Gros pour une liv.
Sterl. rend. à Anvers en Monnoye de Gr.   192 liv. 5 f. 4 d. $\frac{111}{448}$
192 liv. 5 fols, 4 den. $\frac{111}{448}$ de Gros, remis à
Francfort à 82 $\frac{1}{4}$ den. auffi de Gros pour un
Florin de 65 Kreuts de Change, y rendent
en Monnoye de Change. . . . .   560 Flor. 1 1 Kr. $\frac{545}{7948}$
560 Flor. 1 1 Kr. $\frac{545}{7948}$ de Change, remis à
Paris à 74 $\frac{1}{4}$ Kr. de Change pour un Ecu d'Or
Sol, y produifent en Monnoye d'Or Sol.   487. ▽ 2. f. 3. d. $\frac{2111}{15151}$

Refolution deuxiéme, fuivant les prix trouvez.

1 1 1 liv. 1 1 f. 1 1 den. Sterl. tirez fur Londres,
à 34 fols, 1 den. $\frac{1}{4}$ de Gros pour une livre
Sterlin, font égaux à Anvers en Monnoye
de Gros à . . . .   190 liv. 1 0 f. 6 d. $\frac{173}{448}$

590 liv. 10 ſols, 6 den. $\frac{5\,7\,1}{7\,9\,8}$ de Gros remis à
Francfort, à 82 $\frac{1}{8}$ den. auſſi de Gros pour un
Flor. de 65 Kreuts de Change, y rendent en
Monnoye auſſi de Change.   555 Flor. 6 Kr. $\frac{8\,2\,4\,5}{1\,5\,8\,1\,6}$

555 Florins, 6 Kreuts $\frac{8\,2\,4\,5}{1\,5\,8\,1\,6}$ de Kreuts de
Change remis à Paris, à 74 $\frac{4\,7\,7}{6\,6\,1\,6}$ de Kreuts
pour 1 Ecu d'Or Sol, y font rendre en Mon-
noye d'Or Sol.   ·   ·   ·   487▽ 2. ſ. 3. d. $\frac{3\,8\,8\,1}{1\,5\,1\,5\,7}$

Avertiſſement.

IL eſt évident que cette derniere Pratique marque l'égalité entre les prix donnez & les prix trouvez ; & qu'ainſi les 560 Flor.
11 Kreuts $\frac{5\,8\,4\,5}{7\,9\,0\,8}$ de Kr. cy-deſſus remis à Paris à 74 $\frac{1}{4}$ Kr. ou bien
les 555 Florin, 6 Kreuts $\frac{8\,2\,4\,5}{1\,5\,8\,1\,6}$ de Change cy-deſſus, auſſi remis à
Paris à 74 $\frac{4\,7\,7}{6\,6\,1\,6}$ de Kr. de Change, y produiſent la même ſomme,
ce qu'il falloit trouver ſuivant la teneur de la queſtion précedente.

Réſolution troiſiéme, contenant les retours, ſuivant les prix donnez,
des ſommes de la premiere réſolution, pour en juſtifier
la Pratique.

487 Ecus, 2 ſols, 3 den. $\frac{3\,8\,8\,1}{1\,5\,1\,5\,7}$ d'Or Sol, remis à Francfort à 74 $\frac{1}{4}$ Kreuts de Change
pour 1 Ecu d'Or Sol, y font débourſer en
Monnoye de Change.   ·   ·   ·   560 Flor. 11 Kr. $\frac{5\,8\,4\,5}{7\,9\,0\,8}$

560 Flor. 11 Kr. $\frac{5\,8\,4\,5}{7\,9\,0\,8}$ de Kr. remis à Anvers,
à 82 $\frac{1}{8}$ den. de Gros pour un Florin de 65 Kr.
de Change, y produiſent en Monnoye de
Gros.   ·   ·   ·   ·   192 liv. 5 ſ. 4 den. $\frac{4\,2\,1}{4\,8\,5}$

192 liv. 5 ſols, 4 den. $\frac{4\,2\,1}{4\,8\,5}$ de den. de Gros, re-
mis à Londres, à 34 ſols, 5 den. $\frac{1}{2}$ auſſi de
Gros pour une livre Sterlin, y font rendre en
Monnoye d'Angleterre.   ·   ·   ·   111 liv. 11 ſ. 11 d. Sterl.

Réſolution quatriéme & derniere, contenant les retours, ſuivant les
prix trouvez, des ſommes de la deuxiéme réſolution pour
en juſtifier la Pratique.

487 Ecus, 2 ſols, 3 den. $\frac{3\,8\,8\,1}{1\,5\,1\,5\,7}$ de den. d'Or
Sol, remis à Francfort à 74 Kr. $\frac{4\,7\,7}{6\,6\,1\,6}$ de Kr.
de Change pour un Ecu d'Or Sol, y rendent
auſſi en Monnoye de Change,   ·   ·   555 Flor. 6 Kr. $\frac{8\,2\,4\,5}{1\,5\,8\,1\,6}$

555 Florins, 6 Kr. $\frac{8385}{15640}$ de Kr. de Change,
remis à Anvers, à 82. $\frac{1}{4}$ den. de Gros pour
un Flor. de 65 Kreuts de Change, y produi-
sent en Monnoye de Gros.   .   .   190 liv. 10 s. 6 d. $\frac{117}{300}$
190 liv. 10 sols, 6 den. $\frac{117}{300}$ de Gros, remis à
Londres, à 34 sols, 1 den. $\frac{1}{4}$ de den. de Gros
pour une liv. Sterl. y font compter en Mon-
noye d'Angleterre.   .   .   .   LII liv. II s. II den.

Par cette derniere Pratique, on voit que lesdits 487 Ecus, 2
sols, 3 den. $\frac{3821}{15157}$ d'Or Sol, remis de Paris à Londres, suivant les
viremens cy-dessus & selon les prix trouvez, y font rendre en
cette derniere Place la mesme somme, que celle qui en avoit été
tirée par le Commissionnaire d'Anvers d'ordre indirect, & pour
compte dudit Banquier de Paris.

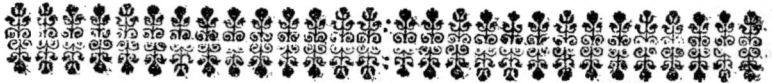

DES MESURES EN GENERAL.

TOUS les Legislateurs, & Jurisconsultes ayans donné
des Loix pour la veritable Administration de la Justice commutative, les ont appuyées de celles qui
sont émanées de la Justice Divine, qui veut que tous
les hommes fassent toutes leurs actions par *Nombre*,
Poids, & *Mesure*. Les Rois & les Princes absolus dans leurs Etats
en ont déterminé les Grandeurs & les Applications sur des peines
portées par leurs Edits ou Declarations.

Les *Nombres*, & leurs Applications ayant esté suffisamment expliquez dans l'*Arithmetique Universelle démontrée*, & dans plusieurs
Livres de cette qualité; on poura les consulter pour garder la proportion des Grandeurs en general & en particulier.

Les *Poids* qui servent à mesurer les choses pesantes, reçoivent
des noms differens, dont les plus ordinaires sont *le Poids de Marc*:
le *Poids de Table*; & le *Poids de la Romaine*.

Le *Poids de Marc* est celuy duquel les Maîtres des Monnoyes,
les Orfevres & autres, se servent pour peser *l'Or*, *l'Argent*, &
les *Pierreries*, comme sont les *Perles* & les *Diamans*.

Le *Poids de Table* est celuy duquel on se sert en *Provence*, en

Languedoc, & en d'autres Provinces. Ce Poids qui est plus leger que celuy de *Marc*, differe suivant les denrées que l'on mesure, de 16. 20. ou de 25 pour cent du Poids de *Marc*, quoy que la livre de ce premier contienne autant d'onces, de Gros, & de Grains que la livre du dernier.

Le *Poid de la Romaine* appellé *Peson* ou *Crochet* sert à peser les Marchandises de grand volume, comme le fil, le Chanure, le lin, la Laine, les Plumes, le Duvet, la Cire & autres Marchandises. Ce Poids est souvent avantageux aux Achepteurs; parce qu'il rend ordinairement jusques à quatre pour cent de bon Poids.

Outre la description generale des Poids cy-dessus. Il y a encore plusieurs Dénominations particulieres qui ne sont point à negliger; comme sont le *Milier* ou la pesanteur de 1000 ℔. Le *Quintal* ou le Poids de 100 ℔. Ceux de *Livres, Marcs, Onces, Gros, Deniers, Grains, Karats, Scrupules*, & *d'Oboles*, dont les Rapports seront clairement connus tant par les Tables particulieres, qui ont été cy-devant dressées pour plusieurs Villes, que par la Table generale qui sera cy-après declarée, & dont l'Application se pourra étendre infiniment par les Combinaisons qu'il sera facile de faire, en gardant les Regles que j'en donneray à la tête & au commencement de cette Table.

Regle generale & infaillible pour trouver par le secours de l'Arithmetique les Rapports justes des Poids d'une ou de plusieurs Villes, par la comparaison que l'on est souvent obligé d'en faire.

POur trouver le Rapport des Poids d'une ou de plusieurs Villes avec ceux aussi d'une ou de plusieurs autres. Il faut multiplier 100 liv. ou tel ordre nombre de livres que l'on voudra, & dont on cherche l'égalité, par le nombre des Livres, & parties de Livre de la Ville, avec lesquelles on desire avoir un juste Rapport, & diviser ensuite le produit de cette Multiplication par les Livres, & parties de Livre, s'il y en a, de la Ville pour les Poids de laquelle on cherche la convenance; afin d'avoir aux Quotiens des Divisions des Livres, & parties de Livre répondantes à la quantité proposée.

Exemple I.

ON desire sçavoir combien 100 livres d'Anvers rendront de Livres à Amsterdam, par la connoissance que l'on a que 105 livres dudit Anvers rendent 100 livres à Amsterdam, Poids pour

Poids. Pour resoudre cette question & les autres de cette nature.

Il faut dire par Regle de Trois.

Si 105 livres d'Anvers sont égales à 100 livres d'Amsterdam, à
combien seront égales 100 livres dudit Anvers.

Ayant multiplié le troisiéme Terme de cette Regle, lequel est
100. par le second, qui est aussi 100 livres, & divisé le produit
par le premier Terme qui est 105 livres, il viendra au Quotient
de la Division 95 livres $\frac{..}{..}$ de livre dudit Amsterdam, égales à 100
livres d'Anvers.

Pratique.

Si 105 ℔. d'Anvers, rendent 100 ℔. d'Amst. comb. 100 ℔. d'Anvers.
$$100 \qquad \text{℞. } 95 \text{ ℔. } \tfrac{..}{..} \text{ d'Amst.}$$
10000. à diviser par 105. Premier Terme.

95 livres, $\frac{..}{...}$, ou $\frac{..}{..}$.

Exemple II.

ON sçait que 116 livres $\frac{1}{4}$ de Lion, sont égales à 152 livres de
Florence ; Sçavoir combien 100 livres de Lion, rendront
audit Florence.

Il faut dire par Regle de Trois.

Si 116 ℔. $\frac{1}{4}$ de Lion, rendent 152 ℔. à Fl. comb. 100 ℔. de Lion. ℞. 130
$$4 \qquad\qquad 100 \qquad\qquad \text{℔. } \tfrac{1}{4} \text{ de Florence.}$$
465 Diviseur.   15200. à multiplier par
       4. Denom. de la fraction du pr Terme.
   60800. à diviser par 465. premier Terme.

130 livres.   15 s. ou $\frac{1}{4}$ de livre de Florence, égales ausdites 100 livre de Lion, nom-
bre proposé.

Exemple

Exemple III.

AYant à fçavoir le Rapport de 100 livres de Venize à une quantité inconnuë de Livres, & parties de Livre de Sarragoce, par la connoiffance que l'on a de 181 livres ¼ de Venize, égales à 158 ⅜ livre de Sarragoce ; il faut dire par Regle de Trois, & fuivant le précepte general cy-devant expliqué.

Si 181¼℔.deVen.rend.158⅜℔.à Sarragoce.comb.100 ℔. de Ven. ℞ 87 ℔. ⁹⁄₂₀ à Sarragoce.

$$\underline{\quad 4 \qquad\qquad\qquad 100}$$
725 Divifeur, 15800
50. produit pour ½, ou ½ de 100.
$$\underline{\qquad 15850. \text{ à multiplier par}}$$
4. Denominat. de la fraction du pᵣ Terme.
$$\underline{63400. \text{ à divifer par 725. Divifeur.}}$$

8. où 9 f. ou ⁹⁄₂₀ de liv. de Sarragoce, égaᵣ les aufdites 100 livres de Venize.

Exemple IV.

SCavoir combien 100 livres de Naples en doivent rendre à Toulouze fur le pied de 169½ livre de Naples, égales à 118 livres de Toulouze.

Il faut dire par Regle de Trois.

Si 169½℔.deNap.rend.118 ℔.àToul.comb.100 ℔.de Napl. ℞.69℔. peù plus, de Toulouse.

$$\underline{\quad 2 \qquad\qquad\qquad 100}$$
339 Divifeur. 11800, à multiplier par
2. Denominat. de la fraction du pᵣ Terme.
$$\underline{23600. \text{ à divifer par 339. pᵣ Terme, \& Divifeur.}}$$

69 ℔. 12 fols. 3 ou 4 d. peù moins, ou ⅓ de ℔.

Ggg

On voit par la Pratique de la Regle de Trois de l'autre part, qu'il est venu pour réponse à la question proposée, 69 ℔. ⅔ de ℔. peu plus de Toulouze, égales à 100 ℔. de Naples. Ainsi l'on peut par le moyen de cette Regle trouver quelque rapport que ce soit, touchant les Poids d'un lieu à ceux d'un autre , moyennant une proportion donnée entre ces deux Places. C'est par le moyen de cette Regle que l'on pourra justifier la regularité de la Table cy-après , & découvrir la raison des Rapports qui y sont contenus. Cette Table sera placée en ce lieu entre les pages 418. & 419.

Cette Table doit estre placée entre les pages 418. & 419. du Livre des Changes Etrangers.		d'Amsterdam.	d'Anvers.	d'Avignon.	de Basle.	de Bergame.	de Berne.	de Bezançon.	le Bordeaux.	le Boulogne.	le Bourg en Bresse.	le Florence.	de Francfort.	de Geneve.	de Gennes.	de Hambourg.	de la Rochelle.	de Lion.	de Lisbonne.	de Londres.	de Mantouë.	de Marseille.	de Messine.	de Milan.	de Modene.	de Montpellier.	de Naples.	de Nuremberg.	de Paris.	de Racanis.	de Roüen.	de Saragosse.	de Strasbourg.	de Tortone.	de Toulouse.	de Turin.	de Valence.
d'Amsterdam.		100	105	120	98	169	98	100	100	151	104	152	98	89	161½	102	99	116½	128	109½	175	123	164	168	151	120	169	98	100	151½	96	158	100	161	118	151	158
d'Anvers.		93½	100	114	93	161	93	95	95	144	99	144	93	84	153½	97½	94	110½	121	104	166	117	156	160	144	114	161	94	95	144	91	150	95	153	112	144	150
d'Avignon.		83	87	100	81	141	81	83	83	126	86	126	81½	74	134	85	82	96½	106	91	145	103	136	140	126	100	141	81	84	126	80	132	83	134	98	126	132
de Basle.		102	107	122	100	173	100	102	102	154	106	155	100	90	164	104	101	118	130	111	178	126	167	171	154	122	173	100	102	154	98	161	102	164	120	154	161
de Bergame.		59	61	70	57	100	57	59	59	89	61	89	57	52	95	60	58	68	75	64	103	73	96	99	89	70	100	57	59	89	56	93	59	95	69	89	93
de Berne.		102	107	122	100	175	100	102	102	154	106	155	100	90	164	104	101	118	130	111	178	126	167	171	154	122	173	100	102	154	98	161	102	164	120	154	161
de Bezançon.		100	105	120	98	169	98	100	100	151	104	152	98	89	161	102	99	116½	128	109	175	123	164	168	151	120	169	98	100	151	96	158	100	161	118	151	158
de Bordeaux.		100	105	120	98	169	98	100	100	151	104	152	98	89	161	102	99	116	128	109	175	123	164	168	151	120	169	98	100	151½	96	158	100	161	118	151	158
de Boulogne.		66	69	79	64	111	64	66	66	100	68	100	64	58	106	67	65	76	84	72	115	81	108	110	100	79	111	64	66	100	64	104	66	106	77	100	104
de Bourg en Bresse.		96	101	115	94	163	94	96	96	145	100	146	94	85	155	98	95	111	123	105	166½	118	157	161	145	115	163	94	96	145	92	152	96	155	113	145	152
de Florence.		65	69	78	64	111	64	65	65	99	68	100	64	58	106	67	65	76	84	72	115	81	107	110	99	78	111	64	65	99	63	104	65	106	77	99	104
de Francfort.		102	107	122	100	173	100	102	102	154	106	155	100	90	164	104	101	118	130	111	178	126	167	171	154	122	173	100	102	154	98	161	102	164	120	154	161
de Geneve.		112	118	134	110	190	110	112	112	170	116	170½	110	100	181	114	111	130	143	124	196	138	184	188	170	134	190	110	112	170	108	178	112	181	132	[illegible]	[illegible]
de Gennes.		62	65	74	60	105	60	62	63	94	64	94	60	55	100	63	61	72	79	67	108	76	101	104	94	74	105	60	62	94	59	98	62	100	71	94	98
de Hambourg.		98	102	117	96	166	96	98	98	148	102	149	96	87	158	100	97	114	125	107	171	121	160	164	148	117	166	96	98	148	94	155	98	158	115	148	155
de la Rochelle.		101	106	121	99	171	99	101	101	153	105	153	99	89	162	103	100	117	129	110	176	124	165	169	153	121	171	99	101	153	97	160	101	162	119	154	156
de Lion.		86	90	103	84	145	84	86	86	130	89	130	84	76	148	87	85	100	110	94	150	106½	141	144	130	103	145	84	86	130	82	136	86	138	101	130	136
de Lisbonne.	Sont	78	82	91	76	133	76	78	78	118	81	118	76	69	126	79	77	90	100	85	136	96	128	131	118	93	132	76	78	118	75	123	78	126	93	118	121
de Londres.	[illegible]	91	95	109	89	154	89	91	91	138	94	138	89	81	147	93	90	106	116	100	159	112	145	151	138	109	154	89	91	138	87	144	91	147	107	138	144
de Mantouë.	[illegible]	57½	60	68	56	96	56	57	57	86	59	86	56	50	92	58	56	66	73	62	100	70	91	96	86	68	96	56	57	86	55	90	57	92	67	86	90
de Marseille.		81	85	97	79	137	79	81	81	122	84	121	79	72	130	81	80	94	103	88	141	100	132	136	122	97	137	79	81	122	77	128	81	130	95	122	128
de Messine.		61	64	73	59	103	59	61	61	92	63	92	59	54	98	62	60½	70	78	66	106	75	100	103	92	73	103	59	61	92	58	96	61	98	71	93	96
de Milan.		59	62	71	58	100	58	59	59	90	61	90	58	53	96	60	58	69	76	65	104	73	97	100	90	71	100	58	59	90	57	94	59	96	70	90	94
de Modene.		66	69	79	64	111	64	66	66	100	68	100	64	58	106	67	65	76	84	73	115	81	108	110	100	79	111	64	66	100	63	104	66	106	77	100	104
de Montpellier.		83	87	100	81	141	81	83	83	126	86	126	81	74	134	85	82	96	108	90	145	103	136	140	126	100	141	81	84	126	80	132	83	134	98	126	132
de Naples.		59	61	70	57	100	57	59	59	89	61	89	57	52	95	60	58	68	75	64	103	72	96	99	89	70	100	57	59	89	56	93	59	95	69	89	93
de Nuremberg.		102	107	122	100	173	100	102	102	154	106	155	100	90	164	104	101	118	130	111	178	126	167	171	154	122	173	100	102	154	98	161	102	164	120	154	161
de Paris.		100	105	120	98	169	98	100	100	151	104	152	98	89	161	102	99	116	128	109	175	123	164	168	151	120	169	98	100	151	96	158	100	161	118	151	158
de Racanis.		66	69	79	64	111	64	66	66	100	68	100	64	58	106	67	65	76	84	73	115	81	108	110	100	79	111	64	66	100	63	104	66	106	77	100	104
de Roüen.		103	109	124	101	176	101	103	103	157	108	157	101	92	167	105	102	120	133	113	181	128	170	174	157	124	176	101	104	157	100	164	103	167	122	157	164
de Saragosse.		61	66	75	61	106	61	63	63	95	65	95	61	56	101	64	62	71	80	69	110	77	103	106	95	75	106	61	63	95	60	100	63	101	74	95	100
de Strasbourg.		100	105	120	98	169	98	100	100	151	104	152	98	89	161	102	99	116	128	109	175	123	163	168	151	120	169	98	100	151	96	158	100	161	118	151	158
de Tortone.		62	65	74	60	105	60	62	62	94	64	94	60	55	100	63	61	72	79	67	108	76	101	101	94	74	105	60	62	94	59	98	62	100	71	94	98
de Toulouse.		84	89	101	81	143	84	84	84	128	88	128	81	75	136	86	83	98	108	92	148	104	139	142	128	101	143	83	84	128	81	134	84	136	100	128	134
de Turin.		66	69	79	64	111	64	66	66	100	68	100	64	58	106	67	65	76	84	72	115	81	108	110	100	79	111	63	66	100	63	104	66	106	77	100	106
de Valence.		63	66	75	61	[illegible]	[illegible]	[illegible]	[illegible]	[illegible]	[illegible]	[illegible]	[illegible]	[illegible]	[illegible]	[illegible]	[illegible]	[illegible]	[illegible]	[illegible]	[illegible]	[illegible]	[illegible]	[illegible]	[illegible]	[illegible]	[illegible]	[illegible]	[illegible]	[illegible]	[illegible]	[illegible]	[illegible]	[illegible]	[illegible]	[illegible]	[illegible]
de Venise.		55	57	66	54	[illegible]	[illegible]	[illegible]	[illegible]	[illegible]	[illegible]	[illegible]	[illegible]	[illegible]	[illegible]	[illegible]	[illegible]	[illegible]	[illegible]	[illegible]	[illegible]	[illegible]	[illegible]	[illegible]	[illegible]	[illegible]	[illegible]	[illegible]	[illegible]	[illegible]	[illegible]	[illegible]	[illegible]	[illegible]	[illegible]	[illegible]	[illegible]

100 lb. pesantes.

Par CLAUDE IRSON, seul Juré, teneur de Livres de Comptes. *Avec Privilege du Roy.*

Il reste maintenant à faire voir le moyen de connoître les utilitez & les avantages, que cette Table renferme sans en venir à la Pratique, ny sans se servir de la Regle de Trois.

Usage de la Table précedente.

POur se servir utilement de cette Table, il faut sçavoir.

1°. Qu'elle comprend 37 Villes les plus remarquables & les plus celebres de l'Europe, disposées suivant l'ordre des Lettres de l'Alphabet, & lesquelles sont contenuës en 37 Colonnes doublées. Les 37 premieres sont diametralement rangées, ou de gauche à droite; & les 37 autres sont perpendiculaires, ou de haut en bas.

2°. Que la premiere colonne faite en travers ou Diametrale, suppose une égalité que les Poids, mis dans chacun des 37 petits quarrez qui la compose, ont entre eux. C'est à dire par exemple que 100 ℔ d'Amsterdam, lesquelles sont renfermées dans le premier quarré de cette colonne Diametrale, sont supposées égales à 105 ℔ d'Anvers, contenuës dans le deuxiéme quarré qui suit immediatement le premier: à 120 ℔ d'Avignon renfermées dans le troisiéme quarré placé aprés le deuxiéme: à 98 ℔ de Basle aussi contenuës dans le quatriéme quarré de la même colonne &c. Et réciproquement 98 ℔ de Basle sont égales à 100 ℔ d'Amsterdam, à 105 ℔ d'Anvers à 120 ℔ d'Avignon &c. & partant que tous les 37 nombres de cette premiere colonne sont égaux entre eux. Que ceux de la deuxiéme colonne Diametrale, sont égaux aussi entre eux. Et ainsi de tous les autres nombres jusques à la trente-septiéme colonne, qui finit par la Ville de Venize.

3°. Que la premiere colonne perpendiculaire contient comme les autres colonnes Diametrales, 37 petits quarrez dans chacun desquels, il y a une quantité de livres, & souvent partie ou parties de livre, qui sont égales à 100 ℔ des Places, ausquelles elles Correspondent, ou ausquelles elles se rapportent; & qui leur doivent être égales. Et ainsi l'on peut dire que 100 ℔ d'Anvers, que l'on suppose estre placé dans le deuxiéme quarré de la premiere colonne Diametrale, sont égales à 95 ℔ $\frac{5}{4}$ d'Amsterdam, lesquelles sont renfermées dans le deuxiéme petit quarré de ladite premiere colonne perpendiculaire, & vis-à-vis la Ville d'Anvers placée à gauche. Que 100 ℔ d'Avignon, aussi supposées dans le troisiéme petit quarré de la premiere colonne Traversale ou Diametrale, sont égales à 83 ℔ $\frac{1}{3}$ de ℔ aussi d'Amsterdam &c. Par ces deux Exemples on peut juger des Rapports des Poids contenus dans les autres petits quarrez de ces deux fortes de colonnes *Traverfale* & *perpendiculaire* : Parce que la premiere colonne perpendiculaire à main gauche , fert à contenir les livres & parties de livre d'Amfterdam , répondantes à 100 ℔. des Places, qui font placées à gauche du premier petit quarré de chaque colonne Diametrale.

4°. Que les petits quarrez contenus dans la deuxiéme colonne perpendiculaire, fervent à contenir les Livres & parties de livre d'Anvers, répondantes à 100 ℔. des Places, aufquelles elles Correfpondent. Ainfi l'on peut dire que 100 ℔. d'Avignon, que l'on fuppofe eftre dans le troifiéme quarré de la premiere colonne Diametrale , font égales à 87 ℔. ½ d'Anvers; qui font pofez dans le troifiéme quarré de la feconde colonne perpendiculaire , & vis-à-vis de la Ville d'Avignon placée à gauche , & ainfi des autres.

Applications pour répondre aux queftions fuivantes.

Trouver tout d'un coup par le moyen de cette Table, & fans le fecours de l'Arithmetique, le nombre des livres de *Marfeille*, répondantes à 100 ℔. de Sarragoce; ce qui conviendra à toutes fortes de Villes.

Pratique.

POur trouver facilement & fans peine , ce que l'on cherche dans cette Table , & fuivant la queftion cy-deffus; qui confifte à fçavoir combien 100 ℔. de *Sarragoce*, rendront de livres de *Marfeille*, il faut chercher à main gauche de ladite Table, & à cofté des colonnes Traverfales , la Ville dont on cherche le Rapport de 100 ℔. à la quantité des livres , qu'elles doivent rendre dans la Ville en queftion. Comme en cét Exemple on cherche à gauche *Sarragoce* ; & l'on parcourt le long de la colonne à cofté de laquelle eft *Sarragoce*, & ce jufqu'à la colonne perpendiculaire , au haut de laquelle eft la Ville de *Marfeille*. On trouve dans le petit quarré qui y correfpond le nombre des livres réquifes : c'eft à dire par Exemple 77 ℔. +⅟+ de *Marfeille*, égales à 100 ℔. de Sarragoce.

On fe fervira de la mefme methode pour trouver le nombre des livres & parties de livre répondantes à 100 ℔. defdires 37 Villes, mifes & placées à main gauche.

Autre Question contraire à la précedente.

TRouver par le moyen de cette Table, le nombre des livres & parties de livre de *Sarragoce*, répondantes à 100 ℔. de *Marseille*, c'est à dire combien 100 ℔. de *Marseille* en doivent rendre à *Sarragoce*.

Pratique.

IL faut chercher à main gauche, & à côté des colonnes Traversales la Ville en question, comme en cét Exemple, *Marseille*, des 100 ℔. de laquelle Ville on desire sçavoir le Rapport aux Livres de la Ville, dont est question. Comme en cét Exemple on cherche à côté desdites colonnes Traversalles, *Marseille*, dont on parcourrera directement la colonne jusqu'à celle, au haut de laquelle est *Sarragoce*, en laquelle le petit quarré, qui sera vis-à-vis, la colonne de *Marseille* renfermera le nombre requis. C'est à dire 128 ℔. ½, & ainsi des autres.

Avertissement.

SI à la fin des Changes, ou Commutations des especes de Monnoyes étrangeres & de leurs égalitez à trouver par des Pratiques les plus ordinaires, j'ay ajoûté l'Usage de la Regle de Trois Conjointe, pour découvrir par son moyen celles sur lesquelles il y a à gagner ou à perdre ; J'ay bien voulu mettre encore en Pratique cette même Regle Conjointe, pour sçavoir faire la comparaison des Poids differens de plusieurs Royaumes, Provinces, ou Villes ; afin de pouvoir trouver les égalités inconnues des Poids, par celles qui seront données & connuës.

Regle Conjointe avec ses Applications aux pesanteurs

Nombres Antecedens.	*Nombres Consequens.*
100 ℔. d'Amsterdam, sont supp. égales,	à 105 ℔. d'Anvers.
100 ℔. d'Anvers, sont supp. égales,	à 160 ℔. de Milan.
100 ℔. de Milan, sont supp. égales,	à 96 ℔. de Gennes.
100 ℔. de Gennes, sont supp. égales,	à 94 ℔. de Boulogne.
100 ℔. de Boulogne, sont supp. égales,	à 63 ℔. ½ de Roüen.
96 ℔. ½, peù plus, sont égales	à 100 ℔. d'Amsterd. suivant les égalités susd.

Multiplic. des Nomb. Anteced.	*Multiplicat. des Nomb. Conſequens.*
10000000000. produit deſdits Antec. Diviſ.	105 ℔. d'Anv. 1.ᵉʳ nomb.
	160 ℔. de Mil. 2.ᵉ nomb.
	6300
	105 . .
	16800. 1.ᵉʳ prod. à mult. par
	96 ℔. de Gen. 3.ᵉ nomb.
	100800
	151200 .
	1612800. 2.ᵉ prod. à mult. par
	94 ℔. de Boul. 4.ᵉ nom.
	6451200 .
	14515200 .
	151603200. 3.ᵉ prod. à mult. par
	63 ℔. ½ de Roüen, 5.ᵉ n.
	454809600
	909619200 .
	75801600
	9626803200. 4.ᵉ prod. à mult. par
	100 ℔. d'Amſt. 6.ᵉ nom.
	9626803 2|0000. 5.ᵉ prod. n. à diviſer.

$$\frac{9626803 2}{11000000} \Big\} 96 \text{ ℔. } \tfrac{7}{7}, \text{ peû plus.}$$

Avertiſſement.

P Ar la Diviſion cy-deſſus il eſt venu pour Quotient 96 ℔.
Mais parce que le reſte de cette Diviſion contient pluſieurs Figures ſignificatives, j'ay ſeulement enviſagé les deux premieres à
gauche, comme les plus hautes en valeur, & que j'ay comparées
aux trois premieres auſſi à gauche du Diviſeur : & ayant remarqué que 26 ſont à peû prés à l'égard de 100, comme 1 à 4. J'ay
avancé que 100 ℔. Poids d'Amſterdam &c. ſont égales à 96 ℔. ¼ de
de Roüen. Cette Application ſur l'égalité des Poids cy-deſſus,
pourra s'étendre ſur une moindre ou ſur une plus grande quantité
de livres peſantes.

DES MESURES EN LONGUEUR
seulement & de leur Rapports.

LES Mesures, qui du consentement des hommes sont des longueurs déterminées d'une même Ville, Châtellenie, Province, ou de tout un Païs; pour l'Usage du Commerce, que ces lieux font réciproquement entr'eux, reçoivent des noms differens : soit par Rapport aux divers Usages pour lesquels elles sont destinées, ou aux differences des lieux où elles sont employées.

L'*Aune* dont la grandeur est tres connuë, est particulierement en Usage à Paris, Lion, Roüen, Nantes, Bordeaux, & autres Villes de France, où elle est égale en étenduë. On se sert de *l'Aune* pour mesurer les étoffes de Soye & de Laine : les Toilles & autres Merceries dans la *Hollande*, *Flandre*, *Brabant*, & en *Allemagne*; quoy que les Mesures desdits lieux soient differentes entr'elles ; ainsi que je le feray voir par les Tables des Rapports d'aunages cy-aprés.

Mais on se sert d'une autre Mesure appellée *Canne* en *Provence* & à *Avignon*, à *Nismes*, *Montpellier*, *Thoulouze*, *Carcassonne*, *Castres*, *Alby*, *Montauban*, & dans plusieurs autres Villes du haut & bas Languedoc, & mêmes dans quelques-unes de la Guyenne ; à *Naples*, & à *Gennes* &c. où elles different aussi entr'elles, comme on verra cy-aprés : En Espagne la Mesure d'extension y reçoit le nom de *Barre*, ou selon quelques-uns de *Varre* : en Angleterre *la Verge* y sert à même fin que les Mesures précedentes : en *Piedmont* ou dans la *Savoye* on n'y parle que par *Ras* : & en plusieurs Villes d'Italie, les Mesures de la qualité susdite s'y nomment *Brasses* ou *Palmes*, comme le tout sera clairement démontré cy-aprés.

TABLE.
Du Rapport de l'Aune de Lion, Paris, & Roüen, laquelle contient en sa longueur 3 pieds, 7 pouces, 8 lignes, avec les Mesures des Villes cy-aprés.

4 Aunes de Lion &c. sont égales à 7 Aunes d'Amsterdam.
7 Aunes de Lion &c. sont égales à 12 Au. de Fland. Brab. & Allem.

Lion , Paris , & Roüen.

2 Aunes de Lion &c. sont égales à   3 Barres d'Arragon.

5 Aunes de Lion &c. sont égales à   9 Brasses de Bergame.

8 Aunes de Lion &c. sont égales à 15 Brasses de Boulogne.

5 Aunes de Lion &c. sont égales à   7 Barres de Castille.

3 Aunes de Lion &c. sont égales à   5 Pics de Constantinople.

49 Aunes de Lion &c. sont égales à 100 Brasses de Florence.

5 Aunes de Lion &c. sont égales à 24 Palmes de Gennes.

8 Aunes de Lion &c. sont égales à 15 Cann. de 9 Palm. dud. Gen.

7 Aunes de Lion &c. sont égales à   9 Verges de Londres.

1 Aune de Lion &c.   est égale à   2 Brasses de Luques.

8 Aunes de Lion &c. sont égales à 15 Brasses de Mantouë.

4 Aunes de Lion &c. sont égales à   9 Brasses de Milan , pour les Draps de Soye.

4 Aunes de Lion &c. sont égales à   7 Brasses dudit Milan , pour les Draps de Laine.

8 Aunes de Lion &c. sont égales à 15 Brasses de Modene.

5 Aunes de Lion &c. sont égales à   3 Cannes de Montpellier, ou de Provence, d'Avignon, & bas Languedoc , où est Nismes, dont la Canne, qui est de 8 Pans , est longue de 6 pieds, 9 lignes.

32 Aunes de Lion &c. sont égales à 17 Cannes de Naples.

3 Aunes de Lion &c. sont égales à   2 Cannes de Toulouze, *d'Alby* , *Castres* , *Montauban* , & autres Villes du haut Languedoc, & de quelques autres de la Guyenne ; laquelle est aussi de 8 Pans , ou de 5 pieds, 5 pouces, 6 lignes , ou enfin d'une Aune ½ de Paris.

2 Aunes de Lion &c. sont égales à   3 Aun. de Troye en Champ.

1 Aune de Lion &c.   est égale à   2 Ras de Turin.

10 Aunes de Lion &c. sont égales à 13 Barres de Valence.

8 Aunes de Lion &c. sont égales à 15 Brasses de Venize.

TABLE.

Du Rapport des Mesures d'Amsterdam ou de Hollande , comparées avec celles des Places cy-aprés.

49 Aunes de Hollande sont égales à 48 Aunes de Brabant, Flandres & Allemagne.

7 Aunes de Hollande sont égales à   6 Barres d'Arragon.

35 Aunes de Hollande sont égales à 36 Brasses de Bergame.

14 Aunes

Rapport des Mesures d'Amsterdam ou de Hollande.

14 Aunes de Hollande sont égales à 15 Brasses de Boulogne.
35 Aunes de Hollande sont égales à 28 Barres de Castille.
105 Aunes de Hollande sont égales à 100 Pics de Constantinople.
343 Aunes de Hollande sont égales à 400 Brasses de Florence.
35 Aunes de Hollande sont égales à 96 Palmes de Gennes.
7 Aunes de Hollande sont égales à 4 Aunes de Lion.
49 Aunes de Hollande sont égales à 36 Verges de Londres.
7 Aunes de Hollande sont égales à 8 Brasses de Lucques.
14 Aunes de Hollande sont égales à 15 Brasses de Mantoüe.
7 Aunes de Hollande sont égales à 9 Brasses de Milan, pour les
    Draps de Soye.
7 Aunes de Hollande sont égales à 7 Brasses de Milan pour les
    Draps de Laine.
14 Aunes de Hollande sont égales à 15 Brasses de Modène.
35 Aunes de Hollande sont égales à 12 Cannes de Montpellier.
56 Aunes de Hollande sont égales à 17 Cannes de Naples.
7 Aunes de Hollande sont égales à 4 Aunes de Paris.
7 Aunes de Hollande sont égales à 4 Aunes de Roüen.
119 Aunes de Hollande sont égales à 96 Barres de Seville.
43 Aunes de Hollande sont égales à 16 Cannes de Toulouze.
7 Aunes de Hollande sont égales à 6 Aunes de Troye.
7 Aunes de Hollande sont égales à 8 Ras de Turin.
35 Aunes de Hollande sont égales à 26 Barres de Valence.
14 Aunes de Hollande sont égales à 15 Brasses de Venize.

Rapport des Mesures d'Anvers, ou de Brabant, Flandres &c.
    à celles des lieux cy-aprés.

48 Aunes d'Anvers, sont égales, à 49 Aunes d'Amsterdam.
8 Aunes d'Anvers, sont égales, à 7 Barres d'Arragon.
20 Aunes d'Anvers, sont égales, à 7 Cannes d'Avignon.
20 Aunes d'Anvers, sont égales, à 21 Brasses de Bergame.
32 Aunes d'Anvers, sont égales, à 35 Brasses de Boulogne.
60 Aunes d'Anvers, sont égales, à 49 Barres de Castille.
36 Aunes d'Anvers, sont égales, à 35 Pics de Constantinople.
147 Aunes d'Anvers, sont égales, à 175 Brasses de Florence.
5 Aunes d'Anvers, sont égales, à 14 Palmes de Gennes.
12 Aunes d'Anvers, sont égales, à 7 Aunes de Lion.
4 Aunes d'Anvers, sont égales, à 3 Verges de Londres.
6 Aunes d'Anvers, sont égales, à 7 Brasses de Luques.

Hhh

Rapport des Mesures d'Anvers &c.

32 Aunes d'Anvers, font égales, à 35 Brasses de Mantouë.

16 Aunes d'Anvers, font égales, à 21 Brasses de Milan, pour les Draps de Soye.

48 Aunes d'Anvers, font égales, à 49 Brasses de Milan, pour les Draps de Laine.

32 Aunes d'Anvers, font égales, à 35 Brasses de Modene.

20 Aunes d'Anvers, font égales, à 7 Cannes de Montpellier.

384 Aunes d'Anvers, font égales, à 119 Cannes de Naples.

51 Aunes d'Anvers, font égales, à 42 Barres de Seville.

18 Aunes d'Anvers, font égales, à 7 Cannes de Toulouze.

8 Aunes d'Anvers, font égales, à 7 Aunes de Troye.

6 Aunes d'Anvers, font égales, à 7 Ras de Turin.

120 Aunes d'Anvers, font égales, à 91 Barres de Valence.

32 Aunes d'Anvers, font égales, à 35 Brasses de Venize.

Rapport des Mesures d'Arragon, comparées avec celles des lieux cy-après.

6 Barres d'Arragon, font égales, à 7 Aunes d'Amsterdam&c.

7 Barres d'Arragon, font égales, à 8 Aunes d'Anvers, ou de Brabant, Flandres & d'Allemagne.

30 Barres d'Arragon, font égales, à 10 Cannes d'Avignon.

5 Barres d'Arragon, font égales, à 6 Brasses de Bergame.

4 Barres d'Arragon, font égales, à 5 Brasses de Boulogne.

15 Barres d'Arragon, font égales, à 14 Barres de Castille.

45 Barres d'Arragon, font égales, à 50 Pics de Constantinople.

147 Barres d'Arragon, font égales, à 200 Brasses de Florence.

5 Barres d'Arragon, font égales, à 16 Palmes de Gennes.

3 Barres d'Arragon, font égales, à 2 Aunes de Lion.

6 Barres d'Arragon, font égales, à 7 Verges de Londres.

3 Barres d'Arragon. à 4 Brasses de Luques.

4 Barres d'Arragon, font égales, à 5 Brasses de Mantouë.

2 Barres d'Arragon, font égales, à 3 Brasses de Milan, pour les Draps de Soye.

6 Barres d'Arragon, font égales, à 7 Brasses dudit Milan, pour les Draps de Laine.

4 Barres d'Arragon, font égales, à 5 Brasses de Modene.

5 Barres d'Arragon, font égales, à 2 Cannes de Montpellier.

48 Barres d'Arragon, font égales, à 17 Cannes de Naples.

3 Barres d'Arragon, font égales, à 2 Aunes de Paris.

3 Barres d'Arragon, font égales, à 2 Aunes de Roüen.

9 Barres d'Arragon, font égales, à 4 Cannes de Toulouze.

Rapport des Mesures d'Arragon.

1 Barre d'Arragon, est égale, à   1 Aune de Troye en Champagne.

3 Barres d'Arragon, sont égales, à   4 Ras de Turin.

15 Barres d'Arragon, sont égales, à   13 Barres de Valence.

4 Barres d'Arragon, sont égales, à   5 Brasses de Venize.

Rapport des Mesures de Bergame, à celles des lieux cy-aprés.

36 Brasses de Bergame, sont égales, à   35 Aun. d'Amst. ou de Holl.

21 Brasses de Bergame, sont égales, à   20 Aunes de Brabant, Flandres, & Allemagne.

6 Brasses de Bergame, sont égales, à   5 Barres d'Arragon.

3 Brasses de Bergame, sont égales, à   1 Canne d'Avignon.

24 Brasses de Bergame, sont égales, à   25 Brasses de Boulogne.

9 Brasses de Bergame, sont égales, à   7 Barres de Castille.

27 Brasses de Bergame, sont égales, à   25 Pics de Constantinople.

441 Brasses de Bergame, sont égales, à 500 Brasses de Florence.

3 Brasses de Bergame, sont égales, à   8 Palmes de Gennes.

9 Brasses de Bergame, sont égales, à   5 Aunes de Lion.

7 Brasses de Bergame, sont égales, à   5 Verges de Londres.

9 Brasses de Bergame, sont égales, à   10 Brasses de Luques.

24 Brasses de Bergame, sont égales, à   25 Brasses de Mantouë.

4 Brasses de Bergame, sont égales, à   5 Brasses de Milan, pour les Draps de Soye.

36 Brasses de Bergame, sont égales, à   35 Brasses de Milan, pour les Draps de Laine.

24 Brasses de Bergame, sont égales, à   25 Brasses de Modene.

3 Brasses de Bergame, sont égales, à   1 Canne de Montpellier.

288 Brasses de Bergame, sont égales, à   85 Cannes de Naples.

9 Brasses de Bergame, sont égales, à   5 Aunes de Paris.

9 Brasses de Bergame, sont égales, à   5 Aunes de Roüen.

51 Brasses de Bergame, sont égales, à 40 Barres de Seville.

27 Brasses de Bergame, sont égales, à   10 Cannes de Toulouze.

6 Brasses de Bergame, sont égales, à   5 Aunes de Troye en Champagne.

9 Brasses de Bergame, sont égales, à   10 Ras de Turin.

18 Brasses de Bergame, sont égales, à   13 Barres de Valence.

24 Brasses de Bergame, sont égales, à   25 Brasses de Venize.

Rapport des Mesures de Boulogne, comparées avec celles des lieux cy-aprés.

15 Brasses de Boulogne, font égales, à	14 Aunes d'Amsterdam.
35 Brasses de Boulogne, font égales, à	32 Aunes d'Anvers.
5 Brasses de Boulogne, font égales, à	4 Barres d'Arragon.
25 Brasses de Boulogne, font égales, a	24 Brasses de Bergame.
75 Brasses de Boulogne, font égales, à	56 Barres de Castille.
9 Brasses de Boulogne, font égales, à	8 Pics de Constantinople.
147 Brasses de Boulogne, font égales, à	160 Brasses de Florence.
25 Brasses de Boulogne, font égales, à	64 Palmes de Gennes.
15 Brasses de Boulogne, font égales, à	8 Aunes de Lion.
35 Brasses de Boulogne, font égales, à	24 Verges de Londres.
15 Brasses de Boulogne, font égales, à	16 Brasses de Luques.
1 Brasse de Boulogne, est égale, à	1 Brasse de Mantouë.
5 Brasses de Boulogne, font égales, à les Draps de Soye.	6 Brasses de Milan, pour
15 Brasses de Boulogne, font égales, à les Draps de Laine.	14 Brasses de Milan, pour
1 Brasse de Boulogne, est égale, à	1 Brasse de Modene.
25 Brasses de Boulogne, font égales, à	8 Cannes de Montpellier.
60 Brasses de Boulogne, font égales, à	17 Cannes de Naplès.
15 Brasses de Boulogne, font égales, à	8 Aunes de Paris.
15 Brasses de Boulogne, font égales, à	8 Aunes de Roüen.
85 Brasses de Boulogne, font égales, à	64 Barres de Seville.
45 Brasses de Boulogne, font égales, à	16 Cannes de Toulouze.
5 Brasses de Boulogne, font égales, à Champagne.	4 Aunes de Troye en
15 Brasses de Boulogne, font égales, à	16 Ras de Turin.
75 Brasses de Boulogne, font égales, à	52 Barres de Valence.
1 Brasse de Boulogne, est égale, à	1 Brasse de Venize.

Rapport des Mesures de Castille, comparées avec celles des lieux cy-aprés.

28 Barres de Castille, font égales, à	35 Aunes d'Amsterdam.
49 Barres de Castille, font égales, à dres & Allemagne.	60 Aunes de Brabant, Flandres
14 Barres de Castille, font égales, à	15 Barres d'Arragon.
7 Barres de Castille, font égales, à	9 Brasses de Bergame.
56 Barres de Castille, font égales, à	75 Brasses de Boulogne.
21 Barres de Castllie, font égales, à	25 Pics de Constantinople.

Rapport des Mesures de Castille.

343 Barres de Castille, sont égales, à 500 Brasses de Florence.
7 Barres de Castille, sont égales, à 24 Palmes de Gennes.
7 Barres de Castille, sont égales, à 5 Aunes de Lion.
49 Barres de Castille, sont égales, à 45 Verges de Londres.
7 Barres de Castille, sont égales, à 10 Brasses de Luques.
56 Barres de Castille, sont égales, à 75 Brasses de Mantouë.
28 Barres de Castille, sont égales, à 45 Brasses de Milan, pour les Draps de Soye.
28 Barres de Castille, sont égales, à 35 Brasses de Milan, pour les Draps de Laine.
56 Barres de Castille, sont égales, à 75 Brasses de Modene.
7 Barres de Castille, sont égales, à 3 Cannes de Montpellier.
224 Barres de Castille, sont égales, à 85 Cannes de Naples.
7 Barres de Castille, sont égales, à 5 Aunes de Paris.
7 Barres de Castille, sont égales, à 5 Aunes de Roüen.
119 Barres de Castille, sont égales, à 120 Barres de Seville.
21 Barres de Castille, sont égales, à 10 Cannes de Toulouze.
14 Barres de Castille, sont égales, à 15 Aunes de Troye en Champagne.
7 Barres de Castille, sont égales, à 10 Ras de Turin.
14 Barres de Castille, sont égales, à 13 Barres de Valence.
56 Barres de Castille, sont égales, à 75 Brasses de Venize.

Rapport des Mesures de Constantinople, Capitale de la Turquie, comparées avec celles des Places cy-aprés.

100 Pics de Constantinople, sont égaux, à 105 Aunes d'Amsterdam, ou de Hollande.
35 Pics de Constantinople, sont égaux, à 36 Aunes d'Anvers, ou de Brabant, Flandres, &c.
50 Pics de Constantinople, sont égaux, à 45 Barres d'Arragon.
25 Pics de Constantinople, sont égaux, à 27 Brasses de Bergame.
8 Pics de Constantinople, sont égaux, à 9 Brasses de Boulogne.
25 Pics de Constantinople, sont égaux, à 21 Barres de Castille.
49 Pics de Constantinople, sont égaux, à 60 Brasses de Florence.
25 Pics de Constantinople, sont égaux, à 72 Palmes de Gennes.
5 Pics de Constantinople, sont égaux, à 3 Aunes de Lion.
35 Pics de Constantinople, sont égaux, à 27 Verges de Londres.
5 Pics de Constantinople, sont égaux, à 6 Brasses de Luques.

Hhh iij

Rapport des Mesures de Constantinople.

8 Pics de Constantinople, sont égaux, à 9 Brasses de Mantoüe.
20 Pics de Constantinople, sont égaux, à 27 Brasses de Milan, pour les Draps de Soye.
100 Pics de Constantinople, sont égaux, à 105 Brasses de Milan, pour les Draps de Laine.
5 Pics de Constantinople, sont égaux, à 2 Cannes de Montpellier.
160 Pics de Constantinople, sont égaux, à 51 Cannes de Naples.
5 Pics de Constantinople, sont égaux, à 2 Cannes de Toulouze.
10 Pics de Constantinople, sont égaux, à 9 Aunes de Troye.
5 Pics de Constantinople, sont égaux, à 6 Ras de Turin.
50 Pics de Constantinople, sont égaux, à 39 Barres de Valence.
8 Pics de Constantinople, sont égaux, à 9 Brasses de Venize.

Rapport des Mesures de Florence, comparées avec celles des lieux cy-après.

400 Brasses de Florence, sont égales, à 343 Aunes d'Amsterdam.
175 Brasses de Florence, sont égales, à 147 Aunes de Brabant, Flandres & Allemagne.
200 Brasses de Florence, sont égales, à 147 Barres d'Arragon.
500 Brasses de Florence, sont égales, à 441 Brasses de Bergame.
160 Brasses de Florence, sont égales, à 147 Brasses de Boulogne.
500 Brasses de Florence, sont égales, à 343 Barres de Castille.
60 Brasses de Florence, sont égales, à 49 Pics de Constantinople.
125 Brasses de Florence, sont égales, à 294 Palmes de Gennes.
100 Brasses de Florence, sont égales, à 49 Aunes de Lion.
100 Brasses de Florence, sont égales, à 63 Verges de Londres.
50 Brasses de Florence, sont égales, à 49 Brasses de Luques.
160 Brasses de Florence, sont égales, à 147 Brasses de Mantoüe.
400 Brasses de Florence, sont égales, à 441 Brasses de Milan, pour les Draps de Soye.
400 Brasses de Florence, sont égales, à 343 Brasses de Milan, pour les Draps de Laine.
160 Brasses de Florence, sont égales, à 147 Brasses de Modene.
500 Brasses de Florence, sont égales, à 147 Cannes de Montpellier.
3200 Brasses de Florence, sont égales, à 833 Cannes de Naples.
100 Brasses de Florence, sont égales, à 49 Aunes de Paris.
100 Brasses de Florence, sont égales, à 49 Aunes de Roüen.
150 Brasses de Florence, sont égales, à 49 Cannes de Toulouze.
50 Brasses de Florence, sont égales, à 49 Ras de Turin.
1000 Brasses de Florence, sont égales, à 637 Barres de Valence.

Rapport des Mesures de Florence.

160 Brasses de Florence, font égales, à 147 Brasses de Venize.

Rapport des Mesures de Gennes, comparées avec celles des Places cy-après.

96 Palmes de Gennes, font égales, à 35 Aunes d'Amsterdam ou de Hollande.

14 Palmes de Gennes, font égales, à 5 Aunes d'Anvers ou de Flandres &c.

16 Palmes de Gennes, font égales, à 5 Barres d'Arragon.

8 Palmes de Gennes, font égales, à 3 Brasses de Bergame.

64 Palmes de Gennes, font égales, à 25 Brasses de Boulogne.

24 Palmes de Gennes, font égales, à 7 Barres de Castille.

72 Palmes de Gennes, font égales, à 25 Pics de Constantinople.

294 Palmes de Gennes, font égales, à 125 Brasses de Florence.

24 Palmes de Gennes, font égales, à 5 Aunes de Lion.

56 Palmes de Gennes, font égales, à 15 Verges de Londres.

12 Palmes de Gennes, font égales, à 5 Brasses de Luques.

64 Palmes de Gennes, font égales, à 25 Brasses de Mantoüe.

32 Palmes de Gennes, font égales, à 15 Brasses de Milan, pour les Draps de Soye.

96 Palmes de Gennes, font égales, à 35 Brasses de Milan, pour les Draps de Laine.

64 Palmes de Gennes, font égales, à 25 Brasses de Modene.

8 Palmes de Gennes, font égales, à 1 Canne de Montpellier.

768 Palmes de Gennes, font égales, à 85 Cannes de Naples.

24 Palmes de Gennes, font égales, à 5 Aunes de Paris.

24 Palmes de Gennes, font égales, à 5 Aunes de Roüen.

36 Palmes de Gennes, font égales, à 5 Cannes de Toulouze.

12 Palmes de Gennes, font égales, à 5 Ras de Turin.

48 Palmes de Gennes, font égales, à 13 Barres de Valence.

64 Palmes de Gennes, font égales, à 25 Brasses de Venize.

Avertissement.

On remarquera en ce lieu, que la Canne de Gennes contient 9 Palmes, & qu'ainsi 15 Aunes de Paris font égales à 8 Cannes dudit Gennes.

Rapport des Mesures de Londres, comparées avec celles des Villes cy-après.

36 Verges de Londres, font égales, à 49 Aunes d'Amsterdam.

Rapport des Mesures de Londres.

3 Verges de Londres, sont égales, à   4 Aunes de Brabant, Flandres & Allemagne.

6 Verges de Londres, sont égales, à   7 Barres d'Arragon.

20 Verges de Londres, sont égales, à   28 Brasses de Bergame.

24 Verges de Londres, sont égales, à   35 Brasses de Boulogne.

45 Verges de Londres, sont égales, à   49 Barres de Castille.

27 Verges de Londres, sont égales, à   35 Pics de Constantinople.

63 Verges de Londres, sont égales, à 100 Brasses de Florence.

15 Verges de Londres, sont égales, à   5.6 Palmes de Gennes.

9 Verges de Londres, sont égales, à   7 Aunes de Lion.

9 Verges de Londres, sont égales, à   14 Brasses de Luques.

24 Verges de Londres, sont égales, à   35 Brasses de Mantoüe.

4 Verges de Londres, sont égales, à   7 Brasses de Milan, pour les Draps de Soye.

36 Verges de Londres, sont égales, à   42 Brasses de Milan, pour les Draps de Laine.

24 Verges de Londres, sont égales, à   35 Brasses de Modene.

15 Verges de Londres, sont égales, à   7 Cannes de Montpellier.

288 Verges de Londres, sont égales, à 119 Cannes de Naples.

9 Verges de Londres, sont égales, à   7 Aunes de Paris.

9 Verges de Londres, sont égales, à   7 Aunes de Roüen.

27 Verges de Londres, sont égales, à   14 Cannes de Toulouze.

9 Verges de Londres, sont égales, à   14 Ras de Turin.

90 Verges de Londres, sont égales, à   91 Barres de Valence.

24 Verges de Londres, sont égales, à   35 Brasses de Venize.

Rapport des Mesures de Luques comparées avec celles des Villes, ou Places cy-aprés.

8 Brasses de Luques, sont égales, à   7 Aunes d'Amsterdam, ou de Hollande.

7 Brasses de Luques, sont égales, à   6 Aunes de Brabant, Flandres & ullemadne.

4 Brasses de Luques, sont égales, à   3 Barres d'Arragon.

10 Brasses de Luques, sont égales, à   9 Brasses de Bergame.

16 Brasses de Luques, sont égales, à   15 Brasses de Boulogne.

10 Brasses de Luques, sont égales, à   7 Barres de Castille.

6 Brasses de Luques, sont égales, à   5 Pics de Constantinople.

49 Brasses de Luques, sont égales, à   50 Brasses de Florence.

5 Brasses de Luques, sont égales, à   12 Palmes de Gennes.

2 Brasses de Luques, sont égales, à   1 Aune de Lion.

14 Brasses de Luques, sont égales, à   9 Verges de Londres.

16 Brasses

Rapport des Mesures de Luques.

16 Brasses de Luques, sont égales, à	15 Brasses de Mantouë.
8 Brasses de Luques, sont égales, à les Draps de Soye.	9 Brasses de Milan , pour
8 Brasses de Luques, sont égales, à Draps de Laine.	7 Brasses de Milan, pour les
16 Brasses de Luques, sont égales, à	15 Brasses de Modene.
10 Brasses de Luques, sont égales, à	3 Cannes de Montpellier.
64 Brasses de Luques, sont égales, à	17 Cannes de Naples.
2 Brasses de Luques, sont égales, à	1 Aune de Paris.
2 Brasses de Luques, sont égales, à	1 Aune de Roüen.
34 Brasses de Luques, sont égales, à	24 Barres de Seville.
3 Brasses de Luques, sont égales, à	1 Canne de Toulouze.
4 Brasses de Luques, sont égales, à	3 Aunes de Troye.
1 Brasse de Luques , est égale, à	1 Ras de Turin.
20 Brasses de Luques, sont égales, à	13 Barres de Valence.
16 Brasses de Luques, sont égales, à	15 Brasses de Venize.

La Mesure de Mantouë est égale à celle de Boulogne.

Rapport des Mesures de Draps de Soye de Milan , comparées à celles des Places cy-aprés.

9 Brasses de Milan , sont égales, à	7 Aunes d'Amsterdam &c.
21 Brasses de Milan , sont égales, à Flandres & Allemagne.	16 Aunes de Brabant ,
3 Brasses de Milan , sont égales, à	2 Barres d'Arragon.
5 Brasses de Milan , sont égales, à	4 Brasses de Bergame.
6 Brasses de Milan , sont égales, à	5 Brasses de Boulogne.
45 Brasses de Milan , sont égales, à	28 Barres de Castille.
27 Brasses de Milan , sont égales, à	20 Pics de Constantinople.
441 Brasses de Milan , sont égales, à	400 Brasses de Florence.
15 Brasses de Milan , sont égales, à	32 Palmes de Gennes.
9 Brasses de Milan , sont égales, à	4 Aunes de Lion.
7 Brasses de Milan, sont égales, à	4 Verges de Londres.
9 Brasses de Milan , sont égales, à	8 Brasses de Luques.
6 Brasses de Milan , sont égales, à	5 Brasses de Mantouë.
6 Brasses de Milan , sont égales, à	5 Brasses de Modene.
15 Brasses de Milan , sont égales, à	4 Cannes de Montpellier.
72 Brasses de Milan , sont égales, à	17 Cannes de Naples.
9 Brasses de Milan , sont égales, à	4 Aunes de Paris.
9 Brasses de Milan , sont égales, à	4 Aunes de Roüen.
51 Brasses de Milan , sont égales, à	32 Barres de Seville.

Iii

Rapport des Mesures de Milan.

27 Brasses de Milan , sont égales, à   8 Cannes de Toulouze.

3 Brasses de Milan , sont égales, à   2 Aunes de Troye.

9 Brasses de Milan , sont égales, à   8 Ras de Turin.

45 Brasses de Milan , sont égales, à   26 Barres de Valence.

6 Brasses de Milan , sont égales, à   5 Brasses de Venize.

Les Mesures de Milan pour les Draps de Laine, sont semblables à celles d'Amsterdam.

Les Mesures de Modene, sont semblables à celles de Boulogne & de Mantouë.

Rapport des Mesures de Montpellier & de Provence, comparées avec celles des Places cy-aprés.

12 Cannes de Montpell. sont égales, à   35 Aunes d'Amsterdam, ou de Hollande.

7 Cannes de Montpell. sont égales, à   20 Aunes de Brabant, Flandres & d'Allemagne.

2 Cannes de Montpell. sont égales,   5 Barres d'Arragon.

1 Canne de Montpellier, est égale, à   3 Brasses de Bergame.

8 Cannes de Montpell. font égales, à   25 Brasses de Boulogne.

3 Cannes de Montpell. sont égales, à   7 Barres de Castille.

2 Cannes de Montpell. sont égales, à   5 Pics de Constantinople.

147 Cannes de Montpell. sont égales, à 500 Brasses de Florence.

3 Cannes de Montpell. sont égales, à   24 Palmes de Gennes.

2 Cannes de Montpell. sont égales, à   3 Aunes de Lion.

7 Cannes de Montpell. sont égales, à   15 Verges de Londres.

3 Cannes de Montpell. sont égales, à   10 Brasses de Luques.

8 Cannes de Montpell. sont égales, à   25 Brasses de Mantouë.

4 Cannes de Montpell. sont égales, à   15 Brasses de Milan, pour les Draps de Soye.

12 Cannes de Montpell. sont égales, à   35 Brasses de Milan, pour les Draps de Laine.

8 Cannes de Montpell. sont égales, à   25 Brasses de Modene.

96 Cannes de Montpell. sont égales, à   85 Cannes de Naples.

2 Cannes de Montpell. sont égales, à   3 Aunes de Paris.

2 Cannes de Montpell. sont égales, à   3 Aunes de Roüen.

17 Cannes de Montpell. sont égales, à   40 Barres de Seville.

9 Cannes de Montpell. sont égales, à   10 Cannes de Toulouze.

4 Cannes de Montpell. sont égales, à   5 Aunes de Troye.

3 Cannes de Montpell. sont égales, à   10 Ras de Turin.

Rapport des Mesures de Montpellier, & de Provence.

6 Cannes de Montpell. font égales, à 13 Barres de Valence.
8 Cannes de Montpell. font égales, à 25 Brasses de Venize.

Rapport des Mesures de Naples, Capitale du Royaume de ce nom,
comparées avec celles des lieux cy-aprés.

17 Cannes de Naples, font égales, à 56 Aunes d'Amsterdam &c.
119 Cannes de Naples, font égales, à 384 Aunes d'Anvers &c.
17 Cannes de Naples, font égales, à 48 Barres d'Arragon.
85 Cannes de Naples, font égales, à 288 Brasses de Bergame.
17 Cannes de Naples, font égales, à 60 Brasses de Boulogne.
85 Cannes de Naples, font égales, à 224 Barres de Castille.
51 Cannes de Naples, font égales, à 160 Pics de Constantinople.
833 Cannes de Naples, font égales, à 3200 Brasses de Florence.
85 Cannes de Naples, font égales, à 768 Palmes de Gennes.
17 Cannes de Naples, font égales, à 32 Aunes de Lion.
119 Cannes de Naples, font égales, à 288 Verges de Londres.
17 Cannes de Naples, font égales, à 64 Brasses de Luques.
17 Cannes de Naples, font égales, à 60 Brasses de Mantouë.
17 Cannes de Naples, font égales, à 72 Brasses de Milan, pour
  les Draps de Soye.
17 Cannes de Naples, font égales, à 56 Brasses de Milan, pour
  Draps de Laine.
17 Cannes de Naples, font égales, à 60 Brasses de Modene.
17 Cannes de Naples, font égales, à 32 Aunes de Paris.
17 Cannes de Naples, font égales, à 32 Aunes de Roüen.
289 Cannes de Naples, font égales, à 768 Barres de Seville.
51 Cannes de Naples, font égales, à 64 Cannes de Toulouze.
17 Cannes de Naples, font égales, à 48 Aunes de Troye.
17 Cannes de Naples, font égales, à 64 Ras de Turin.
85 Cannes de Naples, font égales, à 208 Barres de Valence.
17 Cannes de Naples, font égales, à 60 Brasses de Venize.

Les Mesures de Paris & de Roüen, font semblables à celles de Lion.

Rapport des Mesures de Toulouze, comparées à celles des lieux
cy-aprés.

8 Cannes de Toulouze, font égales, à 21 Aunes d'Amsterdam &c.
7 Cannes de Toulouze, font égales, à 18 Aunes de Brabant, Flandres, & d'Allemagne.
4 Cannes de Toulouze, font égales, à 9 Barres d'Arragon.

Iii ij

Rapport des Mesures de Toulouze.

10 Cannes de Toulouze, font égales, à 27 Brasses de Bergame.
16 Cannes de Toulouze, font égales, à 45 Brasses de Boulogne.
10 Cannes de Toulouze, font égales, à 21 Barres de Castille.
2 Cannes de Toulouze, font égales, à 5 Pics de Constantinople
49 Cannes de Toulouze, font égales, à 150 Brasses de Florence.
10 Cannes de Toulouze, font égales, à 72 Palmes de Gennes.
2 Cannes de Toulouze, font égales, à 3 Aunes de Lion.
14 Cannes de Toulouze, font égales, à 27 Verges de Londres.
1 Canne de Toulouze, est égale, à 3 Brasses de Luques.
16 Cannes de Toulouze, font égales, à 45 Brasses de Mantouë.
8 Cannes de Toulouze, font égales, à 27 Brasses de Milan, pour
   les Draps de Soye.
8 Cannes de Toulouze, font égales, à 21 Brasses de Milan, pour
   les Draps de Laine.
16 Cannes de Toulouze, font égales, à 45 Brasses de Modene.
10 Cannes de Toulouze, font égales, à 9 Cannes de Montpellier.
64 Cannes de Toulouze, font égales, à 51 Cannes de Naples.
17 Cannes de Toulouze, font égales, à 36 Barres de Seville.
4 Cannes de Toulouze, font égales, à 9 Aunes de Troye.
1 Canne de Toulouze, est égale, à 3 Ras de Turin.
20 Cannes de Toulouze, font égales, à 39 Barres de Valence.
16 Cannes de Toulouze, font égales, à 45 Brasses de Venize.

Les Mesures de Turin, font égales à celles de Luques.

Rapport des Mesures de Valence, comparées avec celles des lieux cy - aprés.

26 Barres de Valence, font égales, à 35 Aunes d'Amsterdam.
91 Barres de Valence, font égales, à 120 Aunes d'Anvers.
13 Barres de Valence, font égales, à 15 Barres d'Arragon.
13 Barres de Valence, font égales, à 18 Brasses de Bergame.
52 Barres de Valence, font égales, à 75 Brasses de Boulogne.
13 Barres de Valence, font égales, à 14 Barres de Castille.
39 Barres de Valence, font égales, à 50 Pics de Constantinopl.
637 Barres de Valence, font égales, à 1000 Brasses de Florence.
13 Barres de Valence, font égales, à 48 Palmes de Gennes.
13 Barres de Valence, font égales, à 10 Aunes de Lion.
91 Barres de Valence, font égales, à 90 Verges de Londres.
13 Barres de Valence, font égales, à 20 Brasses de Luques.
52 Barres de Valence, font égales, à 75 Brasses de Mantouë.

Rapport des Mesures de Valence.

26 Barres de Valence, sont égales, à 45 Brasses de Milan, pour les Draps de Soye.

26 Barres de Valence, sont égales, à 35 Brasses de Milan, pour les Draps de Laine.

52 Barres de Valence, sont égales, à 75 Brasses de Modene.

13 Barres de Valence, sont égales, à 6 Cannes de Montpellier.

208 Barres de Valence, sont égales, à 85 Cannes de Naples.

221 Barres de Valence, sont égales, à 240 Barres de Seville.

13 Barres de Valence, sont égales, à 15 Aunes de Troye.

13 Barres de Valence, sont égales, à 20 Ras de Turin.

52 Barres de Valence, sont égales, à 75 Brasses de Venize.

Les Mesures de Venize, sont semblables à celles de Boulogne, Mantoüe, & de Modene.

Rapport des Mesures en Estenduë par la Regle Conjointe.

Comme j'ay cy-devant donné des Exemples, pour trouver par le moyen de la Regle Conjointe, les Rapports des Monnoyes & des Poids d'une Ville étrangere, par la connoissance que l'on a du Rapport, que ceux d'une, ou de plusieurs autres Villes ont entr'elles, j'ay crû que je devois donner en ce lieu un Exemple, pour trouver les Rapports des Mesures en étenduë pour rélever les doutes ou difficultez, que l'on pourroit avoir sur ces derniers Rapports.

Exemple.

On desire sçavoir, le nombre des Verges d'Angleterre, que peuvent rendre 7 Aunes de Paris, par la connoissance que l'on a des Mesures suivantes, qui sont égales entr'elles.

Disposition des nombres connus.

Nombres Antecedens.	Nombres Consequens.
4 Aunes de Paris, sont égales, à	7 Aunes d'Amsterdam.
49 Aunes d'Amsterd. sont égales, à	48 Aunes d'Anvers.
8 Aunes d'Anvers, sont égales, à	7 Barres d'Arragon.
5 Barres d'Arragon, sont égales, à	6 Brasses de Bergame.
24 Brasses de Berg. sont égales, à	25 Brasses de Boulogne.
75 Brasses de Boulog. sont égales, à	56 Barres de Castille.
21 Barres de Castille, sont égales, à	25 Pics de Constantinople.
49 Pics de Constanti. sont égaux, à	60 Brasses de Florence.
125 Brasses de Florence, sont égales, à	294 Palmes de Gennes.
56 Palmes de Gennes, sont égales, à	15 Verges de Londres.
9 Verges de Londres, sont égales, à	7 Aunes de Paris.

Multiplication Alternative des Nombres Antecedens.

4. premier Nombre, à multiplier par
49. deuxiéme Nombre.
_____

196. premier produit, à multiplier par
8. troisiéme Nombre.
_____

1568. deuxiéme produit, à multiplier par
5. quatriéme Nombre.
_____

7840. troisiéme produit, à multiplier par
24. cinquiéme Nombre.
_____

31360
156800
_____

188160. quatriéme produit, à multiplier par
75. sixiéme Nombre.
_____

940800
13171200
_____

14112000. cinquiéme produit, à multiplier par
21. septiéme Nombre.
_____

14112000.
28224000
_____

296352000. sixiéme produit, à multiplier par
49. huitiéme Nombre.
_____

2667168000
11854080000
_____

14521248000. septiéme produit, à multiplier par
125. neuviéme Nombre.
_____

72606240000
290424960000
1452124800000
_____

1815156000000. huitiéme produit, à multiplier par
56. dixiéme Nombre.
_____

10890936000000.
90757800000000.
_____

101648736|000000. produit Total de Nombres antecedens, mul-
tipliez les uns par les autres, servant de
Diviseur.

Multiplication Alternative des Nombres Consequens.

7. premier Nombre.
48. second Nombre.

---

336. premier produit, à multiplier par
7. troisiéme Nombre.

2352. deuxiéme produit, à multiplier par
6. quatriéme Nombre.

14112. troisiéme produit, à multiplier par
25. cinquiéme Nombre.

70560
282240

352800. quatriéme produit, à multiplier par
56. sixiéme Nombre.

2116800
17640000

19756800. cinquiéme produit, à multiplier par
25. septiéme Nombre.

98784000
395136000

493920000. sixiéme produit, à multiplier par
60. huitiéme Nombre.

29635200000. septiéme produit, à multiplier par
294. neuviéme Nombre.

1185408000000.
2667168000000.
5927040000000.

8712748800000. huitiéme produit, à multiplier par
15. dixiéme Nombre.

43563744000000
87127488000000

130691232000000. neuviéme produit, à multiplier par
7. onziéme Nombre.

914838624000000. produit Total des Nombres Consequens
multipliez, comme cy-devant, servant de
Nombre à diviser.

914838624 ⎰
————————— ⎱ 9 Verges de Londres égales à 7 Aunes de Paris.
291648736 ⎰

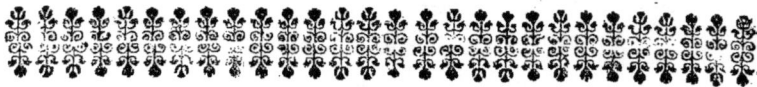

Pour avoir une intelligence de la Pratique entiere du Rapport des Monnoyes, des Poids, & des Mesures étrangeres avec ceux de France, & réciproquement de celuy de chacun des lieux étrangers, avec ceux où ils ont leurs Correspondances, on observera ce qui suit.

LA connoissance du Rapport des Monnoyes, des Poids, & des Mesures de France, ou de quelque Païs que ce soit, comparés avec ceux des lieux où il y a des Correspondances réciproques, estant absolument necessaire aux Banquiers, aux Marchands, & autres Negocians tant en dedans le Royaume, où l'on suppose qu'ils fassent leur principale Residence, que dans les Païs étrangers où ils trafiquent : j'ay jugé à propos de dresser pour la commodité des uns & des autres, le projet de quelques Regles de Trois à pratiquer, lors qu'il faudra trouver le Rapport d'une Monnoye, à une autre differente ; d'un Poids, ou d'une Mesure aussi differens de ceux avec lesquels on cherche souvent la convenance.

On sçaura donc le Rapport que la Monnoye, les Livres pesantes, & les Mesures d'une principale Ville ou de tout un Païs, auront avec ceux des lieux où le Negoce se fait réciproquement, pourveu que l'on ait la connoissance de 3 Nombres donnés & connus pour la découverte d'un quatriéme inconnu : Mais parce que ces trois Nombres en supposent une disposition convenable, on la pourra apprendre & reduire en Pratique par les Maximes suivantes, qui sont generales & infaillibles.

Maxime premiere.

ON mettra toûjours au troisiéme lieu de la Regle de Trois, la quantité de la Monnoye, des Livres pesantes, ou des Mesures selon le nom qu'elles portent, & dont on desire sçavoir la valeur Correspondante à l'égard d'un autre lieu, ou d'un autre Païs, comme voulant sçavoir combien rendront 200 Ecus, 200 ℔ ou 200 Aunes de France à *Londres* ; à *Venize* ou en quelqu'autre lieu qué que ce foit, on doit pofer l'un defdits Nombres au troifiéme lieu de la Regle de Trois.

Maxime deuxiéme.

MAis le troifiéme Terme de cette Regle, eftant de même nature que le premier, celuy-cy contiendra une certaine quantité de livres ou d'Ecus, de livres pefantes, ou de Mefures; felon le nom qu'elles recevront; & toûjours femblables à celles qui feront au troifiéme Terme: par Exemple voulant fçavoir combien 200 Ecus, 200 ℔. ou 200 Aunes de Paris rendront de livres, fols, & deniers Sterlins; de livres pefantes, ou de Verges en Angleterre, on met au premier Terme le plus petit Nombre que faire fe peut de chacune de ces Efpeces, dont le Rapport en livres d'Argent monnoyé, en livres pefantes, ou en Verges d'Angleterre, doit eftre univerfellement reçeu & approuvé par autorité inconteftable; comme feroit 1 Ecu, 100 ℔. ou 7 Aunes &c.

Maxime troifiéme.

ENfin le fecond Terme, qui fera une quantité de chofes de mefme nature, que celles que l'on cherche, renfermera un autre petit Nombre de deniers Sterlins; de Livres pefantes, ou de Verges de Londres de mefme valeur que le premier, comme dans l'Exemple cy-deffus; où defirant fçavoir combien 200 Ecus, 200 ℔. ou 200 Aunes de Paris peuvent ou doivent rendre à Londres, on difpofera la Regle en cette maniere.

$$\text{Si} \begin{cases} 3 \text{ liv. ou } 1\nabla \\ 100 \text{ ℔.} \\ 7 \text{ Aunes.} \end{cases} \begin{cases} \text{de Paris} \\ \text{donnent} \end{cases} \begin{cases} 54\frac{3}{4} \text{ den. Sterl.} \\ 109 \text{ ℔. } \frac{1}{2} \\ 9 \text{ Verges} \end{cases} \begin{cases} \text{à Londres} \\ \text{combien} \end{cases} \begin{cases} 200 \nabla \\ 200 \text{ ℔.} \\ 200 \text{ Au.} \end{cases} \text{*}$$

$$\text{* de Paris donneront ils à Londres. } \mathbb{R}. \begin{cases} 45 \text{ liv. } 12. 6. \\ 219 \text{ ℔.} \\ 257 \text{ Verges } \frac{1}{7} \end{cases}$$

Avertiffement premier.

ON void que pour la Solution des trois Queftions cy-devant, il ne faut que multiplier le troifiéme Terme par le fecond, & divifer le produit par le premier, pour avoir ce que l'on cherche. Et l'Operation eftant faite, on aura à Londres fuivant le Rapport cy-devant, 45 livres, 12 fols, 6 den. Sterl. pour la valeur defdits 200 Ecus d'Or Sol de France: 219 ℔. pefantes pour les 200 ℔.

Kkk

de Paris ; & 257 Verges $\frac{1}{7}$ pour la quantité de 200 Aunes de Paris.

Avertiffement deuxiéme.

COmme le premier Terme est toûjours le nombre, par lequel on divise le produit du second multiplié par le troisiéme, & qu'un Diviseur ne peut pas estre composé de plusieurs Espéces, il s'enfuit que lors qu'il y a des fous-efpeces il faut reduire le tout en la moindre, & faire la mefme chofe à l'égard du troisiéme Terme. Ainfi que je l'ay amplement expliqué par plufieurs Exemples dans mon Livre d'Arithmetique, en parlant de la Regle de Trois.

Avertiffement troifiéme.

LA Converfe de ces queftions, qui fert de Preuve aux précedentes Operations, eft d'autant plus facile qu'il n'y a qu'à changer la demande, en mettant par Exemple au premier Terme la plus petite quantité de Livres ; ou autre Efpece d'Argent monnoyé ; de ℔. pefantes, ou de Mefures de Londres, fuivant le nom qui leur fera donné ; au fecond la valeur en Ecus, en ℔. ou en Aunes de Paris. Et enfin au troifiéme Terme y mettre le nombre des livres, fols, & deniers Sterlins, des ℔. pefantes, ou des Verges d'Angleterre, qui font le fujet de l'Operation réquife comme cy-aprés.

Si $\left\{\begin{array}{l}54\frac{1}{4}\text{ den. Sterl.}\\109\frac{1}{2}\text{ ℔.}\\9\text{ Verges}\end{array}\right\}$ de Londres rendent $\left\{\begin{array}{l}1\text{ Ecu}\\100\text{ ℔.}\\7\text{ Aunes}\end{array}\right\}$ à Paris combien *

$*\left\{\begin{array}{l}45\text{ liv. 12. f. 6. den. Sterl.}\\219\text{ ℔.}\\257\text{ Verges }\frac{4}{7}\end{array}\right\}$ Réponfe. $\left\{\begin{array}{l}200\text{ Ecus}\\200\text{ ℔.}\\200\text{ Aunes.}\end{array}\right\}$

DES REDVCTIONS DE FACTVRES
Etrangeres, en Aunages & Monnoyes de France.

POUR reduire une Facture de Draps, de Toilles ou d'autres effects achetez d'ordre d'un Commettant, par un Commiſſionnaire de Païs étranger, & envoyés dans un autre Païs, où l'on ſuppoſe eſtre la Reſidence actuelle dudit Commettant, ou de quelqu'autre Commis de ſa part : On pratiquera les conditions ſuivantes qui ſont ; Sçavoir.

1°. Qu'il faut évaliier la Monnoye du lieu, où l'achat deſdits Draps &c. & les frais auront été faits, ſur la parité ou ſuivant le cours du Change, afin d'en avoir la valeur en la Monnoye du lieu, pour lequel leſdites Marchandiſes ſont deſtinées.

2°. Qu'il faut ajoûter à cette Reduction de Monnoye Etrangere, la ſomme à laquelle ſe peuvent monter tous les frais faits juſqu'au Magazin; dont les plus ordinaires ſont le *Fret* de la Mer, la *Voiture* par Terre du Port de Mer à Paris &c. *les Droits d'Entrée, Ports* &c.

3°. Qu'il faut reduire les Meſures qui ont eſté livrées, & qui ſont marquées ſur la Facture, en celles du Païs de la Reſidence du Negociant Commettant.

4°. Qu'il faut diviſer toute la ſomme exprimée en la Monnoye du lieu où leſdits effets ſont envoyez, & à laquelle ils ſe montent, y compris l'achat & frais faits juſqu'au Magazin, par la quantité des Livres du prix coûtant ; pour avoir aux Quotiens des Diviſions la valeur de l'une deſdites livres du prix coûtant ; de laquelle on augmentera à proportion les Livres, Sols, & Deniers dudit prix coûtant de chaque quantité des Meſures payées & contenuës en la Facture.

5°. Qu'il faut multiplier la valeur de ladite livre étrangere, par la quantité de celles qui ſont dans la Facture, pour avoir au produit la valeur en Monnoye commune du lieu dudit Negociant Commettant, d'une quantité de Meſures connuës ; par leſquelles diviſant ladite valeur, on aura celle d'une Meſure particuliere.

KKK ij

6°. La preuve de cette Reduction, est lorsque l'addition des produits particuliers provenans des differentes pieces, se trouve égale à la somme totale, qui a esté divisée par les livres du prix coûtant.

Applications des Circonstances cy-devant declarées & à mettre en Usage pour la Reduction des Factures de Marchandises achetées dans des Païs étrangers, & envoyées ensuite en France.

Application premiere, sur une balle de Draps achetez à Londres.

A Londres ce $\frac{18}{28}$ Decembre 1686.

C. J. [F] ACTURE Originaire d'une Balle de la Marque cy-contre, envoyée par les Sieurs Dulivier au Sieur C. J. de Paris, à ses frais & risques, à l'adresse des Sieurs Bettefort, Pere & Fils de Calais.

Draps d'Angleterre fins, couleur à la mode.

N. 10. Verges 17¾ ⎫
11. Verges 29 ⎬ Verg. 46¾ pr Verg. 44⅔, à 15 f. la Verg. l. 33.11.3

N. 12. Verges 16½ pour Verg. 15½, à 15 f. la Verge. l. 11.12.6
13. Verges 13½ pour Verg. 12½, à 15 f. la Verge. l. 9. 7.6
14. Verges 22¼ pour Verg. 21¼, à 14 f. la Verge. l. 14.17.6
15. Verges 24½ ⎫
16. Verges 27¾ ⎬ Verg. 82½ pr Verg. 79, à 14 f. la Verge. l. 55. 6.
17. Verges 30¼ ⎭
18. Verges 25½ pr Verg. 24½ Flanelle blanc² à 2 f. la V. l. 2. 9.
                                                          l. 127. 3.9

Frais d'Angleterre.

Pour l'Aprest, Ruban, Ais, Double Emball. l. 1.10. 6
Pour Port au Chariot, & pour Ports de Lett. l. o. 3. -
Pour Voiture de Londres à Douvre. l. o. 14. -
Pour Droits de sortie d'Angleterre. l. o. 18. - ⎬ l. 6.12.10
Pour le Coquet. l. o. 8. -
Pour le Droit de Ville, & Provision. l. o. 8. 6
Pour la provis. de l'achat susdit, à 2 pour ⁰⁄₀ l. 2.10. 10

Somme totale de l'Achat, & Frais d'Angleterre, l. 133.16.7

Laquelle somme de l. 133. 16. 7 deniers Sterlins, ayant esté tirée de Londres sur le Commettant de Paris à 54 ¼ denier Sterlin, pour un Ecu d'Or Sol, produit en Monnoye de France 586 Ecus, 13 sols d'Or Sol, ou   l. 1759. 19. s.

A laquelle somme de 1759 liv. 19. s. il faut ajoûter les frais suivans.

Frais faits en France ; Sçavoir

Pour le port au Paqueboc.	l. 4. ———	
Pour les Droits d'Entrée de 181 Verg. ½, ou de 141 ¼ Aune de France, à l. 3. 4. l'Aun.	l. 451. 14. 8.	
Pour autres Droits d'une piece de Serge.	l. 10. 16. -	
Pour les Pauvres à 1 pour cent.	l. 4. 10. 6.	l. 482. 17. 8.
Pour Frais d'envoy de Calais à Paris.	l. 1. 8. -	
Pour la Provision & Ports de Lettres.	l. 3. 12. -	
Pour Voiture de Calais & autres frais jusqu'au Magazin.	l. 6. 16. 6.	

l. 2242. 16. 8.

Avertissement I.

Ayant trouvé que les Draps de Londres cy-dessus spécifiez, avec la piece de Serge comprise, se montent tant d'Achat que des frais faits jusqu'au Magazin, à la somme de 2242 livres, 16 sols, 8 deniers, Argent de France, & voulant sçavoir à combien revient l'Aune en Monnoye aussi de France ; il faut diviser ladite somme par 127 livres, 3 sols, 9 deniers Sterlins, prix coûtant ; afin de trouver aux Quotiens 17 livres, 12 sols, 8 deniers de France, pour la valeur d'une livre Sterlin, & celle de ses parties à proportion, comme suit.

2242 livres, 16 s. 8 den. à diviser par 127 liv. 3 s. 9 deniers Sterlins.

20 sols de France.   20 sols Sterlins.

44856 s. à multip. par   2543 s. Sterlins, à multiplier par
12 den. valeur d'un s.   12 deniers, valeur d'un Sol.

538280 den. de France, nombre   30525 deniers Sterlins, Diviseur.
à diviser.

```
   1935              2080                5400
233035            81880              249800
838280  }        387100  }          308288  } 8 den. peü plus,
308288  } 17 livres.   308288  } 12 sols.  3082  } pour la valeur
3082    }        3082              d'une liv. Sterl.
```

Avertissement II.

PUifque par les Divifions cy-deffus il paroît que la livre Sterlin de Londres , envifagée par Rapport aux prix Coûtant des Marchandifes fufdites, revient à 17 livres , 12 fols , 8 deniers, peü plus , en Monnoye de France , en comprenant l'Achat & tous les frais faits jufqu'au Magazin ; il s'enfuit qu'un fol Sterlin de la qualité fufdite, doit rendre en France 17 fols , 7 deniers $\frac{2}{3}$ de denier auffi de France, & qu'enfin un denier Sterlin, peut fuivant les conditions cy-deffus eftre équivalent à 17 deniers $\frac{1}{3}$, peü moins , de France, & fur ces fondemens on fera avec facilité les Reductions en la maniere fuivante.

1°. On reduira les 17 Verges $\frac{1}{4}$ de Londres en Aunes de Paris : ce qui fe fait en multipliant celle-là par 7. & divifant enfuite leur produit par 9. fuivant le Rapport qu'il y a entre 9 Verges de Londres, & 7 Aunes de Paris ; ainfi qu'il a efté dit ailleurs.

Pratique pour reduire les Verges de Londres en Aunes de Paris &c.

17 Verges $\frac{1}{4}$ de Londres , à multiplier par
7 Aunes de Paris , égales à 9 Verges de Londres.

124 Aunes $\frac{3}{4}$, à divifer par 9. ou bien en prendre le $\frac{1}{9}$.

$\frac{2}{3}$ 13 Aunes $\frac{3}{4}$, peü plus de Paris, égales aufdites 17 Verges $\frac{1}{4}$.

2°. On multipliera les 16 Verges $\frac{3}{4}$, à payer au Vendeur de Londres, par 15 fols Sterlins , valeur d'une Verge , pour avoir leur valeur totale en Livres, Sols & Deniers Sterlins , que l'on reduira enfuite en Argent de France ; en multipliant ladite valeur totale par 17 livres , 12 fols , 8 deniers , à quoy fe monte , comme deffus la livre Sterlin du prix coûtant.

Pratique pour trouver la valeur des Verges d'Angleterre.

16 Verges $\frac{3}{4}$ de Londres, achetées à		
15 sols Sterlins la Verge.		
8 Liv.	.	produit pour 10 sols, ou $\frac{1}{2}$ de 16 Verges.
4 Liv.	.	autre pour 5 sols, ou $\frac{1}{2}$ de celuy de 10 sols.
0. Liv.	7. 6. den.	autre pour $\frac{2}{4}$, ou $\frac{1}{2}$ de 15 sols Sterlins.
0. Liv.	3. 9.	autre pour $\frac{1}{4}$, ou $\frac{1}{2}$ de celuy de $\frac{2}{4}$.
12. Liv.	11. 3 d.	Sterl. valeur desd. 16 Verges $\frac{3}{4}$, à multiplier par
17 Liv.	12. 8 den.	valeur en Monnoye de France, de la livre Sterlin.
204 livres.		
6. .	5. 8.	produit pour 10 s. de France, ou $\frac{1}{2}$ de 12 l. 11 s. 3 d. St.
1. .	5. 1.	produit pour 2 sols dits, ou $\frac{1}{5}$ de 10 sols.
0. .	8. 4.	autre pour 8 den. ou $\frac{1}{3}$ de celuy de 2 sols.
8. .	10. .	autre pour 10 s. Sterlins, ou $\frac{1}{2}$ de 17 livres.
	17. .	autre pour 1 sol dit, ou $\frac{1}{10}$ de celuy de 10 sols.
	4. 3.	autre pour 3 den. dits, ou $\frac{1}{4}$ de celuy d'un sol.
221. Liv.	10. 4. den.	Monnoye de France, valeur desdites 16 Verges $\frac{3}{4}$, ou des 13 Aunes $\frac{3}{4}$ de Paris, cy-devant trouvées, suivant la reduction faite en la page cy contre 446.

3°. Pour trouver la valeur de l'Aune du *Numerò* 10. Il faut diviser les 221 livres, 10 sols, 4 deniers, par 13 Aunes $\frac{3}{4}$, pour avoir aux Quotiens des Divisions 16 livres, 2 sol, 3 deniers, peù moins, ce qui se fait en multipliant l'un & l'autre de ces deux nombres par 4. Denominateur de la fraction qui accompagne lesdites Aunes.

Pratique.

L. 221. 10 s. 4 d. à multiplier par	13 Aunes $\frac{3}{4}$, à multiplier par
4. Den. de la fraction.	4. Denominateur de la fraction.
886. 1. 4. Nombre à diviser.	55 Diviseur.

33
886 / 555 } 16 livres.
6

1
221 / 55 } 2 sols.

2
236 / 55 } 2 deniers.

4°. Enfin pour sçavoir la valeur desdites 13 Aunes $\frac{3}{4}$: il les faut multiplier par 16 livres, 2 sols, 3 deniers, valeur de l'Aune, peù moins, pour avoir 221 livres, 10 s. 10 deniers.

Pratique.

13 Aunes ¾ de France, à multiplier par
16 Livres, 2 fols, 3 deniers, valeur d'une Aune.

208

1 6 . . produit pour 2 fols, ou $\frac{1}{10}$ de 13 Aunes.

. 3 . 3 . autre produit pour 3 den. ou $\frac{1}{8}$ de celuy de 2 fols.

8 . 1 . 1 . autre pour ¾ d'Aune, ou ½ de 16 livres, 2 fols, 3 deniers.

4 . 0 . 6 . autre pour ¼, ou ½ de celuy de ½.

---

221 . 10 . 10 . valeur totale defdites 13 Aunes ¾, égales aufdites 17 Verges ¾.

Observation.

ON fuivra la mefme Methode pour trouver la valeur des Verges, & parties de Verge de Londres, reduites en Aunes de Paris.

Application feconde fur la Balle précedente, reduite en Aunage, & en Monnoye de France.

N. 10. 13 Aun. ¾ Drap fin, couleur de Caffé, à 16 l. 2 f. 3 d. l.	221 . 10 . 10.
11. 22 Aun. ½ dit . . à 16 liv. 9 f. 2 d. l'Aune. l.	370 . 6 . 3.
12. 12 Aun. ⅞ dit . . . à 15 liv. 19 f. 6 d. l'Aune. l.	205 . 0 . 3.
13. 10 Aun. ½ dit . . . à 15 liv. 14 f. 11 d. l'Aune. l.	165 . 6 . 8.
14. 17 Aun. ¼ dit . . . à 15 liv. 4 f. 2. den. l'Au. l.	262 . 6 . 10.
15. 19 Aun. . dit ⎫	
16. 21 Aun. $\frac{7}{12}$ dit ⎬ Aunes. 64 $\frac{1}{12}$, à 15 l. 4 f. 4 d. l'Au. l.	975 . 2 . 9.
17. 23 Aun. ½ dit ⎭	
18. 19 Aun. ¾ Serge. . à 43 fols, 7 den. l'Aune. l.	43 . 4 . 4.

l. 2242 . 17 . 11.

Avertiffement I.

ON voit par cette derniere Facture de France, que les Operations précédentes font d'autant plus juftes que l'Addition des produits des Marchandifes cy-deffus, répond à l'évaluation des 133 livres, 16 fols, 7 deniers Sterlins, à quoy fe montent l'achat & frais faits en Angleterre; Car par celle-cy il eft venu 1759 livres, 19 fols de France, à laquelle fomme ayant ajoûté 482 livres, 17 fols, 8 deniers pour les frais faits en France, le tout à produit 2242 livres, 16 fols,

16 fols , 8 deniers , & par celle-là il eft venu 2242 livrés , 17 fols,
11 deniers. Laquelle fomme n'eftant differente de la premiere que
de quinze deniers , cette inégalité ne doit pas empécher la ju-
fteffe des Operations Arithmetiques faites pour raifon de la Fa-
êture précedente, & de toutes celles qui fe peuvent prefenter. Où
l'on remarquera qu'il arrive fouvent des Fractions d'Aunages, éloignées de l'ufage ordinaire , & que pour les y accommoder on les
augmente ou diminuë, fuivant la prudence du Negociant, & c'eft
ce qui caufe d'ordinaire l'inégalité des deux produits, dont je viens
de parler : mais cette difparité n'eftant de nulle confequence , on
n'y aura nul égard.

Avertiffement II.

LE Negociant de Paris , voulant profiter de 5. 7½. 10 &c. pour
÷ &c. il luy fera facile : en ce que fi le profit fe regle fur le
pied de 5 pour ÷, c'eft 1 fol pour livre , à ajoûter au prix coûtant :
Si fur 7½ pour ÷ il y faut ajoûter 1 fols , 6 den. pour chaque livre ;
fi c'eft à raifon de 10 pour ÷. Il faudra augmenter chaque livre
de 2 fols , & ainfi des autres à proportion du Gain que l'on y voudra faire fuivant les Circonftances ou du temps, ou de la néceffi-
té d'en avoir.

Avertiffement III.

IL y a plufieurs Negocians, qui évitent les Calculs à faire dans
de pareilles Reductions de Verges d'Angleterre en Aunes de
France : parce que fçachant le prix coûtant d'une Verge de Draps &c.
achetée à Londres , & voulant revendre lefdites Draps à l'Aune de
France, ils n'ont qu'à doubler le prix coûtant de Londres , & multiplier le double par 13. Le dernier produit donnera la valeur de l'Aune
de Paris affez jufte , & avec un profit de 12 à 13 pour ÷ quand le
debit s'en peut faire fuivant cette Supputation aifée à pratiquer. Où
dont le gain poura aller à 10 pour ÷, en cas qu'il y ait mêmes
des afsûrances à payer ou autres Frais imprévûs. Il eft vray que
cette Pratique n'eft pas toûjours certaine ; puifque fon Ufage ne
peut avoir lieu qu'en certains temps , & non pas toûjours.

LII

Autre projet de Facture , supposée avoir esté envoyée de Hollande à Paris.

A Leide ce 17 Decembre 1686.

Facture de six pieces de Draps envoyez à Monsieur N. de Paris, par la voye Flessingue , à l'adresse de Messieurs ... Pere & Fils , pour payer comptant.

N. 1. 1 pie. Drap façon d'Esp. Au. 45 ½			
2. 1 pie. dit.	Au. 47	Au. 186 ¼	
3. 1 pie. dit.	Au. 47	à Fl. 5-15	Fl. 1073. 16. 3
4. 1 pie. dit.	Au. 47 ¼	l'Aune.	
5. 1 pie. dit mince.	Au. 59	Au. 116 ¼	
6. 1 pie. dit.	Au. 57 ¼	à Fl. 5. 12. 8.	657. 13. 10

Prix coûtant Fl. 1731. 10. 1.

Frais faits à Leide.

Pour bordage & toillette. Flor. 21.
Pour embalage.   12, 10   Fl. 33. 10.

Fl. 1765. - - 1.

Pour la Provision à 1 ½ pour ½ des 1765 Florins susdits.   Fl. 26. 9. 6.

Somme Totale de l'Achat & Frais faits à Leide.   Fl. 1791. 9. 7.

Autres frais faits à Flessingue.

Pour le Fret d'un Balot, receu de M. N. Capitaine Du Vaisseau.   Flor. 3. 10 -
Pour les Droits de ½ pieces desdits Draps, à raison de 16 sols, 8 d. piece. Flor. 5   - -
Pour le Droit de visite.   Flor. 0 10 -   Fl. 11. 15
Pour le Port au Navire.   Flor. 0 5 -
Pour Magazinage , Provision , & Ports de Lettres.   Flor. 2. 10. -

Valeur de l'Achat desdits Draps & Frais de Hollande. Fl. 1803. 4. 7.

Lesquels 1803 Florins, 4 sols, 7 deniers, estant calculez sur le

pied de 96 den. de Gros pour un Ecu d'Or Sol, où à raifon de 25 fols, Argent de France pour chaque Florin , ils produifent en Monnoye auffi de France la fomme de   liv. 2254. 0.9.
A laquelle fomme de 2254 liv. - o f. 9 den.
Il faut ajoûter les Frais fuivans ; Sçavoir

Frais faits à Calais , & à Paris.

POur le Fret de Fleffingue à Calais à liv. 4
    pour piece.   .   liv. 24 - 0 - 0.
Pour apport de Mardick à Dunkerque
    & autres Frais.   . . liv. 2. 10. -
Pour l'aquit de 173 Aun. ½ defdits
    Draps, à 3 liv. 4. f. l'Aun. liv. 555. 4. -
Pour les Pauvres à 1 pour ⅗   liv. 5. 11. -   liv. 624. 12.
Pour la reception , expédition &
  Doüanne.   . . . liv. 2. 7. -
Pour Port de Lettres de divers lieux liv. 2. - 0 -
Pour la Provif. à 10 fols, pour piece liv. 3. - 0 -
Pour la voiture de Calais à Paris
    & autres Frais.   . liv. 30. - -
Somme Totale de la valeur defdits Draps
    en Argent de France.   .   liv. 2878. 12. 9.

Mais pour fçavoir la valeur de l'Aune , par Rapport au prix coûtant & fuivant les Frais cy-devant fpecifiez ; on pratiquera ce qui fuit.

1°. On divifera ladite fomme de 2878 livres, 12 fols, 9 deniers, par 1731 Florins, 10 fols, prix coûtant defdites 6 pieces de Drap, pour avoir aux Quotiens des Divifions 33 fols, 3 deniers., Monnoye de France, & valeur d'un des Florins fufdits chargez de tous les frais jufqu'au Magazin.

2°. On multipliera 1073 Florins, 16 fols, 3 deniers, valeur des quatre premieres pieces , par lefdits 33 fols, 3 deniers, afin d'avoir au produit 1785 livres, 4 fols, 3 deniers, valeur de 106 Aunes ¾ de France, égales aufdites 186 Aunes ¾ de Hollande. Cette Reduction ayant efté faite fur le pied de 7 Aunes de Hollande, pour quatre Aunes de Paris.

3°. Enfuite on divifera ladite fomme de 1785 livres , 4 fols, 3 deniers par lefdites 106 Aunes ¾ en la maniere ordinaire, pour avoir aux Quotiens des Divifions 16 livres , 14 fols , 6 deniers , pour la valeur de l'Aune des quatre premiers *Numeros*.

4°. Faire la mesme chose à l'égard des deux pieces des *Numeros* 5. & 6. pour avoir au produit de 657 Florins, 13 Patars, 10 Penins multipliez par 33 sols, 3 deniers, valeur d'un Florin, la somme de 1093 livres, 8 sols, 3 deniers, valeur de 66 Aunes ½ de France, égales à 116 ¾ de Hollande, laquelle somme estant divisée par 66 Aunes ½ susdites. Il doit venir aux Quotiens des Divisions 16 livres, 7 sols, 8 deniers, peù moins, pour la valeur de l'Aune desdits *Numeros* 5. & 6.

Disposition de la Facture précedente, reduite en Aunage, & en Monnoye de France.

Facture desdits Draps.

N. 1. 1 piece Drap, façon d'Esp.	Aun. 26	Au. 106½		
2. 1 piece dit .	Aun. 26 ⅞	à 16 l. 14 f.	1. 1785. 8. –
3. 1 piece dit :	Aun. 26 ⅞	6 deniers	
4. 1 piece dit .	Aun. 27	l'Aune.	
5. 1 piece dit mince.	Aun. 33 ¾	Au. 66¾ à	
		16 l. 7 f. 8	1. 1093. 11. 9
6. 1 piece dit	Aun. 33	d. l'Aun.	

　　　　　　　　　　　　　　　1. 2878. 19. 9.

Avertissement I.

POUR faire connoître que l'évaluation des six pieces de Draps susdites a esté assez précisément faite, il n'y a qu'à comparer l'Addition des deux dernieres sommes, faisant ensemble 2878 livres, 19 sols, 9 den. avec 2878 livres, 12 sols, 9 deniers provenuë de la Multiplication de 33 sols, 3 deniers, par le prix coûtant desdits Draps, pour reconnoître que lesdites deux sommes sont assez égales.

Avertissement II.

POur faciliter la Reduction de l'Aunage d'Hollande en celuy de France, & vendre assez avantageusement les Draps, Toilles, Camelots, &c. venant de Hollande, il n'en faut que tripler le prix coûtant, pourveu qu'il soit exprimé par Florins, ou par leurs sous-especes, parce que ce triple répond assez précisément à la quantité des Livres, Sols & Deniers de France que l'on pourra vendre ladite Marchandise, en y gagnant 7 à 8 pour cent, pour veu que les frais tant de Hollande que ceux de France, à supporter par la Marchandise soient ordinaires, & suivant les Anciens Tarifs. Mais lors qu'il survient quelque augmentation impreveuë, ou qu'il arrive quelque autre disgrace par Mer, ou par Terre, cette maniere de supputer n'a plus de lieu; & pour lors il faut avoir recours à la premiere Methode cy-devant décrite, page 443.

Avertissement I I I.

IL arrive souvent que les Commissionnaires de païs Etrangers ayant executé les ordres de leurs Commettans de France, ils leur envoyent les Marchandises par eux achetées, suivant les conditions qui leur ont esté prescrites, & en mesme temps tirent sur leursdits Commettans les sommes énoncées en Ecus, Sols & Deniers d'Or Sol, sans marquer le prix du Change, sur le pied duquel ils ont fait leurs Traites pour l'entier remboursement de leurs avances, & de leurs provisions. Mais pour donner lieu ausdits Commettans de découvrir le prix du Change qui ne paroît pas, ils n'auront qu'à concevoir la Question suivante, & sa resolution.

Question.

UN Particulier d'Angleterre Commissionnaire de M. N. de Paris, ayant acheté des Marchandises d'Ordre, & pour le compte de ce dernier, qui luy doit pour ce sujet 159 livres, 13 sols, 4 deniers Sterlins, en y comprenant les Frais, & sa Provision, tire sur ledit M. N. 701 Ecus, 10 : 3 d'Or Sol, payables à Usance, & ce pour Solde de compte: Sçavoir à quel prix cette Traite a esté faite.

Il faut dire par Regle de Trois.

Si 701 ᵹ, 10 s. 3 vienn. de 159 l 13 f. 4 d. St. d'où 1 ᵹ. ℞. de 54 d. ⅓ Sterl.

20.	240	240 deniers.
14030 s. d'Or Sol.	6360	
12 deniers.	31800	
168363 Divis.	120	
	40	

38320 livres Sterlins, à reduire en sols.
20 sols, valeur d'une livre.

766400 sols Sterlins.
12 deniers Sterlins, valeur d'un sol.

9196800 d. à diviser par le premier Terme.

Lll iiij

```
  10519                 8360
 778688 ⌐            420334 ⌐              161433 ⌐
 9196800 ⎫  54 den.   2103900 ⎫  12 fols.  1003248 ⎫  5 ou 6 den.
 1683633 ⎬            1683633 ⎬             1683633 ⎬  peù
 16836  ⌡            16836  ⌡             16836  ⌡  ( moins.
```

On void par la Pratique de la Regle de Trois cy-deſſus, que la Traite a eſté faite ſur le pied de 54 ½ denier Sterlin pour Ecu, ce qui eſt aiſé à juſtifier. On pourra ſe ſervir de la meſme Methode pour trouver le prix du Change de quelque Place que ce ſoit: pourveu que l'on ſçache la ſomme actuellement débourſée dans le lieu ou l'achat a eſté fait, & l'autre à compter dans le lieu ſur lequel la Traite a eſté faite, comme dans l'Exemple cy-deſſus.

J'ajoûteray encore icy une autre Regle, par le moyen de laquelle on pourra trouver le prix d'une livre Sterlin, exprimée par Livres, Sols & Deniers, Argent de France.

Queſtion.

LE Change de Londres pour la France eſtant à 54 ½ denier, Sterlin, pour Ecu, à combien revient la Livre Sterlin.

Regle.

IL faut diviſer 1440 demis-deniers, (valeur d'un Ecu d'Or Sol, reduit en demis-deniers) par 54 ½ denier Sterlin, auſſi reduits en demy-deniers.

Pratique.

720 den. de France, égaux à un Ecu d'Or Sol, à multiplier par 2. Denominateur de la fraction du prix du Change.

1440 demis-deniers, à diviſer par 109. auſſi demy-den. Sterlin, égaux à 54 ½ denier Sterlin, prix du Change.

```
   2
  383 ⌐
 1440 ⎫
 1099 ⎬ 13 den. de France 23/109 de den. ou ⅕ de denier, peù plus.
 10   ⌡
```

Par la Pratique cy-deſſus il eſt venu au Quotient de la Diviſion 13 23/109, ou ⅕, peù plus de denier de France, pour un denier Sterlin, & ſur ce pied on peut aſſeurer que.

1 ſol Sterlin, revient en France à 13 ſols ⅖, peù plus.

1 liv. dite, revient auſſi en France à 13 liv. 4 ſols, 3 deniers, peù moins.

DES MESURES RONDES,
& autres en continence.

APRES avoir parlé des Mesures en general, des Poids, & des Aunages en particulier, & de la maniere Theorique & Pratique de reduire toutes sortes de Factures étrangeres, en celles de France & réciproquement les Factures de France, en d'autres Correspondantes des Païs étrangers; je decriray en ce lieu les noms des Mesures les plus ordinaires à contenir les Liqueurs, comme sont les *Vins*, *Eaux de Vie*, *Vinaigres*, & les autres Marchandises qui ne se peuvent facilement transporter que dans des Mesures closes & fermées. Comme aussi les Grains & les Legumes seches; qui sont les *Pois*, *Féves*, *Fayoles* &c. Ces Mesures dis-je reçoivent plusieurs noms, & sont de differente capacité, les plus remarquables d'entr'elles sont les *Tonneaux*, *Tonnes*, *Bussarts*, *Pipes*, *Barriques*, *Poinçons*, *Muids*, *Demy-Muids*, *Queües*, *Demy-Queües*, *Quartaux*, *Caisses*, *Caissons*, *Sacs* & autres selon la qualité & quantité des Marchandises.

La quantité des *Bleds batus*, *Segles*, *Orges*, *Avoines*, *Pois*, *Féves*, *Fayoles*, & autres Legumes seches, se connoît par les noms de *Muids*, *Sextiers*, *Mines*, *Minots*, *Boisseaux*, *Quarts de Boisseaux*, *Litrons*, comme à Paris &c. *Lests*, *Quartieres*, *Razieres*, *Sacs*, *Asnées*, *Emines*, *Bichets*, *Salmes*, *Maldres*, & plusieurs autres Mesures. Cette quantité de Bleds &c. se peut encore connoître par les Poids, comme cela se pratique frequemment dans les Achats, que font faire Messieurs les Munitionnaires des Vivres tant de la Marine que des Armées par terre, pour éviter le grand embarras que pourroit faire la diversité des Mesures, dont on se sert dans les Païs ou endroits, qui produissent abondamment les choses necessaires à la vie. Mais parce que les effets qui se mesurent au Poids, quoy que de mesme qualité, sont souvent differens eu égard à l'humidité ou à la secheresse qui les accompagnent souvent, on ne peut pas toûjours en fixer le juste Rapport par la comparaison des Mesures rondes à leur pesanteur. L'Experience fait tous les jours connoître, que le Sextier de bon Bled pese tantôt 240. 245. 248. & quelquefois jusqu'à 250 ℔. il en est de mesme de tout ce qui se mesure, qui reçoit de l'Alteration soit en qualité, ou en quantité.

Observation sur le mot de Tonne.

ON remarquera en ce lieu qu'à Amsterdam, où il y a une Banque des plus riches de l'Europe, on y parle par *Tonne d'Or*, & que le fonds de ladite Banque est d'ordinaire de 3000 Tonnes de 100000 Florins la Tonne : que dans cette Banque il y a toûjours 10000 Caisses ferrées dans chacune desquelles il y a en valeur 30000 Florins, ausquels on ne touche que dans les affaires pressantes de la guerre ou autre ; & sur tout dans celles qui regardent l'Etat en general.

Muids de Bled, Orge, Avoine &c. Mesure de Paris.

LE *Muid* de Paris se divise en 12 Sextiers, & pese ordinairement 2880 ℔. Poids de Marc de 16 onces à la Livre.

Le *Sextier* de Bled & autres Grains, sans y comprendre l'*Avoine*, se divise en 4 Minots radez & sans Grains sur bord & peze ordinairement 240 ℔.

Le *Minot* de Bled &c. contient trois Boisseaux, & pese 60 ℔. sur le pied de 20 ℔. le Boisseau.

Le *Boisseau* se divise en quatre Quarts, ou en 16 Litrons.

Le *Sextier* d'Avoine se divise en 24 Boisseaux, bien que le Muid ne contienne que 12 Sextiers.

Le *Boisseau* d'Avoine se divise en 4 Picotins ; le *Picotin* en deux demis-quarts. Le *demy-quart* en deux Litrons, & par consequent le Picotin contient 4 Litrons.

Les deux Picotins d'Avoine font la *Cosse* en Roussillon ; les six Cosses y font la *Mesure* ; laquelle est égale à 3 Boisseaux ; & dix Mesures y font la *Charge*, qui est égale à un Sextier & un Quart de Paris, ou à 30 Boisseaux.

Muids de Bled &c. Mesure d'Orleans.

LE *Muid* de Bled &c. d'Orleans peze d'ordinaire 600 ℔. il est composé de douze Mines, pesant 50 ℔. la Mine, & sur ce pied le Muid d'Orleans revient à 2 Sextiers, six Boisseaux Mesure de Paris, & par consequent deux Sextiers & demy de Paris, sont égaux à un Muid d'Orleans.

Muids

Muids de Bled &c. Mesure de Roüen.

L E *Muid* de Bled de Roüen &c. Contient 12 Sextiers, qui en
rendent 14 à Paris, ledit Muid pese 3360 ℔.

Le Sextier de Bled, qui pese environ 280 ℔. se divise en deux
Mines, pesant 140 ℔. la Mine. La Mine se divise en 4 Boisseaux
radez de 35 ℔. le Boisseau.

Le *Muid* de Roüen, rend à Bordeaux 84 Boisseaux ou environ
dudit lieu, qui sont égaux à 168 Boisseaux de Paris; ou a 14 Sextiers.

Sextiers.

L E Sextier *d'Abbeville* est composé de 16 Boisseaux, qui se
mesurent radez, quatre Boisseaux dudit lieu y font une *Mine.*
Six Sextiers *d'Abbeville* n'en rendent que 5 à *Paris.*

La Livre pesante de 16 onces, Poids de Marc, ne rend à *Abbeville* que 14 onces. Sur ces differences il est facile de faire les
Reductions des Sextier *d'Abbeville*, & de leurs parties en Sextiers
ou parties de Sextier de *Paris* &c. soit par Rapport à ce qu'ils
contiennent, ou suivant ce qu'ils pesent.

Le Sextier *d'Amiens* pesant d'ordinaire 50 à 52 ℔. se divise en
4 Piquets pesant 13 ℔. chacun. Sur ce pied on peut dire que 4
Sextiers ⅔ *d'Amiens*, sont égaux à celuy *de Paris.*

Le Sextier *d'Arles* ne pese ordinairement que 93 ℔. Poids de
Marc: & sur ce pied on peut dire que 4 Boisseaux ½ Mesure *de
Paris*, sont égaux à un Sextier *d'Arles.*

Le Sextier de Boulogne en Boulonnois pese 270 ℔. d'où vient
que 8 Sextiers dudit lieu en rendent 9 à *Paris.* Ainsi pour faire l'é-
galité des Sextiers *de Boulogne* à ceux *de Paris*, il ne faut que prendre le huitiéme des premiers, & l'ajoûter à leur somme.

Le Sextier *de Calais* pese 260 ℔. & sur ce pied 12 Sextiers dudit lieu en rendent 13 à *Paris*; Ainsi ajoûtant $\frac{1}{12}$ de ceux-là à leur
somme, l'Addition donnera des Sextiers de ceux-cy.

Le Sextier *de Carcassonne* de Bled blanc y pese 130 ℔. & le Tre-
mesin 125 ℔.

Le Sextier *de Castelnaudary* pese 110 ℔.

Le Sextier *de Corbie* en Picardie, pese 66 ℔. & sur ce pied 3
Sextiers ⅓ dudit lieu, sont égaux à celuy *de Paris* ou environ.

Le Sextier *de Gaillac*, *Lavaur*, & de *l'Isle* d'Albigeois, pese 216
℔. Poids de Sablé, revenant au Poids de Paris à 240 ℔.

Le Sextier *de Montreüil*, pese 212 ℔. ½ & se divise en 16 Bois-

M m m

seaux. Sur ce pied on peut dire que 18 Boisseaux *de Montreüil,* font égaux à un Sextier *de Paris* peû moins.

Le Sextier *de Nampont,* est semblable à celuy de Montreüil cy-dessus.

Le Sextier de Bled blanc *de Narbonne,* pese 115 ℔. & le Tre-mesin 108 ℔.

Le Sextier *de Rabastens,* pese 270 ℔.

Le Sextier *de Revel,* pese 150 ℔.

Le Sextier *de Ruë,* contient la mesme quantité de Boisseaux que celuy d'Abbeville, & par consequent six Sextiers de Ruë, sont égaux à 5 de Paris.

Le Sextier *de St. Vallery,* est égal à celuy de Paris.

Le Sextier *de Toulouse,* pese 170 à 176 ℔.

Boisseaux.

Le Boisseau *d'Amboise,* pese 17 ℔. & ainsi 14 de ces Boisseaux peû moins, font le Sextier de Paris.

Le Boisseau *d'Arnay* le Duc, pese 25 à 26 ℔. & ainsi 9 Boisseaux & ½ de Boisseau dudit lieu, rendent un Sextier à Paris.

Le Boisseau *d'Aubeterre,* pese 48 à 50 ℔. Poids de Marc, & partant 5 Boisseaux dudit lieu, font égaux à un Sextier de Paris.

Le Boisseau *d'Avignon,* pese 44 ℔. Poids de Marseille, revenant à 36 ℔. Poids de Paris, sur le pied de 123 ℔. ½ de Marseille pour 100 ℔. de Paris; & partant un Boisseau & ⅔ d'Avignon, font le Sextier de Paris.

Le Boisseau *de Barbezieux,* pese 48 à 50 ℔. Poids de Marc, & partant 5 Boisseaux dudit lieu, font le Sextier de Paris.

Le Boisseau *de Blois,* pese 12 ℔. & ainsi 20 de ces Boisseaux, font le Sextier de Paris.

Le Boisseau de Bled &c. *de Bordeaux,* pese environ 112 à 116 ℔. d'où vient que 7 de ces Boisseaux, font le Muid de la Vicomté de Turenne, & six Sacs de Bergerac.

Que 30 Boisseaux *de Bordeaux,* font le Muid de Roüen, pesant comme il a esté dit cy-dessus 3360 ℔.

Que 25 des mesmes Boisseaux, font environ le Muid de Bled de Paris, sur le pied de 115 ℔. le Boisseau dudit Bordeaux & 20 desdits Boisseaux, font le Tonneau de Brest, lequel répond à 10 Sextiers de Paris.

Le Boisseau de *Bourbon Cancy,* pese 18 ℔. il en faut 13 ⅓ pour égaler le Sextier de Paris.

Le Boisseau *de Chalais,* pese 48 à 50 ℔. Poids de Marc; & ainsi

5 Boiſſeaux dudit Chalais font le Sextier de Paris, & environ deux Boiſſeaux de Bordeaux.

Le Boiſſeau de *Charlieu* ſur Loire peſe 34 ℔. il en faut 7 pour faire le Sextier de Paris.

Le Boiſſeau *de Charolles* peſe 38 ℔. & ainſi 6 $\frac{1}{3}$ de ces Boiſſeaux, font le Sextier de Paris.

Le Boiſſeau *de Coſne* peſe 25 ℔. & 9 $\frac{3}{5}$ de ces Boiſſeaux, font le Sextier de Paris.

Le Boiſſeau *de Dezize* peſe 22 ℔. & partant 11 de ces Boiſſeaux, font le Sextier de Paris ou environ.

Le Boiſſeau *de Digoüin* peſe 32 ℔. & ainſi 7 $\frac{1}{2}$ de ces Boiſſeaux, font le Sextier de Paris.

Le Boiſſeau *de Diou* peſe 20 ℔. & par conſequent égal à celuy de Paris.

Le Boiſſeau *de Doujon* peſe 30 ℔. il en faut 8 pour le Sextier de Paris.

Le Boiſſeau *du Havre* peſe 46 ℔. ou environ, il en faut 5 $\frac{1}{4}$ pour faire le Sextier de Paris.

Le Boiſſeau de *la Charité* peſe 30 ℔. & ainſi il en faut 8 pour le Sextier de Paris.

Le Boiſſeau de *la Pointe* peſe 25 ℔. il en faut 9 $\frac{3}{5}$ pour le Sextier de Paris.

Le Boiſſeau *de Marſigny* peſe 38 ℔. il faut 6 $\frac{1}{3}$ de ces Boiſſeaux pour faire le Sextier de Paris.

Le Boiſſeau *de Nevers* peſe 30 ℔. & partant il en faut 8 pour le Sextier de Paris.

Le Boiſſeau *de Parellemonneau* peſe 31 ℔. il en faut 7 $\frac{1}{4}$ pour faire le Sextier de Paris.

Le Boiſſeau *de Paris* peſe, ou doit peſer 20 ℔. ſur le pied de 240 ℔. le Sextier.

Le Boiſſeau *de Perigueux* peſe 48 à 50 ℔. Poids de Marc, & ainſi 5 Boiſſeaux dudit lieu font égaux à un Sextier de Paris.

Le Boiſſeau *de Riberac* eſt ſemblable au précedent.

Le Boiſſeau *de Roanne* peſe environ 30 ℔. 10 onces, & ſur ce pied il faut 8 de ces Boiſſeaux pour faire le Sextier de Paris.

Le Boiſſeau *de Saint Mathurin* peſe 25 ℔. il faut 9 $\frac{3}{5}$ de ces Boiſſeaux pour faire le Sextier de Paris.

Le Boiſſeau *de Saumur* peſe 20 ℔. & partant égal à celuy de Paris.

Le Bouſſeau *de Semeur en Auxois* peſe 25 ℔. & partant 9 $\frac{3}{5}$ de ces Boiſſeaux font égaux au Sextier de Paris.

Le Boiſſeau *de Tours* peſe 17 ℔. & ainſi 14 de ces Boiſſeaux font le Sextier de Paris peù moins.

Le Boisseau *de Viseaux* pese 28 à 30 ℔. & partant 8 $\frac{1}{4}$ de ces sortes de Boisseaux sont égaux au Sextier de Paris ou environ.

Le Boisseau *de Toulon* pese 31 ℔. il en faut 7 $\frac{1}{4}$ pour faire le Sextier de Paris.

Mines.

L A Mine *de Baugency* pese 76 ℔. & partant 3 & $\frac{1}{2}$ de ces Mines font le Sextier de Paris.

La Mine *de Chasteau-neuf* sur Loire pese 60 ℔. il en faut 4 pour faire le Sextier de Paris.

La mine *de Dieppe* pese 160 ℔. & partant 18 de ces Mines font le Muid de Bled de Paris.

La Mine *de Gergeau* pese 70 ℔. & sur ce pied 3 $\frac{1}{2}$ de ces Mines font le Sextier de Paris peù plus.

La Mine *d'Orleans* pese 50 ℔. il en faut 4 & $\frac{3}{4}$ pour égaler le Sextier de Paris peù moins.

Emines.

L'Emine *d'Auxone* contient 25 Boisseaux radez & sans Grains sur bord, pesant 26 ℔. $\frac{2}{3}$ chacun, il faut 100 desdites Emines pour faire 222 Asnées $\frac{1}{2}$ de Lion, de 3 Quintaux l'Asnée, & ladite Emine rend 2 Sextiers, 9 Boisseaux & un Tiers à Paris.

L'Emine de *Barbarie* ou du *Bastion du Cap-Camer, Cap-negre, Cap-de Roye, Port de Tabarque, Collon, Theroux* &c. pese 225 ℔. Poids de Marseille revenant au Poids de Paris à 182 ℔. $\frac{1}{2}$ de 16 onces à la ℔. & ainsi l'Emine desdits lieux rend 9 Boisseaux & $\frac{1}{14}$ de Boisseau à Paris.

L'Emine *de Maxilly* contient 25 Boisseaux radez de 30 ℔. le Boisseau : ladite Emine doit peser 7 Quintaux $\frac{1}{2}$ ou deux Asnées & demie de Lion de 300 ℔. pesant l'Asnée, & ladite Emine rend 3 Sextiers & $\frac{1}{3}$ de Sextier à Paris.

L'Emine *de Saint Iean de Losne* contient 17 Boisseaux radez de 39 ℔. $\frac{1}{3}$ chacun, elle rend à Lion 2 Asnées $\frac{1}{2}$ ou environ & partant elle doit peser 6 Quintaux & $\frac{3}{4}$ de Quintal ou environ. Les 100 desdites Mines rendent 225 Asnées de Lion, & la Mine susdite doit rendre 2 Sextiers, 10 Boisseaux Mesure de Paris.

Anées.

L'Asnée *de Lion* se divise en six Bichets, elle pese 3 Quintaux de 100 ℔. le Quintal : Elle rend à Paris 1 Sextier, 3 Boisseaux,

& à Arles 3 Sextiers ½ de Sextier peù moins, fur le pied de 93
℔. pefant le Sextier dudit Arles.

L'Afnée de *Macon* contient 20 Mefures de 20 ℔. la Mefure, &
ainfi l'Afnée dudit lieu rend 4 Quintaux, & revient à un Sextier, 8
Boiffeaux de Paris.

Bichets.

LE Bichet *de Bon* eft de 16 Boiffeaux ou Mefures, pefant 22 ℔.
½ chacune. Ainfi le Bichet de Bon pefe 360 ℔. & 100 Bichets dudit lieu rendent à Lion 120 Afnées. Et le Bichet dudit
lieu de Bon eft égal à un Sextier, 6 Boiffeaux de Paris.

Le Bichet *de Châalons fur Saone*, contenant 8 Mefures de 36 ℔.
chacune, & en tout 288 ℔. eft égal au Quartal de Breffe.

100 Bichets fufdits de Châalons, ou 100 Quartals de Breffe
rendent à Lion 96 Afnées de 300 ℔. l'Afnée, & à Paris 10 Muids
de Bled &c. Il y a cependant d'ordinaire 16 pour cent de perte
fur la Mefure de Châalons à Lion, en ce que 100 Bichets de
Châalons ne rendent fouvent que 84 Afnées audit Lion.

Le Bichet *de Sauniere* fe divife en 8 Boiffeaux, le dernier comble. Mais parce que 100 Bichets *de Sauniere* rendent 106 Afnées
de Lion, il s'enfuit que le Boiffeau dudit lieu de Sauniere doit pefer 39 ℔. 12 onces, & que ledit Bichet pefant 318 ℔. doit rendre
à Paris un Sextier & quatre Boiffeaux peù moins.

Le Bichet *de Tournus* fe divife en 16 Boiffeaux ou Mefures, du
Poids de 24 ℔. chacune, ainfi le Bichet dudit lieu pefe 384 ℔.
ou 3 Quintaux & 84 ℔. & rend à Paris un Sextier, 7 Boiffeaux
& ½ de Boiffeau.

Le Bichet *de Seure* eft femblable à celuy de Sauniere.

Le Bichet *de Verdun* qui fe divife en 8 Boiffeaux, ou Mefures
pefe 300 ℔. & répond par confequent à l'Afnée de Lion, ladite
Mefure peze 37 liv. ½ & partant ledit Bichet fufdit rend à Paris un
Sextier, 3 Boiffeaux.

Quartals.

LE Quartal *de Beaurepaire en Dauphiné* pefe 34 liv. 14 onces,
il faut 4 Quartals pour faire le Sextier dudit lieu, & 8 ½ de
Quartal pour une Anée de Lion de 300 liv. pefant & partant le
Quartal doit rendre à Paris un Boiffeau & ½ de Boiffeau.

Le Quartal *de Breffe* fe divife en 8 Mefures de 36 liv. chacune
faifant par confequent que ledit Quartal pefe 288 liv. & qu'ainfi il
répond à un Sextier, 2 Boiffeaux & ½ de Boiffeau de Paris.

Penaux en Comté.

LE Penal *d'Apremont*, *Bovant*, *Gray*, *Ley*, *Montant*, *Namourse*, *Bay* & *Rup* pese 37 ℔. ½ vingt Penaux font l'Emine de Maxilly cy-deſſus, laquelle peſe 750 ℔. & ainſi le Penal ſuſdit rend à Paris 1 Boiſſeau & ⅞ de Boiſſeau, & 8 Penaux de Gray font l'Anée de Lion.

Charges.

LA Charge *d'Arles* peſe 360 ℔. Poids de Table ou de Marſeille revenant au Poids de Marc à 291 ℔. ½ ou environ ſur le pied de 123 ℔. ½ de Marſeille pour 100 ℔. Poids de Marc.

100 Charges d'Arles en rendent 116 à 117 à Marſeille & 107 à Toulon.

La Charge *de Beaucaire* eſt plus forte de 2 pour ½ que celle d'Arles.

La Charge *de Candie* ſuppoſe ſix Meſures de 50 ℔. de Marſeille chacune, & ainſi ladite Charge peſe 300 ℔.

La Charge *de Fourgues* eſt égale à celle d'Arles.

La Charge *de Marſeille* eſt compoſée de 4 Emines, l'Emine de 8 Sivadieres, ladite Charge eſtant ordinairement évaluée 300 ℔. Poids de Marſeille dit de Table ou environ, & 243 ℔. - - Poids de Marc, il s'enſuit que l'Emine peſe 75 ℔. Poids de Marſeille ou 60 ℔. ¼ Poids de Marc, & que la Sivadiere peſe 9 ℔. ⅜ de ℔. auſſi Poids de Marſeille ou 7 ℔. 7/12 Poids de Marc.

La Charge *de Saint Gilles* eſt plus forte & plus grande de 18 à 20 pour ½ que celle d'Arles & de Fourgues.

La Charge *de Taraſcon* au contraire eſt plus foible de 2 pour cent que celle d'Arles.

La Charge ou Meſure *de Toulon* ſuppoſe 3 Sextiers dudit lieu, & le Sextier une Emine & demie, 3 deſquelles font 2 Sextiers de Paris.

Caſſis.

LE Caſſy *de Bezerty* porte Farine de *Tunis* & de leur dépendances peſe 700 ℔. Poids de Marſeille, & ainſi le Caſſy rend 2 Charges & un Tiers de ladite Ville de Marſeille.

Salmes.

LA Salme aux ports de *Giorgenne*, *l'Alvate*, *Tennerie*, *Tirra-Nova*, *Trapane*, *Yacea* &c. en Sicile peſe 530 à 540 ℔. Poids de Marſeille.

Tomolis.

LE Tomoly *de Barlette, Barry, Courron, Golphe, Montelione, la Rochelle, Monfrediny, Naples* &c. dans la Poüille & dans la Calabre, peſe 100 ℔. de Marſeille, il en faut trois pour faire la Charge.

Eſtereaux.

L'Eſtereau *de Caillery, la Guillaſtre, Largimer, l'Oriſtan & Saſſery* en Sardaigne peſe 95 ℔. de Marſeille ou environ ; les trois Eſtereaux faiſant la Charge peù moins.

Fanégues.

LA Fanégue *de Cadis* peſe 93 ℔. 12 onces, Poids de Marſeille, il faut trois Fanéques, & ⅓ pour égaler la charge dudit Marſeille de 300 ℔. peſant.

Tonneaux.

LE Tonneau *d'Aure* peſe 2200 ℔.

Le Tonneau *d'Audierne* peſe 2300 ℔.

Le Tonneau de *Breſt* contient 20. Boiſſeaux dudit lieu peſant 108. à 112 ℔. le Boiſſeau : ainſi ledit Tonneau peut eſtre reduit à 2240 ℔. il eſt plus foible d'un tiers que le Muid de Roüen, dont on a cy-devant parlé, page 457. lequel peſe 3360 ℔.

Le Tonneau d'*Hennebon* peſe 2950 ℔. il eſt plus fort de 35 pour cent que celuy de Nantes.

Le Tonneau de la *Rochelle* contient 42 Boiſſeaux, dont la peſanteur eſt de 2¼, pour cent, moindre que celle du Tonneau de Nantes.

Le Tonneau de *Marans* eſt égal à celuy de la Rochelle.

On obſervera que le Tonneau de la Rochelle & celuy de Marans, rend à Roüen 14 Mines ½, & quelquefois juſques à 15. qui font 7 Sextiers ½ peſant, chacun 280 ℔.

Le Tonneau de *Nantes* contient 10 Sextiers, de 16 Boiſſeaux le Sextier, il peſe 2200. à 2250 ℔. quand la Meſure eſt comble le Tonneau eſt de 16. à 18. pour cent, plus fort que celuy dont la Meſure eſt radée.

Il eſt égal à trois Muids ½ d'Orleans, & eſt moindre d'un quart, peù moins, que le Muid de Paris.

Le Tonneau de *Port-Loüis* eſt égal à celuy d'Hennebon.

Le Tonneau de *Quimpercorentin*, peſe 2200 ℔. & eſt égal à celuy d'Aure.

Le Tonneau de *Quimperlay* est égal à celuy de Port-Loüis.

Le Tonneau *de Rennes* peze 2400 ℔. & est de 10. à 11. pour cent, plus fort que celuy de Nantes.

Le Tonneau *de S. Brieux* peze 2600 ℔. & est plus fort de 18 pour cent, que celuy de Nantes.

Le Tonneau *de S. Malo* est égal à celuy de Rennes.

Razieres.

LA Raziere *de Bergue* peze 260 ℔. & est moindre d'un huitiéme pour ÷ que celle de Dunkerque.

La Raziere ou Mesure *de Dunkerque* ou de Mer peze 280 ℔. Poids de Marc, & quelquefois jusques à 290 ℔. Mais la Raziere de Terre ne peze que 245 ℔. ainsi cette derniere est d'un huitiéme moindre que la premiere, ce qui fait une difference de 14 pour ÷ de l'une à l'autre.

Lests.

LE Lest *de Hollande* rend à Roüen 32 Mines, 3 desdits Lests font 4 Muids dudit Roüen chacun desquels peze 3360 ℔.

Le Lest *de Pologne* est égal à 40 Boisseaux, Mesure de Bordeaux de 120 ℔. le Boisseau, ainsi le Lest peut peser 4800 ℔.

Carses.

A Carse *de Briarre* peze 22 ℔. d'où vient que 11 desdites Carses font le Sextier de Paris.

La Carse *de Gien & de Sully* pese 25 ℔. ainsi il en faut 9 & ⅖ pour faire le Sextier de Paris.

Conclusion.

QUoy que j'aye apporté tous mes soins pour recueüillir les differentes Mesures, dont j'ay cy-devant parlé, pour les utilitez que le Public en pourra retirer : je ne doute pas qu'il n'en reste encore beaucoup à desirer. Mais comme la recherche en est penible & de longue haleine ; j'ay bien voulu faire part de celles qui sont venuës jusques icy à ma connoissance ; en attendant que j'aye lieu de perfectionner les premieres par leur Additiou & Comparaison avec celles qui suivront. Dieu aidant. Et pour cét effet j'espere que les personnes, également intelligentes & bien intentionnées pour le bien general & particulier du Commerce, me feront dans la suite part de leurs recherches exactes dans quelques-uns des sujets qui sont traitez dans ce Livre.

F I N.

TABLE
DES MATIERES
CONTENUES DANS CE LIVRE.

Nnn

TABLE

DES MATIERES.

TABLE

DES MATIERES.

TABLE

TABLE DES MATIERES.

Fin de la Table des Matieres.

A V I S.

On trouvera chez J. Jombert, prés des Grands Augustins,
à l'Image Nôtre-Dame, les autres Livres que Monsieur Irson a
composés, qui sont,

La Methode des Comptes par Recepte & Dépense, avec reprisa
à Parties simples, & Parties doubles; divisée en deux parties, *in fol.*
& reliée en Veau,   7 liv.

L'Arithmetique Universelle démontrée, *in quarto*, reliée en
Veau,   4 liv.

A PARIS,
De l'Imprimerie de la Veuve de Claude Thiboust, &c. 1687.

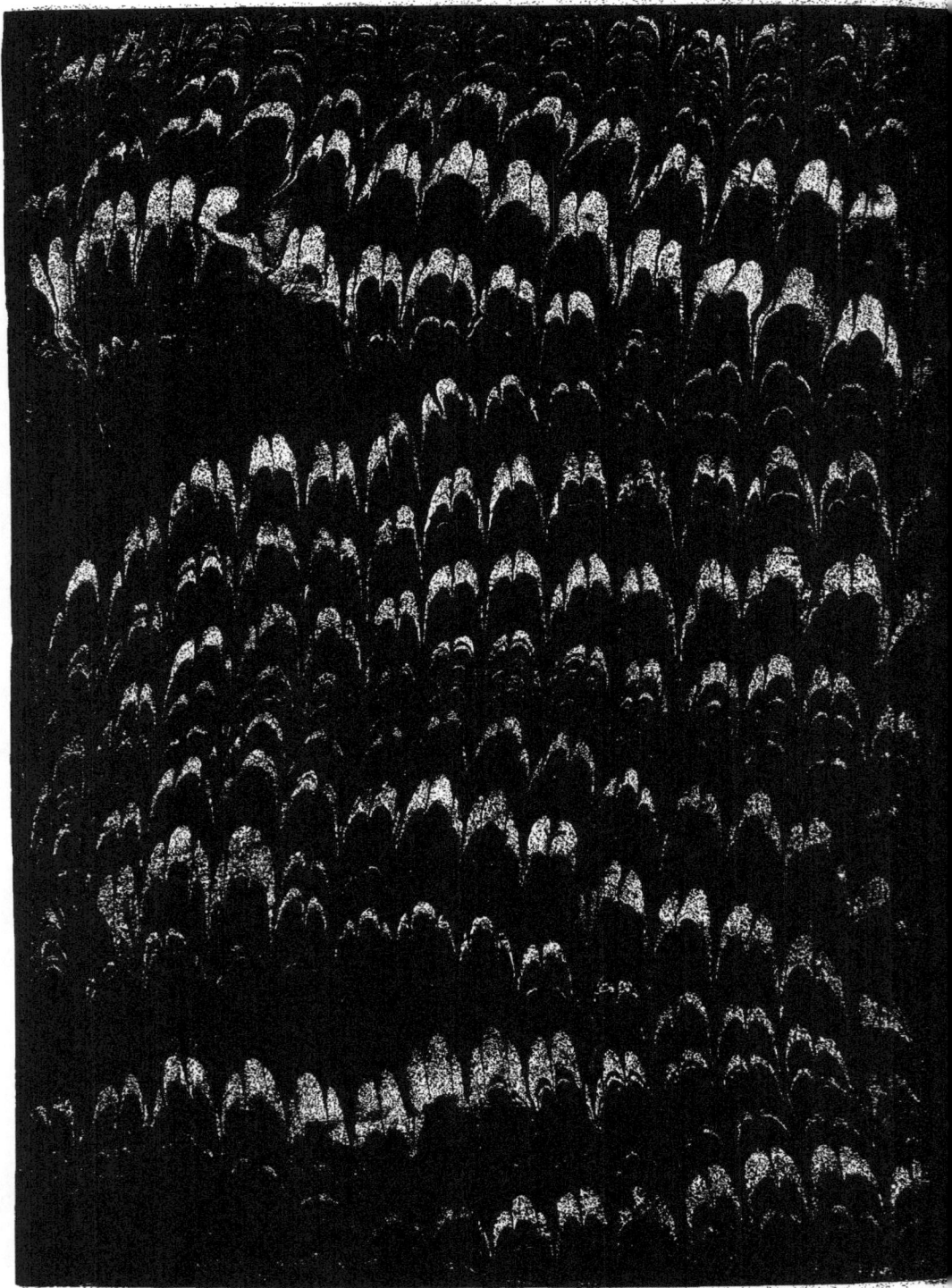